# Beck'scheReihe

BsR 1280

Die Geburt ist heute ohne Zweifel ein medizinisches Ereignis, aber es wäre ein Mißverständnis, wenn wir die sozialen, kulturellen und psychischen Aspekte einer Geburt nicht auch zur Kenntnis nähmen. Ein historischer Rückblick kann uns dabei helfen, die verschütteten Dimensionen des Geburtsgeschehens besser zu verstehen.

In dem vorliegenden Buch dokumentieren und analysieren Historikerinnen und Historiker gemeinsam mit Wissenschaftlern anderer Disziplinen die verschiedenen Aspekte und Rituale der Geburt vom 17. bis zum 20. Jahrhundert. Ein Kind zur Welt zu bringen galt ehemals unbestritten als Arbeit – aber welche Folgen hatte diese Einschätzung für die Frau und die Familie? Die Geburt war eine Sache der Frauen. Kann man deshalb das Kindbett als festliche Verkehrung der Geschlechterordnung bezeichnen? Und waren nicht die Männer in vielfältiger Weise in das Geburtsgeschehen einbezogen? Wie wurde eine Situation bewältigt, die oft genug nicht Leben, sondern den Tod brachte? Wer sprach das letzte Wort, wenn es Komplikationen gab, der Arzt, die Hebamme, der in der Nähe weilende Priester oder der Ehemann? Und was geschah mit dem Neugeborenen? Welche Praktiken wurden angewandt, wenn das Kind starb? In fünfzehn Beiträgen findet sich der Stoff zum Nachdenken über eines der wichtigsten Ereignisse im Leben des Menschen: die Geburt.

*Jürgen Schlumbohm* arbeitet am Max-Planck-Institut für Geschichte in Göttingen und lehrt an der Universität Oldenburg.

*Barbara Duden* lehrt Soziologie an der Universität Hannover.

*Jacques Gélis* lehrt Geschichte an der Universität Paris-VIII.

*Patrice Veit* leitet die Mission Historique Française en Allemagne in Göttingen.

# Rituale der Geburt

## Eine Kulturgeschichte

*Herausgegeben von*
*Jürgen Schlumbohm, Barbara Duden,*
*Jacques Gélis, Patrice Veit*

VERLAG C. H. BECK

Mit 13 Abbildungen

Angela D. Kuhk übersetzte den Beitrag von Laurel Thatcher Ulrich. Matthias Grässlin übersetzte in Zusammenarbeit mit Jürgen Schlumbohm die Beiträge von Scarlett Beauvalet-Boutouyrie, Nadia Maria Filippini, Jacques Gélis und Françoise Loux.
Die Übersetzungen wurden von der Volkswagen-Stiftung gefördert.

Die Deutsche Bibliothek – CIP Einheitsaufnahme

*Rituale der Geburt:* eine Kulturgeschichte / hrsg. von Jürgen Schlumbohm ... – Orig.-Ausg. – München: Beck, 1998
  (Beck'sche Reihe ; 1280)
  ISBN 3 406 42080 X

Originalausgabe
ISBN 3 406 42080 X

Umschlagentwurf: Uwe Göbel, München
Umschlagabbildung: Berthe Morisot (1841–1895), Die Wiege,
Musée d'Orsay, Paris
© Photo RMN – R. G. Ojeda
© C. H. Beck'sche Verlagsbuchhandlung (Oscar Beck), München 1998
Gesamtherstellung: C. H. Beck'sche Buchdruckerei, Nördlingen
Gedruckt auf säurefreiem, alterungsbeständigem Papier
(hergestellt aus chlorfrei gebleichtem Zellstoff)
Printed in Germany

# Inhalt

## III. In der Klinik

## IV. Zwischen Leben und Tod

## Anhang

# Vorwort

Dieses Buch ist aus der gemeinsamen Arbeit einer Gruppe von Autorinnen und Autoren verschiedener Disziplinen und Länder hervorgegangen, die sich auf Initiative des Max-Planck-Instituts für Geschichte und der Mission Historique Française en Allemagne seit 1994 einmal jährlich zu einem intensiven Werkstattgespräch traf. Zunächst ging es um den Austausch über unsere Forschungsvorhaben zur Geschichte der Geburt und der Geburtshilfe. Nach und nach kamen wir zu der Einsicht, daß eine Öffentlichkeit, die intensiv über die rechte Gestaltung des Gebärens in der Gegenwart debattiert, auch an Einblicken in die vielgestaltige Geschichte der Geburt interessiert sein könnte.

Wir danken dem Max-Planck-Institut für Geschichte und der Mission Historique Française en Allemagne, beide in Göttingen, die unsere Tagungen von Anfang an unterstützt haben. Unser Dank gilt ebenso der Volkswagen-Stiftung, die unsere Arbeit seit 1997 fördert. Tonja Schewe danken wir für wertvolle Hilfe bei der Schlußredaktion.

*Die Herausgeber*

# Einleitung

## Aktuelle Debatten um die Geburt – Bilder von der Geschichte der Geburt

Die Geburt ist ins Gerede gekommen. Schwangere suchen neue soziale Formen des Gebärens; freiberufliche Hebammen, die seit den 1950er und 1960er Jahren fast verschwunden waren, sind wieder gefragt. Unterschiedliche, ja gegensätzliche Interessen tragen dazu bei, die bisherige Ordnung des Gebärens in Frage zu stellen. Versicherungen und Politiker drängen auf Senkung der Kosten, Hebammen kämpfen für die Eigenständigkeit ihres Berufs, Schwangere wollen nicht Objekt einer klinisch-technischen Apparatemedizin sein. Mehr noch als die aktuelle Statistik über Haus- und Klinikentbindungen zeigt die öffentliche Debatte den Wandel des Bewußtseins. Die Geburt wird nicht mehr ausschließlich als ein biologisch-medizinischer Vorgang betrachtet, der unter rein technischen Gesichtspunkten zu optimieren ist; soziale und psychische Aspekte werden nachdrücklich betont.

In einer Situation, wo der bisherige Entwicklungstrend problematisch erscheint und Experten wie Betroffene um Weichenstellungen streiten, richtet sich der Blick verstärkt in die Vergangenheit. Freilich hat die Geschichte der Geburt und der Geburtshilfe schon seit geraumer Zeit dazu herhalten müssen, bestimmte Positionen im aktuellen Meinungsstreit zu legitimieren. Die Medizingeschichte schrieb seit dem 19. Jahrhundert die Geschichte der Ideen der großen Ärzte und der wenigen Hebammen, die gedruckte Schriften hinterlassen haben,[1] aneinandergereiht zu einer Linie des Fortschreitens zu immer richtigeren Erkenntnissen über den Körper der Frau und die geburtshelferischen Möglichkeiten. Aus institutionengeschichtlicher Perspektive erschien die Entstehung der medizinischen Spezialdisziplin „Geburtshilfe" als Teil eines zwangsläufigen Prozesses der Verwissenschaftlichung der modernen Welt sowie der Ausdifferenzierung immer weiterer Teilgebiete innerhalb der Medizin.[2] Sozialhistoriker beschrieben die fortschreitende Professionalisierung des medizinischen Personals, der Hebammen einerseits, der ärztlichen Geburtshelfer andererseits. Oft stellte diese Art der Geschichtsschreibung die Vergangenheit in den Dienst der Gegenwart: Es ging darum, den Fortschritt zu immer vollkommenerer Beherrschung der Geburt darzustellen. Als direkte Folge der Verwissenschaftlichung und Professionalisierung der Geburtshilfe erscheint dann die radikal verminderte Todesgefahr für Mutter und Kind bei, vor und nach der Geburt; starben doch Mitte des 18. Jahrhunderts hundertmal so viele Frauen im Zusammenhang mit Schwangerschaft und Geburt wie heutzutage.[3] Solche Statistiken werden gern dazu benutzt, den Trend zur hochtechnisierten Kliniksentbindung als notwendig und unumkehrbar darzustellen.[4]

Hier setzte die Kritik ein. Angeregt von unterschiedlichen Impulsen wie der feministischen Bewegung, radikaler Medizinkritik und der Philosophie Michel Foucaults wurde seit den 1970er Jahren die Entwicklung der Geburtshilfe als Macht-Geschichte beschrieben: Das neue durch den „ärztlichen Blick" gewonnene Wissen bedeutete vor allem Macht für seine Träger; Männer, nämlich Ärzte, eigneten sich das Wissen der ‚weisen Frauen' und Hebammen teils an, teils verdrängten sie es und eröffneten so den Weg zur Medikalisierung der Geburt. Die ‚traditionelle' von Frauen bestimmte Geburt wurde zum Leitbild in den aktuellen Debatten. – Paradoxerweise blieb diese kritische Betrachtung zunächst ihrem Gegenstück in vielem verhaftet; ja sie kann als dessen spiegelbildliche Umkehrung aufgefaßt werden. Beidemal erscheint der Verlauf der Entwicklung als geradlinig, die Geschichte wird kanalisiert in dichotome Gegensätze: Frauen versus Männer, Tradition versus Wissenschaft, Natur versus Technik.

Diese ganze Sichtweise ist durch die Forschungen der letzten Jahre überholt. Früher als in Deutschland wurde in Frankreich, den angelsächsischen Ländern und Italien damit begonnen, die Geburt – und nicht nur die Geburtshilfe – als ein historisches Phänomen zu untersuchen. Dabei ist deutlich geworden, daß die Auffasssung der Geburt als eines primär biologisch-medizinischen Vorgangs recht neu ist. In früheren Gesellschaften standen kulturelle und soziale Aspekte im Vordergrund. Entsprechend hat sich die Aufmerksamkeit auf die Rituale und Gebräuche gerichtet, von denen die Niederkunft umgeben war. Unterschiedliche Ansätze und Disziplinen haben dazu beigetragen, frisches Licht auf dieses Forschungsfeld zu werfen. Neue Perspektiven hat vor allem die Frauen- und Geschlechtergeschichte eröffnet. Die Volkskunde richtet verstärkt den Blick auf die Praxis einfacher Leute und verortet diese in den jeweiligen historischen und sozialen Kontexten, statt sich mit der Beschreibung ‚traditionellen Brauchtums‘ zu begnügen. Zugleich erweitert die Medizingeschichte ebenso wie die historische Demographie ihr Forschungsgebiet, beide öffnen sich hin zur Sozial- und Kulturgeschichte. Unhaltbar geworden ist so die Vorstellung von dem einmaligen großen Bruch zwischen ‚traditioneller‘ und ‚moderner‘ Geburt. An die Stelle einer einlinigen Fortschrittsgeschichte der Medikalisierung und Professionalisierung oder aber einer Geschichte von der Entmachtung der Frauen durch männliche Experten tritt mehr und mehr eine vielfältige, mannigfach gebrochene und widersprüchliche Geschichte der kulturellen Ordnungen und sozialen Praktiken der Geburt. Denn die „Arbeit, so die Weiber haben mit Gebären"[5], zeigt sich im Licht neuerer Untersuchungen überraschend unterschiedlich geprägt, wahrgenommen und erlebt. Auch Frauen begannen seit dem 18. Jahrhundert, für die Geburt beim Arzt oder Chirurgen Hilfe zu suchen, und trugen zum Aufstieg des männlichen Geburtshelfers bei.[6] Der oft als überhistorisch angenommene Gegensatz zwischen Männern und Frauen, Ärzten und Hebammen löst sich bei sorgfältiger Betrachtung auf in vielfältig gelagerte und unterschiedlich ausgehandelte oder ausgefochtene Felder von Konflikt, aber auch Kooperation.

Die Ergebnisse dieser neueren Forschungsansätze macht der vorliegende Band in wichtigen Ausschnitten zugänglich, teils in Form von übergreifenden Problemerörterungen, häufiger durch vertiefte Regionalstudien und mikrohistorisch orientierte Fallgeschichten. Im Zentrum steht der Zeitraum vom 17. Jahrhundert bis zu unserer Gegenwart, doch richten sich Ausblicke zurück ins späte Mittelalter. Sehr verschiedene geographische, soziale und kulturelle Milieus werden untersucht: Land, Klein- und Großstadt; katholische, lutherische und reformierte Gemeinden; häusliche und klinische Situationen. Die Autorinnen und Autoren kommen aus verschiedenen Fächern und unterschiedlichen nationalen Forschungstraditionen; ihre Ansätze und Perspektiven sind keineswegs einheitlich. Immer aber geht es um die Geschichtlichkeit der Vorstellungen von der Geburt, um die Rekonstruktion der Wahrnehmungen und Erfahrungen des Gebärens aus der Sicht der handelnden und beteiligten Frauen und Männer.

Auf vier Themenkreise richtet sich der Blick: 1. das Gebären als eine Handlung, die Frauen und Männer jeweils spezifisch voneinander trennt und aneinander bindet; 2. die historisch je verschiedene und verschieden wahrgenommene Spannung um die richtige, sachkundige Begleitung und Betreuung der Geburt; 3. die Frage nach Macht und Ohnmacht in einem klinischen Raum; 4. die historische Wahrnehmung und übliche Behandlung der Gebärenden und Neugeborenen an jener Schwelle, auf der noch bis vor kurzem Leben und Tod, Diesseits und Jenseits sich berührten.


Frauen – Männer: Konflikte und Kooperation

Gebären und Kindbett waren – und sind – eine Sache der Frauen; und doch ging – und geht – dies Geschehen niemals ohne die reale wie symbolische Präsenz der Männer vonstatten. Vor der Kliniksentbindung finden wir im Gebärzimmer immer wieder eine Gemeinschaft der Frauen mit der und um die Gebärende. Die Konstellationen, in denen dieser besondere Raum mit der ,Männerwelt‘ verbunden war, haben jedoch ihre eigene Geschichte. Sie läßt sich nicht auf einen konstanten

Konflikt der Geschlechter reduzieren. Wir finden sehr verschiedene, ja gegensätzliche Beispiele dafür, wie die Geburtsarbeit Frauen und Männer zusammenbrachte.

*Laurel Ulrich* sammelte Mosaiksteine aus den Tagebüchern von Farmern und Hausfrauen in Neu-England und setzt aus diesen zunächst trivial erscheinenden Details ein faszinierendes Bild vom Alltag des Gebärens in diesem entlegenen Teil der Welt des 18. Jahrhunderts zusammen. Ein Kind zur Welt zu bringen galt unbestritten als Arbeit – wobei die alte Bedeutung von ,Arbeit' als Mühsal, Not, höchste Anstrengung mitschwang[7]; diese Arbeit konnte die Schwangere nur mit Hilfe der Hebamme und „ihrer Frauen", der Nachbarinnen und Freundinnen, leisten. Damit aber diese Frauen zusammenkommen konnten, wurden die Männer gebraucht – die Ehemänner und Nachbarn und oft die von ihnen gelenkten Zugtiere, Schlitten oder Boote. Die dramatischen Stunden einer bevorstehenden Geburt riefen eine Vielzahl von Hilfsleistungen auf den Plan, die nicht nur die Frauen, sondern auch ihre Männer als Nachbarn wechselseitig und langfristig miteinander verbanden.

In diesen protestantischen Gemeinden wurden die Wehen im biblischen Sinn verstanden als Gottes Strafe für die Sünde Evas, und in jeder Geburt aktualisierte sich dieser Fluch der ,schwachen Natur' für die werdende Mutter; dennoch zogen die beteiligten Frauen Macht und Ansehen aus der ,Geburtsarbeit': Sie durften die Nachsicht des Ehemannes ebenso beanspruchen wie die Hilfeleistung der Nachbarn, Kuchen und Wein für das anschließende Fest, sowie das Recht darauf, daß die üblichen Arbeiten für die Zeit des Gebärens und die Feste des Kindbetts ruhten. Denn die Geburtsarbeit galt als gleichrangig zu anderen lebenswichtigen Arbeiten, das Kindbett als festliche Verkehrung der Geschlechterordnung – Zeiten, in denen die Vorrechte der Männer partiell außer Kraft gesetzt waren.[8]

Die rituelle Dimension des ,Frauenraumes' auf der Schwelle zwischen Leben und Tod rekonstruiert *Eva Labouvie* für katholische, lutherische und reformierte Gemeinden im deutschfranzösischen Grenzgebiet an Saar und Mosel. In der Nottaufe als „gemeinschaftlichem Ritual der an der Geburt beteiligten

Frauen" wurde das vom Sterben bedrohte Kind in die Gemeinschaft der Gläubigen aufgenommen, es erhielt Namen, Paten und Personalität, also Menschlichkeit durch die anwesenden Frauen. Ein verstorbenes „Kindbetterkind" bestatteten die Frauen, von der Männerwelt abgetrennt, beim Läuten der Abendglocke und ohne kirchlichen Segen. Vorsichtig arbeitet Labouvie diese gemeinschaftliche Machtsphäre der Mütter des Dorfes heraus und deutet den wachsenden Konflikt zwischen einer von den Frauen getragenen Frömmigkeitspraxis und der Amtskirche an. In dieser Region traten Spannungen zuerst in den protestantischen Gemeinden seit dem 16. und 17. Jahrhundert auf; insbesondere calvinistische Kirchenmänner erkannten die Nottaufe nicht an. Im katholischen Venedig wurde dann um 1800 die Nottaufe in aller Regel vom Priester gespendet; auf diesem Weg erlangte er häufig Zutritt zum Gebärzimmer (*Nadia Filippini*).

Aufgrund von volkskundlichen Quellen aus Frankreich legt *Françoise Loux* in grundsätzlicher Weise dar, daß die Geburt zwar Sache der Frauen war, daß Männer – insbesondere der Ehemann der Gebärenden – aber gleichwohl eine wesentliche Rolle dabei spielten, und zwar in „praktischer" wie in „symbolischer" Hinsicht. Gewiß hatte der Mann während der Entbindung in der Regel keinen Zutritt zur Gebärstube; doch holte er die Hebamme, brachte das Wasser, beerdigte die Nachgeburt im Garten. Schon gleich nachdem sein Kind zur Welt gekommen war, betrat er den Raum der Frauen, nahm das nackte Neugeborene in den Arm und hüllte es schützend in sein Hemd. Im Geburtszimmer selbst vertraten ihn mannigfache Gegenstände, die das männliche Element ‚bedeuteten'. Das mindert nicht die zentrale Rolle der Frauen bei diesem Geschehen; allerdings hebt Loux – wie auch Labouvie am regionalen Beispiel – hervor, daß diese Rolle voller Ambivalenzen war: Die Mutter war Spenderin und Beschützerin des Lebens, konnte aber auch den Tod bringen.[9] Die Hebamme holte die Kinder ins Leben – und geleitete die Toten hinaus.

Daß es selbst in der Entbindungsklinik noch eine Sphäre zwischen den Frauen gab, in die der durchdringende Blick des ärztlichen Direktors schwerlich eindrang, zeigt *Jürgen Schlum-*

*bohm* am Göttinger Beispiel. Der besondere Fall des Pariser Gebärhospitals belegt sogar, daß auch unter den Bedingungen der Klinik die Geburt im wesentlichen eine ‚Frauensache‘ bleiben konnte: Diese große Anstalt stand bis weit ins 19. Jahrhundert hinein faktisch unter der Leitung einer Frau, der ‚Chefhebamme‘, und bildete ausschließlich Frauen, angehende Hebammen, aus (*Scarlett Beauvalet-Boutouyrie*). Freilich waren die Beziehungen zwischen den Frauen keineswegs frei von Konflikten, wie *Verena Pawlowsky* und *Marita Metz-Becker* für Patientinnen und Personal von Kliniken, *Waltraud Pulz* und *Christine Loytved/Bettina Wahrig-Schmidt* für Hebamme, Gebärende und ‚Gemeinschaft der Frauen‘ bei Hausgeburten deutlich machen.[10]

## Konflikte zwischen Wissensformen: Abwarten oder Eingreifen, der Natur vertrauen oder der Kunst

Bekannt ist die Polemik der frühen ärztlichen Geburtshelfer gegen die angeblich ignoranten und abergläubischen Hebammen. Um ihren auf ‚Wissenschaft‘ gestützten Anspruch durchzusetzen, werteten die Mediziner das Wissen der Praktikerinnen radikal ab.[11] Die Stimmen der Männer, die sich im Medium des gedruckten Wortes artikulierten, sind breit überliefert, viel seltener die Stellungnahmen der Hebammen, Gebärenden und ihrer Helferinnen. Freilich dürfen die schrillen Töne nicht darüber hinwegtäuschen, daß Ärzte und Chirurgen die Hebammen in den meisten Ländern bis weit ins 20. Jahrhundert nicht wirklich verdrängen wollten, sondern primär danach strebten, sich als überlegene Autoritäten zu etablieren, mithin die Hebammen zu kontrollieren und in ihrem Sinne auszubilden. Selbst Hand anlegen wollten die männlichen Geburtshelfer vor allem bei bessergestellten ‚Privatpatientinnen‘ und im Falle komplizierter Entbindungen.[12] Nur partiell ging es also um eine neue Teilung der Arbeit zwischen Hebammen und Ärzten, fundamental hingegen um eine Änderung in der Verteilung der Macht und des autorisierten Wissens.

Doch die Konflikte begannen nicht erst, als Ärzte oder Chirurgen mit den Hebammen zu konkurrieren sich anschickten; und nicht immer verliefen die Frontlinien zwischen diesen beiden Berufsständen und damit zugleich zwischen dem weiblichen und dem männlichen Geschlecht. *Waltraud Pulz* bringt aufgrund einer feinen Analyse von Gerichtsakten eine Vielzahl von Stimmen in all ihren Nuancen zu Gehör. Es war der örtliche Stadtarzt, der 1680 die bekannte Hebamme Justina Siegemund im schlesischen Liegnitz vor Gericht zitierte – interessanterweise mit dem Vorwurf, Geburten durch gewalttätige Eingriffe beschleunigt zu haben, während später die Hebammen nicht selten pauschal wegen untätigen Abwartens getadelt wurden. Wichtiger noch als die Motive des Arztes sind die Aussagen, die die Gebärenden und ihre Helferinnen im Laufe der Untersuchung machten; denn selten nur überliefern historische Quellen, wie sie die Geburt erlebten und wahrnahmen. In dem, was die betroffenen Frauen sagten, und in dem, was sie nicht sagten, spürt Pulz auf, daß in der dramatischen Grenzerfahrung der Geburt das Eingreifen der Hebamme ambivalente Gefühle auslöste: Sie erschien als die Kundige und Mächtige, die helfen konnte, der die Gebärende sich aber zugleich ausgeliefert fühlte; denn ihr Eingriff konnte auch als schmerzhafter Übergriff empfunden werden. Das Handwerk der Hebamme beruhte „auf einer empfindlichen Balance zwischen Eilen und Weilen, zwischen Warten und Eingreifen". Auch wenn die Beziehung der Gebärenden zur Hebamme grundsätzlich von Vertrauen getragen war, konnte Angst vor der mächtigen Helferin aufkommen.

Anhand eines gerichtlichen Konflikts, der ein Jahrhundert später in Lübeck verhandelt wurde, zeigen *Christine Loytved* und *Bettina Wahrig-Schmidt*, in welcher Weise das Verhältnis zwischen Hebamme und Gebärender sowie helfenden Frauen anfällig für Störungen war. Zugleich arbeiten sie heraus, wie schwierig es bisweilen für die ‚Wehemutter' wurde, zwischen den Erwartungen der Frauen auf der einen Seite und den von Ärzten und Obrigkeiten gesetzten und überwachten Regeln auf der anderen zu manövrieren. Doch auch die Ärzte und

Chirurgen, ohnedies damals noch zwei prinzipiell unterschiedene Berufsstände, sprachen keineswegs mit einer Stimme; sie handelten nicht nach einem einheitlichen Konzept, um sich das Feld der Geburtshilfe zu erschließen. Ein anderer Lübecker Fall, ebenfalls aus der zweiten Hälfte des 18. Jahrhunderts, tödlich für Mutter und Kind, belegt vielmehr ein durchaus unterschiedliches, ja gegensätzliches und konfliktträchtiges Rollenverständnis bei den beteiligten medizinischen Experten. – Solche Spannungen macht *Nadia Filippini* auch in Venedig um die Mitte des 19. Jahrhunderts sichtbar. Vor allem aber geht es hier um spezifische Aspekte im katholischen Norditalien. Neben der Hebamme, die mit helfender Hand tätig war, und neben dem chirurgischen Geburtshelfer, der in schwierigen Fällen – meist nach langem Zögern – zu Hilfe gerufen wurde, um mit seinen eisernen Instrumenten einzugreifen, war dort im Gebärzimmer der Priester sehr präsent. Und er beschränkte sich nicht darauf, das Weihwasser zu verwalten und eventuell das Sakrament der Taufe zu spenden, sondern er beanspruchte auch die Kompetenz, bei den Entscheidungen des Arztes über Leben und Tod von Mutter und Kind mitzusprechen, bisweilen aufgrund eines nicht unbeträchtlichen Wissens in geburtshelferisch-medizinischen Fragen.

An einer kleinen Broschüre, die 1793 im Erzstift Salzburg die „Landleute" davon überzeugen sollte, daß sie zur Entbindung ihrer Frauen nur ausgebildete Hebammen rufen sollten, arbeitet *Gunda Barth-Scalmani* die komplexen Fronten heraus, die die staatlich forcierte medizinische Ausbildung der Hebammen mit sich brachte. Zwei Typen des Wissens und der Person der Geburtshelferin konkurrierten gegeneinander: die junge, durch Ärzte ausgebildete Hebamme, die den neuen Wissenstyp ungebrochen verkörpern sollte, weil sie schon früh außerhalb des Dorfes eine Schulung durchlaufen hatte und „somit von allen Vorurtheil und Eigensinn in solcher Sach gantz entfernt ist", gegen die ältere Hebamme, die ihr Können ausschließlich in der Praxis erworben und sich auch durch eigene Erfahrung der Wehen zur richtigen Leitung des Geburtsvorgangs qualifiziert hatte. Aufgeklärte Behörden und Ärzte wollten diese „unerfahrenen, tölpelhaften, siechen, schmutzigen alten Weiber" durch professionelle Geburtshelferinnen ersetzen. Und doch blieb die Salzburger Reform zunächst eine Kopfgeburt. Denn die Vorstellung über das Wissen und die Erfahrung, die zur Geburt vonnöten waren, trennte nicht Männer und Frauen, sondern Gebildete und Landvolk: Die Männer in den Gemeinden wollten die Kosten für die Hebammenschule nicht tragen, die Gebärenden vertrauten weiterhin auf die ihnen bekannten nicht-diplomierten Hebammen und auf die nachbarschaftliche Beistandsgemeinschaft der Frauen.

„Ich hätte nichts sagen können, wovon es geheißen hätte, ja, das stimmt..." ist der Schlüsselsatz in den Erinnerungen einer Schweizer Berghebamme an ihre Ausbildung, die sie in den 1940er Jahren in Basel absolvierte. An wenigen Sätzen aus ihren langen Gesprächen mit drei Hebammen macht *Claudia Töngi* in exemplarischer Weise einsichtig, wie das scheinbar neutrale Faktenwissen der Klinik soziale Beziehungen und Hierarchien, ja sogar die individuelle Selbstdeutung lebenslang mitstrukturiert. Durch das Ritual der Schulung im Spital verinnerlichte die Hebammenschülerin eine vielfache Fremdheitserfahrung, die noch im Alter, nach Jahrzehnten erfolgreicher Praxis sprechend zum Ausdruck kommt: in der ambivalenten Haltung zu männlich-theoretischem Wissen, zu den klinischen oder ärztlichen Autoritäten, in ihrer Identität als Frau. Die Einübung in die Geburtsmedizin unter männlich-ärztlicher Autorität bildete bei der Hebamme die Vorstellung einer „auf Wissenschaftlichkeit gegründeten Fachkompetenz" aus, die für ihre Praxis in den Häusern der Bergbäuerinnen immer fremd und dennoch wirkmächtig blieb. Die Medikalisierung des Hebammenwesens zeigt sich hier in einer fundamentalen Doppelgesichtigkeit. Die professionelle medizinische Ausbildung stattete diese Frauen mit Kompetenz und Legitimation aus; da sie dem Medizinbetrieb aber immer nur marginal zugehörten und da sie die Standards der Klinik bei den Hausgeburten unmöglich aufrechterhalten konnten, war die medizinisch-professionelle Identität und Legitimität problematisch und gebrochen. Die Ausbildung ermächtigte und entmachtete zugleich. Diese Ambiguität in der Haltung zum eigenen Wissen, Tun und Sein spürt Töngis Interview auf.

Die Barriere, die eine bio-medizinische Konzeption der Geburt – wie sie sich im Laufe des 20. Jahrhunderts durchgesetzt hat – gegen ein Verständnis des in jeder Geburt statthabenden Rituals der ‚Menschwerdung‘ aufrichtet, untersucht *Barbara Duden*. Gestützt auf medizinkritische empirische Studien, argumentiert sie, daß für die Historikerin nicht Kosten und Nutzen der technischen Bemächtigung des Gebärvorgangs in den Kliniken des 20. Jahrhunderts im Vordergrund stehen sollten, sondern die symbolischen Aspekte der klinischen Geburt. Die hochgerüstete Kreißsaal-Geburt, die in der Nachkriegszeit durchgesetzt wurde, wird begriffen als ein rituelles Geschehen, das für die Beteiligten neuartige Glaubensformen hervorbringt und bestätigt: eine verinnerlichte Abhängigkeit von der Medizin und eine Verankerung der Mythologeme von ‚Sicherheit‘ als Risiko-Beschränkung, als Planung und Kontrolle, schließlich als Optimierung durch professionelles Kalkül. Die Vielfalt der klinischen Prozeduren, die heute die Schwangerschaft von Anfang bis Ende prägen, werden nicht auf ihre technische, sondern auf ihre sinngebende Funktion hin interpretiert. Die Niederkunft, wie sie früher unter Frauen stattfand, versteht Duden hingegen als den sinngebenden Vorgang der ‚Menschwerdung‘ der Leibesfrucht. Dieses sinnstiftende Tun zwischen zwei Frauen, der Gebärenden und der Helferin, bezeichnet Duden als ‚Proto-Ritual‘, um es von den Ritualen der sozialisierenden Eingliederung in Familie und Kirche ebenso wie vom umgebenden Brauchtum zu unterscheiden. Die Geburt in diesem Sinne ist durch die Technisierung der ‚normalen‘ Entbindung verdrängt worden; die Geburt – so die These – ist im Ausgang des 20. Jahrhunderts untergegangen.

## Macht und Ohnmacht – Mediziner, Hebammen und Gebärende in den ersten Kliniken

Die traditionelle Medizingeschichte sah in den Gebär- oder ‚Accouchier'[13]-Häusern die zentralen Institutionen, die dem Prozeß der Verwissenschaftlichung der Geburtshilfe und dem Fortschritt der ‚Entbindungskunst' dienten. Wurde dieser Prozeß einer radikalen Kritik unterzogen, so verkehrte sich die Bewertung der Entbindungshospitäler ins Gegenteil: Mittels dieser Anstalten entmachteten Ärzte die Hebammen, machten Gebärende zu Objekten, an denen sie ihre künstliche instrumentelle Geburtshilfe entwickelten, die natürlichen Methoden der Hebammen verdrängend. Daß beide Versionen zu einfach sind, zeigt schon die Tatsache, daß die besonders alte und bedeutende Entbindungsabteilung am Pariser ‚Hôtel-Dieu' faktisch von der Oberhebamme geleitet wurde und prinzipiell zur Ausbildung von Hebammen bestimmt war, während Männer, also Ärzte und Chirurgen, sich dort nur in Ausnahmefällen schulen lassen konnten.[14] Und in England, wo neben Frankreich zuerst männliche Geburtshelfer auftraten, spielten Hospitäler für den Beginn dieser Entwicklung keine zentrale Rolle.[15] Andererseits gehört es zu den von der herkömmlichen Medizingeschichte kaum beachteten Paradoxien, daß die Leiter der großen Entbindungshospitäler als die maßgeblichen Autoritäten der Geburtshilfe anerkannt wurden, obwohl in ihren Anstalten bis in die 1880er Jahre die Müttersterblichkeit wesentlich höher war als bei der Masse der von Hebammen betreuten Hausgeburten.[16]

Die Untersuchung der Akten von vier Gebärhäusern aus dem 18. und 19. Jahrhundert – in Göttingen, Marburg, Wien, Paris – zeigt die Neuartigkeit der Erfahrungen und Wahrnehmungen des Gebärens in einer klinischen Institution, aber auch die Persistenz tradierter Haltungen auf Seiten der Gebärenden. Auf dem europäischen Kontinent war die überwiegende Mehrheit der Frauen, die zur Niederkunft eine Anstalt aufsuchte, ledig.[17] Verheiratete Frauen brachten ihre Kinder bis weit ins 20. Jahrhundert in aller Regel zu Hause und meist unter Beistand einer Hebamme zur Welt.

Für das erste Entbindungshospital, das Teil einer Universität war, hat *Jürgen Schlumbohm* insbesondere die von dem langjährigen Direktor, Professor Friedrich Benjamin Osiander, geführten „Tagebücher" untersucht. Aufgrund dieser Texte wird sehr konkret sichtbar, wie die Schwangeren zu Patientinnen, die Gebärenden zu geburtshilflichen Fällen wurden. Laut den Protokollen entbindet der selbstbewußte Geburtshelfer die Frau; diese selbst spielt keine aktive Rolle, ja sie ist als Person kaum mehr existent. Geradezu idealtypisch finden wir hier eine neue Art zu gebären: Der Unterleib der Frau war den Blicken beobachtender und den Handgriffen übender Studenten ausgesetzt; sie selbst war mit dem Kopf hinter einem Vorhang verborgen, gleichsam abgetrennt von ihren Geburtsorganen, deren normgerechte Arbeit der Arzt überwachte, kontrollierte und instrumentell beherrschte. Als „aktiver Geburtshelfer" setzte Osiander in 40% aller Entbindungen die Zange ein und überließ kaum mehr als die Hälfte der „Natur". Gewiß nahm er mit dieser einseitigen Bevorzugung der instrumentellen „Entbindungs*kunst*" in der Zeit um 1800 eine extreme Position ein, auch unter den Leitern der Gebärhäuser. Johann Lukas Boer, der im Anschluß an englische Vorbilder das Programm einer „natürlichen Geburtshilfe" entwickelte, ließ an der großen Wiener Anstalt die Zange hundertmal seltener anwenden. Trotzdem macht das Göttinger Beispiel grundsätzliche Probleme deutlich. Untrennbar verbanden sich hier aufgeklärte Philanthropie und berufsständische Interessen. Das Hospital hatte die Aufgabe, „der Menschheit nützliche Geburtshelfer und Hebammen zu bilden". Zugunsten dieses höheren Zwecks wurden die Gebärenden gleichsam als lebende Übungspuppen oder, wie Osiander es in schonungsloser Offenheit vor der Fachöffentlichkeit ausdrückte, als „lebendige Fantome angesehen". Freilich lassen sogar die von ihm geführten Tagebücher durchblicken, daß er die Praxis der Klinik nicht uneingeschränkt nach seinem Leitbild gestalten konnte. Sein Blick durchdrang keineswegs das ganze Leben im Hospital, und die Frauen, die es als kostenlose Zuflucht für einige schwierige Wochen ihres Lebens in Anspruch nahmen, ließen sich nicht in willenlose Objekte verwandeln.

Das zeigt auch *Marita Metz-Becker* anhand der Akten der Marburger Gebäranstalt. Vor allem aber gelingt es ihr, die Stimmen der Patientinnen hörbar zu machen. In Kindsmordprozessen sagten ledig Gebärende aus, warum sie nicht ins Hospital gegangen waren. Selbst innerhalb des Klinikbetriebs blieben die Frauen weder taten- noch sprachlos. Einige verheimlichten ihre Wehen, um in einem Winkel des Hauses und nicht vor den versammelten Studenten niederzukommen. Eine andere schrieb einen Brief an den Direktor und löste damit eine Untersuchung aus, die für diesen unangenehm wurde. 1853 verfaßten sogar alle Patientinnen eine gemeinsame Petition. In hessischer Mundart und eigenwilliger Schreibweise, aber mit eindrucksvollen biblischen Bildern wird hier „Barmherzigkeit" erfleht, aber auch „Recht" und Gerechtigkeit eingeklagt. Gegen die schlechte Behandlung und Beköstigung durch die Haushebamme richtet sich der Appell, taktisch geschickt, an den Geburtshelfer und Leiter wie an einen fernen und weisen Herrscher, der von der Unordnung und Ungerechtigkeit vor Ort nichts weiß. Und doch wird er aufgefordert: „Lassen Sie dies Haus zunageln und in alle vier Ecken der Welt ausschreiben!" Gewiß geht es den Schreiberinnen um ganz konkrete Verbesserungen, nicht zuletzt der Kost, und hier erreichen sie auch etwas – kein unwichtiger Punkt im Zeitalter der Massenarmut. Zugleich aber fordern die Frauen ein, nicht „als wie ein Stück Vieh" behandelt zu werden: „Wir sind doch immer Menschen."

Wie in Marburg so war auch bei dem ungleich größeren Wiener Gebärhaus die finanzielle Ausstattung ganz unzureichend, die wohlgemeinten Absichten zu erfüllen. Drangvolle Enge herrschte in dem chronisch überbelegten Hospital, das in der Hauptstadt mit ihrem ungewöhnlich hohen Anteil unehelicher Geburten auch deshalb auf besonders starke Nachfrage stieß, weil hier – wie übrigens auch in Paris – das Kind anschließend ins Findelhaus gegeben werden konnte. Gerade die ungenügende bauliche, materielle und personelle Ausstattung der Anstalt, so zeigt *Verena Pawlowsky*, führte dazu, daß im Alltag der Klinik Konflikte nicht zuletzt zwischen den Patientinnen und den unteren schlechtbezahlten – und überwiegend weiblichen – Gruppen des Personals entstanden, den Wärterinnen und Hebammen. Die Hospitalisierung der Geburt führte also dazu, daß Frauen, die in der Institution fremd aufeinander trafen, strukturell gegeneinander gestellt wurden, obwohl – oder weil – sie als Personen weiblichen Geschlechts in der Anstaltshierarchie die unteren und untersten Ränge innehatten. Durch eine inoffizielle Ökonomie der erpreßten „Trinkgelder" und Arbeitsdienste sowie einen „Schleichhandel" mit begehrten Ammenstellen suchte das Personal seine Macht und sein Einkommen aufzubessern – auf Kosten der Patientinnen, die das schwächste Glied in der ‚Ordnung der Klinik' bildeten.

Ein in mehrfacher Hinsicht überraschendes Bild zeichnet *Scarlett Beauvalet-Boutouyrie* von dem bedeutenden Pariser Entbindungshospital. Wenn schon in Wien die Oberhebamme eine stärkere Stellung hatte als in der relativ kleinen Göttinger Anstalt, so erscheint die ‚Chefhebamme' von Port-Royal geradezu als faktische Leiterin des ganzen Hauses. Der ‚leitende Geburtshelfer' hatte nur dann Zutritt zum Kreißsaal, wenn er von der Hebamme wegen ungewöhnlicher Komplikationen ausdrücklich gerufen wurde; und nicht er, sondern sie führte die Protokolle (die sonst, wie das Göttinger Beispiel zeigt, den Kern des vom Direktor akkumulierten Wissens darstellten) – ein im Laufe des 19. Jahrhunderts für das Standesbewußtsein der Ärzte und Chirurgen immer weniger erträglicher Zustand. Mediziner scheuten sich nicht anzudeuten, daß die hohe Sterblichkeit der Anstalt in ursächlichem Zusammenhang damit stehen könnte, daß „die schönste Schule der Welt in den Händen einer Frau ist, die anderen Frauen beibringt, was eine Frau sie gelehrt hat". In der Tat wurden hier keine Medizinstudenten, sondern ausschließlich Hebammen ausgebildet. Mit diesem Argument sowie mit Hinweis darauf, daß die Patientinnen sich nicht „der Neugier eines Mannes" aussetzen wollten, verteidigten die leitenden Hebammen ihre Position bis ins späte 19. Jahrhundert hinein. Sie veröffentlichten Lehrbücher und Fallgeschichten aus der Klinik – wie die Professoren der Geburtshilfe –, und sie entschieden über die Methode der Entbindung, und zwar nach dem Grundsatz: „Nur keinen Übereifer! Eher auf die Natur vertrauen als auf sich selbst." Mehr als 95% der Geburten verliefen in dieser Klinik „natürlich". In Port-Royal zeigt sich in besonders zugespitzter Weise, was auch für viele Gebäranstalten Mitteleuropas gilt: Die Medikalisierung und Hospitalisierung der Geburt, also die formelle Ausbildung und Einbindung der Hebammen in einen durch Ärzte geprägten Denkstil, diente nicht ausschließlich männlichen Geburtshelfern, sondern auch der Professionalisierung des Hebammenstandes – freilich in Paris auf besonders hohem Niveau und unter ausdrücklichem Ausschluß männlicher Konkurrenten.

## Frömmigkeit, Glauben, Wissenschaft auf der Schwelle zwischen Leben und Tod, Diesseits und Jenseits

In der Moderne sind Schwangerschaft und Geburt zu medizinischen Ereignissen geworden: die Medizin und die biologischen Wissenschaften sind letztlich die Instanzen, die diese körperlichen Vorgänge für den Laien umreißen und prägen. Sie definieren auch die Grenzlinie zwischen dem Lebendigen und dem Verstorbenen, zwischen einer lebenden und einer toten Geburt. In drei Studien dieses Bandes wird gezeigt, wie anders vor dem Aufstieg der Bio-Wissenschaften das, was in der Geburt auf die Welt gebracht wurde, noch bis ins 18. Jahrhundert von den Umstehenden, den Eltern, der Hebamme, den Nachbarinnen, aber auch von Kirchenmännern und sogar gelehrten Ärzten wahrgenommen wurde. *Susi Ulrich-Bochsler/ Daniel Gutscher, Jacques Gélis* und *Eva Labouvie* untersuchen protestantische und katholische Gebiete in der Schweiz, in Süddeutschland und im Osten Frankreichs. Sie beschreiben eine Frömmigkeitspraxis, die heute fremdartig anmutet: Über weite

Entfernungen hinweg brachten besorgte Eltern, Hebammen, Nachbarn oder besondere Träger Totgeborene zu einem heilsmächtigen Ort, meist einer Marienkapelle, um das Kind auf eine Weile vor dem Gnadenbild darzureichen – in der Hoffnung, es möge für eine kleine Zeit erweckt werden, damit es getauft und anschließend christlich bestattet werden konnte. Es ging dabei nicht um eine Erweckung zum diesseitigen ‚biologischen‘, sondern um eine Erweckung zum jenseitigen, ewigen Leben durch die Taufe. Denn ein ungetauft verstorbenes Kind hatte, wie *Ulrich-Bochsler* und *Gutscher* darlegen, einen ungewissen Status; man fürchtete, es könne keine Ruhe finden. Für die Eltern waren diese Rituale von großer Bedeutung und sie scheuten, so *Labouvie*, keine „Strapazen und Opfer". Im Schweizer Oberbüren wurden die erweckten, getauften Kinder sorgsam bestattet, waren nach Osten hin ausgerichtet, um den Jüngsten Tag zu erwarten. Die minutiöse Analyse der Ausgrabungsergebnisse ergibt, daß die Praxis, totgeborene Kinder durch wundertätige Heilkraft erwecken zu lassen, auch nach der Reformation vom Volk zunächst beibehalten wurde. Zwar war nach protestantischer Lehre die Taufe nicht mehr heilsnotwendig, dennoch zeigen die archäologischen Befunde, daß auch reformierte Eltern in Sorge um die Zukunft ihrer ungetauften Kinder sie unter einem Traufdach der Kirche zu bestatten suchten, damit sie durch das Regenwasser gleichsam getauft wurden.

Wie ‚sahen‘ die Zeitgenossen diese wunderbare Wiedererweckung zum Leben, die ja auch damals an körperlichen ‚Zeichen‘ sichtbar werden mußte? *Jacques Gélis* kann an einem ungewöhnlichen Zeugnis das zähe Überleben wie den Schwund dieser wundersamen Zeichen vor einer naturwissenschaftlichen Überprüfung herausarbeiten. Der besondere Umstand einer detailliert dokumentierten kirchlichen Untersuchung der Erweckungen im Kloster Ursberg im heute bayerischen Schwaben erlaubt eine genaue Rekonstruktion dieser frommen Praxis. Das Wunder wurde mit damaligen wissenschaftlichen Mitteln untersucht, die ‚Zeichen‘ der Erweckung genauestens klassifiziert, beobachtet und notiert. Begleitet von einem Arzt und zwei Chirurgen, ausgestattet mit Meßinstrumenten und durch die Brille eines ausführlichen Fragenkataloges untersucht der aufgeklärte Kirchenmann die „unfehlbaren Zeichen des Todes" wie die Zeichen der zeitweiligen Erweckung – ein historisches Zeugnis, das die Eigenart des damaligen Wunderglaubens gerade deshalb einzigartig überliefert, weil er kritisch betrachtet wurde. Verständlich werden diese Vorstellungen und Verhaltensweisen durch das Aufeinandertreffen einer von der Gegenreformation geprägten Frömmigkeitspraxis mit dem säkular-verwissenschaftlichten Weltbild der Aufklärung. Prägend wirkte aber letzten Endes auch die Tatsache, daß bei jeder Geburt Kind und Mutter in der Nähe des Todes standen – eine Tatsache, die auch *Loux* und andere Beiträge betonen.

Dieses Buch will kein einheitliches Gesamtbild der Geschichte der Geburt vermitteln; aus ihm läßt sich kein einfaches Rezept für die Probleme der Gegenwart ableiten. Wohl aber mögen Einblicke in die vielfältigen Weisen, wie Frauen und Männer in der Vergangenheit mit Geburten umgingen, anregen zu neuen Fragen und vertieften Überlegungen – auch über gegenwärtige Probleme.

# I. Frauensache – Männerpflichten. Menschen um die Gebärende

*Laurel Thatcher Ulrich*

# Ihre Arbeit – seine Arbeit. Geburtsberichte in Tagebüchern aus Neu-England im 18. Jahrhundert

Am 30. Juli 1716 vermerkte Joshua Hempstead aus New London, Connecticut, mit einem knappen Satz in seinem Tagebuch seine eigene Arbeit und die Geburt seiner neunten Tochter: „Ich war den ganzen Tag über mit Holzfällen und Stämme flößen beschäftigt, mein Weib brachte gegen Sonnenuntergang eine Tochter zur Welt."[1] Im Tagebuch – wenn nicht sogar im Leben – erhielt die ‚Geburtsarbeit‘ von Abigail Hempstead denselben Stellenwert wie die Arbeit ihres holzfällenden und Stämme flößenden Ehemannes. Ähnlich stellte Matthew Patten, ein Farmer aus New Hampshire, weibliche und männliche Arbeit nebeneinander und wirkt dabei ungewollt komisch, wenn er am 16. Oktober 1755 notierte: „Mein Weib brachte gegen acht Uhr in der Früh einen Sohn zur Welt und verkaufte eine Kuh an William Macmeal aus New Boston."[2] Eindeutig war es Patten, der die Kuh verkaufte, und nicht seine Frau. Tagebücher wie die von Hempstead oder Patten waren in erster Linie Anschreibebücher, in denen notiert wurde, daß Güter getauscht, Land erworben, Felder bestellt, Rüben gehackt, Fässer ausgebessert, Schafe geschoren und Söhne und Tochter in die Welt gesetzt worden waren. Obwohl Tagebücher von Frauen andere Details enthielten, waren sie oftmals ebenso merkwürdig zurückhaltend. So schrieb beispielsweise Elizabeth Wildes: „den ganzen Tag gestrickt" und vermerkte anschließend ebenso knapp: „Abigail Wildes geboren", ohne anzudeuten, daß sie selbst die Mutter war.[3]

Eine knappe Ausdrucksweise entsprach der Gattung, doch war sie ebenso eine kulturelle Eigenart, ein Schutz vor Enttäuschungen und ein Zeichen des blinden Gehorsams gegenüber Gott. Experience Richardson drückte aus, was allgemein galt, wenn sie am Anfang ihres Tagebuchs notierte: „Was hierin geschrieben steht, wurde eher unter- als übertrieben."[4] Unabhängig vom Inhalt des Textes, gleichviel ob religiöse Gefühle notiert, die Erledigung tagtäglicher Aufgaben vermerkt oder die Geburt eines Kindes festgehalten wurden, verwendete der Neuengländer möglichst sparsame sprachliche Mittel. Bei der Lektüre dieser Diarien muß deshalb immer auch auf das geachtet werden, was nicht ausdrücklich geschrieben steht.

In diesem Beitrag sollen Geburtsberichte in mehr als einem Dutzend Tagebüchern aus dem 18. Jahrhundert untersucht werden. Diese reichen von einfachen Notizen zum Tagewerk wie den Schriften von Patten und Hempstead bis hin zu ausdrucksstärkeren Berichten wie jenen des protestantischen Geistlichen Ebenezer Parkman oder den Schriften von Elizabeth Porter Phelps, einer Dame aus besseren Kreisen. Bei der Untersuchung habe ich mich auf meine frühere Arbeit zum Tagebuch der Hebamme Martha Moore Ballard aus Maine gestützt, denn sie ermöglicht eine umfassendere Kontextualisierung. Gelegentlich habe ich auf Ballards Tagebuch als intakte Überlieferung verwiesen, mit deren Hilfe zahlreiche weitere bruchstückhafte Materialien gedeutet werden können. Dies trifft zweifelsohne auch auf das hier analysierte Korpus zu. Ohne das anhand des Ballard-Tagebuches gewonnene Verständnis für Geburtsvorgänge im Amerika des 18. Jahrhunderts wäre es nicht möglich gewesen, die gelegentlich rätselhaften Äußerungen in anderen Berichten zu deuten. Diese Quellen ergänzen wiederum das Zeugnis Ballards, sie belegen die allgemeine Verbreitung der von ihr geschilderten Praktiken, liefern zu einzelnen Situationen weitere Details und bieten einen Einblick in die bisweilen unterschiedlichen Sichtweisen von Müttern, Vätern, Nachbarn und Nachbarinnen, Ärzten und Großeltern. In der hier gewählten Stichprobe kommen Farmer und Hausfrauen aus ländlichen Gebieten zu Wort sowie vier Geistliche, die Ehefrau eines Geistlichen, ein Quäker, die Frau eines Stadtarztes, ein Landarzt, zwei Kaufleute, ein Seemann, die Ehefrau eines Kapitäns aus Maine sowie eine Hebamme aus Vermont. Obwohl die neuenglischen Tagebuchverfasser in unterschiedlichen geographischen, materiellen, religiösen und persönlichen Umständen lebten, weisen ihre Darstellungen doch eine erstaunliche Homogenität auf. In buchstäblich jedem Bericht erscheint die Geburt als ein Geschenk und als ein Fluch, als Segen Gottes und als Last, die mit Glaube, Mut und nachbarschaftlicher Unterstützung getragen werden muß.

Stephen Innes hat bereits festgestellt, daß es zu den zentralen Anliegen der Prediger aus Neuengland gehörte zu verkünden, daß der „Mensch für die Arbeit und nicht für den Müßiggang geschaffen" sei.[5] Im Englischen sind die Worte ‚Labour' und ‚Travail' Synonyme. Beide sind doppeldeutig und verweisen – wie früher auch das deutsche Wort ‚Arbeit – auf die körperliche Arbeit im allgemeinen und auf die besonderen Strapazen und Schmerzen, die mit Wehen und Geburt einhergehen.[6] In der Schöpfungsgeschichte werden in Gottes Fluch über Adam und Eva, als diese die Frucht vom Baum der Erkenntnis gegessen hatten, die zwei Arten von Arbeit verknüpft. Jotham Sewall, ein zeitgenössischer Farmer und Laienprediger aus Maine, faßte seine eigene Auslegung dieser Geschichte in dem Gedicht „Anläßlich der Geburt eines Kindes" folgendermaßen zusammen:

„Verflucht war die Schlange, kriechend im Staub,
Der Mann dazu verdammt, zu verdienen sein kummervolles Brot;
Die Frau ward getroffen von einem noch schwereren Los,
ward doch durch ihre ausgestreckte Hand erweckt
des Herr Gotts Zorn, welcher alsdann befahl:
‚Dies sei dein Schicksal – es vermehre sich dein Leid,
Vielfältige Sorgen seien auf immer dein;
Und ehedem unbekannte Schmerzen sollen die Geburt
All' deiner unglückseligen Nachkommen auf Erden begleiten.'"[7]

Hinter Sewalls strengen theologischen Vorstellungen stehen sowohl die widerwillige Anerkennung der weiblichen Lasten wie auch das beruhigende Wissen, daß der Mann von diesen Schmerzen nicht betroffen ist. Geburten waren ‚Frauensache'.

Die Männer zeigten sich mit dem Willen Gottes einverstanden, indem sie ihren eigenen, ganz anderen Arbeiten nachgingen.

Im 18. Jahrhundert gab es keinen Lebensbereich, in dem die Frauen so uneingeschränkt das Sagen hatten wie bei der Geburt. Im damaligen Neuengland existierten weder medizinische Fakultäten, noch gab es Niederlassungsvorschriften oder obrigkeitliche Verordnungen. Die ländliche Gesellschaft bestand aus kleinen Landeigentümern; die Geburten fanden mit der Unterstützung von Hebammen und helfenden Frauen zu Hause statt. Die Rolle der Väter beschränkte sich auf das Holen und Bezahlen der ‚Wehmutter‘. Bis zum Ende des 18. Jahrhunderts erschienen männliche Ärzte nur in Notfällen – und auch dann nur selten. Als sie begannen, auch komplikationslose Geburten in stärkerem Maße durchzuführen, geschah dies stets in einem weiblich dominierten Umfeld. Bei unehelichen Kindern, ungeklärter Vaterschaft oder Kindsmord lag zwar die endgültige Entscheidungsgewalt in der Hand männlicher Richter und Geschworener, doch hatten auch hier Hebammen und deren Helferinnen die entscheidende Rolle, weil sie die Aussagen der Mutter bezeugten bzw. selbst fachkundige Aussagen lieferten. Die kirchliche Autorität war ebenfalls begrenzt. In dieser nonkonformistischen protestantischen Gesellschaft kam der Kindstaufe keine erlösende Rolle zu, und von der Kirchenzucht wurde nur jene Minderheit der Bevölkerung erfaßt, welche sich einer etablierten Kirche angeschlossen hatte. Nur einige, wenige Eltern ließen ihr Neugeborenes kurz nach der Geburt in einer Kirche taufen. Aus den Tagebüchern ist ersichtlich, daß Männer an den Entbindungen ihrer – und anderer – Frauen regen Anteil nahmen, die Geburt blieb jedoch ein Geschehen, das ausschließlich Frauen leiteten.

Um zu einem besseren Verständnis der vielfachen Überschneidungen zwischen weiblicher und männlicher Arbeit zu gelangen, muß man auch die scheinbar unbedeutenden Details genau untersuchen und den Fortgang der Geburt verfolgen: vom Einsetzen der ersten Wehen, wenn der Mann die Nachricht von der bevorstehenden Entbindung in der Nachbarschaft kundtat, über den eigentlichen Geburtsvorgang, der von den Umstehenden und unmittelbar Betroffenen als betont dramatischer Moment erfahren wurde, bis hin zur recht langen Wochenbettzeit, die für Mutter und Kind am kritischsten war. Jede dieser Phasen brachte für die Männer und die Frauen sorgfältig festgelegte Aufgaben, wobei ihr jeweiliger Beitrag jener biblischen Rollenteilung folgte, die der Frau Schmerzen und Leiden (und die Freude der Entbindung) zuschrieb, dem Mann hingegen prosaischere, wenn auch nie ausschließlich ökonomische Pflichten.

Der protestantische Geistliche Ebenezer Parkman beschrieb in seinen Eintragungen vom 21. und 22. August 1751 die klassische männliche Aufgabe bei der Geburt eines Kindes – das Einholen von Hilfe:

„Mein Eheweib bekam Wehen und wir waren glücklich, daß Mrs. Forbush [die Hebamme] zu uns kam. Wir baten sie, die Nacht zu bleiben ... erst gegen Anbruch des Tages ging sie wieder nach Hause. Mein Weib litt jedoch so erbärmlich, daß ich eiligst ausritt, sie wieder zu holen. Der Tag verspricht sehr heiß zu werden, doch müssen wir die Frauen aus der Nachbarschaft versammeln. Ich ritt den Weg hinauf, benachrichtigte die vier nächsten und suchte anschließend Mrs. Baker sowie Mrs. Nurse und Mrs. Williams, die allesamt eintrafen – und plötzlich gegen elf Uhr morgens ward unser Sohn geboren. Mein zwölftes lebendes Kind und mein sechster lebender Sohn. Der Name des Herrn sei gepriesen!"[8]

Erst die Hebamme, dann die Nachbarinnen – die wichtigste Aufgabe des Mannes bestand darin, für seine Frau die Unterstützung herbeizuholen, die sie brauchte. Nach der Entbindung mußte er die verschiedenen Frauen wieder zu ihren jeweiligen Häusern bringen und die Kinderpflegerin holen, die Mutter und Kind im Wochenbett betreute.

Das unvorhersagbare Wetter in Neuengland, das unwegsame Gelände, der erhebliche Abstand zwischen den Höfen und die wenigen Pferde ließen das Herbeiholen einer Hebamme und ihrer Helferinnen stets zu einem größeren Unternehmen werden. Bei einer anderen Gelegenheit mußte Parkman die Hebamme Granny Forbush im tiefsten Winter holen. Die hohen Schneemassen machten ein Fortkommen unmöglich, bis zwei Nachbarn „ihre Pferde nahmen und vor mir her ritten, auf welche Weise es mir schließlich gelang".[9] Martha Ballard lieferte aus der Sicht der Hebamme ähnliche Schilderungen. Zwischen 1785 und 1812 entband sie 814 Frauen. Sie reiste per Kanu, zu Pferde und zu Fuß, mußte manchmal „Berge von Eis" überwinden, die der Kennebecfluß, an dem sie lebte, an seinen Ufern nach abwechselnden Tau- und Frostperioden aufgetürmt hatte, oder sich in Strümpfen im dunklen Wald orientieren, in der Hoffnung, daß sie auf diese Weise tastend den Pfad entdecken würde, den sie nicht sehen konnte. Auf den meisten dieser Reisen wurde sie von einem aufgeregten Vater oder einem hilfsbereiten Nachbarn begleitet. So ruderte Ebenezer Hewin sie beispielsweise bei heftigem Frühlingstauwetter über die Fluten des Kennebec. Anschließend stieß sie auf ihren Pfaden im Hinterland auf ebenso tosende Bäche. „Ich überquerte den Strom auf treibenden Baumstämmen und kam sicher an Land," berichtete sie und schloß: „Die Güte der göttlichen Vorsehung ist wunderbar". Wunderbar war auch Mr. Hewins, der an ihrer sicheren Ankunft gewiß nicht unbeteiligt war.[10]

Die Tagebücher zweier Farmer aus New Hampshire geben einen Einblick in das dichte soziale Aufeinander-angewiesen-Sein bei derartig weiten Wegstrecken. So schrieb Matthew Patten am 12. August 1757: „Mein Weib lag in Kindsarbeit, und ich holte am Abend die Hebamme mit der Stute von Francis Barnet." Das Leihen von Tieren, Arbeitsgerät und Vorräten zählte zu den integralen Bestandteilen des ländlichen Lebens; Geburten, Krankheit und Todesfälle verwischten jedoch die Grenzen nachbarschaftlicher Hilfe. Was durfte in einem Notfall von einem guten Nachbarn erwartet werden? Patten gehörte zwar einiges Land, doch war er noch ein junger Mann, der zu dieser Zeit vermutlich kein eigenes Pferd besaß. Er sah sich gezwungen, erneut auf Barnets Stute zurückzugreifen, um die Hebamme zurückzubringen und eine Kinderpflegerin ins Haus zu holen. Als sein Nachbar sich jedoch weigerte, für diese Hilfe Geld entgegenzunehmen, wandte sich Patten an einen weiteren Nachbarn, mit dessen Pferd er dann die Wochenwärterin nach Hause bringen konnte. Auch sie weigerte sich, „für die Mühen entlohnt zu werden", doch bestand Patten auf der

Bezahlung. Vierzig Jahre später äußerte Abner Sanger ähnliche Unsicherheiten darüber, welche Dienste zu vergüten seien und welche nicht. Um 1794 halfen sowohl männliche Ärzte als auch Frauen aus der Nachbarschaft bei der Entbindung. Sanger schrieb: „Heute gegen elf Uhr abends wird mir eine Tochter geboren. Samuel Williams versucht, zu Pferde für mich Doktor Hills zu erreichen. Er findet ihn nicht vor. Dann sucht er Doktor Hamilton auf. Der kommt zu uns." Im Buchhaltungsstil notierte er weiter:

„Schuld an Doktor Hamilton für Entbindung, Schuld an John Rollins für seine alte schwarze Stute, um Mrs. Rollins über eine Meile hierher zu bringen und um bei Diakon Knowlton Polly Knowlton abzuholen und bei Diakon Morse Mrs. Morse (falls er dafür etwas verlangen sollte)".

Sanger wußte, daß er dem Arzt ein Honorar schuldete, ähnlich wie er eine Hebamme entlohnt hätte. Ebenso war er sich sicher, daß Mrs. Rollins, Polly Knowlton und Mrs. Morse ihre Unterstützung als Nachbarschaftshilfe verstanden. Ob er jedoch für das geliehene Pferd bezahlen mußte, war ihm unklar.[11]

Verhandlungen über derartige Grenzfälle zählten zu den Herausforderungen, denen sich ein Haushalt im relativ egalitären, doch niemals autarken, ländlichen Neuengland stellen mußte. Hierbei waren Geistliche nicht weniger auf ihre Nachbarn angewiesen als das gewöhnliche Landvolk, da ihre Unterstützung nicht durch einen zentralisierten Staat erfolgte, sondern vom guten Willen einer Ortschaft oder Gemeinde abhing, wobei auch ein Teil ihres Unterhaltes in Sachleistungen erbracht wurde. Als im Winter 1740 bei der Frau von Ebenezer Parkman die Wehen einsetzten, ging der Holzvorrat zur Neige. „Wir brauchten dringend Holz" schrieb er und fügte hinzu, „Ensign Maynard half uns, fällte eine Ladung und fuhr sie mit dem Schlitten den Hang hinunter." In den darauf folgenden Tagen kamen mehr als ein Dutzend Männer ins Pfarrhaus, um Holz zu schlagen und es herbeizuschaffen. Sie wurden zweifelsohne von der Vorstellung bewegt, daß sich sonst die Gebärende und ihre Helferinnen um ein klägliches Feuer drängen mußten.[12]

Die Unterstützung durch den Ehemann bei der Entbindung seiner Frau zählte im weiteren Sinne zu dessen Aufgaben als Familienoberhaupt. In einer Reihe von Eintragungen ging Matthew Patten auf die Notwendigkeit ein, sowohl für materielle als auch für personelle Unterstützung zu sorgen:

„24. Mai 1759: In der Nacht lag mein Weib in Kindsarbeit, und ich ging und holte Mrs. Boies und eine Gallone Rum von John Bell jun. und war gegen Anbruch des Tages zurück.
25. Mai: Meinem Weibe ging es besser, Mrs. Boies wartete ab und ich war bei unserer schwarzen Kuh, die am Morgen kalbte.
26. Mai: Am Abend holte ich fünf Quart Rum beim Weibe von John Bell jun., brachte das Weib von Francis Barnett mit und drei Pfund Butter von James Little.
27. Mai: In der Mitte zwischen Tagesanbruch und Sonnenaufgang brachte mein Weib eine Tochter zur Welt."[13]

Patten war Farmer und Gemeinderatsmitglied, und es ist durchaus denkbar, daß der Rum für seine Landarbeiter oder für eine Versammlung der Miliz gedacht war. Im Februar 1761 machte er jedoch eine fast identische Eintragung: „Mein Weib lag in Kindsarbeit und ich besorgte beim Weibe von John Bell jun. sieben Quarts und einen halben Schoppen Rum." Tatsächlich zählten Zucker, Tee und Rum zu den ‚Tröstungen', die eine Frau im Wochenbett erwarten konnte. Auch der Bruder von Abner Sanger, El, besorgte am frühen Morgen der Entbindung im Wirtshaus Rum. Butter wurde ebenfalls während des Geburtsvorgangs verwendet; die Hebamme fettete sich damit die Hände, und auch der Damm der Gebärenden sollte mit Hilfe von Butter geschmeidiger und dehnbarer werden. Die Alkoholmengen, die Patten besorgte – etwa fünf bis sieben Liter Rum – waren weit mehr als damals üblich. Martha Ballard war entsetzt, als eine ihrer Gebärenden an einem einzigen Tag elf Gläser Wein zu sich nahm und anschließend „des Abends drei Mal um Kuchen und Wein bat". Möglicherweise war ein Teil des Rums für die Umstehenden bestimmt und für die Männer, die auf die Nachricht der Niederkunft warteten.[14]

Wenn alle für die Entbindung notwendigen Besorgungen erledigt waren, konnten die Väter nur noch zusehen und abwarten. Belege für Trinkgelage beim Warten finden sich jedoch nur wenige. In der Wochenbettzeit von Elizabeth Patten „verschacherte" ihr Ehemann ein Stück Land an einen Nachbarn, verkaufte einem weiteren ein Hirschfell und vereinbarte mit einigen, daß sie ihm beim Mähen und Rechen des Heus helfen würden. Die Unterbrechungen durch die Geburt mögen erklären, warum er auch nach Einbruch der Dunkelheit noch bei der Arbeit war, manch einen Heuschober „bei Mondenschein" errichtete.[15] Während der Kindsarbeit ihrer Frauen scheinen die meisten Männer ihren üblichen Aktivitäten nachgegangen zu sein. Während der zweiten Niederkunft seiner ersten Frau hielt Ebenezer Parkman am Sonntag zwei Predigten, versorgte das Vieh, besuchte ein erkranktes Mitglied seiner Gemeinde und beaufsichtigte die Dachdeckerarbeiten an seinem Haus. Bei weiteren Entbindungen ging er auch einfach zu Bett.[16]

Parallele Eintragungen in den Tagebüchern von Martha Ballard und ihrem Nachbarn Henry Sewall bieten eine doppelte Perspektive auf das Geburtsgeschehen: die Sicht der Hebamme und jene des Vaters. „Mrs. Sewall ließ am frühen Morgen nach Mrs. Ballard schicken und gegen drei Uhr früh nach ihren Frauen – gegen drei Uhr nachmittags brachte sie einen Sohn zur Welt. Sehr schön. Eine Kuh geschlachtet", notierte Sewall am 13. November 1790. Sein nüchterner Bericht legt nahe, daß er während der Niederkunft seiner Frau selbst sehr beschäftigt war und vermutlich die meiste Zeit außerhalb des Hauses beim Schlachten verbrachte. Ballards Tagebuch bietet eine vielschichtigere Fassung der Geschehnisse. Zwischen dem Augenblick, als Mrs. Sewall „schicken ließ" und ihrer Entbindung lagen tatsächlich sechsunddreißig und nicht zwölf Stunden. Ballard verbrachte einen ganzen Tag mit der Gebärenden, schlief in der Nacht bei ihr, bis diese gegen ein Uhr morgens „ihre Nachbarinnen zur Hilfe bat". Im Gegensatz zu Sewall notierte Ballard zudem, daß sie mit sechs Shilling und acht Pence entlohnt wurde und Sewall sie nach Beendigung ihrer Tätigkeit ans gegenüberliegende Flußufer brachte. Daß er die Ereignisse auf diese Weise zusammenlegte und der Entbindung seine eigene Arbeit – das Schlachten einer Kuh – gegenüberstellte, deutet auf sein Bedürfnis, den Fortgang seiner Arbeit während der Geburtsarbeit seiner Frau hervorzuheben.[17]

Als anwesende Hebamme verbrachte Ballard zumeist mehrere Stunden – oder wie im Falle Tabitha Sewalls gelegentlich Tage – bei der werdenden Mutter, bevor weitere Hilfe eingeholt wurde. Aus ihren Aufzeichnungen geht eindeutig hervor, daß das Rufen helfender Frauen mit dem Einsetzen stärkerer Wehen einherging. So schrieb sie beispielsweise, die „Schmerzen wurden so heftig, daß die Frauen gerufen wurden" oder an anderer Stelle: „Sie war noch nicht so in Nöten, daß man die Frauen schon hätte rufen müssen."[18] Es gab keinen Grund dafür, daß fünf oder sechs Frauen ihr Waschen, Melken, Nähen oder auch Schlafen unterbrachen, bevor sie gebraucht wurden. Aber in den letzten Phasen der Geburt war zusätzliche Hilfe erforderlich. Im Amerika des 18. Jahrhunderts gebar eine Frau wörtlich in den Armen oder auf dem Schoß ihrer Nachbarinnen. In anderen Kulturen hätte diese unterstützende Rolle auch dem Ehemann zukommen können, doch war die Anwesenheit von Männern in der Gebärstube zu jener Zeit in Neuengland stark tabuisiert. In seinen Tagebucheintragungen vom 16. und 17. Februar 1747 beschrieb Ebenezer Parkman deutlich die Aufgabe des Mannes während der Entbindung: „Abends überlasse ich meine liebe Frau dem unendlichen Erbarmen, dem Allvermögen und dem obersten Willen Gottes und unter Diesem den guten Frauen, welche bei ihr sind, und harre demütig dem kommenden Ereignis." Die Anwesenheit des Ehemannes war vor, nach und zwischen den Wehen erwünscht, aber nicht währenddessen. Die Neigung Hannah Parkmans zu falschen Wehen hielt ihren Ehemann – und ihre Hebamme – in andauernder Unsicherheit. „Des Nachts fand eine Versammlung statt," schrieb Parkman weiter, „doch ging es meinem Weibe wieder besser, und ich sah sie am Morgen. Als ihre Not wieder heftiger wurde, zog ich mich zurück."[18]

Im Englischen bezeichnete Parkman das Zusammenholen der Frauen als ‚mustering', womit gewöhnlich die ‚Musterung', das Zusammenrufen von Soldaten gemeint war. Es trifft jedoch den Sachverhalt: Für eine geraume Zeit übernahmen die gebärende Frau und ihre Hebamme die Befehlsgewalt im Haus, kommandierten die Männer herum, baten diejenigen um Dienste, denen sie sonst dienten, wandelten das Zeichen von Evas Unterwerfung um in eine Quelle der Macht, und holten sich Aufmerksamkeit als Preis für ihre Schmerzen.

Da viele Frauen benötigt wurden, halfen unverheiratete Bedienstete sowie Männer aus der Nachbarschaft dem Vater beim Herbeiholen von Unterstützung. „Heute morgen mußte ich zweimal aufstehen, um Frauen zu der Geburt bei James Crossfield zu bringen," schrieb der Landarbeiter Abner Sanger am 25. Oktober 1777 und fügte hinzu: „Der Mond erschien bei Tagesanbruch. Sie kam gegen ein Uhr in der Früh nieder." Er war zwar nicht der Vater, doch erschien ihm seine Darstellung ohne die Angabe der Geburtszeit als unvollständig. Männer wie Frauen wußten, daß das Herbeirufen der Nachbarinnen ein sicheres Zeichen für eine unmittelbar bevorstehende Geburt war. Möglicherweise wollte Joshua Hempstead die Kürze der ersten Entbindung seiner Enkelin hervorheben, als er vermerkte, daß es zwar „vollständig dunkel war, bevor sie die anderen herbeiriefen", das Kind jedoch „gegen zehn Uhr abends" zur Welt kam.[20] In dem Bericht des Zaccheus Collins findet sich eine ähnliche Feststellung: Er „holte die Frauen" am Abend, die Entbindung fand „gegen halb vier Uhr morgens" statt.[21] In den Tagebüchern von Frauen findet sich ein ähnliches Interesse für die Geburtszeit. So schrieb Elizabeth Phelps am 21. März 1790: „Am Montagmorgen bei Anbruch des Tages kam Mr. Hibbard her. Ich ging mit ihm. Ihre Tochter kam gegen zehn. Ich sofort danach zurück nach Hause zum Waschen." Wie andere Berichterstatter erwähnte Phelps hierbei sowohl die Sonnenzeit als auch die Uhrzeit. Mary Cooper hielt fest, daß es zu regnen begann, kurz nachdem ihre Tochter Esther zu einer Entbindung in der Nachbarschaft gegangen war, und fügte hinzu: „Das Kind von Suse Young wurde heute morgen bei Tagesanbruch geboren."[22]

Da die Wehen ohne Vorankündigung einsetzten, unterbrachen sie die normalen Handlungsabläufe, einschließlich des Schlafes, und fügten dem Alltagsleben einen Aspekt der Spannung und des Interesses hinzu. Nicholas Gilman, ein Geistlicher aus New Hampshire, bietet eine ungewohnt lebhafte Darstellung der Verletzbarkeit eines Ehemannes in diesen Umständen. Während der Geburt seines fünften Kindes kam seine Schwiegermutter zu ihm „mit Tränen in den Augen. Ach, sagte sie, ich weiß nicht, wie es deinem armen Weibe ergehen wird, und deutete auf die große Gefahr hin." Das sind die Szenen, die aus Filmen und Büchern überliefert sind: der nervöse Vater, der vor der Tür auf- und abgeht und auf die Schreie seines Neugeborenen wartet. Der theatralische Aspekt des Geschehens verdeckt jedoch die Art und Weise, wie Frauen diese Situation kontrollierten: Sie überwachten nicht nur die Entbindung, sondern auch die Nachrichten, die der Vater erhielt. Wenngleich Matthew Patten ein eher lakonischer Berichterstatter war, findet sich bei ihm eine ähnliche Schilderung einer Geburt: „Nach heftigsten Wehen, großen Schrecken und der Angst vor Schwierigkeiten kam mein Weib genau um 12 Uhr mittags mit einer Tochter nieder. Sie und die anderen Frauen waren alle sehr entmutigt."[23]

Obwohl die Müttersterblichkeit zu jener Zeit statistisch betrachtet nicht sehr hoch war – Martha Ballard verlor beispielsweise keine einzige ihrer Gebärenden während der Entbindung und nur fünf im Kindbett – war das Verhalten von Männern und Frauen gleichermaßen durch die potentielle Gefahr geprägt. Nach der Geburt seines achten Kindes gestand sich Joseph Green ein, die Gefahren einer Entbindung zu übertreiben. „Ich hatte so häufig Gottes Güte erfahren," schrieb er, „daß ich meinem Weibe sagte, ich würde mich ob meiner Zweifel und Ängste schämen. Gott beliebt, alle Umstände jenseits unserer Erwartungen und zu unserem Wohlergehen zu beherrschen. Sein Name sei gelobt." Die knappe Ausdrucksweise in ländlichen Tagebüchern muß als Abwehr der Angst und nicht als Gleichgültigkeit gegen die Gefahren verstanden werden. In einer Notiz von Mary Cleaveland kommt der normale Ausgang einer Geburt ebenso zum Ausdruck wie die fast universelle Angst der gebärenden Frauen: „Der Herr war besser zu mir als meine Ängste."[24]

Eine erfolgreiche Geburt bot Anlaß zu einem Kindbettschmaus, bei dem selbstverständlich die Mutter und ihre ‚Frauen' im Mittelpunkt standen. Zumeist fanden sich die Beteiligten zu einem einfachen Mahl zusammen, wer es sich leisten konnte, veranstaltete ein größeres Fest. Vierzehn Tage nach der Geburt seines dreizehnten Kindes schrieb Samuel Sewall aus Boston, daß seine Frau für „ihre Hebamme und ihre Frauen" ein Kindbettfest gab. Er vermerkte, daß „Madam Usher" – vermutlich die Frau von höchstem Rang – „tranchierte" und daß sechzehn weitere Frauen zugegen waren, einschließlich „Mrs. Hill, der Mutter unserer Wochenwärterin", und der „Wochenwärterin Johnson". Das Menü bestand aus gekochtem Schweine- und Rindfleisch, verschiedenen Arten Geflügel, Rinderbraten, Putenpasteten und Törtchen.[25] Knapp hundert Jahre später berichtete Martha Ballard über das „feine Essen", das eine Frau aus Hallowell, Maine, ihrer Hebamme und den drei Geburtshelferinnen bereitet hatte. Das Fest fand unmittelbar nach der Geburt statt, die vier Frauen blieben über Nacht zu Gast.[26] Die Freude über den erfolgreichen Ausgang der Entbindung verband sich mit der Freude über die gemeinsam geleistete Arbeit.

Tatsächlich war eine Niederkunft ohne Freundinnen eine traurige Angelegenheit. Judith Walzer Leavitt hat darauf hingewiesen, daß selbst im 19. Jahrhundert, als Geburten zunehmend von männlichen Ärzten geleitet wurden, die Versammlung der Frauen aus der Nachbarschaft beibehalten wurde. Bis die Geburten in Kliniken durchgeführt wurden, mußten die Ärzte sich einer weiblich dominierten Umgebung anpassen.[27] Diese Feststellung wird durch zeitgenössische Tagebuchaufzeichnungen belegt. Als Samuel Adams, ein Arzt aus Maine, am 10. März 1778 selbständig die erste Entbindung seiner Frau vornahm, notierte er kommentarlos, daß auch „Mrs. Anthony, Baker & Davis" zugegen waren. Mary Holyoke, die Frau eines Arztes aus Salem, Massachusetts, vermerkte bei jeder ihrer zahlreichen Niederkünfte die Anwesenheit von Freundinnen und weiblichen Verwandten. Einmal notierte sie jedoch: „Große Schmerzen. Ganz allein. Gegen elf

Uhr in der Früh eine Tochter geboren." Ob sie wortwörtlich allein war oder lediglich ohne ihre Freundinnen, läßt sich nicht mehr feststellen. Beide Umstände waren ungewöhnlich.[28]

Der öffentliche Charakter einer Geburt trug dazu bei, daß Männer die Verantwortung gegenüber ihren Nachkommen übernahmen. Im ländlichen Neuengland des 18. Jahrhunderts war eine voreheliche Schwangerschaft durchaus üblich, uneheliche Kinder gab es jedoch nur wenige. Ein Grund hierfür mag der Brauch gewesen sein, der es unverheirateten Müttern erlaubte, „auf dem Höhepunkt der Wehen" den Namen des Vaters zu nennen. Der Sohn von Martha Ballard selbst wurde gezwungen, seine schwangere Freundin zu ehelichen, nachdem diese beim örtlichen Friedensrichter gegen ihn vorgesprochen hatte und anschließend, wie es das Gesetz erforderte, „auf dem Höhepunkt der Wehen" ihre Aussage bestätigte.[29] Das Risiko einer solchen Erniedrigung wollten nur wenige Männer auf sich nehmen. Obwohl 40% der bei Martha Ballard verzeichneten Erstgeburten vor der Eheschließung gezeugt worden waren, hatten sich doch fast alle Eltern bis zur Geburt des Kindes – und manchmal nur knapp davor – vermählt. Eine Frau heiratete an einem Donnerstag und kam am darauf folgenden Sonntag nieder. Bei Abner Sanger findet sich der Bericht einer noch überstürzteren Hochzeit: „Heute nachmittag heiratet Hannah Cole und bringt dem Nat French eine Tochter zur Welt."[30]

Einige Männer widersetzten sich natürlich dem sozialen Druck. Sanger nannte den Sohn von Keene, einem Wirt aus New Hampshire, einen „Erzschuft" und notierte dessen Prahlerei, „sich in seinem Quartier eine Hure zu halten", und seine Versuche, „koste es, was es wolle, den Bastard von Susa Wyman abzutreiben".[31] Obwohl einige Historiker davon ausgehen, daß Abtreibungen von Hebammen gebilligt wurden, scheint dies nicht auf Neuengland zuzutreffen. Die wenigen Quellen legen nahe, daß die – in jedem Fall seltenen – Schwangerschaftsabbrüche eher von Ärzten als von Hebammen vorgenommen wurden. In mindestens einem Fall verletzte Dr. Samuel Adams die zu einer Geburt gehörigen gesellschaftlichen Normen, indem er die Anonymität einer unverheirateten Mutter wahrte und sie in seinen Berichten lediglich als „Miss Incognito" bezeichnete.[32] Dieses Verhalten entsprach im ländlichen Neuengland nicht der Regel. Vielmehr stellte die Versammlung der Frauen – mit Hilfe des Gesetzes – sicher, daß die Mehrzahl der Mütter auch Ehefrauen waren.

„Vor meiner Niederkunft war ich in Angst ob der bevorstehenden Reise. Ich glaube, es war der Wille Gottes, mir zu helfen," schrieb Experience Richardson.[33] Die Frauen dankten Gott, doch zählten sie ebenfalls auf die Unterstützung von Freundinnen und Nachbarinnen. Mary Cleaveland vermerkte am 17. Januar 1750: „Dies ist der elfte Tag seit der Herr Gott sich mir auf bemerkenswerte Weise offenbarte und mich zur lebenden Mutter eines weiteren lebenden Kindes werden ließ." Elizabeth Porter Phelps verwendete bei der Darstellung ihrer ersten Entbindung im August 1772 den gleichen Ausdruck: „Seit meinem letzten Eintrag trage ich in meinem Herzen Freude und auf meinen Lippen ein Lied des Lobes; der Herr zeigte sich mir gnädig und voll der liebenden Güte – mir, der lebenden Mutter eines lebenden, vollkommenen Kindes." Zusätzlich finden sich bei ihr einige praktische Details, die Mary Cleaveland ausließ. Am Freitag vor der Entbindung waren zwei ihrer Schwägerinnen sowie eine Freundin eingetroffen. Als sie nachts „einige Veränderung spürte", holte ihr Mann die Hebamme und eine vierte Frau. „Wir gingen alle zu Bett und standen zwischen drei und vier Uhr in der Früh auf," erinnerte sie sich und fügte hinzu, sie habe eine „recht gefaßte, wenn auch schmerzhafte Nacht" gehabt. Am Morgen, um sechs Minuten vor sechs, kam das Baby zur Welt, und um sechs war sie „äußerst behaglich wieder in der Bettstatt, ich, unwürdiges Geschöpf".[34]

Gelegentlich verwendete Abner Sanger zur Darstellung der Geburt im Englischen Wendungen aus der Bibel, wie etwa „Tamar Wilder ‚brings forth' [gebiert]." Eine andere Stelle erinnert an das Heranreifen im biologischen Sinn: „[Das Weib von Thomas Field] terms with a girl [trägt eine Tochter aus]."[35] Am häufigsten wurde in den neuenglischen Tagebüchern für eine Geburt jedoch der Ausdruck ‚brought to bed' (wörtlich: zu Bett gebracht) gebraucht, was dem deutschen ‚ins Kindbett Kommen' entspricht, womit eher auf die Abgeschiedenheit nach der Entbindung als auf die Geburt selbst Bezug genommen wurde. Obwohl Väter kurz nach der Niederkunft zur Wochenstube Zutritt hatten, handelte es sich bei den meisten Besuchern der nächsten Tage um Frauen. Der Sohn eines Geistlichen aus Maine wußte, daß er ein Tabu gebrochen hatte, als er seinem Tagebuch anvertraute: „Nach äußerster Todesgefahr gebar das Weib von Jos. Molton ein totes Kind. Meine Mutter half dem Weibe, diese lag mit den Armen nackend bis zur Leibwäsche. Unanständig sah ich hin und sprach bei Mrs. Sayword von ihr."[36] In vielen Tagebüchern erscheinen die Tage nach der Niederkunft als Antiklimax. Gelegentlich wurden wichtige Meilensteine wie der Beginn des Stillens oder die Namensgebung vermerkt. Ashley Bowen notierte mit Freude, daß sein neugeborener Sohn „tüchtig trinkt", wobei er genau festhielt, daß die „Milch am Morgen eingeschossen" war. Benjamin Lynde berichtete zufrieden, daß seine Schwiegertochter begonnen hatte, „ihre kleine Molly zu stillen", und fügte hinzu: „Gott gebe, daß sie eine gute Mutter wird." Da die Lyndes – eine Handelsfamilie aus der Stadt – weitaus wohlhabender waren als der Seemann Bowen oder ihre Zeitgenossen aus den ländlichen Gegenden, zeigt sich hier die Bedeutung des Stillens für diese Kultur.[37] Elizabeth Phelps verwendete eine eher gehobene Ausdrucksweise, wenn sie berichtete, daß ihr neugeborener Enkel „so geraten ist, daß er sich seine Nahrung durch eigenen Fleiß holen kann". Die puritanische Arbeitsmoral machte auch vor Säuglingen keinen Halt.[38]

Einige Verfasser bezeichneten das Neugeborene in ihrem Tagebuch mehrere Monate nach der Geburt noch als „das Baby" („the babe") oder „das Kind" („the child"). So suchten Thankful Hitchcock und ihr Mann auch drei Wochen nach der Niederkunft noch verzweifelt nach einem Namen für ihr Kind. Matthew Patten bezeichnete seinen Familienzuwachs stets nur als „ein Sohn", „eine Tochter" oder a „man child" (ein männliches Kind), – niemals jedoch a „woman child" (ein weibliches

Kind). Erst nach geraumer Zeit erschienen im Tagebuch ihre Namen.[39] Andere Verfasser notierten den Namen des Kindes bereits in der ersten Eintragung zur Geburt. Häufig wurden Kinder nach Eltern oder Großeltern benannt. Experience Richardson schätzte sich glücklich, als sie in einem Brief vom 26. August 1756 von ihrem Sohn erfahren durfte, daß dessen Frau zehn Tage zuvor eine Tochter zur Welt gebracht und sie sich entschlossen hatten, ihr „den Namen Experience zu geben".[40] Zaccheus und Elizabeth Collins haben ihren Kindern offensichtlich sofort Namen gegeben, wobei sie typische Quäker-Namen wie „Constant" wählten. Der Seemann Ashley Bowen wie auch Benjamin Lynde jun. nahmen ihre Neugeborenen am ersten Sonntag nach der Geburt mit in die Kirche. Im Tagebuch von Lyndes Vater finden sich hierzu einige Details: „Gegen neun Uhr in der Früh ward meinem Sohn Benjamin und seinem Weibe Mary eine Tochter geboren, welche am Tage des Herrn, dem siebenten dieses Monats, durch Hochwürden Sam[ue]l Fisk getaufet und benannt nach der Großmutter, meinem Weibe und ihrer Mutter, MARY: Gebe Gott, daß das Kind gesund, kräftig und anmutig gedeihen möge." In seiner Eintragung vom 26. März 1798 bietet Henry Sewall ein Beispiel für eine weitere Tradition der Namensgebung: „[Mein Weib] wurde von einer Tochter entbunden, die wir wahrscheinlich Maria nennen werden, nach unserem verstorbenen Kind."[41] Martha Ballard nannte in ihrem Bericht zu dieser Geburt keinen Namen.

Für eine Hebamme war der Name, unter dem sie die Geburt festhielt, nicht der des Kindes oder der Mutter, sondern der des Vaters. Lydia Baldwin, eine Hebamme aus Vermont, führte all ihre Entbindungen unter dem Namen des Vaters auf. Ihre lange Aufzählung von Geburten setzt im Jahre 1768 mit „John Man Sohn, Eli Stiles Tochter, Shuble Cross Sohn" ein und wurde über 51 Jahre lang fortgesetzt bis zu ihrer letzten Entbindung bei Benjamin Baldwin im Januar 1819. Martha Ballard ging nach einem ähnlichen Muster vor und notierte am Rand ihres Tagebuchs „Geburt Tochter Ezra Hodges" oder „Geburt Sohn Mr. Gows". Dr. Samuel Adams räumte auch der

Mutter in seiner langen Liste von Geburten einen Platz ein, wenn er schrieb: „Weib von Thomas Moody" oder „Weib von Farriss Brown".[42] Der Brauch, den Vätern die Geburt zuzuschreiben, diente nicht nur der Identifizierung des für die Entlohnung der Hebamme Verantwortlichen, sondern entsprach auch den patriarchalischen Gesellschaftsstrukturen und berücksichtigte das moralische Gebot der väterlichen Unterstützung. Die amerikanische Gesellschaft des 18. Jahrhunderts bot Frauen wenig Gelegenheiten in den öffentlichen Bereichen der Wirtschaft und keine in der Politik, sie sicherte aber auch die männliche Fürsorge neben der weiblichen für die Kinder.

Die Aufgaben des Vaters setzten sich in der Wochenbettzeit fort. Am Tag nach der Geburt holte Jeremy Belknap eine Wochenwärterin aus Berwick und verließ das Haus einige Tage später erneut, um „verschiedene Sorten Rinde für Ruthy zu besorgen". Für die Mutter brachte die Stillzeit eine Reihe neuer Gefahren. Einen Monat nach einer weiteren Geburt verzeichnete der Ehemann von Ruth Belknap in seinem Tagebuch bei seiner Frau eine „schlechte Wendung". Er bestellte einen Arzt, der den Brustabszeß mit einem Breiumschlag behandelte, doch brach dieser dennoch wenige Tage später auf. Vor der Heilung entzündete sich die andere Brust, so daß der Vater sich gezwungen sah, das Kind einer Nachbarin zum Stillen anzuvertrauen, wo es einen Monat blieb.[43] Die Frauen verzichteten jedoch nur in Extremfällen darauf, ihre Kinder selbst zu stillen. Martha Ballard war entsetzt, als sie erfuhr, ihre Nachbarin habe es sich „in den Kopf gesetzt, daß sie ihr Kind nicht zu Haus versorgen kann. Welche Blödigkeit, meine ich, aber sie muß tun, wie es ihr gefällt."[44]

Bei den 481 Entbindungen, die Martha Ballard zwischen 1785 und 1796 durchführte, wurde sie lediglich in 38 Fällen in den Tagen nach der Geburt nochmals geholt. Der am häufigsten erwähnte Grund dafür war eine „wunde Brust". Die gewöhnlichen Komplikationen der Kindbettzeit wurden von der Wochenwärterin behandelt. Diese betreute beispielsweise die erste Frau von Ebenezer Parkman, als sie im Oktober 1725 einen Monat nach der Geburt ihres ersten Kindes einen

Brustabszeß bekam. Dreißig Jahre später widerfuhr seiner zweiten Frau Hannah ein ähnliches Mißgeschick. Dieses Mal „erschien am Morgen Dr. Hemingway und öffnete meinem Weibe die Brust ... mit einem Ausfluß von üblem Zeug und Blut".[45] Im September 1771 öffnete Dr. Edward Augustus Holyoke die Brust seiner Frau mit einem Schnitt. Als sie sich nach einer späteren Entbindung wieder entzündete, „salbte die Pflegerin diese mit in Butter aufgekochter Petersilie, Wermut und Kamille". Bei einem Abszeß führte Martha Ballard gelegentlich selbst einen Schnitt durch. Als jedoch bei einer ihrer Töchter Umschläge aus Weizenbrot und Wurzeln gelber Lilien nicht halfen, holte auch sie einen Arzt. Da Brustentzündungen Fieber zur Folge hatten, wurden sie als medizinisches und nicht als geburtsbedingtes Problem behandelt. Im November 1794 bestellte Abner Sanger einen Arzt, der seiner Frau die Brust öffnete. Gleichzeitig besorgte er „Lindenholz für einen Umschlag" sowie bei einem anderen Nachbarn „einen Milchkübel und einen Welpen". Der Welpe mag der Behandlung gedient haben, denn im Volksbrauch wurden Jungtiere gelegentlich dazu benutzt, Milch aus einer verstopften Brust zu ziehen.[46]

Mütter „hielten Kindbett" für unterschiedlich lange Zeit. Elizabeth Phelps „verließ das Bett, während es gemacht wurde" am Tag nach der Geburt ihres ersten Kindes, legte sich kurz darauf wieder hin und hütete die Wochenstube weitere drei Wochen, bis sie von ihrem eigenen Zimmer „in das Familienzimmer" überwechselte. Doch war Phelps eine wohlhabende Frau, die nicht nur über Bedienstete und einen Sklaven verfügte, sondern deren verwitwete Mutter ebenfalls mit im Haus wohnte. Sarah Bryant – wie auch Eliza Wildes – genossen nach der ersten Entbindung eine zehntägige Mußezeit, doch war Bryant wie viele andere ländliche Frauen stolz darauf, ihre Arbeit, so schnell sie konnte, wieder aufzunehmen. Nach einer späteren Entbindung saß sie bereits am darauf folgenden Tag erstmals auf, „ging in die Küche" am zweiten und am dritten nach draußen. Martha Ballard vermerkte, daß eine ihrer Gebärenden bereits am dritten Tag nach der Geburt des siebten Kindes wieder am Webstuhl saß.[47] Für ländliche Frauen führte der Weg von der Geburtsarbeit unmittelbar zurück zur gewöhnlichen Arbeit.

Die Frauen in Neuengland molken die Kühe, bearbeiteten die Gärten, spannen, webten, butterten, kochten, spalteten Feuerholz und halfen ihren Männern auf dem Hof, in den kleinen Läden und Geschäften. Aber ihre vorrangige Identität war doch die der Ehefrau und Mutter. Eine gute Frau wurde gepriesen wegen ihrer Fähigkeit, die Geburtsarbeit hinzunehmen und zu bewältigen. Als Judith Coffin im Alter von achtzig Jahren in Newbury, Massachusetts, starb, nachdem sie „177 ihrer Kinder und Kindeskinder hatte erleben dürfen", wurde sie auf ihrem Grabstein als „ernsthafter, mäßiger, treuer und fruchtbarer Weinstock" gelobt.[48] In zeitgenössischen Tagebüchern wurde sowohl die Fruchtbarkeit als auch die Mäßigkeit betont. Hinter rätselhaften Eintragungen wie Mary Coopers Bemerkung „heute morgen bei Sonnenaufgang kam Peter Wheeler her, mich und Ester zu holen" oder dem Satz Abner Sangers: „Die Frau des jungen Nathan Blake läßt nach den Frauen schicken" verbirgt sich ein komplexes Beziehungsgeflecht, das Männer und Frauen in dramatischen Krisenmomenten zusammenführte.[49] Die Gleichförmigkeit dieser Berichte läßt vermuten, daß die Geburt ein akzeptierter und unumstrittener Teil einer wohl geordneten Welt war. Weder bot das Ereignis die Gelegenheit zum Austragen sozialer und religiöser Spannungen, wie noch im 17. Jahrhundert gelegentlich der Fall, noch zur Rivalität zwischen Geburtshelfern aus dem Volk und Ärzten. Bezeichnenderweise wählte Dr. Samuel Adams die gleichen Worte, die auch Martha Ballard für die Notiz einer gelungenen Geburt aufschrieb: „Hinterließ Mutter und Kind wohlauf".[50] Dem lakonischen Stil der ländlichen Tagebücher liegt das gemeinsame Wissen zu Grunde, daß zu einer erfolgreichen Geburt die Arbeit von Männern und Frauen gehörte.

*Übersetzung: Angela D. Kuhk*

*Françoise Loux*

# Frauen, Männer und Tod in den Ritualen um die Geburt

In traditionalen Gesellschaften lauerte im Augenblick der Geburt stets der Tod im Hintergrund. Diese ständige Bedrohung führte keineswegs zu Indifferenz oder Fatalismus, vielmehr erklärt sie, warum beschützende Handlungen konkreter und symbolischer Art so wichtig waren. Um Rituale des Schutzes geht es in diesem Aufsatz, und insbesondere um die symbolische Rolle der verschiedenen Personen, die am Geburtsgeschehen beteiligt waren: um Frauen – Mütter, Großmütter und Hebammen –, aber auch um Väter und überhaupt um das männliche Element. Wenn von der Geburt in traditionalen Gesellschaften die Rede ist, wird diese symbolische Dimension oft vergessen, weil man einzig an die physische Präsenz der verschiedenen Personen denkt. Jedoch wird der Vater, auch wenn er nicht wirklich gegenwärtig ist, durch jene Objekte repräsentiert, die ihm gehören oder die im weitesten Sinn als maskuline Gegenstände erscheinen. In diesem Sinne verwenden wir den Begriff des ‚Symbolischen'. Diese Art der Anwesenheit zeigt sich vor allem in den Riten, welche den dramatischen Übergang, den eine Geburt bedeutet, in Szene setzen und welche in gewisser Weise einen Zugang zur Transzendenz darstellen.[1]

Die Quellen, auf die sich dieser Aufsatz stützt, stammen hauptsächlich aus dem ländlichen Frankreich an der Wende vom 19. zum 20. Jahrhundert: Es handelt sich einerseits um Feldstudien, die im Gebiet der Normandie durchgeführt wurden, anderseits um ein Korpus von ingesamt 6000 Rezepten aus der Volksmedizin, die gegen Ende des vergangenen Jahrhunderts in den meisten ländlichen Gebieten Frankreichs von

Volkskundlern gesammelt wurden. Auch wenn diese Sammlungen chronologisch und soziologisch meist nicht genau situiert sind, sondern sich vage auf ‚die volkstümliche Überlieferung' berufen, handelt es sich doch um ein sehr reichhaltiges Material. Eingeflossen sind in diesen Aufsatz auch Reflexionen aus dem heutigen Gesundheitssektor: Krankenschwestern und Säuglingspflegerinnen erwarten von diesen Materialien Aufschlüsse über die Gesellschaft der Gegenwart, über Kontinuitäten oder Brüche gegenüber der Vergangenheit. Zentrale Fragen einer solchen praxisbezogenen Forschung betrafen immer wieder die Trennung, die Rolle des Vaters sowie die des Pflegepersonals beim Geburtsgeschehen.

Die traditionellen Praktiken der Geburt hatten nicht nur die Aufgabe, Todesangst zu bewältigen; sie waren zugleich Riten des Übergangs und der Trennung. Auch wenn dieser Aufsatz sich in erster Linie auf die Entbindung konzentriert, erscheint es aus kulturanthropologischer Sicht notwendig, diese nicht als einen isolierten Moment zu betrachten. Denn in früherer Zeit wurde die Periode von der Schwangerschaft bis zur Entwöhnung als ein Kontinuum empfunden, das von der totalen Mutter-Kind-Symbiose bis zu beider Trennung reichte. In diesem langen Zeitraum gab es mehrere Momente des Übergangs, unterschiedliche Symboliken und Riten, die jeweils aufeinander bezogen waren.

## Vorbeugung und Schutz

Aus der hohen Kindersterblichkeit früherer Gesellschaften haben manche Autoren auf eine Gleichgültigkeit der Eltern geschlossen: Der Tod, so die Hypothese, sei als etwas Unvermeidliches erschienen und habe in einem fatalen Teufelskreis zu Nachlässigkeit geführt. Doch so einfach verhalten sich die Dinge nicht. Bevor man solche pauschalen Urteile fällt, sollten die damaligen Praktiken der Geburt sorgfältig untersucht und an ihren eigenen Maßstäben gemessen, also innerhalb des kulturellen Systems interpretiert werden, dessen Bestandteil sie waren.

Der erste Befund, der sich aus unserem Korpus von Rezepten ergibt, ist der hohe Anteil von Vorschriften mit vorbeugendem Charakter (ein Achtel); davon betreffen sehr viele Schwangerschaft, Geburt und Säuglingsalter. Diese wurden demnach als die heikelsten Momente im Leben betrachtet. Von außen kommende Beobachter, nicht zuletzt Ärzte, haben oft behauptet, der traditionellen Gesellschaft sei die Vorstellung des Vorbeugens fremd gewesen. In der Tat wurde in diesem Zusammenhang nicht von ‚vorbeugen‘, sondern von ‚schützen‘ oder ‚bewahren‘ gesprochen.[2] „Um die Kinder vor der Rachitis und Kreuzschmerzen zu bewahren: Nach der Benediktion setze man das Kind auf den Ruhealtar, auf die Stelle, wo die Monstranz niedergelegt wurde. Wer zuerst kommt, mahlt zuerst" (Lothringen, Gebiet von Metz). Die Sorge um Vorbeugung drückte sich also nicht in abstrakten und allgemeinen Ratschlägen aus. Vielmehr bezog sie sich auf konkrete Personen oder Gegenstände und war auf Kontinuität und ständige Ausübung angewiesen.

Beispielsweise beschützte man ein Kind, indem ein Gegenstand an seinen Hals gebunden wurde. „Wenn das Zahnfleisch eines Säuglings geschwollen ist und schmerzt, befestige man an seinem Hals ein Säckchen mit der Schnauze und den Tatzen eines Maulwurfes" (Lothringen, Gebiet von Metz). „Um die Kinder vor Mißgeschick beim Zahnen zu bewahren, streiften die Mütter ihnen blaue Perlenketten über den Hals" (Île de France). Dieser Bereich des Körpers schien besonders anfällig wegen der Erstickungsgefahr. Die Mutter legte während der Geburt einen speziellen Gürtel an, welcher der Jungfrau geweiht und ein wertvolles Familienerbstück war. Das Umschließen bzw. Einkreisen war eine weitverbreitete Schutzgeste. Die werdende Mutter konnte ein Päckchen auf ihrem Bauch tragen, das sich nicht öffnen ließ und ebenfalls in der Familie vererbt wurde. Es enthielt ein Gebet, dessen Wirksamkeit um so größer war, als es nicht flüchtig aufgesagt wurde, sondern durch seine schriftliche Form die Dauerhaftigkeit eines Objektes bekommen hatte: Die ganze kritische Periode hindurch wurde es getragen. Die Kerzen, welche die Mutter an den vier Ecken der Wiege ansteckte, oder die Kreuzzeichen, die sie hier als Abwehr gegen Verzauberung aufmalte, sind weitere Beispiele für symbolische Objekte, die dauerhaften Schutz gewähren sollten. „Um den Satré[3] von einem Neugeborenen fernzuhalten und es gegen seine Angriffe zu schützen, soll die Mutter außen an Kopf und Fuß der Wiege mit roter Kreide, Ziegel oder Backstein ein Kreuz aufmalen" (Lothringen, Gebiet von Metz).

Bei schwerer Gefahr oder, um einen Rückfall zu vermeiden, half man sich durch kompliziertere Rituale an Wallfahrtsstätten. Die Mütze, das Hemd oder die Windel eines Kindes wurden beispielsweise in einen Brunnen getaucht und anschließend auf Bäumen, Büschen oder vor den Statuen an dem heiligen Ort aufgehängt. Das Kleidungsstück repräsentierte das Kind, das sich auf solche Weise ständig in dem schützenden Raum befand. „Gegen die Kinderkrankheiten am Kopf: Man pilgere zu der Quelle von Saint Event bei Lamballe und lege dort als Votivgabe das Mützchen des Kindes nieder" (Bretagne, Penthièvre). Solche Praktiken beruhten auf einer in der Volksmedizin sehr verbreiteten Vorstellung: der Idee der Übertragung. Ein Objekt, mit dem man den erkrankten Körperteil berührte, wurde anschließend zum Gegenstand der Zerstörung oder des Schutzes, getreu dem Prinzip der Analogie: Wie es dem Objekt ergeht, so wird es dem Körper ergehen. Dieser Gegenstand wurde nicht beliebig gewählt, vielmehr mußte er dem Körper oder der Krankheit, die er symbolisieren sollte, durch Form, Farbe, Geruch ähneln oder ihnen sehr nahe sein – daher der häufige Gebrauch von Kleidern.

Bereits an diesen wenigen Beispielen läßt sich erkennen, wie wichtig bei dieser Vorbeugung mittels schützender Objekte die symbolische und rituelle Dimension war. Die Bemühung um einen dauerhaften Schutz entsprach der ständigen Todesgefahr, der das Kind ausgesetzt war.

## Dem Tod zuvorkommen

Dies führt uns zu einem zweiten Aspekt: Die meisten Rezepte sollten nicht einer bestimmten Krankheit, sondern dem Tod vorbeugen, den ja die meisten Krankheiten zur Folge haben konnten. Wenn also versucht wurde, schwierige Übergangssituationen, etwa bei der Entbindung oder beim Zahnen, leichter zu gestalten, so ging es nicht bloß darum, Schmerzen zu beseitigen, sondern auch darum, daß man zu große Leiden für lebensgefährlich hielt. Beim Heranwachsen des Kindes galt dem Laufenlernen besondere Sorge. Hier fürchtete man einen symbolischen Tod: Wenn das Kind den aufrechten Gang nicht lernte, wurde es kein wirklich menschliches Wesen. Das Bewußtsein der Todesgefahr führte nicht zu Fatalismus, sondern zu Vorbeugungsmaßnahmen, die zwar anders als die heutigen, aber nicht weniger real waren.

Manche Bräuche freilich scheinen das Gegenteil zu beweisen. Wenn ein Kind schwer krank war, tauchte man z.B. ein Kleidungsstück von ihm in einen heiligen Brunnen. „Um zu erfahren, ob ein Kind geheilt wird: Man befragte einen wundertätigen, dem heiligen Alangueure geweihten Brunnen und legte ein Leintuch hinein, das den Körper des kranken Kindes eine gewisse Zeit berührt hatte. Wenn das Tuch unterging, mußte das Kind sterben. Anderenfalls war die Heilung sicher" (Burgund). Eine oberflächliche Analyse könnte in diesem Brauch einen Ausdruck von Fatalismus erkennen. Eine andere Deutung erscheint jedoch angemessener: Die Menschen dieser Gesellschaft verspürten allgemein den Wunsch, die Todesstunde vorauszusehen, um rechtzeitig die entsprechenden Rituale einleiten zu können – etwa die Taufe im Falle eines Neugeborenen.

## Der Zusammenhang von Geburt und Tod

Die Vielzahl von Ängsten und Vorsorgemaßnahmen, die ein Neugeborenes umgaben, erklärt, weshalb die Verbindung von Geburt und Tod eine durchaus ambivalente Angelegenheit war. Daher haben wir versucht, bei der computergestützten Auswertung der Rezeptsammlungen zu bestimmten Gruppen von Symptomen zu gelangen.

So wichtig der Zusammenhang der Geburt mit der Schwangerschaft und der frühen Kindheit ist, die Verbindung mit dem Tod erscheint nicht weniger bedeutend. Dies gilt bereits für die Schwangerschaft. Ein Kind, das eben das Licht der Welt erblickt hatte, war in doppelter Hinsicht mit dem Tod verbunden: zum einen natürlich wegen der Gefahren, die es bedrohten; darüber hinaus glaubte man aber auch, daß die Seele des Kindes aus dem Reich der Toten oder der Ahnen stamme und daß diese es zu sich zurückrufen könnten. Daraus erklärte man sich auch anhaltende Schreie der Säuglinge während der Nacht: „Wenn der Geist eines toten Ahnen ein Kind heimsucht und Fürbitten verlangt, so beende man derlei Angstbeschwerden auf folgende Weise: Man lese an neun Tagen eine Andacht für ihn, und sogleich kehrt wieder Ruhe ein" (Languedoc).

Die Beziehung zwischen Kindheit und Tod bildet auch den Hintergrund gewisser Heilungsrituale, die zwar zunächst merkwürdig anmuten, aber letztlich dem Kinde nützen und den Tod bannen sollten. Zur Behandlung von Muttermalen – jenen Flecken, die man auf Gelüste der Mutter während der Schwangerschaft zurückführte – riet man beispielsweise, „ein Neugeborenes mit den Füßen eines Toten zu berühren" (Dauphiné). Bei epileptischen Kindern half folgendes Mittel: „Führt man das Kind zu einem Sterbenden und bittet man diesen, seine Hand zu halten, wird er bei seinem Tod die Krankheit mitnehmen" (Lothringen, Gegend von Metz). Oder: „Um die Heilung eines Kindes zu erreichen, kann man es in ein Bettuch wickeln, auf dem einst ein Toter aufgebahrt wurde" (Bretagne, Côtes du Nord).

Aber auch das tote – genauer: das totgeborene – Kind spielte in bestimmten Ritualen eine aktive Rolle. „Um ein gutes Los zu ziehen [also um der Einberufung zur Armee zu entgehen]: Man muß, ohne es zu wissen, in seiner Tasche auf der Seite jener Hand, die in die Lostrommel greift, eine Nadel tragen, mit der einst das Leichentuch eines totgeborenen Kindes zusammengenäht wurde" (Bretagne). Zwei Formen des Übergangs wurden in diesem Ritual miteinander verknüpft: der Weg des Kindes zum Tod und der Weg eines jungen Mannes in den Stand des Erwachsenen. Das Ritual verlieh dem Leben wie dem Tod einen Sinn: Der frühe Tod des Kindes erhielt dadurch einen Sinn, daß er in einem anderen Übergangsritual gebraucht wurde.

Man schreckte nicht davor zurück, dem Kind selbst von der Todesgefahr zu sprechen: Beim Einschlafen ist in Form eines Abendgebets oder Wiegenlieds davon die Rede – in metaphorischer Form oder direkt. Damit suchte man den Tod zu beschwören oder fernzuhalten – auch dies war ein Schutzritual.

„Tucktuck lala kleiner Vogel
Um einzuschlafen kleiner Engel
Und öffne deine Flüglein nicht" (Bretagne).

Vom Tode sprechen, das hieß diesen fernhalten, aber auch zähmen. Viele Rituale der Kindheit waren Übergangsriten, die helfen sollten, sich von einem früheren Status zu lösen und zu einem neuen Status zu gelangen. Die Entwöhnung bietet hierfür ein gutes Beispiel: Lernen, sich zu trennen, hieß letzten Endes auch, den endgültigen Übergang, den des Todes, zu erlernen. In den traditionalen Gesellschaften begann man damit schon bei der Geburt. Ein solches Erlernen des Todes und der Trennung war möglich, weil jede Geburt umgeben war von Personen – Frauen, aber auch Männern –, die dem Kind zugleich Beschützer und Wegbegleiter waren.

## Die Frauen: Begleiterinnen zwischen Leben und Tod

Daß die Frauen bei der Geburt in traditionalen Gesellschaften eine entscheidende Rolle spielten, ist allgemein bekannt. Doch hier geht es um die symbolische Dimension dieser Rolle. In erster Linie hatte die Mutter, und zwar von der Empfängnis an, eine entscheidende Verantwortung für den Schutz des Kindes. Und so versteht es sich von selbst, daß die ganze Periode der Schwangerschaft nicht nur durch verschiedene Ängste gekennzeichnet war, sondern auch durch den Versuch, diese Ängste praktisch oder symbolisch zu bewältigen. Man riet der werdenden Mutter beispielsweise, keine zu engen Halsketten zu tragen, damit das Kind nicht durch die Nabelschnur stranguliert zur Welt komme. Auch für die Bedrohungen, denen das Kind ausgesetzt war, konnte also die Mutter verantwortlich gemacht werden, wie auch der Volksglauben an Muttermale zeigt. Man befürchtete, zu heftige oder unbefriedigte Wünsche der Mutter könnten sich gegen das Kind richten. Die Lust auf Erdbeeren mitten im Winter würde sich dem Körper des Kindes beispielsweise in Form einer Erdbeere einschreiben.

Auch nach der Geburt des Kindes war es an der Mutter, dem Kind den erwähnten symbolischen Schutz zu gewähren. Beim Stillen etwa gewährleistete die Mutter durch einen körperlichen Akt das Wachstum und den Schutz des Kindes, doch gleichzeitig mußte sie es auf die Trennung der Entwöhnung vorbereiten. Die Märchen über ‚verschlingende‘ Mütter beispielsweise erzählen von Frauen, denen dieser Trennungsakt und die Entwöhnung des Kindes nicht gelungen war.

Es ist wichtig, sich über die ambivalente Rolle der Mutter klar zu werden: Einerseits war sie Lebensspenderin, andererseits konnte sie den Tod bringen.[4] Der Schutz der Frau in den Riten und Praktiken der Geburt hatte ein dreifaches Ziel: Schutz für sie, Schutz für ihr Kind, schließlich Schutz des Kindes vor ihr.

Die traditionelle Hebamme erfüllte zunächst einmal eine praktische Aufgabe. Doch gleichzeitig hatte ihre Rolle mit der

Verknüpfung von Geburt und Tod zu tun, denn sie war auch für das Waschen der Toten zuständig.[5] Bei dieser Verrichtung aber ging es um die symbolische Trennung von Lebenden und Toten. Die Trennung mußte nach einem bestimmten Zeremoniell verlaufen und konnte nicht durch die Familienangehörigen selbst vollzogen werden. Auch bei der Geburt hatte die Hebamme einen Trennungsakt zu vollziehen, der mehr war als ein bloß technischer Handgriff: das Durchschneiden der Nabelschnur. Es ging hier um die erste Trennung zweier Leiber, die nach damaliger Anschauung bislang in totaler Symbiose gelebt hatten. Beim Ritual der Entwöhnung war es wiederum die Hebamme, welche die endgültige Trennung vollzog: Sie salbte den Busen der Mutter mit einem gewürzten Teig, der dem Säugling die Brust verleiden sollte.

Schließlich spielte eine weitere Frau, die Mutter der Gebärenden, eine entscheidende Rolle bei der Geburt. In ihrer Analyse des Märchens ‚Rotkäppchen' hat Yvonne Verdier gezeigt, daß der Moment der Geburt für Mutter und Tochter den Charakter einer Initiation hatte. Es handelte sich um einen Moment großer Gefahren, die bewältigt sein wollten: Die Tochter erwartete Schmerzen oder sogar Todesgefahren; für die Mutter aber vollzog sich ein symbolischer Tod, denn sobald sie Großmutter geworden war, gehörte sie zu jener Gruppe von Frauen, die von nun an keine Kinder mehr zur Welt bringen sollten.[6]

Andere Frauen kamen hinzu, etwa jene Frauen aus der Umgebung der werdenden Mutter, die selbst bereits Kinder geboren hatten. Sie bildeten die Gruppe der Initiierten, die oft ihre Erinnerungen über die Geburt und die überwundenen Gefahren austauschten. Neben der Hebamme gab es weitere wichtige Frauen im Dorf, die während des Geburtsgeschehens eine symbolische Aufgabe hatten. Wir haben jenes so symbolträchtige Rezept bereits erwähnt, in dem eine Nadel vorkam, mit der das Leichentuch eines totgeborenen Kindes zusammengenäht wurde. Wer nähte dieses Leichentuch? War es nicht die Schneiderin, die – wie Yvonne Verdier ebenfalls gezeigt hat – beim rituellen Übergang der jungen Mädchen ins Erwachsenenalter eine Rolle spielte? Es erstaunt keineswegs, dieser Frau in beiden Zusammenhängen – sowohl beim Tod, als auch beim Abschluß der Adoleszenz – zu begegnen.

Alle diese Befunde zeigen, daß die Frauen in einer ambivalenten Beziehung zu Leben und Tod standen. Bei einer anderen Forschungsarbeit, die tödlichen Unfällen im Gebirge gewidmet war, wurde mir gesagt, daß das Schauspiel des gewaltsamen Todes – im Krieg oder durch Unfälle – nicht „für Frauen" bestimmt war.[7] Dieses Tabu, das auf den ersten Blick paradox anmutet, erklärt sich durch die Tatsache, daß die Frauen in den traditionellen Gesellschaften mit der rituellen Bewältigung des vorhersehbaren, natürlichen Todes – und eben gerade nicht des gewaltsamen Todes, der sich ohne Ritus vollzog – betraut waren.

Wenn man die Rolle der Frauen im Geburtsgeschehen betrachtet, ist es also entscheidend, ihre Ambivalenz zu erkennen: Sie waren einerseits gute Mütter, Spenderinnen des Lebens, konnten aber auch den Tod bringen; und schließlich begleiteten sie die Übergänge zwischen Leben und Tod, sie waren anwesend in der Stunde der Geburt und der des Sterbens.


### Der symbolische Ort des Vaters

Nach verbreiteter Ansicht war die Geburt in traditionalen Gesellschaften eine Sache der Frauen, von der die Männer ausgeschlossen blieben. Doch diese Sichtweise ist zu differenzieren, wenn man die symbolische Dimension betrachtet und auf dieser Ebene die Rolle des Vaters und des Maskulinen analysiert.

Zunächst ist festzustellen, daß auch der Vater bei einer Geburt konkrete Aufgaben zu erfüllen hatte. Denn obwohl er im Augenblick der Entbindung im allgemeinen nicht anwesend war, fand diese meistens in seinem Haus statt. Er holte Wasser für ein warmes Sitzbad, das der Gebärenden die Entbindung erleichtern sollte. Er hatte unter einem Baum im Garten ein Loch zu graben und darin die Nachgeburt, das ‚Doppel' des

Kindes, zu beerdigen. Auch dem Vater wurde also eine Art symbolischer Tod zugeordnet, wenn auch in Form einer Aufgabe der ‚Belebung': Mit dem Baum gab er dem Kind gleichsam ein Gegenstück im Reich der Natur. Es handelte sich hier um praktische Aufgaben, die gleichzeitig die symbolische Funktion der Trennung berührten. Dieser Zusammenhang ist entscheidend, denn während heute praktische und symbolische Aspekte getrennt sind, knüpfte früher das Symbolische unmittelbar an praktische Funktionen an.

Die eigentliche Geburt stand ganz im Zeichen des Fleischlichen: Sie war die Trennung zweier Körper, des mütterlichen und des kindlichen. Für die Frauen hatte dieser Moment auch den Charakter einer Initiation. Insofern war es folgerichtig, daß der Vater hier gewöhnlich ausgeschlossen war. Unmittelbar nach der Geburt griff er jedoch in das Geschehen ein. In der Normandie, so wurde mir erzählt,[8] war es ein Brauch, daß die Hebamme den Vater rief und ihm das noch nackte Neugeborene entgegenstreckte. Der Vater zog daraufhin sein Hemd aus und umwickelte damit das Kind. Indem er dies tat, übermittelte er dem Kind in ganz konkreter Weise seine Körperwärme; doch gleichzeitig markierte er es auch mit dem ersten Zeichen der Sozialisation, einem Kleidungsstück, und ersetzte so jene fleischliche Hülle, in der das Kind im Bauch der Mutter geborgen war.

Auch später, zum Zeitpunkt der Entwöhnung, hatte der Vater eine ähnliche Aufgabe. In mehreren Regionen Frankreichs sah das entsprechende Ritual folgendermaßen aus: Die Hebamme bedeckte die Brust der Mutter mit einem scheußlich schmeckenden Teig, so daß sich das Kind zumeist schreiend abwendete. Der Vater reichte ihm dann ein Stück Brot. Wenn sich das Kind daraufhin beruhigte, so ließ dies auf eine einfache Entwöhnung schließen, und die Anwesenden waren zufrieden. Insofern das Brot als ein Produkt der Arbeit des Mannes galt, symbolisierte der Ritus den Wechsel des Kindes von der weiblichen zur männlichen Ernährung, den Übergang aus der femininen in die maskuline Welt. Ein bretonisches Sprichwort sagt es unzweideutig: „Das Brot des Mannes und die

Milch der Frau machen die Kinder stark" (Bretagne). Erst mit dem Ritual der Entwöhnung war der Zyklus der geburtsspezifischen Trennungsriten abgeschlossen. Das Beispiel zeigt also noch einmal deutlich: Will man die symbolische Bedeutung der Geburt analysieren, ist es falsch, allein den Vorgang der Entbindung ins Auge zu fassen.

Lag die Rolle der Frau auf der Seite der Fleischlichkeit, der Hervorbringung des Kindes, war die Rolle des Mannes komplementär, aber nicht weniger bedeutend. Der Vater stand für die Aufgabe der Sozialisation: Er sollte das Kind in die Welt der anderen, in die Sphäre des Sozialen, lenken und es vor einer zu exklusiven Beziehung mit der Mutter bewahren. Wir berühren hier die traditionelle Aufgabe der Männer, die in der sozialen Kontrolle der Frauen bestand.


### Die Zeichen des Vaters


Die Gegenwart des Vaters in dieser weiblichen Welt wurde auch durch Gegenstände gewährleistet, welche die Gebärende bei sich trug und die sie beschützten. Bei der Auswertung der Sammlung von 6000 Volksrezepten wurden in einer Untergruppe die Elemente zusammengefaßt, die der Geburt zugeordnet waren; darin wurden jene Figuren und Ingredienzien isoliert, die als maskuline Zeichen galten.

Mehrere Gegenstände erinnerten an den Vater. So konnte man beispielsweise in seiner Abwesenheit sein Hemd verwenden, das ihn repräsentierte. In der Volksmedizin hatten Kleider stets eine doppelte Funktion. Einerseits fungierten sie in den Übergangsriten als Zeichen der Menschwerdung und Sozialisation. Andererseits konnten sie den Körper vertreten, denn sie waren ihm nahe. Die Kleidungstücke des Vaters markierten also symbolisch die Stärke seiner Gegenwart – auch in der Welt der Frauen. Sie waren seine Erkennungszeichen: Zeichen der Vaterschaft und gleichzeitig wirkmächtige Symbole der Sozialisation.

Das Hemd des Vaters verlieh dem Kind also von der Geburt an – und trotz seiner Abwesenheit – dessen Eigenschaften. Es beschützte den Säugling gegen Epilepsie und Anfälle, gefürchtete Krankheiten, die gleichzeitig die Menschwerdung behinderten. „Damit das Kind die Eigenschaften seines Vaters annimmt und gegen Anfälle und Epilepsie immun wird: Man wickele das Neugeborene, bevor es zum ersten Mal gewaschen wird, in ein gebrauchtes und ungewaschenes Hemd des Vaters" (Lothringen, Gebiet von Metz). Dieses Hemd mußte deshalb ungewaschen bleiben, damit es Qualitäten des väterlichen Körpers enthielt; Körperprodukte wie Haare, Nagelteile, Schmutz waren dem Körper gleichwertig. Auch Urin repräsentierte den Körper des Vaters: Man verwendete ihn gegen Krämpfe, die als schwere Bedrohung für das Kind angesehen wurden. „Gegen Krämpfe der Kinder gebe man ihnen väterlichen Harn zu trinken" (Dauphiné).

Schließlich war der Vater sogar bei einer gänzlich weiblichen Handlung, dem Stillen, indirekt anwesend. Es war ihm nämlich verboten, bestimmte der Laktation geweihte Quellen zu besuchen; bei Zuwiderhandlung riskierte er das Anschwellen seiner Brüste. Das folgende Rezept macht freilich deutlich, daß sich auch dieser für das Kind so entscheidende Moment nur mit seiner stillschweigenden Zustimmung vollziehen konnte. Der Vater war ein schützendes Bollwerk, das Mutter und Kind gegen jeden Zauber schützen sollte. „Wenn eine Mutter verhindern will, daß ihre Milch durch Verhexung austrocknet, muß sie sich den Hut ihres Gatten über die Brüste streifen" (Lothringen, Gebiet von Metz).

Der Vater wurde nicht bloß durch Objekte, die ihm gehörten, symbolisch vergegenwärtigt. Es konnte sich auch um Gegenstände handeln, die mit der Hochzeit zusammenhingen; so wurde während der Geburt, für die die Frauen zuständig waren, daran erinnert, daß die Mitwirkung des Vaters doch wichtig gewesen war. Beispielsweise findet man auch in folgendem Rezept die schützende Rolle des Vaters angesprochen: „Gegen das Kindbettfieber lege man auf den Bauch oder unter die Lenden der Gebärenden den Hochzeitsgürtel, der zu einem Kreuzeichen gefaltet wurde" (Lothringen, Gebiet von Metz). Auch sonst wurde die soziale Beschützerrolle durch Symbole des Religiösen oder der Transzendenz wie Kreuz oder Segnungen verstärkt. Zu diesem Zweck wurde etwa der Ehering, das geweihte Zeichen der Heirat, verwendet: „Gegen Krämpfe der Kinder: Man hänge einen geweihten Ehering an den Hals des Kindes" (Zentralfrankreich). Der Ehering war also ein indirektes Zeichen der schützenden Gegenwart des Vaters. Doch diese Gegenwart war implizit auch während der gesamten Zeit der Schwangerschaft wirksam.

Wir haben bereits auf die Tatsache hingewiesen, daß während der Schwangerschaft jede Handlung der werdenden Mutter das Kind in ihrem Leibe beeinflussen konnte, weil man glaubte, daß beide zusammen einen einzigen Körper bildeten. Doch auch hier konnte der Vater Einfluß haben. Vermittelt durch den Körper, den Blick oder die Berührung seiner Frau, konnten bestimmte Gesten des Vaters das Kind erreichen. „Wenn eine schwangere Frau wünscht, daß das Kind ihrem Mann gleiche, dann warte sie, bis dieser fest eingeschlafen ist, zünde eine Kerze an, betrachte das Gesicht des Gatten und konzentriere alle ihre Gedankenkräfte auf ihn" (Bretagne). Die Muttermale, die zumeist als Ausdruck unbefriedigter Wünsche der Mutter galten, konnten manchmal auch von einer Verhaltensweise des Vaters stammen: „Das Kind kann auf seinem Kinn einen Weinflecken aufweisen, wenn der Vater bei der Empfängnis betrunken war" (Dauphiné).

Das Verhalten des Vaters konnte das Geschlecht des Kindes beeinflussen. Aus diesem Zusammenhang erklärt sich folgender Brauch: „Vorzeichen eines Knaben: Der Mann läßt seine Frau auf seinem Schoß sitzen, und wenn ihr rechter Fuß tiefer ist als der linke, wird es ein Knabe sein" (Bretagne). Die rechte Seite, die positiv konnotiert war, galt als die männliche. „Am Tische oder zu Bette gehört die Rechte dem Gatten", sagt ein Sprichwort aus der Gascogne. Je nachdem, ob sie links oder rechts waren, wurden bestimmte Zeichen am Körper der Schwangeren zu Vorzeichen, die das Geschlecht des Kindes anzeigten: rechts die Jungen, links die Mädchen. Wenn der Mann seine schwangere Frau auf seinem Schoße sitzen ließ, übernahm er damit nicht symbolisch die Verantwortung für den mütterlichen Körper und stand zu seinem Einfluß auf das Geschlecht des Kindes?

## Zeichen der Männlichkeit

Wie in den vorhergehenden Beispielen gezeigt wurde, hatte der Vater eine große symbolische Bedeutung bei der Geburt und für die frühe Kindheit. Doch es gab noch andere Zeichen der Männlichkeit, die in dieser Periode wichtig waren. Wir wollen dafür einige Beispiele geben. Für gefährliche Säuglingskrankheiten wie Krämpfe oder für das Zahnen gab es bestimmte Pflanzen oder Tiere, denen ein phallischer Charakter zugeschrieben wurde. Dies gilt etwa für Schlangen oder schlangenartige Tiere wie Aale oder Nattern, mit deren Hilfe man versuchte, die Geburt zu beschleunigen. „Um die Entbindung zu erleichtern, zeige man der Kreißenden eine Natter" (Lothringen, Gebiet von Metz); „zur Erleichterung der Entbindung: einen heißen Aufguß aus Schlangenhaut trinken" (Dauphiné). Zuweilen wurde der männliche Charakter des Tieres oder der Pflanze ausdrücklich hervorgehoben: „Um bei Kindern das Zahnen zu erleichtern: Man reibe das Zahnfleisch des Kindes mit einem blutigen Hahnenkamm" (Dauphiné); „gegen Krämpfe der Kinder: Man gebe dem Kind das Hirn eines männlichen Hasen zu essen" (Pays de Loire); „gegen die Krämpfe der Kinder: Man nehme einen lebenden männlichen Maulwurf, setze ihn dem Kind in die Hand und veranlasse es, ihn zu ersticken. Anschließend nehme man die rechte Pfote des Maulwurfs und hänge sie dem Kind an den Hals" (Pays de Loire); „gegen die Krämpfe der Kinder: Man gebe dem Kind männliches Farnkraut" (Dauphiné).

Schließlich finden wir neben zahlreichen weiblichen Heiligen, welche die Geburt begleiten (etwa Maria, die hl. Anna oder die hl. Margarethe), auch männliche Figuren, deren Gegenwart nicht weniger deutlich ist. Zu ihnen gehört Christus, und zwar nicht nur, weil er von Maria geboren wurde, sondern auch, weil seine Passion und sein Blut in gewissem Sinne die

Geburtsschmerzen symbolisierten: „Um eine normale Geburt zu gewährleisten, schreibe man auf einen Papierstreifen, der am Hemd der Kreißenden oder unter dem Kopfkissen befestigt wird, folgendes Gebet: ‚Die Jungfrau Maria wurde entbunden ohne Schmerzen. So wird euch Jesus Christus heilen, der uns durch sein heiliges Blut erlöst hat. Im Namen des Vaters, des Sohnes und des heiligen Geistes. Amen'" (Lothringen, Gebiet von Metz).

Man sieht, daß die enge Verbindung zwischen dem Tod und der frühen Kindheit die symbolische Bedeutung der Geburt verstärkte. Gleichzeitig akzentuierte diese symbolische Verdichtung auch den ambivalenten Charakter der Mutter und verlieh dem Vater eine sozialisierende, aber auch beschützende Rolle. Die symbolische Wirksamkeit funktionierte vor allem deshalb, weil sie auf Gegenständen basierte, die gleichzeitig eine praktische und eine symbolische Funktion hatten. So ist es nicht erstaunlich, daß in unserer Gegenwart, wo der Schatten des Todes von der Geburt weitgehend gewichen ist, auch die meisten symbolischen Riten des Schutzes aus ihrem Umkreis verschwunden sind; die technischen und die symbolischen Aspekte der Geburt werden heutzutage immer mehr getrennt. Um so notwendiger mag es sein, erneut über die Rolle von Ritualen nachzudenken, über den Platz, den wir in unserer Gesellschaft dem Übergang und der Trennung, dem Tod und der sozialen Bindung einräumen.

*Übersetzung: Matthias Grässlin*
*in Zusammenarbeit mit Jürgen Schlumbohm*

## II. Wissen, Kompetenz, Konflikte

*Waltraud Pulz*

# Gewaltsame Hilfe? Die Arbeit der Hebamme im Spiegel eines Gerichtskonflikts (1680–1685)

Die Rivalitäten zwischen Hebammen und Ärzten lassen sich weit zurückverfolgen. Angesichts der Notwendigkeit, zur richtigen Zeit das Richtige zu tun, spielte im Streit von in der Geburtshilfe konkurrierenden Professionen die Frage des Abwartens bzw. Eingreifens stets eine zentrale Rolle. Den Hebammen der Frühen Neuzeit wurde von Ärzten und Chirurgen sowohl tatenloses, fatalistisches Zusehen als auch blindkonfuses, gewalttätiges Handeln vorgeworfen. In dem hier untersuchten Gerichtskonflikt setzt sich die später zu Ruhm und Ehren gelangte, aber immer wieder auch angefeindete Hebamme ('Wehemutter') Justina Siegemund (1636–1705) gegen die von einem Arzt vorgebrachte Beschuldigung wiederholter Gewalttätigkeit zur Wehr. In den Akten vernehmen wir nicht nur die Stimmen des Arztes und der Hebamme; auch etliche Gebärende und im Umfeld der Geburt Anwesende kommen zu Wort und sprechen von ihrer Erfahrung der Geburt und Geburtshilfe. Es geht um gewaltsame geburtshilfliche Praktiken, ein Thema, das uns in anderer Gestalt auch heute bewegt, wo der Begriff der Hilfe auf vielen Gebieten zunehmend pervertiert scheint und Schwangerschaft und Geburt umdefiniert wurden zu Vorgängen, die professioneller Intervention bedürfen. In einer Zeit, in der nicht der Hilferuf, sondern die Diagnose der Hilfsbedürftigkeit zählt und die 'Hilfe' eher berechnender Überwachung gleicht,[1] sind wir hellhörig geworden für die Ambivalenzen der (Geburts-)Hilfe, hellhörig für Eingriffe, bei denen es sich eigentlich um Übergriffe handelt.

# Ein alltäglicher Konflikt: der Vorgesetzte als Konkurrent

Im September des Jahres 1680 reichte der öffentlich angestellte Liegnitzer Stadtarzt Dr. Martin Kerger (1622–1691) auf dem Rathaus ein Memorial ein. Darin bezichtigte er die Hebamme Justina Siegemund gewalttätiger geburtshilflicher Praktiken. Insbesondere warf er ihr vor, Geburten aus Eigennutz zu beschleunigen, und stellte dies in Zusammenhang mit ihrem ungewöhnlich weitgespannten beruflichen Aktionsradius. Darüber hinaus hatte der Physikus eine Schwangere vor ‚Übereilung‘ durch die Beschuldigte gewarnt und am Beispiel seiner Ehefrau und Kinder zu bedenken gegeben, ob die Hebamme nicht eine Gefahr für Leib und Leben der ihr Anvertrauten darstelle.[2]

Die Schlesierin J. Siegemund, die 1683 als Hofhebamme nach Berlin berufen und als Verfasserin des ersten im deutschen Sprachraum von einer Frau publizierten geburtshilflichen Lehrbuchs über die deutschen Grenzen hinaus berühmt wurde,[3] war von Ostern 1670 bis Herbst 1678 Stadthebamme in Liegnitz/Legnica gewesen. Etwa zwei Jahre nach ihrem Amtsantritt war ihr eine spektakuläre Operation gelungen: Sie hatte der von Ärzten erfolglos behandelten Luise von Anhalt-Dessau, die nach dem Tode ihres Ehemanns, des im Februar 1672 verstorbenen Herzogs Christian von Liegnitz-Brieg-Wohlau, die Regentschaft führte, durch die Entfernung eines Gebärmuttergewächses das Leben gerettet. Den (auto)-biographischen Angaben im „Lebens-Lauff" der auf J. Siegemund verfaßten Leichenpredigt zufolge wurde ihr daraufhin die „Gnade" zuteil, an Luises „Hofe biß an Jhr der Hertzogin Tod Anno 1680. im April ihren Unterhalt zu geniessen".[4] Die Hebamme war auf diese Weise primär dem Hof verpflichtet, aufgrund ihrer Freistellung und ihres Rufs wurde sie nicht nur innerhalb Schlesiens, sondern auch aus Sachsen angefordert. Bis 1678 (und z. T. auch noch danach) stand sie aber immer wieder auch den Liegnitzer Schwangeren und Gebärenden zur Verfügung, allerdings eben nicht mit der für Stadthebammen gewöhnlich geforderten Ausschließlichkeit.

Genau hier hakte Kerger, der als Physikus die Aufsicht über die Hebammen hatte, mit seinem Vorwurf der gewalttätigen Geburtsbeschleunigung ein. J. Siegemund hat den (Rechts-) Streit später in ihrem Lehrbuch, einem Dialog zwischen zwei Hebammen, dargestellt und verarbeitet, wobei sie in Anpassung an die juristischen Gepflogenheiten der Zeit mit paradigmatischen Namen operiert:

„Titia war in einer vornehmen Stadt geschwohrne Wehe-Mutter, und … Sempronius daselbst ihr guter Freund. Nach etlichen Jahren ließ er sich verleiten, daß er ihr (aus was Ursachen, will ich nicht anführen,) nicht mehr geneigt war. Darum ward das vorige Wohlwollen in allerhand Zunötigung verkehrt, welche Titiam verursachten Ruhe zu suchen. Sie beurlaubte die Stadt mit der Obrigkeit Mißfallen, iedoch schönem Zeugniß ihres Wohlverhaltens; Fast alle Einwohner, besonders viel Adeliche Frauen auffm Lande, beweineten ihren Abzug, und klagten über ihre Vermissung; Sie aber gab sich unter Hoch-Fürstlichen Schutz zum sichern Privat-Leben. Sempronio war lieb, daß er Titiam aus den Augen gebracht, und war noch nöthig, sie auch aus den Hertzen der Wohlgesinneten zu bringen, darum giebt er, in ihrer Abwesenheit, eine Schrifft bey E. E. Rath selbiger Stadt ein…"[5]

Kerger ist es also gelungen, J. Siegemund aus ihrem Amt zu vertreiben. Den Angaben der Hebamme zufolge hat ihr der Physikus u.a. die von ihr in Notfällen praktizierte Verordnung von Hausmitteln zum Vorwurf gemacht, ungeachtet der Tatsache, daß sie die Anwendung dieser Mittel von ihm gelernt hatte.[6] Damit hat er sie der Pfuscherei, der Durchkreuzung des ärztlichen Berufsmonopols, beschuldigt. In dem Konflikt, dessen Hintergründe sich nicht mehr in allen Details klären lassen, geht es also auch um standespolitische Interessen und um Konkurrenz. Die Hebammen waren für die Handarbeit an der Gebärenden zuständig; im Gefahrenfall hatten sie den übergeordneten Physikus hinzuzuziehen und ihm zu ‚gehorsamen'; anderenfalls riskierten sie, wie eine Kollegin J. Siegemunds, von Kerger als „unvorsichtig und … eigensinnig"[7] denunziert zu werden.

Wie sich dem Auslaufregister der Kanzlei der Stadt Liegnitz anläßlich der im November 1681 erfolgenden Versendung der

Akten an den Leipziger Schöffenstuhl entnehmen läßt, hatte man Kergers „bericht, wegen deß gutten nachruffs der Justina" erst einmal „liegen lassen".[8] Nachdem die Hebamme aber „eine Calumnien und Injurien action [Beleidigungsklage] ... erzwingen wolte, und doch nicht mehr alhier bestendig wohnete sondern die Dienste bey der Stad aufgesaget hatte", hielt man es „vor daß sicherste, diese *Unß obscure* sache zuvergleichen".[9] Der Schlichtungsversuch entsprang dem Interesse der städtischen Rechtsgemeinschaft an Ruhe und Ordnung; zum Ausdruck kam dabei ein männliches Be-Fremden gegenüber einem nicht in der Männeröffentlichkeit, sondern „in occulto"[10] angesiedelten Konflikt. Doch der Vergleich fiel nicht zur Zufriedenheit der in ihrer Ehre verletzten bzw. zur Durchsetzung ihrer Ziele auf die ‚Ehrsemantik' zurückgreifenden[11] J. Siegemund aus: Für sie ging es darum, den Vorwurf des ihr von Kerger unterstellten Mords an seinen Kindern zu entkräften. Hingegen bestritt der Physikus, sie eine Kindermörderin genannt zu haben: Er habe in seinem Memorial lediglich erklärt, daß „solche accelerirte partus [beschleunigte Geburten; W. P.] (die sie mache, welches er ihr erweisen könne) schwache, kranke, und bald sterbende kinder veruhrsache."[12]

Nicht nur von Kerger selbst, sondern auch vom Liegnitzer Stadtgericht und Rat wie vom Leipziger Schöffenstuhl wurde allerdings die Auffassung vertreten, daß der Physikus mit einer Anzeige vermeintlicher Mißstände im Bereich der Geburtshilfe in Erfüllung seiner Amtspflichten handle und daher weder den Beweis für seine Anschuldigungen antreten müsse noch – selbst im Falle seines Irrtums – wegen Beleidigung oder Verleumdung zur Verantwortung gezogen werden könne.[13] Die Aufsichtsbefugnis über das Hebammenamt brachte den Stadtärzten demnach eine fast uneingeschränkte Machtfülle. J. Siegemund sammelte gleichwohl seit Mai 1681 Zeugnisse, die sie von Kergers Vorwürfen entlasten sollten. In diesem Zusammenhang sagten 1682 mehrere Frauen auf Wunsch der Hebamme vor Gericht über die ihnen geleistete Geburtshilfe aus. Zehn Zeuginnenaussagen hat J. Siegemund später in ihrem Lehrbuch abgedruckt, und zwar in jenem Kapitel, in dem sie sehr detailliert darüber informiert, unter welchen Umständen (Nabelschnur- oder Armvorfall, Fixierung des Kinds in günstiger Stellung, Derbheit der Eihäute) ein Eingriff in Form einer Blasensprengung geboten sei.[14] Mit Unterstützung des Landeshauptmanns bzw. der kaiserlich-königlichen Regierung zu Liegnitz[15] erreichte die Hebamme außerdem, daß in dieser – von ihr wie vom habsburgischen Landesherrn aufgrund des Mordvorwurfs als „schwere Criminal-Sach" betrachteten – Angelegenheit[16] vor dem Urteil von Amts wegen ermittelt werden mußte, wobei die Zeugen auf städtische Kosten gerichtlich zu vernehmen und zu vereidigen waren.[17] Daher liegen uns in dieser Sache nicht nur die erwähnten summarischen Berichte vor. Daneben sind in Fragen und Antworten gegliederte Verhörprotokolle überliefert. In diesen äußern sich vierzehn unter Eid[18] stehende Personen – Gebärende, bei der Geburt anwesende Frauen, zwei Hebammen und zwei Ehemänner – zu den J. Siegemund vorgeworfenen Gewalttaten, und zwar nach folgendem Schema: Die von Kerger als ZeugInnen für seine Vorwürfe Benannten wurden zunächst auf ihr Verhältnis zu den streitenden Parteien (‚Interrogatoria Generalia') befragt; dann hatten sie zu den ‚Positiones' auszusagen, die aus den von Kerger zumeist ohne Wissen bzw. gegen den Willen seiner Zeugen verfaßten und eingereichten Attestaten abgeleitet worden waren; schließlich mußten sie Stellung nehmen zu den ‚Interrogatoria Specialia', die J. Siegemund diesen Fragen beigefügt hatte.[19]

Für die Entscheidung des Rechtsstreits spielte all dies jedoch keine Rolle: Es blieb dabei, daß Kerger aufgrund seiner Aufsichtsfunktion über das Hebammenamt rechtlich nicht belangt werden konnte – ein Urteilsspruch, gegen den J. Siegemund dann auch mit dem Argument Berufung einlegte, „daß inn der Haupt sache und auf die Zeugen Verhör nicht gesprochen"[20] worden sei. Das brachte das Faß wohl zum Überlaufen: Am Ende und damit als Resümee des sogenannten Apostelbriefs, der vom Richter der ersten Instanz angefertigten Schilderung des Verfahrens, wurde die Hebamme als zänkisches Weib abqualifiziert.[21] Letztlich konnte J. Siegemund die sich immer komplizierter gestaltende Rechtssache von Berlin aus jedoch nicht mehr weiterverfolgen, ihre diesbezüglichen Versuche verliefen im Sande.[22]

## ‚Angriff' und ‚Handgriff' als Eingriff oder Übergriff?

Wir wissen nicht, ob J. Siegemunds angebliche Gewalttätigkeit das Hauptmotiv für Kergers Eingabe an den Rat war oder ob hier, wie die oben zitierte Andeutung der Hebamme nahelegt, ein uns unbekannter Konflikt in Muster übersetzt wurde, die Straftatbeständen entsprachen. Kergers Vorwürfe klingen jedenfalls insofern konventionell, als das ‚Übereilen' und vorzeitige Verlassen der Gebärenden in zahlreichen frühneuzeitlichen Hebammenordnungen untersagt wird.[23] Ähnliches gilt auch für das Verordnen von Hausmitteln durch die Hebamme; es wird im überlieferten Aktenmaterial zwar nicht erwähnt, spielte im Streit zwischen J. Siegemund und dem Arzt aber offenbar keine unwesentliche Rolle. Das Geflecht der möglichen oder wahrscheinlichen Ursachen für die Auseinandersetzung kann wohl nicht entwirrt werden. Klären können wir indes den Gegenstand der gerichtlichen Untersuchung, die Frage der als gewaltsam bezeichneten bzw. erlebten Geburtshilfe.

Im folgenden wird untersucht, welche Einstellungen und Verhaltensweisen gegenüber J. Siegemunds geburtshilflichem Handeln in den beiden Gruppen von Gerichtsprotokollen zum Ausdruck kommen: einerseits in den summarischen Berichten der Frauen, die J. Siegemund „nechst GOtt"[24] ihr Leben bzw. das ihrer Kinder verdankten, andererseits in den Antworten der von Kerger benannten ZeugInnen,[25] welche die Hebamme übrigens letztendlich keineswegs belasteten. Besonderes Interesse kommt dabei jenen Haltungen und Befindlichkeiten zu, die sich auf das von Kerger als gewalttätig etikettierte Vorgehen beziehen. In diesem Zusammenhang sei zunächst einmal geklärt, was mit den der Hebamme vorgeworfenen Gewalttaten jeweils gemeint bzw. assoziiert wurde.

Der Gewaltbegriff wurde ganz offensichtlich von Kerger ins Spiel gebracht. Sein Memorial war im Liegnitzer Archiv trotz intensiver Suche nicht auffindbar; aufgrund der zahlreichen Bezugnahmen auf diese Schrift können ihre zentralen Aussagen jedoch rekonstruiert werden. So ist in dem uns im Auslaufregister der Liegnitzer Kanzlei überlieferten Text des Apostelbriefs – dem Original waren die den Konflikt dokumentierenden Schriften, u. a. auch Kergers Memorial, beigefügt – davon die Rede, daß

> „hiesiger Physicus, besage Lit A beÿ Unß schon den 30 Sept 1680 angesucht, daß Frau Justina, zeitther sie allenthalben herumb reÿse, die kreÿssenden frauen durch gewalttähtige griffe übereÿle, und womit sie andern ohrte nichts versäumen möchte, die partus durch frühzeittige sprengung deß wasserß accelerire ...“[26]

Auch den aus Kergers Attestaten abgeleiteten Fragen an die ZeugInnen läßt sich entnehmen, daß der Physikus unter ‚Gewalt‘ vor allem eine Beschleunigung von Geburten verstand: „Gewalt ... thun“ steht in Opposition zu „der Zeitt erwarten“,[27] meint also das Forcieren, das Erzwingen der Geburt, bevor die Zeit, bevor das Kind ‚reif‘ ist. Als ‚gewaltsam‘ wurde von Kerger aber auch die mit einem „Eingriff biß an den Ellebogen“[28] verbundene Wendung eines toten Kinds auf die Füße bezeichnet.[29] Demnach meinte der Physikus mit seinen Vorwürfen ganz konkret die Blasensprengung und die innere Wendung, also das eine abwartend-stützende Präsenz überschreitende, von vielen Zeuginnen als rettend geschilderte aktive Eingreifen der Hebamme in den Geburtsvorgang. Den im Lehrbuch von J. Siegemund abgedruckten Gutachten verschiedener medizinischer Fakultäten läßt sich entnehmen, daß der Arzt der Hebamme darüber hinaus das frühzeitige Abschälen der Nachgeburt und das Öffnen nicht näher spezifizierter, in der Vagina bzw. im Uterus befindlicher Adern vorwarf, Eingriffe, die auch von den Gutachtern für „unmöglich“ und „ungereimt“ gehalten wurden.[30] Laut Aussage seiner Zeugin und Untergebenen, der seit 1680 als Stadthebamme tätigen Anna Beer, war Kerger der Auffassung, „es were am besten, man lisse der Natur ihren Lauff“;[31]

auch in Problemfällen, etwa bei ‚unrechten‘ Lagen, sträubte er sich gegen J. Siegemunds auf Veränderung abzielende Ein-Griffe und entschloß sich ‚allenfalls‘ zur – ihm vorbehaltenen – Verordnung medikamentöser Wehenmittel, deren Wirkung im übrigen ausgesprochen violent war.[32] Doch Kergers Gewaltbegriff macht sich nicht unbedingt an der spezifischen Wirkung einer Intervention fest, er meint tendenziell jedes Eingreifen in den Lauf der Natur. Mit seinem auf Arzneimittelverordnung beschränkten Handlungsspektrum ist der Arzt dem Problem nichtgebärfähiger Lagen nicht gewachsen. Seine Praxis zeugt von Rivalität und der unter den Ärzten seiner Zeit üblichen Ignoranz in Sachen Geburtshilfe, daneben aber auch von einer noch gegenwärtigen Vergangenheit, in der sich antike und christliche Naturvorstellungen, das Vertrauen in die Heilkraft der Natur und der Glaube an Harmonie und Zweckmäßigkeit des göttlichen Weltplans, vermischten.

J. Siegemund spricht ebenfalls von Gewalt. Indem sie sich gegen Kergers Vorwürfe verteidigt, ist sie gezwungen, diese zu wiederholen und zu deuten. Die von ihr eingereichten Zusatzfragen sind wie üblich mit Hilfe eines Schreibers konzipiert, jedoch eigenhändig von ihr unterschrieben; darüber hinaus sind sie durch die gelegentlich nicht eliminierte Ichform und durch die zum Ausdruck kommenden geburtshilflichen Fachkenntnisse deutlich an die Hebamme gebunden.[33] Aus diesen Fragen geht zunächst hervor, daß die Behauptung, Kergers Ehefrau habe J. Siegemunds ‚harten Angriff‘ „nicht ferner aushalten wollen“, ebenfalls als Gewaltvorwurf zu verstehen ist.[34] Gemeint ist das Tasten des Muttermunds mit zwei Fingern (‚Angriff‘), im Unterschied zum ‚Handgriff‘, dem bei schweren Geburten, insbesondere bei der Wendung nötigen Eingehen in den Uterus mit der ganzen Hand. Damit werden die beiden ‚Griffe‘, auf denen J. Siegemund später nach eigenen Worten ihren „gantzen Unterricht“ über ‚schwere‘ und ‚unrechtstehende‘ Geburten aufgebaut hat,[35] von Kerger als gewalttätig bezeichnet; seine Attacke richtet sich gegen das Hebammenwissen insgesamt, insofern sich dieses als konkretes handwerkliches Wissen von den theoretischen Kenntnissen der Ärzte unterscheidet.[36]

In ihren ,Interrogatoria Specialia' läßt die Hebamme durchblicken, daß eine „Gewalthat" wie das Eingehen „biß an den Ellbogen" in gewissen Fällen vonnöten sein könne.[37] Im Unterschied zu Kerger ist J. Siegemund also nicht der Auffassung, man solle die Natur nur machen lassen, sondern plädiert für ein dem jeweiligen Einzelfall angemessenes Eingreifen. Sie nützt ihren vergleichsweise großen Spielraum als Fragende, um klarzustellen, daß ihr Handeln durch das Problem des rechten Maßes bzw. Moments und damit im wesentlichen durch das Erspüren von Grenzen gekennzeichnet sei. So insistiert sie wiederholt darauf, daß sie die Schwangeren, die zu komplizierten Geburten neigten, mehrfach besucht habe und „weil die zeit der Geburt nicht vorhanden gewest vnnverrichteter Sachen weggegangen"[38] sei. An den von Kerger als Zeugen benannten Zirkelschmied Michael Kleinert läßt sie in diesem Zusammenhang die Frage richten, „ob vnd woher Zeuge wisse daß Justina bei seiner Frauen gefährlichen geburt, etwas gewaltsames gethan, oder was vnterlassen, so von nöthen gewesen?"[39] Da an Kleinerts Frau dieselbe Frage gestellt wird, allerdings unter Verwendung des Ausdrucks „unrecht" statt „gewaltsam",[40] dürfen wir davon ausgehen, daß für J. Siegemund die beiden Termini weitgehend synonym sind. Während also für Kerger tendenziell jeder Eingriff Gewalt bedeutet, bezeichnet die Hebamme das falsche, das ungerechtfertigte Handeln mit diesem Begriff.

Insgesamt zeigen die ,Interrogatoria Specialia' der Hebamme ein beeindruckendes geburtshilfliches Wissen und die Kenntnis der Besonderheiten des jeweiligen Einzelfalls. Äußerst differenziert arbeitet J. Siegemund die Vieldeutigkeit jener konkret erfahrbaren ,Zeichen' heraus, die nicht nur in Kergers Diskurs als Folgen von Gewalt interpretiert werden. So läßt sie den Gürtler Johann Paul Jgall, der darauf befragt wird, ob seine Frau beim ,Angriff' geschrien habe, damit konfrontieren, ob „Zeuge beÿ seiner Seeligkeit sagen könne, daß Seine Fraw nicht wegen anstehender Geburt, oder seiner Frauen Schwachheit inn der Natur, sondern wegen angethaner Gewalt geschrien habe".[41] Auch die bei der Geburt auftretende Ohnmacht einer Zeugin, die blutige Hand der Hebamme oder während der Geburt entstandene Verletzungen werden durch J. Siegemunds ‚Interrogatoria Specialia' in einen Kontext gerückt, in dem sie nicht Zeichen von Gewaltanwendung sind. Für die bei den Geburten von Kergers Frau anwesende Rosina Baudis, „eines Pastoris Wittib, so beÿ kreissenden Frauen bißhero sich mitt einrathen verständig erwiesen",[42] wurden beispielsweise folgende Fragen entworfen:

„1. Ob Zeuginn wisse, daß Jhr [J. Siegemunds; W. P.] Arm darumb so weitt bluttig worden, weil sie so Tieff inn den Leib gegriffen, wie es der Doctor angegeben, oder ob nicht vielmehr das Blutt Tropfen weise den Arm herab gelauffen?
2. Ob dieser Angrieff nicht stehende gescheen seÿ?
3. Ob Fraw Zeuginn gesehen, daß es eitel klares Blutt, oder Wäßrige Feuchtigkeit gewesen? Wie beÿ angehender Geburtt sich zuereignen pfleget?
4. Ob es was vngewöhnliches, wenn beÿ voller oder angehender Geburt, die bluttige wäßrige Feuchtigkeit der Wehmutter, sonderlich wenn die Fraw stehet, vnd die WehMutter beim Angriffe für ihr Kniet, den Arm herab lauffen müsse?
5. Ob Fraw Zeuginn meinen [!] Eingriff biß an den Ellebogen selbst gesehen, oder glaube, daß solches beÿ Gerechter geburtt [Schädellage; W. P.] möglich oder nöthig sey?
6. Ob Fraw Zeuginn nicht bewust, daß sich gar gemein als ein Zeichen der Geburtt ohn allen Eingrief der WehMutter, so wol beim Angrief das Geblütte weiset?
7. Ob solches als ein Zeichen der Gewalt Zu schätzen seÿ?
8. Ob Zeuginn nicht wisse, daß oft Blutstürtzungen sich vor oder nach der Geburt finden, ohne der Wehmutter Angrief?
9. Ob Fraw Zeuginn wisse, oder glaube, daß Justina der Fraw Doctorinn die Bluttstürtzung verursacht, vnd wordurch?"[43]

Hier kommt ein Verständnis von Gewalt zum Ausdruck, das diese an ihrem Resultat, einer körperlichen Schädigung von Mutter und/oder Kind, festmacht. Und doch meint ‚Gewalt' nicht ausschließlich physische Gewalt. Aus der Frage, ob die Hebamme nicht Blandina Jgall und ihren Mann zum vorgeburtlichen ‚Angriff' überredet habe, geht hervor, daß sich Gewalt keineswegs nur gegen den Körper, sondern auch gegen den Willen einer anderen Person richten kann. Sowohl B. Jgall als auch ihr Mann betonen, daß J. Siegemund nichts wider ihren Willen getan habe; von den „beider willen" in eins setzenden Fragen grenzt sich die Zeugin jedoch ab, indem sie klarstellt, „Jhr wille seÿ dabeÿ gewesen, Jhr Mann habe sich darumb unbekümmert gelassen", er sei bei dieser Untersuchung „nicht dabeÿ gewesen, habe auch nichtß darvon gewüst."[44] Der Ehemann berichtet indes, „weil die Kinder in der Stube gewesen, hette Frau Justina gebethen, sie wolten doch ein wenig hinaußgehen, darauff Er auch mitte hinaußgegangen."[45]

Äußerungen über geburtshilfliche Praktiken sind uns von Angehörigen der unteren und mittleren Sozialschichten selten überliefert. Um die Chance, aus den hier relativ zahlreich vorliegenden ZeugInnenaussagen etwas über die Lebenswelt der Befragten zu erfahren, nutzen zu können, muß man sich freilich der Verzerrungen bewußt sein, denen das vor Gericht Gesprochene und dessen Verschriftung unterliegen: Der Eid wirkte einschüchternd; die Aussagen sind von Interessen, Macht- und Konkurrenzbeziehungen[46] geprägt und vom Schreiber umformuliert;[47] die ZeugInnen, die zur Wahrhaftigkeit verpflichtet waren, aber nur geringen Spielraum genossen und großenteils nicht freiwillig aussagten, nahmen oft genug Zuflucht zu einer Strategie angeblichen Nichtwissens und Nichterinnerns. Trotzdem ist uns gerade in den Verhörprotokollen eine Fülle häufig ‚marginaler' Details überliefert, die das Verhältnis der Befragten zu Geburt und Geburtshilfe und insbesondere die Beziehung zu ihrer Hebamme erhellen.

Hinsichtlich der Frage einer gewaltsamen Geburtshilfe haben wir es in den summarischen Berichten immer wieder mit Dementis zu tun, die auf Kergers Vorwürfe zugeschnitten sind. Nur im Zeugnis einer ‚vornehmen Standes-Person' wird allerdings ausdrücklich betont, daß J. Siegemund „nichts Ungeschicktes noch Gewaltthätiges ... vorgenommen" habe, wobei bezeichnenderweise Geburtsbeschleunigung und Blasensprengung angeführt werden. Dabei gibt die Zeugin zu verstehen, daß ihr eine Beschleunigung der Geburt, „wann es mit guter Manier geschehen können", aufgrund einer geplanten Reise ihres Ehemanns nicht unwillkommen gewesen sei,[48] daß sie eine solche also wohl nicht als Gewalttat empfunden hätte. In den übrigen Berichten, in denen der Begriff ‚Gewalt' erst gar nicht fällt, wird ganz konkret und z.T. wiederholt ausgeführt, daß die Hebamme zwar gelegentlich unter Verursachung von „grossen Schmertzen", doch „ohne Schaden und Verletzung" agiert habe und „vorsichtig", „bescheidentlich", geschickt und uneigennützig gewesen sei;[49] sie habe also das Vertrauen der sich in ihre Hände begebenden Frauen in keiner Weise mißbraucht.

Demgegenüber finden sich in den Protokollen der ZeugInnenverhöre häufig ausweichende und widersprüchliche Antworten, die näher zu betrachten sich lohnt. Auch in diesen Aussagen ist selten explizit und oft nur in der direkten Replik auf eine entsprechende (Suggestiv-)Frage von ‚Gewalt' die Rede, meist geht es um konkret faßbare ‚Folgeerscheinungen'. Anna Neunhertz, Ehefrau eines Dragoners, antwortet allerdings auf die im Rahmen der ‚Interrogatoria Generalia' an alle ZeugInnen gestellte Frage, „ob Zeugin zu Frau Justinen einigen Neid oder Feindschafft trage, und warumb", dies sei

„erstlich wol gewesen, aber nun nicht mehr. Denn alß Jhr Frau Justina erstlich außgebadet, habe sie vermeinet, Jhr were gewalt geschehen, in dem Jhr etwas heraus gehangen, so daß sie bey 3. ViertelJahren nicht sitzen können, ohne aufm nachtstul und im bette. Worüber Sie Herrn D. Kergern befraget gehabt. Gebe aber deßhalben Frau Justinen Keine Schuld, weil es an sich selbst eine schwere geburt gewesen."[50]

Darauf befragt, ob sie von J. Siegemund so „verterbet worden…, weil die Justina Jhr biß in[!] Ellebogen in leib gefahren", muß A. Neunhertz zugeben,

„sie hette es nur von der Corporalin, die bey Jhr gewesen, also gehört. Zwar müsse Sie wol gestehen, daß Sie gesagt: Frau Justina, Jhr werdet mir gewalt thun; darauff selbte geantwortet: liebes kind, Jch muß es thun, es ist noth vorhanden. Und hette Zeugin mehr nicht gesehen, alß daß die hand der Frau Justinen biß an das gelenke blutig gewesen."[51]

Hier wie in anderen Aussagen kommt die Angst vor einem – durchaus auch im übertragenen Sinn lesbaren – zu ‚tiefen Eingreifen' der Hebamme zum Ausdruck. Die Verwandlung eines hilfreichen Eingriffs in einen Übergriff scheint in der Phantasie der Gebärenden keine unwesentliche Rolle zu spielen. Barbara Helbig, Nachfolgerin von J. Siegemund im Stadthebammenamt, kennt vom Hörensagen ähnliche Geschichten, die von der zwischen Unterstützung und Gewalt empfundenen Nähe zeugen und die zwiespältigen Gefühle gegenüber der Potenz der Helferin zum Ausdruck bringen. Sie hat diese Gerüchte, „weil Frau Justine Jhr auch viel zu neide gethan hette", Kerger weitererzählt. Demnach sei „die Justina der Lorentzin, des Mühlführers Eheweibe seel. so tiff in den Leib gefahren, daß sie, die Justina, selbst gesaget, sie fühle das Hertze zappeln".[52] Zwei ebenfalls bald nach der Geburt verstorbenen Frauen sei J. Siegemund „so weit mit der Hand in Leib gefahren, daß sie außwendig ihre Hand zu fühlen gegeben, und gesagt: fühlet, fühlet, hier hab ich meine hand".[53]

Auch in anderer Hinsicht ist die Aussage von A. Neunhertz kein Einzelfall. Das Argumentationsmuster, zunächst habe man die Schuld für einen bei oder nach der Geburt auftretenden Schaden J. Siegemund gegeben, diese Position aber später revidiert, findet sich bei J. P. Jgall wieder. Der Gürtler muß

„gestehen, weil das Kind so langsam gehen und reden gelernet, habe er sich anfangs eingebildet, alß hette Fr. Justina mit der geburt geeilet. Nach dem Er aber numehr sähe, daß das Kind ginge, redete, auch ässe und trinke, und also frisch und gesund were, so hette er diese gedanken fahren lassen."[54]

Da Jgall im weiteren Verhör aussagt, „Er und seine Frau hetten ein gutt vertrauen zu Fr. Justinen gehabt, weil sie hin und wieder beÿ den leuten gutt glükke gehabt, auch Jhnen selbst mit raht und that beÿgesprungen",[55] liegt hier ein anschauliches Beispiel für die sensible Beziehung zwischen Eltern und Hebamme vor, in der die Hebamme als die Andere nur allzu leicht für all das verantwortlich gemacht wird, was schiefläuft. Vor die Frage gestellt, ob er „beÿ seiner Seeligkeit sagen könne, daß Justina an seines Sohnes langsamen reden und gehen ursache seÿ", bestreitet der Zeuge dies vehement, indem er bemerkt, „da solle Jhn GOtt darvor behütten, daß er diß sagen würde".[56]

Fast mit denselben Worten verwahrt sich auch Blandina Jgall dagegen, die Existenz einer Kausalbeziehung zwischen (vermeintlicher) Geburtsbeschleunigung und langsamer Entwicklung ihres Sohns zu beschwören.[57] Sie „könne auch nicht wissen, ob Jhr die Frau Justina Gewalt gethan oder nicht", „von keiner Gewalt wisse sie, nur daß Fr. Justina sie hart angegriffen: Kein wasser oder Geblütte habe sie auch nicht gesehen oder gefühlet".[58] Fehlen die sichtbaren oder greifbaren ‚Zeichen' der Gewalt, so bleibt nur die Er-Innerung an die beim ‚harten Angriff' gespürten körperlichen Schmerzen, die von einem Außenstehenden jedoch nicht nachempfunden werden konnten. Auf J. Siegemunds Frage, „ob einige Geburt ohne Schmertzen und blutreinigung, und die Zurükbleibung des Geblüttes nicht den Müttern schädlich seÿ", antwortet B. Jgalls Ehemann: „Das erstere gebe wol die Vernunfft, daß es nicht anders seÿn könne, das Andere weiß Er nicht."[59]

Die manchmal unsicher oder widersprüchlich bzw. ambivalent erscheinenden Aussagen der Frauen hinsichtlich ihrer Befindlichkeit bei der Geburt sind nicht nur durch die Bedrohlichkeit des Eids und die damit verbundene Scheu vor einer Schuldzuschreibung oder die Schwierigkeiten bei der Versprachlichung vergangener Schmerzempfindungen zu erklären. Die Unsicherheit hängt offenbar auch damit zusammen, daß sich die Befragten mehr oder weniger darüber im unklaren sind, was J. Siegemund während der Geburt mit ihnen gemacht hat. Dabei geht es nicht um das Empfinden eines Defizits an geburtshilflichem Wissen, sondern um Gefühle des Ausgeliefertseins und der Auflösung, die z. T. schon in den Ängsten vor dem ‚tiefen Eingriff' zum Ausdruck kamen. Bei allem Gespür der Gebärenden für das Geschehen in ihrem Leib[60] berichtet etwa auch Barbara Vogt von Geburtsschmerzen, welche die – zu jener Zeit zweifellos noch wenig stabilen – Grenzen zwischen innen und außen auflösen. J. Siegemund habe ihr

„zwar gesagt, es were ein großköpfficht Kind, und der Mutter Mund were sehr enge, und müsse der Mutter Mund zerrissen werden; Ob es geschehen, könne sie weder wissen, noch sagen, in dem sie wegen der schweren Geburt grosse schmertzen gehabt."[61]

Diese alles überschwemmenden inneren Schmerzen, die keine differenzierte Wahrnehmung erlauben, werden offenbar zumindest partiell durch die ‚Veräußerlichung' ihrer ‚Gewalttätigkeit' verarbeitet. B. Vogt, die in der Folge von ihren Rükkenschmerzen sowie Schmerzen beim Stuhlgang berichtet, schreibt diese dem Umstand zu, daß „Sie von Fr. Justinen so lange auf dem Kreiß-Stul auffgehalten worden" sei, bestreitet jedoch trotz dieser „Beschwerung", von J. Siegemund verletzt worden zu sein; sie könne „deßhalben keiner Wehemutter einige Schuld geben".[62] Dies vertritt mehrfach auch Anna Maria Kleinert, deren Zwiespältigkeit dann um so deutlicher erscheint: Sie erklärt, „schärffere wehen" und schwerere Geburten gehabt zu haben, „da sie Frau Justinen gebraucht"; selbst wenn die Hebamme verfügbar gewesen wäre, hätte sie sie in der Folge nicht mehr haben wollen.[63]

In diesen Aussagen spiegelt sich ein weiteres Mal die – der Grenzerfahrung Geburt entsprechend – ambivalent erlebte und von J. Siegemund auch als Grenzgang beschriebene Tätigkeit der Hebamme, die von den Gebärenden als hilfreich, gleichzeitig aber auch als beängstigend und schmerzhaft erfahren wird. Die Tatsache, daß keine der Befragten J. Siegemund für schuldig erklären will, erscheint vor diesem Hintergrund bemerkenswert. Sie ist wohl nicht nur darauf zurückzuführen, daß man, wie die Witwe Anna Leuschner äußert, nicht wisse, ob „man solcher leuthe" nicht noch „bedürffte".[64] Die Zeuginnen, die, wie wir gesehen haben, mit dem Gewaltbegriff als Abstraktum nicht viel anfangen konnten, waren sich der Nähe und wohl oft fließenden Grenze zwischen Eingriff und Übergriff offenbar so sehr bewußt, daß sie nicht bereit waren, die ebenso konkrete wie komplexe Beziehung zu ihrer Hebamme auf juristische Kategorien zu reduzieren. Indes waren es die auf eine Erweiterung ihrer Kenntnisse und Befugnisse abzielenden Ärzte und Chirurgen, die das ihnen fremde, auf einer empfindlichen Balance zwischen Eilen und Weilen, zwischen Warten und Eingreifen beruhende Hand-Werk der Hebammen durch einseitige Verabsolutierung entweder als gewalttätig oder als fatalistisch denunzierten. Auf diesem Wege wurde dem durch Fingerspitzengefühl und Empathie ausgezeichneten Hebammenwissen im Zuge seiner Vereinnahmung nach und nach die Legitimität abgesprochen.[65] Gegen Ende des 18. Jahrhunderts war es soweit: Die Machtverhältnisse in der Geburtshilfe wandelten sich definitiv zugunsten der Ärzte; zunächst auf theoretischem, später auch auf praktischem Gebiet. Am Ende waren wesentlich sie verantwortlich für Eingriffe und Übergriffe ganz neuer Art.

*Christine Loytved*
*Bettina Wahrig-Schmidt*

# „Ampt und Ehrlicher Nahme".
## Hebamme und Arzt in der Geburtshilfe Lübecks am Ende des 18. Jahrhunderts[1]

In der zweiten Hälfte des 18. Jahrhunderts war in Lübeck eine Vielzahl von Rollen zu vergeben, wenn es ans Gebären ging. Der Geburtsvorgang wurde von Frauen (eher direkt) und Männern (eher indirekt) begleitet. Wer wann ins Gebärzimmer gelassen wurde und wem welche Funktionen übertragen wurden, war durch Verordnungen, vor allem aber durch ungeschriebene Regeln bestimmt. Bei einer Geburtenzahl von ca. 700 pro Jahr und einer Bevölkerungszahl von ca. 20000 arbeiteten im Stadtkern in der zweiten Hälfte des 18. Jahrhunderts zehn Ärzte, fünfzehn Chirurgen und zehn Hebammen.[2] Ab 1731 wurde vom Senat der Stadt ein Hebammenlehrer[3] bestellt.

Bei einer unkomplizierten Geburt waren Frauen mit verschiedenen Kompetenzen anwesend, je nachdem, wieviel Unterstützung sich die Gebärende leisten konnte: Neben nicht speziell ausgebildeten Helferinnen, z.B. Nachbarinnen oder Verwandten der Gebärenden oder ihres Ehemannes, kam schon vor der Geburt gelegentlich die Wartfrau (Hebammenhelferin, Wochenbettpflegerin). Sobald die Frauen es für richtig hielten, wurde nach der Hebamme geschickt. Die Kriterien für den Zugang von Helfenden in den Gebärraum waren persönliche Nähe sowie Erfahrung mit eigenen Geburten. Die Anwesenden übten vermutlich gleichzeitig eine Kontrollfunktion aus: Im Fall einer Totgeburt oder anderer Unregelmäßigkeiten konnten sie den tatsächlichen Hergang bezeugen und so die Hebamme bzw. die Gebärende belasten oder in Schutz nehmen. Bei Frauen, die kein unterstützendes soziales Umfeld hatten, mußte die Hebamme sämtliche Aufgaben übernehmen.

Als vereidigte ‚Wehemutter' war sie Inhaberin eines öffentlichen Amtes, welches in Lübeck jedoch nicht mit einer staatlichen Entlohnung verbunden war. Von ihr wurden im 18. Jahrhundert spezifische Tätigkeiten wie die vaginale Untersuchung, der Empfang des Kindes, das Abnabeln und das Bezeugen der Abstammung erwartet.

Zulassungskriterium für einen männlichen Geburtshelfer war das medizinische Examen bzw. die Zulassung als Chirurg, wobei geburtshilfliche Kenntnisse nicht nachgewiesen werden mußten.[4] Einen Mediziner zur ‚normal' verlaufenden Geburt zu rufen, wäre einer Lübecker Hebamme im 18. Jahrhundert nicht eingefallen. Die Hebammen waren laut „Ordnung der Bademütter" (erstmals schriftlich fixiert 1646) bis weit ins 19. Jahrhundert hinein lediglich verpflichtet, „zu schwerer Geburt, und harter Kindes noth" zu „begehren, daß noch eine oder mehr Bademütter, oder auch etwa ein Medicus und Geburtshelfer gefordert werde".[5] Es zeigt sich in den Akten, daß in solchen Fällen keine zweite Hebamme, sondern ein Chirurg oder Arzt geholt wurde. Allerdings sind auch Situationen aktenkundig, in denen Betroffene dagegen Widerstand leisteten, daß ein Mediziner gerufen wurde. Ab Mitte des 18. Jahrhunderts drängten einzelne Lübecker Ärzte darauf, häufiger und vor allem früher zu komplizierten Geburten angefordert zu werden.[6]

Trotzdem waren auch bei ‚normalen' Geburten männliche Geburtshelfer ab Mitte des 18. Jahrhunderts im Gebärzimmer präsent: Die Hebamme war durch den Hebammenlehrer in die ärztliche Theorie der Geburtshilfe eingeführt, und ihr Wissen vor dem Physikus und weiteren Vertretern der Stadt abgeprüft worden. Ihr Amt, welches neben den obrigkeitlich bestimmten moralischen Anforderungen vor allem in der Anwendung persönlich erworbener Kenntnisse bestanden hatte, wurde nun erstmals inhaltlich mit einer vorgeschriebenen Lehrmeinung von Geburtshilfe gefüllt.[7]

Anhand zweier geburtshilflicher Streitfälle möchten wir untersuchen, welche Erwartungen von verschiedenen Seiten in der zweiten Hälfte des 18. Jahrhunderts an Hebammen und Ärzte gestellt wurden. Die Konflikte sind in unterschiedlicher Form überliefert: Als Beispiel für Fehler, die man einer *Hebamme* zur Last legen konnte, haben wir einen Fall aus den Wetteakten herausgegriffen. Das Aktenmaterial dokumentiert, wie ein Ehemann unter Hinzuziehung von Behörden und Sachverständigen versuchte, eine Hebamme für ihr Verhalten in seinem Haus zur Verantwortung zu ziehen. – Womit ein *Arzt* Kritik erregen konnte, erhellt aus einer gedruckten Polemik zwischen einem geburtshilflich tätigen Mediziner und dem Physikus (Amtsarzt) über die Hintergründe und Verantwortlichkeiten bei einer Geburt, die mit dem Tod von Mutter und Kind endete. Der ‚Hebammenfall‘ ereignete sich 1770, der ‚Arztfall‘, zu dem leider kein Aktenmaterial überliefert ist, zwei Jahre früher.

Das überlieferte Material – einmal handschriftliche Vernehmungsprotokolle, das andere Mal gedruckte Texte – ist also unterschiedlicher Art. Wir finden jedoch in beiden Fällen konkrete Aussagen darüber, was die betroffenen Personen unternahmen und was sie *hätten tun sollen*. Aus diesen Äußerungen läßt sich erschließen, was jeweils konkret im Geflecht von eigener Ausbildung, von Verordnungen und KlientInnenbedürfnissen von Hebamme oder Arzt erwartet wurde.

Die Analyse der Fälle zeigt, daß in der zweiten Hälfte des 18. Jahrhunderts die Rolle des geburtshelfenden Arztes ebenso wie die der Hebamme neu verhandelt wurde. Wir werden behaupten, daß die Geburt mit der Hebamme in einem störungsanfälligen Gleichgewicht zwischen der Hebamme auf der einen Seite sowie der Gebärenden und ihrem Umfeld auf der anderen Seite stattfand. Das Geburts-‚Setting‘ mit einem Arzt erzeugte, so wird sich erweisen, nicht nur Widerstände seitens der Klientel, sondern auch Friktionen innerhalb der Ärzteschaft.

### 1. „Tochter, was machet sie?" – Der Fall der Hebamme Schacht

Als die Hebamme Schacht[8] im Januar 1770 nachts von dem Korporal Hans Hinrich Kruhse zu seiner Frau Agneta Ottilia Kruhse[9] gerufen wurde, verlief zunächst alles wie bei einer gewöhnlichen Niederkunft. Der Gebärstuhl stand bereit, die Schwägerin und die Nachbarin (beide Ehemänner waren wie Kruhse bei der Lübecker Miliz) bereiteten in dem kleinen Haus alles für die Geburt vor: Das Wasser mußte vom öffentlichen Brunnen auf der Straße geholt werden; die Steine, die die Füße der Gebärenden wärmen sollten, wurden an der offenen Feuerstelle erwärmt. Als die Hebamme kam und alles wie erwartet vorfand, begleiteten die Helferinnen die Kreißende auf den Gebärstuhl. Nun war es an der Hebamme, die Frau vaginal zu untersuchen und den Geburtsfortschritt abzuschätzen. Die Hebamme fand, daß „es zu derselben Niederkunft die höchste Zeit wäre", wie sie später durch die Feder des Gerichtsprotokollanten darlegte.[10] In der Zwischenzeit trugen die beiden Helferinnen einen Trog mit kochend heißem Kräutersud in die Stube. Dieser sollte – unter den Gebärstuhl geschoben – die Geburtswege der Frau entspannen und gleichzeitig die Gebärende wärmen. Keine der beiden Frauen konnte sich wohl vorstellen, daß die Geburt bei der Drittgebärenden unmittelbar bevorstand und die Erweiterung der Geburtswege nicht mehr notwendig war. Auf Geheiß der Hebamme wurde das Bad zunächst bei Seite gestellt. Alle Anwesenden teilten die Ansichten über die Anwendungsgebiete des Kräuterbades, uneinig waren sie nur darüber, ob es in diesem Augenblick notwendig war. Als die Gebärende sich beschwerte, daß sie friere, konnte sie sich durchsetzen, und das Bad wurde ihr untergeschoben. Das Unglück geschah: Das Kind fiel direkt bei der Geburt ins kochend heiße Wasser und zog sich lebensgefährliche Verbrennungen zu.

### Die Obrigkeit wird eingeschaltet

Bis hierher war die Geburt eine Angelegenheit unter Frauen; der Ehemann war nicht anwesend. Wer die Entscheidung fällte, das verletzte Neugeborene schon am nächsten Tag von der „Frau des Knechtes des gewesenen Scharfrichters"[11] behandeln zu lassen, ist nicht bekannt. Die Taufe des Kindes fand in Kruhses Haus am dritten Tag nach der Geburt statt.[12] Am fünften Tag starb das Neugeborene, und von da an verschoben sich die Verantwortlichkeiten nachhaltig: Der Ehemann unternahm am selben Tag einen Schritt, um Beweise gegen die Hebamme in die Hand zu bekommen: Er bat den Chirurgen Jacob Leonhard Vogel (1694–1781), der die Ämter des Militär- und Ratschirurgen sowie die des Hebammenlehrers auf sich vereinigte, um ein Gutachten. Vogel besaß medizinische Kenntnisse und konnte auch eine geburtshilfliche Ausbildung am Pariser ‚Hôtel Dieu' vorweisen.[13] Sein Attest ist nicht ganz eindeutig. Er erklärte: „Wie nun dem Vernehmen nach die gebuhrt des Kindes ... bald erfolgt ist, so ist zu glauben fals dem Kinde sonsten nichts gefehlt hat, das vorerwehnte schmerzhafte Beschädigung den Tod desselben früher als sonst befördert habe." Auf lateinisch fügte er am Rande hinzu: „Auch wegen der fehlenden Therapie". Damit blieb einerseits offen, ob das Neugeborene ohne diese Verbrennungen überlebt hätte, und andererseits, ob die Hebamme, seine ehemalige Schülerin, den Tod verschuldet hatte. Einen gewissen Vorwurf machte er in einer nicht jedem Leser verständlichen Sprache. Mit diesem Gutachten wandte sich Kruhse an die zuständige Gerichts- und Aufsichtsbehörde, das Wetteamt. Da er arm war, erwartete er keinen Gerichtsprozeß, sondern nur, daß die Hebamme schuldig gesprochen wurde und die Gebühr für Vogels Gutachten bezahlen mußte.

## Verhandlungen

Die Wette reagierte sehr schnell: Noch am selben Tage wurde der Physikus Hans Bernhard Ludwig Lembke (1722–1803) eingeschaltet. Dieser gab seine Stellungnahme auf der Grundlage des Urteils von Vogel ab, ohne das Kind besichtigt oder eine Sektion veranlaßt zu haben. Das Versehen der Hebamme sei um so größer, als sie die Temperatur des Kräuterbades hätte prüfen müssen. Offensichtlich war Lembke nicht bewußt, daß ein Bad in einer Temperatur, die dem Neugeborenen nicht schadet, seinen Zweck als Entspannungs- und Erwärmungsdampfbad nicht erfüllt. Des weiteren habe die Hebamme starke Schuld auf sich geladen, weil sie zwei Tage lang nicht nach dem Kind gesehen habe. Er mahnte, die Hebammen müßten auch den Armen, dem „geringen Manne", ausreichend helfen. Zur Warnung an die übrigen Hebammen war ihm Kruhses Klage nützlich. Im Gegensatz zu Vogel erlaubte sich Lembke also, die beschuldigte Hebamme – aber auch die Hebammen in Lübeck allgemein – zu kritisieren.

In der späteren Vernehmung der Zeuginnen wurde zuerst geklärt, *wer* das Bad untergeschoben hatte. Die Hebamme behauptete zunächst, die beiden anderen Frauen hätten das Bad untergesetzt, während sie den Zwirnsfaden drehte. Diese Aussage stellt es als durchaus möglich dar, daß die Helferinnen der Hebamme zuwider handelten. Doch die Zeuginnenaussagen zwangen Frau Schacht einzuräumen, daß sie selbst das Bad untergeschoben und sich damit den Wünschen der „Gebärerin" untergeordnet hatte. Ein weiterer Streitpunkt betraf das Nabelbändchen, welches die Hebamme nicht mitgebracht hatte, aber doch für so notwendig hielt, daß sie sich Zwirnsfaden erbat, um diesen noch schnell vor der Geburt zusammenzudrehen. Die Sorge für das Bändchen und das Abnabeln insgesamt war in den Augen der Frauen alleinige Aufgabe der Hebamme, sonst hätte wohl eine andere Frau das Bändchen bereit gehalten. Die Abnabelungstechnik war Gegenstand des theoretischen Hebammenunterrichts[14] – ein Beispiel dafür, wie exakt selbst Routinemaßnahmen den Hebammen vorgeschrieben wurden.

Vor der Wette mußte auch geklärt werden, ob „die Wehemutter Schacht dieses arme neugebohrene Kind, *aus einer gantz unverantwortlichen Unvorsichtigkeit*[15] in das, unter meiner Ehefrau gestandene heiße Kräuterbad [hat] fallen und dadurch dergestalt verbrennen lassen, daß es nicht einmahl [wie] sonst gewöhnlichermaßen gereiniget werden können", wie der Ehemann aussagte. Frau Schacht entgegnete empört, daß „der Corp. Kruhse sich nicht gescheuet ... und den Wohlverordneten Hr der Wette vor getragen, daß ich ein Mörderin an sein sehlig Kindt gewehsen, und nicht gethan, waß recht ist, und mich auf das eustere [!] blamieret und *mein Ampt und*

*Ehrlichen Nahmen*[16] da durch sehr gekränket". Die Hebamme fühlte sich in ihrer Kompetenz angegriffen. Sie verteidigte sich, indem sie das damals gängige Klischee von der Hebamme, die Mutter und Kind nur Verderben bringt,[17] überspitzt darstellte, die Würde ihres Amtes betonte und jede Schuld leugnete. Sie habe das Kind korrekt aufgefangen, obwohl die Gebärende gerade in diesem Moment aufgestanden sei. Diese sei an das Bad gestoßen und habe das Kind bespritzt. Vielleicht sei der Arm im Wasser gewesen, aber bestimmt nicht das ganze Kind. Doch die Zeuginnen, die die Beine der Gebärenden festgehalten hatten, bestätigten dies nicht. Sie gaben zwar an, daß sie die Kreißende in dem fraglichen Moment aufspringen gesehen hatten, berichteten jedoch übereinstimmend, „die Wehemutter" habe das Kind „von unten aufgelanget". Daraus wird deutlich, daß ihrer Meinung nach Frau Schacht das Kind aus den Händen gefallen war.[18]

Erneut befragt, entschuldigte sich die Hebamme schließlich mit der Übereilung während der Geburt. Sie erläuterte nochmals, was ihr in diesem Moment abverlangt worden war: Sie habe dem Kind etwas nachgeben müssen, weil sonst die Nabelschnur entweder zur Mutter oder zum Kind hin abgerissen wäre, was zu tödlichen Blutungen geführt hätte. Während sie mit der einen Hand die Umschlingung der Nabelschnur am Fuß des Kindes zu lösen versuchte, sei es ihr aus der anderen Hand geglitten, als die Frau aufsprang. Sie habe Frau Kruhse gefragt, warum sie sich denn so plötzlich erhoben hätte, worauf diese geantwortet habe: „es hat die große Angst gethan".

„Weil nun bei derselben [bei Frau Kruhse], wegen der erfolgten Wehen die Angst sehr groß gewesen, so habe dieselbe sich etwas erhoben..., die Wehemutter aber der Gebärerin vorgeworfen ‚Tochter, was machet sie', welche beide mit einander geschrien", gab eine Zeugin zu Protokoll. Die Hierarchie zwischen Hebamme und Gebärender stand offenbar nicht eindeutig fest: Die Hebamme sprach die Gebärende mit mütterlicher Autorität als ‚Tochter' an, wurde aber gleichzeitig selbst angeschrien.

*Widersprüchliche Erwartungen an die Hebamme*

Die unterschiedlichen Argumentationsstrategien der Hebamme gegenüber der Obrigkeit und den urteilenden Ärzten zeigen die Konflikte auf, in die eine Hebamme damals geraten konnte: Dorothea Schacht versuchte in der Vernehmung zunächst zu verbergen, daß sie sich der Gebärenden untergeordnet hatte, als sie dieser gegen ihre Überzeugung das Bad unterschob. Dies nicht zu tun, also autoritär aufzutreten, hätte ihr evtl. den Lohn geschmälert. Dennoch konnte die Hebamme der Gebärenden nicht die Verantwortung zuschieben. Daher betonte sie deren jähes Aufspringen und die Nabelschnurkomplikationen, um nicht als eine dazustehen, die nicht einmal ein Kind auffangen konnte. Ihr Argument, sie habe das Neugeborene nicht vernachlässigt, sondern ihr sei die Sorge entzogen worden, wurde vom Physikus und von der Wette nicht akzeptiert. Man verwies sie statt dessen auf ihre ‚Sorgfaltspflicht‘.

Die Wette schloß sich Lembkes Vorwürfen an: Die Hebamme Schacht hätte das im Unterricht Erlernte anwenden[19] sowie die Vorgänge bei der Geburt koordinieren sollen. Dem Senat wurden die Protokolle der Wette vorgelegt; er erkannte auf ‚culpam levem‘. Der Hebamme wurde nur eine leichte Schuld angelastet, weil sie nicht gegen konkrete Punkte der Hebammenverordnung verstoßen hatte. Es scheint, daß die Urteilenden ihre vorgefaßte Meinung über unzuverlässige Hebammen nur bestätigt fanden. Ob die Hebamme die auferlegte Geldstrafe bezahlte und inwiefern diese Ermahnung, sorgfältiger zu arbeiten, auf ihre weitere Arbeit Einfluß hatte, läßt sich nicht mehr feststellen.

## 2. Der Geburtshelfer mit der Zange in der Klemme: Der Fall Walbaum

Die Polemik zwischen dem Arzt Johann Julius Walbaum (1724–1799) und dem Physikus Hans Bernhard Ludwig Lembke ist in Walbaums Schrift „Von den Beschwerlichkeiten der Geburtshülfe" im Jahr 1769[20] dokumentiert, auf die Lembke noch im selben Jahr mit einer ‚Beantwortung'[21] reagierte. Die beiden Druckschriften stehen in der literarischen Tradition wissenschaftlicher Streitschriften.[22] Sie sind beide von schreibgewandten Personen verfaßt. Walbaum veröffentlichte im Laufe seines Lebens mehr als fünfzig Druckschriften,[23] von Lembke sind vier bekannt.[24] Über die Kontroverse um das, was während dieser Geburt ärztlicherseits hätte geschehen müssen, hinaus bezeugen beide Texte die impliziten Vorstellungen über das Verhältnis eines Arztes zur Gebärenden und ihrem Umfeld, zu Öffentlichkeit, Obrigkeit und Kollegen.

## Die Geburt wird zum Fall

Als Walbaum am 24. August 1768 zu der zweitgebärenden Bierspündersfrau[25] Magdalena Voß gerufen wurde, übte er seit rund 20 Jahren die geburtshifliche Praxis aus, vornehmlich bei „ganz arme[n] Leute[n]", denen er oft unentgeltlich Hilfe leistete.[26] Seinen Ruf als Geburtshelfer suchte er durch Erfindung und Veröffentlichung neuer geburtshilflicher Instrumente zu steigern; auch hatte er Levrets Werk über komplizierte Geburten übersetzt und mit eigenen Erfindungen angereichert.[27] Eine Ausbildung zum Geburtshelfer an einer Entbindungsanstalt oder Universität konnte er nicht vorweisen.[28] Dafür hatte er 1752, vier Jahre nach seiner Ankunft als junger Doktor der Medizin in Lübeck, in einer anonymen Druckschrift alle Hebammen als unfähig, unwissend und schlecht ausgebildet abqualifiziert.[29]

In seiner Schrift „Von den Beschwerlichkeiten der Geburtshülfe" wiederholte er diese Stereotype, um noch hinzuzufügen, daß die Gebärenden und ihr Umfeld häufig durch Geschwätz und Gerüchte den Ruf eines Geburtshelfers ruinierten.[30] Im zu erzählenden Fall habe sich obendrein der Physikus auf die Seite des Publikums geschlagen und ihm, vielleicht aufgrund von einem „heimlichen Haß" und aufgehetzt durch eine „ansehnliche Dame", fehlerhaftes Handeln vorgeworfen.[31] In zwei „Wahrnehmungen" berichtete Walbaum sodann über die beiden Geburten der Magdalena Voß. ‚Wahrnehmungen' waren in der Sprache der Zeit Fallsammlungen, durch welche die gesamte Medizin an den konkreten Erfahrungen einzelner Ärzte partizipieren und aus ihnen lernen sollte.[32] Ein von ihm verfaßter Sektionsbericht, der Abdruck des offiziellen Obduktionsprotokolls sowie eine resümierende „Betrachtung" schließen den Band.

Walbaum kannte Frau Voß von ihrer ersten, ebenfalls komplizierten Geburt im Jahre 1766. Damals hatte er der Frau zur Geburt eines toten Kindes verholfen. Bei der zweiten Geburt starben Mutter und Kind, und es kam zum Streit zwischen Walbaum und Lembke.

An jenem 24. August 1868 gab Frau Voß, eine ehemalige Dienstmagd Mitte dreißig,[33] auf Walbaums Befragung an, seit drei Tagen schwache Wehen empfunden zu haben; seit dem vorigen Tag habe die Hebamme sie auf dem Gebärstuhl „arbeiten" lassen. Die Hebamme behauptete, „daß das Kind recht zur Geburt stünde, und verlangte treibende Arzeneyen die Wehen zu befördern".[34] Glaubt man Walbaums Darstellung, so ist sein Auftritt souverän gewesen: Er wandte sich mit seinen Fragen direkt an die Gebärende; die Hebamme gab unaufgefordert einen Kommentar, der sich als falsch herausstellte und vermuten ließ, daß sie nicht gewillt war, dem Arzt das Feld zu überlassen. Denn wenn das Kind richtig lag, konnte die Hebamme nach Wiedereinsetzen der Wehen mit der Betreuung der Geburt fortfahren. Walbaums eigene geburtshilfliche Untersuchung beendete den Konflikt und machte aus der Geburt endgültig einen *Fall*: Das Kind, so konstatierte der Arzt, liege falsch, wie schon bei der ersten Geburt. Außerdem hielt er das Kind aufgrund mehrerer Zeichen für tot. Das bedeutete zweierlei: Es handelte sich um eine komplizierte Geburt – ein *Fall* für den Arzt; auf das Kind mußte keine Rücksicht mehr genommen werden – ein *möglicher Fall* für die Instrumente des Arztes.

Bis hierher zeigt die zweite „Wahrnehmung" Walbaums ein typisches ,Setting' ärztlicher Geburtshilfe im späten 18. Jahrhundert: Der Arzt wurde geholt, weil Komplikationen aufgetreten waren. Ihm wurde wohl auch diesmal zugetraut, zumindest die *Frau* vor dem Schlimmsten zu bewahren. Daß die Hebamme treibende Arzneien verlangte, deutet einen Kompetenzstreit zwischen beiden an. Ihr Urteil war jedoch für Walbaum nicht maßgeblich. Sie mußte mehrere Stunden später bei einem seiner Extraktionsversuche noch einmal die Beine des Kindes halten; ansonsten bleibt sie im Bericht stumm und tatenlos. Auch die Gebärende tritt als Person zurück; im Mittelpunkt der Beschreibung steht ihr Becken, das dem Kopf des Kindes keinen Durchlaß gewährte.

## Walbaum greift ein

Der Fall erforderte aktives Handeln: Walbaum steckte zunächst seine „Hand behutsam in die Mutterscheide".[35] Hier betont er noch die Rücksichtnahme auf die Gebärende; doch im weiteren Verlauf ist nur noch von seinen eigenen Mühen die Rede.[36] Er versuchte, sich durch die Untersuchung ein genaues Bild von der Lage des Kindes zu machen. Dann vollzog er eine Wendung des Kindes auf die Füße – ein damals übliches Verfahren – und trachtete nun danach, das kindliche Köpfchen am vorstehenden Promontorium zunächst manuell, dann mit Hilfe zweier verschiedener Zangen vorbeizubringen. Aufgrund der Enge ließen sich Zangen nicht anlegen. Walbaum schließt diesen Absatz mit folgenden Worten: „Weil ich nun keine Haaken und andere scharfe Werkzeuge bey mir hatte, auch durch die schwere Arbeit, welche ich seit vier Stunden gethan, sehr abgemattet war; so ließ ich die Gebährerin, welche auch sehr über Mattigkeit klagte, in ihr Bette bringen, und ging zu Hause, mich zu erholen, auch der Sache weiter nachzudenken."[37] Nach vier Stunden unter Walbaums Behandlung zeichnete sich bereits ab, daß es ihm nicht gelingen würde, die an ihn gestellten Erwartungen zu erfüllen. Er würde diese Mutter nicht „retten", würde kein „vorzügliches natürliches Geschicke", keine „Klugheit und Gelimpf" unter Beweis stellen können.[38]

Eine Stunde später kam Walbaum mit weiteren Instrumenten zurück und versuchte, den Kopf zunächst manuell, dann mit Haken von der Stelle zu bringen. Schließlich trennte er den Rumpf des Kindes ab. Doch sein Plan, nach der Wendung des Kopfes an die große Fontanelle zu gelangen und den Schädel zu verkleinern, mißlang. Der Levretsche Kopfzieher[39] wurde ohne Erfolg eingesetzt. Die Gebärende litt unter Ohnmachten und Schweißausbrüchen. Sieben Stunden nach seiner zweiten Ankunft war er so „müde und matt, daß ich meine Glieder fast nicht mehr gebrauchen konte."[40] Er verordnete der Frau „hitzedämpfende" Medizin und Breiumschläge und ging nach Hause.

Am nächsten Morgen fieberte Frau Voß, der Puls lag bei 120 Schlägen pro Minute. Trotzdem setzte Walbaum seine „Versuche" fort, bis er durch die Patientin daran gehindert wurde: „die Frau wollte auch keine weitere Versuche wegen der Schmerzen zu lassen, und ich muste sie wieder ins Bette legen".[41] – Der zum Konsil gebetene Kollege Carl Werner Curtius[42] traf erst nach Walbaums Weggang ein und riet, die „Versuche" nur fortzusetzen, wenn die Kranke wieder zu Kräften komme.

Am dritten Tag sprach Lembke bei Walbaum vor, was dieser in seiner Darstellung jedoch nicht erwähnt. Ab diesem Moment stand Walbaum unter ‚amtlicher' Beobachtung und mußte damit rechnen, sein Verhalten rechtfertigen zu müssen. Mit Curtius beschloß er die Durchführung „kleiner Aderlässe" sowie die Fortsetzung der bisherigen Medikation; am Abend starb die Patientin.

In dem Maße, in dem das Erzähltempo anzieht – dem ersten Tag sind sechseinhalb, dem dritten ist nur noch ein halbe Seite Text gewidmet – verschwinden die Gebärende, ihre Befindlichkeit und ihr Umfeld aus dem Blick des Erzählers. Walbaum, der sich durch seine Schrift gegen Vorwürfe Lembkes und diffuse Gerüchte in der Stadt wehren wollte, suchte hier, sein eigenes Verhalten ins rechte Licht zu rücken. Die Erzählung konzentriert sich auf einzelne Handgriffe, ihre Rechtfertigung und ihre Ausführung. Die Gebärende wird zum limitierenden Faktor seines Handlungswillens, seine Müdigkeit zum Beweis seines andauernden Bemühens, Frau Voß zu helfen. Lembke beurteilte dies ganz anders. Walbaum zeichnet jedoch von sich das Bild eines vorsichtigen, nachdenklichen, bis an die Grenze der eigenen Ohnmacht einsatzbereiten sowie instrumentell und methodisch umfassend ausgerüsteten Arztes.

## Post mortem

Nach dem Tod von Frau Voß wurde eine gerichtliche Sektion vorgenommen. Über das Motiv gehen Walbaums und Lembkes Darstellungen auseinander: Glaubt man Walbaum, so veranlaßte Lembke von sich aus die Sektion, um Walbaum Fehler nachzuweisen.[43] Der Physikus dagegen behauptete, er habe zusammen mit Walbaum und dem zum Konsil gerufenen Curtius den Witwer um Zustimmung zu einer wissenschaftlichen Obduktion gebeten. Diese habe Walbaum selbst gewünscht, um sich gegen etwaige Vorwürfe zu schützen.[44] Erst als Hinrich Voß seine Zustimmung verweigerte, hätten die drei Ärzte einvernehmlich den Senat um die Anordnung einer gerichtlichen Sektion gebeten.

Die Sektion wurde von Lembke und Vogel in seiner Eigenschaft als Ratschirurg durchgeführt; anwesend waren Walbaum und Curtius. Es stellte sich heraus, daß der Kopf durch einen Scheidenriß ins Becken perforiert war; durch Ausmessen wurde ein Mißverhältnis zwischen dem sehr harten Kopf und dem deformierten Becken nachgewiesen. Der offizielle von Lembke und Vogel verfaßte Bericht schließt: „so ist es unmöglich gewesen, solchen [den Kopf] zu wenden, in Stücken zu zertheilen und *per pelvim* [durch das Becken] an der Welt zu bringen: hätte dahero auf keine andere Arth der Kopf als *per operationem Caesaream* von der Mutter können gebracht werden."[45]

Wie wichtig Walbaum die Sektion war, ergibt sich daraus, daß er dem offiziellen einen persönlichen Obduktionsbericht voranstellt. Beide Schriftstücke zusammen machen fast die Hälfte des Textes der „Beschwerlichkeiten" aus. Bis auf die Erwähnung des Kaiserschnitts entsprachen die gerichtsmedizinischen Ergebnisse durchaus seinen Wünschen. Für ihn war bewiesen, daß er sich nicht falsch verhalten hatte, weil die

Mutter nicht zu retten war. Lembkes Ansicht, ein Kaiserschnitt hätte erwogen werden müssen, konnte Walbaum einfach widerlegen, da er zunächst auf Entbindung per vias naturales hoffen konnte – bei der ersten Geburt war diese schließlich auch gelungen – und da sich später die Gebärende in einem zu schlechten Allgemeinzustand befand.[46]

Walbaum spricht hier als ein wissenschaftlich handelndes und erkennendes, abstraktes Subjekt; er diskutiert allein Bekken- und Kopfmaße, Instrumente und Operationen. Diesen Vorteil hat er gewonnen, indem er den Streit um sein *gesamtes* Verhalten als Arzt auf Kasuistiken verkürzt – auf zwei scheinbar objektivierte „Wahrnehmungen".

## Die Reaktion des Umfeldes

Der Geburtshelfer, das hat Walbaum schon in der Einleitung klargestellt, ist, „da eine jede Frau in der Wochenstube von den Geburtshelfern und Hebammen gerne spricht; … dem bösen Urtheile und Tadel derselben, auch so gar des Pöbels, unterworfen."[47] Das Gerücht, er habe einem lebendigen Kinde den Hals abgeschnitten, verbreitete sich in Lübeck bis an die Börse[48] und veranlaßte eine „ansehnliche Dame", den Physikus einzuschalten. Gleich zweimal werden hier *Frauen* beschuldigt, üble Nachrede in Umlauf zu bringen. Wer war die ansehnliche Dame? Lembke berichtet, der Ehemann von Magdalena Voß habe sich, nachdem Walbaum seine Frau über 24 Stunden allein gelassen habe, an deren ehemalige Dienstherrin gewendet. So sei er, Lembke, auf den Fall aufmerksam geworden.

Wie im Fall Schacht wurde auch hier die Obrigkeit (in Person des Physikus) durch den Ehemann eingeschaltet, wenngleich diesmal wohl unbeabsichtigt. Der Mann erhoffte sich von der ‚Dame' wahrscheinlich eher einen Rat für seine Frau als eine offizielle Disziplinierung Walbaums. Durch seine Weigerung, der Sektion zuzustimmen, verschärfte er den Konflikt zwischen Lembke und Walbaum. Was zuvor noch wie ein wissenschaftlicher Disput aussehen mochte, wurde mit der amtlichen Sektion zur öffentlichen Überprüfung der medizinischgeburtshilflichen Kompetenz eines frei praktizierenden Arztes durch den vom Rat eingesetzten Sachverständigen.

Warum Hinrich Voß der Sektion nicht zustimmte, ist unklar. Seine Weigerung, durch die den streitenden Ärzten beinahe das „Material" für ihre Evidenzen entgangen wäre, zeigt jedoch, daß die Ärzte auch beim „geringen Manne" nicht auf willenlose Akzeptanz rechnen konnten.

## Die Rolle des Physikus

Als Physikus mit Aufsichtsfunktion und festem Gehalt war Lembke gleichzeitig Arzt und Kollege von Walbaum. In dieser Doppelfunktion kam er in einen Konflikt. So monierte er, daß er am Morgen des dritten Tages Walbaum nicht bei der Patientin sondern zu Hause „ganz geruhig bey einem Thee-Tische sitzend" fand. Er beurteilte also dessen moralisch-ärztliches Verhalten. Gleichzeitig will er zunächst Walbaum „als ein Freund und wohlgesinnter College" begegnet sein, während die „Dame" gefordert habe, „nach der Strenge" mit Walbaum zu verfahren.[49]

Lembkes Einwände gegen Walbaum sind ausführlich begründet. Neben dem Kaiserschnitt-Argument ist vor allem von Bedeutung, daß Walbaum nach Lembkes Meinung das Kind nicht hätte wenden dürfen; die Wendung auf die Füße war jedoch damals ein übliches Verfahren. – Einig sind sich beide darin, daß Geburtshilfe eine wissenschaftliche Disziplin sei, deren Handlungsleitlinien aus der ärztlichen Literatur abzuleiten seien. Die zahllosen Fußnoten in beiden Schriften zeugen davon. Während aber Walbaum daneben nur auf seine persönlichen Erfahrungen verweisen kann, ist für Lembke ein guter Geburtshelfer weder durch Lektüre noch durch eigene Praxis allein zu bilden. Er streitet Walbaum schlichtweg die Berechtigung ab, auf diesem Gebiet überhaupt zu arbeiten, da er keine *praktische* Anleitung erhalten hatte. Süffisant spielt er dabei auf die ausgedehnte Publikationstätigkeit seines Gegners an: „... daß ein Uebersetzer von Wahrnehmungen vieler schweren Geburten durch seine Uebersetzung nicht so gleich ein geschickter

Geburtshelfer werde".[50] Walbaum wird so zum schnell erschöpften Stubengelehrten, der es nötig hat, „über eine Stunde lang davon zu gehen, *um sich zu erholen, und der Sache nachzudenken*".[51] Wenn für Walbaum die Geburtshilfe so beschwerlich sei, daß er „ohnmächtig und schief"[52] davon werde, möge er sie doch denen überlassen, die dafür ausgewiesen seien, den „geschwornen Wehmüttern", den „geschickten und würklich geübten Geburtshelfern" und dem gelernten, in Paris ausgebildeten Hebammenlehrer J. L. Vogel.[53]

Um zu belegen, daß Walbaum die Geburtshilfe einfach nicht beherrscht, nennt Lembke einige frühere Fälle, in denen Walbaum versagt haben soll: Es sei „gefährlich ... seiner Hülfe sich anzuvertrauen".[54] Dagegen habe der junge Kienmann einer Frau, bei welcher Walbaum nichts habe ausrichten können, mit nur *einem* Blatt der Roedererschen Zange „leichte und glimpflich" abgeholfen.[55] Münzen wir Lembkes Kritik an Walbaum in positive Forderungen um, so sollte ein ärztlicher Geburtshelfer folgende Kriterien erfüllen: Er sollte
- seine Patientinnen umfassend betreuen,
- rechtzeitig ein Konsil veranlassen,
- wissenschaftlich auf dem neuesten Stand sein,
- Geburtshilfe nachweisbar praktisch gelernt haben,
- sich im Zweifelsfall an den Hebammenlehrer wenden.

Wie im Fall Schacht versuchte Lembke, Standards in der Geburtshilfe zu setzen. Mit der Betonung der praktischen Fähigkeiten spielte er den *gelehrten* gegen den *gelernten* Arzt aus und bestätigte damit die damalige Neigung von Lübecker Bürgern, Chirurgen den Universitätsmedizinern vorzuziehen.[56]

Neben persönlichen Gründen, über die wir nur spekulieren können, mag Lembke als Physikus noch ein weiteres Motiv gehabt haben, so scharf gegen seinen Kollegen vorzugehen. Er wollte womöglich dem Publikum zeigen, daß Walbaum eine *unrühmliche Ausnahme* in der Lübecker Ärzteschaft darstellte – der Schüler Hallers[57] erschien als Stubengelehrter, der „Methoden mit Methoden"[58] häufte, seine PatientInnen im Stich ließ und Tee trank, während andere Leute arbeiteten. Wenn Lembke verhindern wollte, daß der schlechte Ruf Walbaums als Geburtshelfer auf *alle* geburtshelfenden Ärzte abfärbte, dann wird verständlich, warum er drei andere angeblich durch Walbaums Verschulden unglücklich verlaufene Geburten ausführlich schildert und gleichzeitig zwei Kollegen nennt, die es ‚besser können'. – Ob Walbaums Praxis in der Folge dieses Skandals zurückging, läßt sich nicht feststellen, seine Existenz war jedenfalls gesichert.[59]

## 3. Geburtshilfe in Ver-Handlung

Beide Fälle zeigen die Geburtshilfe im 18. Jahrhundert in einer Phase des Übergangs. Dabei steht die Hebamme der Gebärenden und ihrem Umfeld recht nahe, auch wenn man nicht von einer konfliktfreien Frauengemeinschaft[60] sprechen kann. Die Hebamme reagiert auf die Wünsche der Gebärenden und versucht sich dem Umfeld anzupassen; sie unterliegt aber von außen gesetzten Regeln. Neben dem Einfluß auf das ‚Geburtssetting' mittels Verordnung und Unterricht haben die Mediziner als Sachverständige im Wetteprozeß ein weiteres Machtmittel in der Hand. Was von seiten der Ärzte und des Senats wie ein milder Verweis aussieht, bedeutet für die Hebamme jedoch einen grundlegenden Konflikt. Ihre Position ist in Gefahr, zwischen Klientinneninteressen und Ärztepolitik zerrieben zu werden.

Vom Arzt wird aktives Eingreifen nur im Falle einer Komplikation erwartet. Tritt er überhaupt ins Gebärzimmer, so ist seine Position ungleich mächtiger als die der Hebamme; denn das Überleben der Mutter steht auf dem Spiel. Daneben wird von ihm auch allgemeiner Beistand erwartet: Es schickt sich nicht, eine Schwerkranke oder Sterbende lange allein zu lassen. Gegen obrigkeitliche Maßregelungen kann sich ein Arzt besser wehren als eine Hebamme, da die Kontrollinstanzen ihm sozial gleichrangig sind. Andererseits steht Walbaum – und mit ihm die ärztliche Geburtshilfe insgesamt – unter deutlichem Erfolgsdruck. Die Öffentlichkeit, diese Börse der Gerüchte, ist nur mühsam zu beherrschen, und es bedarf dazu mehr als Feder und Druckerschwärze. Wer sich selbst mehr Macht in Form von Wissen und Instrumenten zu-*schreibt*, muß sie auch ausüben können. Der Arzt muß diese Macht gegen Konkurrenten verteidigen, Stillstand ist Rückschritt. In dieser Atmosphäre haben die Ärzte nur mühsam gelernt, sich als soziale Gruppe zu verhalten. Wissen muß ge*macht* werden, wer wüßte dies besser als das mit Handel und Wandel bestens vertraute Lübecker Bürgertum?

*Gunda Barth-Scalmani*

# „Freundschaftlicher Zuruf eines Arztes an das Salzburgische Landvolk": Staatliche Hebammenausbildung und medizinische Volksaufklärung am Ende des 18. Jahrhunderts

„Liebes Landvolk! Wer da einst vor mehreren Jahren unter euch wohnte, und so oft das Unglück, und das Elend sah, welches euch, eure Weiber, und eure Familien aus Mangel einer angemessenen Hilfe in den Zeiten der Geburt bedrückte; wer sah, wie so viele eurer Gattinnen noch in ihrer ersten und besten Jugend, nicht selten schon in den ersten Jahren ihres häuslichen Lebens dahinstarben: wie die Früchte eurer gesegneten Ehen, die Kinder entweder schon todt oder als elende Krüppel zur Welt kamen, und ein frühzeitiger Raub des Todes wurden: – wie das die Männer zu jammernden Witwern, so manche Eltern kinderlos, und so viele Kinder zu Waisen machte: konnte es leicht, so wie ihr selbst, begreifen, wie viele Zerrüttungen in eurem Hauswesen, und in der Erziehung eurer Kinder, und endlich, wie vieler Mangel in den nothwendigen Ehehalten [= Dienstboten], Knechten, und Dirnen daraus entstehen müßte."

Mit diesem dramatisch akzentuierten Satzbogen versuchte eine kleine Broschüre gleich am Beginn des Textes die Aufmerksamkeit der Rezipienten anzufachen. Geschickt wurde hier die emotionale mit der ökonomischen Sphäre verbunden; dem Hinweis auf den drohenden Verlust der nächsten Angehörigen folgte das Argument des chronischen Dienstbotenmangels. „Freundschaftlicher Zuruf eines Arztes an das salzburgische Landvolk über den allein nützlichen Gebrauch der neu aufgestellten und geprüften Landhebammen, und den schädlichen Einfluß der ungelernten Geburtshelferinnen auf die nothwendige Bevölkerung und die häusliche Verfassung des Landvolks", so lautete der vollständige Titel der 1793 in Salzburg verlegten 32seitigen schmucklosen Broschüre im handlichen Oktavformat.[1]

Das kleine Büchlein verfolgte den Zweck, die neuen, diplomierten Hebammen als einzig möglichen Geburtsbeistand darzustellen und tat dies durch eine Diskreditierung der traditionellen Hebamme. Diese Druckschrift des ausgehenden 18. Jahrhunderts macht beispielhaft die unterschiedlichen Auffassungen über Geburt und ihre richtige Begleitung sichtbar. Der Autor steht für städtisches Gelehrtenwissen, die Verhältnisse auf dem Land scheinen ihm geprägt von Aberglauben und bäuerlicher Unwissenheit. Dieser für die Aufklärungsgeschichte typische Gegensatz enthält aber auch die Opposition von männlich normiertem Wissen gegenüber weiblich tradierter Geburtshilfe. Diese vielschichtigen Probleme, die mit der Reform der Geburtshilfe einhergingen, sollen im folgenden ausgeführt werden.

## Der medizinhistorische Kontext des „Freundschaftlichen Zurufs": Die Errichtung einer Hebammenschule

Im Verlauf des 18. Jahrhunderts wollte die Ärzteschaft die Hebammenausbildung im Zuge der Modernisierung des Sanitätswesens ändern. Die bisher praktizierte Anlernung bei Hebammen sollte durch Schulen ersetzt werden, die unter ärztlicher Führung standen.[2] Davon erwartete man sich eine bessere Schulung der Hebammen und zugleich die Kontrolle aller bei Geburten Beistand leistenden Frauen. Im Erzstift Salzburg wurden derartige Vorschläge zur „Verbesserung des Hebammenwesens" 1780 zum ersten Mal vom Halleiner Stadtphysicus Dr. Steinhauser unterbreitet.[3] Sie wurden über ein Jahrzehnt nicht verwirklicht, weil über die Finanzierung des geplanten Gebärhauses keine Einigung erzielt werden konnte. Erst ein ortsfremder ärztlicher Spezialist brachte wieder Schwung in das Vorhaben. Johann Jakob Hartenkeil (1761–1808) wurde 1787 Leibchirurg des Erzbischofs und schaltete sich bald in die unter den Ärzten, der Regierung und dem Magistrat der Hauptstadt hin und her gehende Debatte ein. Im Frühjahr 1791 setzte er die Bürokratie unter Zugzwang, indem er erklärte, mit den bis dato zusammengekommenen Mitteln des Gebärhausfonds zumindest eine Schule für Hebammen einrichten zu wollen. Tatsächlich kam es mit Jahresbeginn 1792[4] zur Eröffnung der ersten Salzburger Hebammenschule in Form einer sogenannten „ambulanten Lehranstalt". Hartenkeil selbst übernahm die theoretische Unterweisung, der praktische Unterricht fand entweder in der Wohnung der beiden Lehrhebammen statt, die schwangere Frauen bei sich aufnahmen, oder in den Behausungen der „Kursschwangeren" selbst, die dafür finanziell entschädigt wurden.

Im Laufe des Jahres 1791 hatte das Collegium Medicum[5] als oberstes Sanitätsorgan ermittelt, daß für die 16 Gerichte der nördlichen Landesteile inklusive der Städte Salzburg, Laufen, Tittmoning und Hallein 35 Hebammen und für die 21 Gerichtsbezirke „inner Gebirg", d.h. die südlich gelegenen alpinen Gebiete, 45 Hebammen zur flächendeckenden Versorgung nötig seien.[6] Schrittweise sollten sie in der neuen Schule ausgebildet werden.

Doch bei der Rekrutierung der Kandidatinnen aus den gebirgigen Landesteilen traten vielfältige Probleme auf. Die Vorstellungen über die Eigenschaften einer idealen Hebammenkandidatin schieden sich: Die Ärzte, denen es um den Ausbau ihrer Wissenskompetenz ging, wollten „eine ledige, doch in gutem Ruf und untadelhafter Aufführung begleitete, etwelch zwanzigjährige Weibsperson, welche von der Hebam Kunst annoch nichts weiß, somit von allen Vorurtheil und Eigensinn in solcher Sach gantz entfernt ist", die später „der Anstendigkeit wegen zum Heyrathen angehalten werden" könne.[7] Für die Landbevölkerung war dagegen die persönliche Erfahrung von Schwangerschaft und Geburt wesentlich – „eine unvereheliche Hebam will die Paurnschaft durchgehend nicht habn"–, weshalb auch ledige Frauen mit Kindern vorgeschlagen wurden.[8] Der Erzbischof zog ältere Witwen vor.[9] Die von den Seelsorgern auf die Hebammenausbildung angesprochenen Bäuerinnen wollten oft von ihrem Hof nicht weg, obwohl die Hebammenschule im Frühjahr angesetzt wurde, weil zu dieser Zeit die landwirtschaftlichen Arbeitsverpflichtungen weniger intensiv waren. Manche Frauen wurden von ihren Männern nicht weggelassen. Man mußte daher bei den ersten Kursen auf die weiblichen Angehörigen der örtlichen Honoratioren kleiner Marktflecken und Dörfer zurückgreifen, denn sie verfügten eher über die Lese- und Schreibfähigkeit, die zum Kursbesuch vorausgesetzt wurde. Frauen und Töchter von Schullehrern, Badern und Wundärzten, Krämern und kleinen Beamten kamen zum Zug.

Schwierigkeiten traten aber nicht nur bei der Suche nach geeigneten Kandidatinnen auf. Männer, die in die dörfliche Gemeinschaft eingebunden waren, Priester und Bader etwa, gewannen bald den Eindruck, daß die neuen diplomierten Hebammen von den Schwangeren auf dem Lande nicht recht akzeptiert wurden. Ob daher die von den Ärzten erwünschte Änderung der Geburtshilfe auf dem Lande so einfach durchzuführen sei, war nach dem ersten Kurs ungewiß. Dies ist der Hintergrund für die Entstehung des „Freundschaftlichen Zurufs". Man wollte diejenigen direkt ansprechen, die von neu ausgebildeten Hebammen profitieren würden.

## Ein Landarzt im Dienste der medizinischen Volksaufklärung

Der „Freundschaftliche Zuruf" erschien anonym, doch ließ sich aufgrund der Akten ein Arzt als Autor ermitteln.[10] Der Verfasser, Ignaz Niederhuber (geb. 20. Feb. 1754 in Ingoldstadt),[11] amtierte seit 1791 als Stadtphysikus in Radstadt – dem kleinsten Städtchen des Erzstiftes[12] – wo er dem ältesten Landphysikat (gegründet 1713) „inner Gebirg" vorstand.[13] Dabei gewann er Einblick in ländliche Medizinalverhältnisse, also auch in die Begleitumstände ländlicher Geburten. Daß etwa Martha Gschray, die Frau eines ihm unterstehenden Baders, die den ersten Kurs der neuen Hebammenschule absolviert hatte, kaum zu Gebärenden gerufen wurde, konnte ihm bekannt sein.[14] In allen Staaten, die Hebammenlehrgänge einrichteten, mußten Ärzte und Handwerkschirurgen beobachten, daß die neuen Hebammen zunächst wenig Zuspruch fanden.[15]

Niederhuber war schon in Bayern als populärwissenschaftlicher Autor hervorgetreten. So hatte er 1789 in Landshut einen ärztlichen Ratgeber für die Familie in allen Lebenslagen publiziert. Sein „Neuer gründlicher Unterricht wie jeder Bewohner des Landes im Mangel eines Arztes bey allen Fällen aufstoßender Krankheiten sich mit Nutzen helfen kann", ging in zwei Bänden auf die Erscheinungsformen, Ursachen und Behandlungen aller möglichen Krankheiten detailliert ein. Von „gählings überfallende Krankheiten ...‚ welche sehr schleunige Hilfe fodern", wie Ohnmachten, Magenkrämpfe, Herzbeschwerden, „Entzündungen und Fieber" vom Brande über Hals-, Lungenentzündung bis Pocken und Masern, „allerley Arten von Bauchkrankheiten, Koliken und Vergiftungen" bis zu „schleich- und langwierigen Krankheiten" reichte das Spektrum. Derartige Bücher erfreuten sich in den letzten Jahrzehnten des 18. Jahrhunderts einer wachsenden Nachfrage, zumal die meisten Landgebiete nur spärlich mit Handwerkschirurgen oder Ärzten versorgt waren.[16]

Das Studium in Ingolstadt wird Niederhuber im Sinne der süddeutschen katholischen Aufklärung geprägt haben. Salzburg galt zu jener Zeit, als die politischen Umstände nach dem Verbot der Geheimorden das intellektuelle Klima in den Nachbarländern Bayern und Österreich bereits abgekühlt hatten, noch als Mittelpunkt von Presse und Publizistik der deutschen katholischen Aufklärung.[17] Dafür stand unter den wissenschaftspublizistischen Veröffentlichungen auch die von Hartenkeil und F. X. Mezler ab 1790 herausgegebene „Medizinisch-Chirurgische Zeitschrift", die durch ein dichtes Netz von Beiträgern in ganz Europa binnen kurzem eine der führenden medizinischen Fachzeitschriften im deutschsprachigen Raum wurde.[18]

Vor diesem geistigen Umfeld sind Niederhubers publizistische Unternehmungen zu sehen. Bereits 1792, im ersten Jahr seiner Salzburger Tätigkeit, veröffentlichte er „Einige nothwendige practische Erläuterungen über den nützlichen Gebrauch des im Hochgebirge des Erzstiftes Salzburg gelegenen Gasteiner Wildbades. Gewidmet den Badgästen aller Art und Standes".[19] Da er auch Badephysicus zu Gastein war, hatte er schnell bemerkt, daß populäre Schriften fehlten und selbst Abhilfe geschaffen. Auch der ein Jahr später aufgelegte „Entwurf einer medicinischen Policeypflege bey herrschenden Viehseuchen"[20] griff Probleme mit zeitgemäßen Ordnungsvorstellungen auf. Kritischen Besprechungen zufolge waren seine Traktate weniger fachlich originelle Werke als mehr oder weniger kompilierte Arbeiten. Entscheidender als die Originalität war für die Zwecke der medizinischen Volksaufklärung die Fähigkeit eines Autors, seine Anliegen rezipientengerecht zu vermitteln. Ein Vergleich des „Zurufs" mit dem Büchlein über das Gasteiner Wildbad zeigt Niederhubers Talent, seinen Stil nach dem jeweiligen Zielpublikum auszurichten: im ersten belehrt er wohlwollend von oben herab und schreckt auch vor dem Einsatz drastischer Bilder nicht zurück, im zweiten bedient er den gebildeten Badegast im Tonfall der unterhaltenden Reiseschriftsteller auf amüsant belehrende Art.

## Drucklegung und Verteilung durch die Kirche

Der Einsatz der Kirche für die Umsetzung neuer Vorstellungen kennzeichnet die mariatheresianischen und josephinischen Modernisierungsmaßnahmen. Dem von der Wiener Aufklärung geprägten Salzburger Erzbischof Hieronymus Graf Colloredo standen für diese Reformen zwei Arten von Institutionen zur Verfügung, denn er war weltlicher Herrscher und höchste kirchliche Autorität zugleich. Er konnte den Hofrat, das Regierungorgan, oder das Konsistorium, die oberste geistliche Behörde, einsetzen.

Den Schwierigkeiten, die man bei der Aufnahme der neuen Hebammen erwartete, wurde sowohl von der Regierung als auch von der Kirche entgegengearbeitet. Anfang Dezember 1791 wurde allen Geistlichen verordnet, von der Kanzel herab die neuen Hebammen als ein Instrument zur Bekämpfung des Aberglaubens zu empfehlen. Wenn der Hofrat in seinem Memorandum das populationistische und rational-aufklärerische Argument gebraucht hatte, daß so mehr Menschen am Leben blieben, so setzte das Konsistorium hinzu, daß durch die Beiziehung der neuen Hebammen auch die „Zahl der durch die heilige Taufe in die katholische Kirche eingehenden Christen"[21] insgesamt wachsen werde.[22]

Unter den sieben Kandidatinnen, die den ersten Kurs im Frühjahr 1792 beendeten, waren vier Frauen aus den gebirgigen Landesteilen (Gerichtsgemeinde Kaprun, Mittersill, Radstadt, Zell im Zillertal), im folgenden Jahr waren es nur mehr zwei (St. Michael im Lungau, Gastein) von acht. Im gleichen Zeitraum, im Frühjahr 1793, wird Niederhubers publizistische Unternehmung, die neuen Hebammen zu propagieren, greifbar. Von wem der Anstoß zu dieser Maßnahme kam, ist aus der Aktenlage nicht eindeutig zu erschließen. Entweder war es eine eigenständige Initiative Niederhubers, der ja Gespür für populärwissenschaftliche Themen hatte. Denkbar ist auch, daß die Schrift auf eine Anregung des Erzbischofs oder seiner engsten Umgebung zurückging,[23] denn Colloredo hatte im Vorfeld der Errichtung der Hebammenschule schon mehrmals direkt in Entscheidungen eingegriffen.[24] Sein Sekretär, der fränkische Weltpriester Dr. Bönike, war überdies zugleich Konsistorialrat.[25]

In der Sitzung des Konsistoriums am 2. Februar 1793 wurde ein Schreiben Niederhubers besprochen, demzufolge er „entschlossen" sei, „eine Piece über die Notwendigkeit sich bei den Geburtsfällen einer ordentlichen Hebamme zu bedienen, zum Druck befördern zu lassen". Man kam überein, das „Anboth anzunehmen, weil doch dieß der einzige Weg ist, dergleichen Volksschriften in die Hände des gemeinen Mannes zu bringen".[26] Zuvor aber sollte das Werk noch Hartenkeil, dem Direktor der Hebammenschule, und dem Landschaftsphysicus J. Barisani zur Prüfung vorgelegt werden. Niederhuber führte daraufhin noch geringfügige Änderungen durch. Durch diese vom Hofrat vorgeschlagene, taktisch geschickte

Einbindung der beiden wichtigsten Ärzte war kein Widerstand mehr zu erwarten.

Am 12. April, also knapp zwei Monate später, waren 2000 Exemplare bereits beim Buchbinder und sollten binnen einer Woche ausgeliefert werden. Alle 17 Dekanate des Erzstifts und die drei Stadtkapläne in der Hauptstadt wurden schriftlich verständigt, daß ihnen in Kürze eine bestimmte Anzahl von Niederhubers Werk „Über die Nothwendigkeit geprüfter Landhebammen und die Schädlichkeit ungelernter Geburtshelferinnen" zur Verteilung an die Seelsorger zugehen würde. Diese freie Titelvariation traf den Inhalt knapp und präzis. Die Pfarrer wurden angewiesen, das „populäre und so zweckmäßig geschriebene" Werk „gratis unter dem Landvolk ... [zu] verbreiten und am schicklichsten etwa bey Gelegenheit der Copulation den neu getrauten Ehe Paaren in die Hände [zu] geben".[27] Dann wurde ein Verteilungsschema nach der Einwohnerzahl der Dekanate aufgestellt und der weltlichen Regierung darüber Meldung erstattet.[28] Zunächst übernahm das Konsistorium die Zwischenfinanzierung aus den Zinserträgen der sog. „milden Orte".[29] Die Kosten sollten später aus den Dekanaten rückerstattet werden, wofür man einen Plan entwarf.


## Das Zielpublikum der Druckschrift

Die Broschüre „Freundschaftlicher Zuruf" gliedert sich in mehrere, unterschiedlich gewichtete Abschnitte: Der ausführlichen Anrede an die Leserschaft (acht Seiten) folgt ein umfangreicher erster Teil „Von den Umständen, und Gefährlichkeiten, welche vor, und nach der Geburt bey Gebährerinnen vorfallen" (15 Seiten), der das Hauptstück darstellt. Das zweite Kapitel „Von den nöthigen Kenntnissen der Hebammen, so wie selbe geprüft, und angestellt sind" umfaßt fünf Seiten, ein abschließender „Anhang" informiert über „einige Vorsichtsregeln während der Schwangerschaft" (drei Seiten).

Die eingangs zitierte Eröffnungspassage wendet sich an das „Landvolk": „Landvolk" war ein Schlüsselbegriff für die volkspädagogischen Aufklärungsschriftsteller. Diese subsumierten darunter jenen Teil der Bevölkerung, der keine höhere Bildung erfahren hatte, den sog. „gemeinen Mann", Bauern und unterbäuerliche Schichten, kleine Handwerker, Dienstboten, die unteren Ränge der Militär- und Verwaltungshierarchie und deren Familienangehörige.[30] Nur ein einziges Mal wandte sich der Autor auch an weibliche Zuhörer: „Liebe Landleute! Ehemänner! gute, liebe Weiber! Väter und Mütter kleiner hilfloser Kinder, nehmt dieses Büchlein..., und leset diese wenigen Zeilen." (S. 6) Dieses weitgehende Außerachtlassen der Frauen ist erstaunlich, da die Publikation gerade die neu ausgebildeten Hebammen propagieren sollte. Hing dies damit zusammen, daß mehr Männer als Frauen lesen konnten, wie die Alphabetisierungsforschung feststellt,[31] oder ging der Verfasser davon aus, daß die Ehemänner darüber entschieden, ob als Geburtsbeistand eine alte traditionelle oder neue diplomierte Hebamme zu rufen sei? Waren die Frauen von den Vorteilen, die ihnen durch eine staatlich diplomierte Hebamme zukam, nicht ebenso zu überzeugen?

Offenbar wurde in erster Linie Männern und nicht Frauen die Aufgabe der Verbreitung des Inhalts übertragen. Bereits in der einleitenden Anrede wird der bäuerliche „Hausvater" auf seine Verantwortung für alle an seinem Hof lebenden Personen angesprochen, wie es dem zeitgenössischen Rechtsdenken entsprach.[32] Nicht nur die Lesekundigen sollten erreicht werden: „... kann auch eines, oder das andere unter euch selbst nicht lesen, so wird es einen gefälligen Nachbarn oder Schullehrer geben, welcher euch das ganze auf einmal oder auch stückweise vorlesen wird". (S. 7) Obwohl der Autor als Landarzt die Grenzen der Lesefähigkeit kannte, ging er davon aus, daß eine genügend große Leserzahl erreicht werden konnte. Auch die staatliche Verwaltung war überzeugt, mit kleinen Druckschriften die bäuerlichen Adressaten in dringenden Fällen erreichen zu können, wie sich wenige Jahre später zeigte: Zur Eindämmung einer ansteckenden Viehkrankheit wurde an die Bauern der inneralpinen Gerichtsgemeinden eine aus diesem Anlaß verfaßte Broschüre rasch verteilt.[33]

Den Lesern und Hörern wurde die Gründung der Hebammenschule als Gnadenbeweis des Landesvaters dargestellt. Schon aus Vernunftsgründen seien deren Absolventinnen als Geburtsbeistand zu holen, denn wer würde sich – und nun werden die bei der zeitgenössischen Ärzteschaft beliebten Topoi über undiplomierte Hebammen dramatisch geballt[34] – an „unerfahrene, tölpelhafte, sieche, schmutzige alte Weiber oder Taglöhnerinnen" (S. 4) wenden? Die Inanspruchnahme solcher Frauen – „frey gewählter Mörderinnen" (S. 5) – verletze überdies die Pflichten eines Christen und Untertanen. Nachdem den Adressaten diese religiöse und politische Ermahnung vorgehalten worden war, erfolgte die Absolution: Das falsche Vertrauen in die undiplomierten Hebammen sei nicht „Bosheit", sondern „Unerfahrenheit und die daraus entstehende Sorglosigkeit". (S. 6) Nach diesem moralischen Appell folgt dann geschickt die Sachinformation des ersten Kapitels.

### „Nur eine gelernte Hebamme kann es wissen"

Das Hauptkapitel stellt die „normale" Geburt in allen Phasen dar. Mit drastischen Beispielen wird auf die Fehler der „ununterrichteten Geburts Beyständerinnen" (S. 11) hingewiesen. Schätzen sie etwa die Wehen falsch ein, so verabreichen sie Speisen, die in dieser Phase schädlich sind: „Der Eyerfladen, das warme Bier, der Wein, der scharfe Branntwein, ... um Wehen zu machen, um die Geburt anzutreiben, das ist das Gift ... " (S. 12) Unnötige Handgriffe während der Geburt mangels anatomischer Kenntnisse (das „Umherzerren, Betasten, Zwingen, Drucken oder Reißen": S. 14), plötzlich auftretende Komplikationen dabei, Verletzungen des Kindes besonders am Kopf, und der Mutter an den Geburtsorganen werden nüchtern, aber mit eindringlichen Details geschildert: „Die Schamteile verschwellen, sie werden beträchtlich verletzt, es entstehen ... Vorfälle der Mutter, Verletzungen der Urinblasen, des Mittelfleisches und mehr oft Zeitlebens unheilbare Uebel".

(S. 14) Die Verknüpfung von Beschwörungsritualen mit physiologisch falschen Hilfeleistungen beim Gebären werden als gefährlich und zwecklos angeprangert: „… bis sie [das sind „die alten Weiber, Basen, Schwiegermütter, Nachbarinnen"] endlich selbst erkennen, daß auch Bethen, Eingeben heiliger Oele, Wachs Bildl und Gebethlein nicht mehr fruchten; … dann (ich sage es euch noch einmal) dann ist's fast allzeit zu spät." (S. 17) Solche Vorwürfe gegen die traditionellen Hebammen – wegen ihres Übereifers, wegen unterlassener Maßnahmen oder falscher Nahrungsempfehlungen – gehörten zum Standardrepertoire der Ärzte in der Auseinandersetzung mit jenen Hebammen, deren Ausbildung noch nicht von ihnen beeinflußt war.

Nach der Schilderung des Geburtsbeistandes durch die traditionelle Hebamme, von den ersten Wehen bis zur Entbindung, wird kontrastiv das Verhalten der diplomierten Hebamme dargestellt. Ziel dieses Abschnittes ist es, der Leser- bzw. Hörerschaft klar zu machen, daß nur geschulte Hebammen die Nabelschnur richtig abtrennen, das erste Bad geben und die erste Untersuchung vornehmen können. (S. 18) Nur die „kunstverständige Hebamme" kann die Nachgeburt sorgfältig überwachen, den gesundheitlichen Zustand der Kindbetterin kurz nach der Entbindung beobachten, das Einschießen der Milch beurteilen und die richtigen Hinweise für die Speise der Wöchnerin geben.

Als die Aufklärungsschrift verfaßt wurde, standen dem Verfasser einige zeitgenössische Klassiker der Geburtshilfe zur Verfügung, etwa von Crantz, Stein, oder Steidele.[35] Werke, die die Einrichtung von Hebammenschulen propagierten und sich an Handwerkschirurgen und das allgemeine Publikum richteten, waren ebenfalls schon vorhanden.[36] Einige Jahre später folgte das Hebammenbüchlein von W. A. Ficker, das ab 1797 jede Absolventin des Salzburger Kurses anschaffen mußte.[37] Im einfachen Tonfall der medizinischen Ausführungen besteht zwischen diesem und dem Text des „Zurufs" eine gewisse Ähnlichkeit.

Damit die Adressaten dieser Schrift ungeeignete Hebammen – „wie ihr sie gemeiniglich vom Misthaufen weg zu euern

Kindbetterinnen ruft" (S. 27) – und deren mangelndes Können beurteilen konnten, und um zugleich klarzumachen, daß nur Frauen mit bestimmten körperlichen und geistigen Fähigkeiten wirksamen Geburtsbeistand leisten konnten, gab der Verfasser im zweiten Kapitel einen Überblick über das, was eine diplomierte Hebamme vorweisen mußte: Gute Kenntnisse der weiblichen Anatomie, des Blutkreislaufs, der Menstruation, der organischen Veränderungen während der Schwangerschaft und Beurteilungen der Tastuntersuchungen gehörten dazu: „Sie muß [in der Zeit der Schwangerschaft und der Geburt] durch die Befühlung mit dem Finger die Verfassung des Gebährmutter-Mundes, die Lage desselben, oder die allfallsigen Fehler, besonders das krampfhafte Zusammenziehen von Verhärtungen, und Geschwulsten unterscheiden können" (S. 24 f.). Zu diesem nunmehr staatlich normierten Wissenskanon gehörten außerdem die Entwicklung der Leibesfrucht während der Schwangerschaft, die Anzeichen der Geburt, Handgriffe während des Geburtsvorganges, die Versorgung von Mutter und Kind nach der Geburt. Der Verfasser mußte dabei ausführlich beschreiben um zu unterstreichen, wie wesentlich diese Kenntnisse waren, andererseits aber mußte er betonen, daß auch das gründliche Studium seines Büchleins den Besuch der Hebammenschule niemals ersetzen konnte. Der Schluß, daß ein vernünftiger Mensch demnach nur eine in der neuen Schule ausgebildete Hebamme wählen konnte, war charakteristisch für die Bestrebungen eines Aufklärers.

Über diesen Hauptzweck hinaus versuchte die Broschüre, auch das persönliche Verhalten zu reformieren. Denn „…ein nachlässiges gleichgültiges Betragen von Seite der schwangeren Weiber … zuweilen auch gar ein tolles Mißhandeln von Seite der Männer" (S. 28) sei der Grund vieler Komplikationen während der Schwangerschaft und bei der Geburt. Der Verfasser wandte sich eindringlich an sein männliches Publikum und schärfte diesem ein, daß „jede starke Bauern-Arbeit" in den letzten Schwangerschaftsmonaten zu unterlassen sei, so insbesondere „das öftere gewaltthätige Bucken, das Aufheben schwerer Lasten …; das starke Tragen großer Bürden, das Anstrengen bey heftigen, langandauernden Feuer-Arbeiten oder in brennender Hitze; das Anschieben oder Ziehen schwerer Wägen, das Bändigen und Schleppen wilder Ochsen, Kühe und Pferde, das Gehen auf steilen, schlüpfrigen Wegen mit Gefahr des Fallens ...". (S. 30) Niederhuber kannte die Arbeiten[38] von Bäuerinnen und Mägden, die großen körperlichen Krafteinsatz erforderten. Mit dem Hinweis, daß durch richtigen Geburtsbeistand gesunde, kräftige Dienstboten heranwüchsen, versuchte der Autor abschließend, seine Leser auch mit einem wirtschaftlichen Argument zu der richtigen gesundheitspolitischen Entscheidung zu bewegen.

## Ablehnung der neuen Hebammen wegen der Kosten

Das Konsistorium nahm an, daß ihm die Zwischenfinanzierung der Broschüre von der „Gemeinde-Anlage" der Märkte und Gemeinden anteilig erstattet würde. Doch der Hofrat beschied dies Ansuchen abschlägig, denn „durch diesen Zwang würde ... eine Sache gegen die man ohnhin schon mit Vorurtheilen eingenommen ist, nur noch mehr gehässig gemacht werden."[39]

Diese Einschätzung traf die Stimmung im Lande recht genau, denn allenthalben regte sich Widerstand gegen die Einführung der neu ausgebildeten Hebammen. Zwar wurde die Kursgebühr vom Gebärhausfonds bezahlt, die Lebenshaltungskosten während dieser Zeit hatten jedoch zu Zweidritteln, d.h. rund 16 fl., die Gemeinden auszulegen. Folgekosten entstanden durch die Ausrüstung der Hebamme (Gebärstuhl ca. 30 fl., Lehrbuch)[40] und das jährlich auszusetzende Wartgeld: Fünf bis sechs Gulden aus der Almosenkasse und zehn bis zwölf Gulden aus der „gemeinen Anlage" sollten die kostenlose Betreuung der Armengeburten sicherstellen.[41] So bat die eine Gemeinde um „Verschonung", der anderen leuchtete die „Verbindlichkeit" nicht ein, die dritte hegte nach Meinung des Pflegbeamten „das alte eingewurzelte Vorurtheil gegen die eingeführte Hebam Schul", viele baten um vorübergehende

Ausnahmen und setzten damit auf den Langmut obrigkeitlicher Konzessionen, manche schoben die Belastung der „gemeinen Kasse" durch die Armenpflege vor, wenige folgten dem Beispiel der Gerichtsgemeinden von Kaprun und Mittersill, die zwei Frauen in den allerersten Hebammenkurs geschickt hatten und „... das Vorurtheil gegen die Hebammen mit der größten Anhänglichkeit an selbe vertauschten".[42]

In diesen Stellungnahmen zu den neuen Hebammen bündelten sich unterschiedliche Ursachen des Widerstandes gegen die Reform. Denn nicht zufälligerweise lagen die zuletzt genannten Gemeinden in dem inneralpinen Teil des Erzstifts (Oberpinzgau), dessen Bauern im Landesdurchschnitt als wohlhabender galten.[43] Finanzielle und wirtschaftliche Aspekte beeinflußten die mentale Struktur. Die meisten Gemeinden – d. h. deren männliche Repräsentanten gegenüber der Obrigkeit – sahen nicht ein, daß nun gemeinschaftlich für etwas zu bezahlen sei, was bisher im Rahmen der weiblichen Nachbarschaftshilfe individuell und ohne Bargeld geregelt worden war. Einige Jahre später spitzte ein Beamter seine Sicht der Dinge so zu: „Der gemeine Mann [will] lieber Weiber, die er ohnehin mehr aus Bedürfniß oder anderer konventioneller Absicht, als aus Liebe ehelicht, dann Kinder kaltblütig aufgeopfert wissen ..., ehevor er ... auch nur einige Kreuzer [für eine Hebamme] opfert."[44] Was dem städtisch Gebildeten als Knausrigkeit vorkam, mag für den Bauern der Zwang zur Abwägung kostbarer Mittel gewesen sein. Gemeinden, die die nötige Finanzkraft hatten, sahen den Sinn nicht ein und behinderten interessierte Frauen. So berichtete ein Beamter, daß die Gemeinde der Absendung einer Hebammenkandidatin „... mit dem vorzubeugen wisse, daß sie jede, so Lust bezeugen würde, durch alle Wege und Mittl suchen wird, von diesem Vorhaben abzubringen".[45] Eine Lungauer Gemeinde wollte der neuen Hebamme, der Tochter des Baders, „das Wartgeld entziehen." Selbst manche Gemeinden, die Hebammen zur Ausbildung entsandt hatten, verloren diese wieder, weil die Gebärenden sie zuwenig beanspruchten. Aus Taxenbach im Pinzgauer Salzachtal zog die 1794 ausgebildete Hebamme vor 1801 „aus

Mangel an Zutrauen weg, ungeachtet der 25 fl." Wartgeld, das für das Salzburger Territorium ungewöhnlich hoch war.[46] Solche Beispiele wecken Zweifel, ob Niederhubers Schrift die gewünschte Wirkung erzielte.

## Gelehrtendiskurs versus traditionelle Frauenpraxis

Wie andere Länder verfolgte der geistliche Kleinstaat Salzburg mit der Errichtung der Hebammenschule ein bestimmtes Ziel: Der reformierte Geburtsbeistand sollte die Anzahl der Untertanen vermehren und das Leben der Mütter schützen. Für dieses Vorhaben bediente man sich unterschiedlicher Mittel. Es war herkömmlich, daß Beamte die Neuerungen den Gemeinden bekanntmachten und Priester sie von der Kanzel verkündeten. Neu war in Salzburg der Einsatz einer Druckschrift, durch die ein Landarzt im Namen der Vernunft bei der Landbevölkerung um Verständnis für die Hebammenschule und Zutrauen zu deren Absolventinnen warb. Die Wirkung blieb beschränkt: Eine 1801 in allen Verwaltungsbezirken durchgeführte Erhebung zeigte, daß traditionelle Hebammen weiterhin großen Zuspruch hatten.[47] Daß dies auf Nützlichkeitsdenken aufgebaute Plädoyer für die diplomierten Hebammen sich nicht umsetzen ließ, hatte seine Gründe auch in den Widersprüchen zwischen den Geschlechtern.

Die Männer bestimmten de facto über die Ausbildung und Anstellung diplomierter Hebammen in der Gemeinde. Trotz partieller Unterstützung von seiten der Obrigkeit war dies mit einer zusätzlichen finanziellen Belastung verbunden. So lag die Entscheidung über eine zentrale Frauenposition in den Händen der Gemeinde, einer Rechtsgemeinschaft, die de jure alle verkörperte, die aber nur durch Männer gegenüber der Obrigkeit repräsentiert wurde. Deren Werteskala bestimmte den Einsatz der knappen Barmittel. Der einzelne Bauer mußte, wenn eine diplomierte Hebamme für den Geburtsbeistand und die Pflege der Wöchnerin ins Haus geholt wurde, diese nach seinem Rang bezahlen, wenn es sich nicht gerade um eine Armengeburt handelte. Bargeld erzielte die Landwirtschaft der inneralpinen Gebiete im ausgehenden 18. Jahrhundert vor allem durch Viehzucht, und die gehörte traditionell zur Pflicht des Bauern. Nur Bäuerinnen im Umfeld der Residenzstadt, wo die Landwirtschaft mit dem städtischen Absatzmarkt verflochten war, hatten ein eigenes Bareinkommen aus ihren spezifischen Arbeitsfeldern, das sog. „Eiergeld" und „Buttergeld".[48] Diese wirtschaftlichen Tatsachen zwangen den Verfasser des „Zurufs", sich vor allem an die Männer zu wenden, wenn die Geburtshilfe mittels diplomierter Hebammen reformiert werden sollte.

Niederhubers „Zuruf" illustriert überdies, daß die Modernisierung des Sanitätswesens die traditionelle Beistandsgemeinschaft von Frauen in der Geburt zurückdrängte. Trotz aller volksaufklärerischen Absichten orientierte sich der Verfasser am Diskurs der ärztlichen Fachkollegen und nicht an den Gegebenheiten seiner landärztlichen Praxis. Damit stand er in Diskrepanz zu den geburtshilflichen Alltagserfahrungen jener Frauen, die über den Umweg der Männer erreicht werden sollten. Für die Frauen lagen Geburt und Tod nahe beieinander, ganz unabhängig vom Wissen oder Nichtwissen und den geburtshilflichen Fähigkeiten traditioneller Hebammen. „Eine Kindlbetterin liegt auf der Friedhofsmauer",[49] sagt ein altes Lungauer Sprichwort. Der Ausgang wurde nicht auf dieser Welt entschieden, sondern von Gott bestimmt und gelenkt. An dieser Elementarerfahrung ging die Abwertung der herkömmlichen Geburtshelferin ebenso vorbei wie der Appell für die diplomierte Hebamme. Diese wurde als Vertreterin der Obrigkeit wahrgenommen, denn sie hielt sich an neue Normen. Wenige Jahre zuvor hatte der geistliche Landesfürst in josephinisch-aufklärerischer Manier Kirchenreformen durchgeführt. Die Reduzierung der Feiertage und die Einschränkung der Prozessionen und Wallfahrten wurden auf dem Land als Eingriff in die eigenen Lebensverhältnisse und Religionsausübungen erlebt.[50] Die Ablehnung diplomierter Hebammen und die Rezeption der Broschüre sind vor diesem Erfahrungshintergrund der zunehmenden staatlichen Eingriffe in lebensweltliche Praktiken zu verstehen.

Nur beschränkt half der „Freundschaftliche Zuruf" als Instrument staatlicher Gesundheitspolitik, die Inanspruchnahme diplomierter Hebammen rasch zu steigern. Wenn die neuen Hebammen sich durchsetzten, so kam dies weniger durch publizistische Volksaufklärung als vielmehr durch das Zusammentreffen bestimmter Konstellationen in der sozialen Alltagspraxis zustande. Von „Mangel an Zutrauen" war dann keine Rede, wenn weibliche Verwandte einer diplomierten Hebamme den Frauen eines Dorfes schon als Geburtshelferinnen vertraut gewesen waren; wenn sie selbst bereits entbunden hatten, so wurden sie – ungeachtet ihres staatlichen Diploms – als Hebammen in Anspruch genommen; wenn diplomierte Hebammen Frauen beistanden, die sozial angesehen waren, so vergrößerte sich ihre Klientel schnell.[51] Vor diesen traditionellen Beurteilungskriterien rückten die Kosten in den Hintergrund.

Entstehung und Rezeption des „Zurufs" zeigen, daß die Modernisierung der Geburtshilfe im ausgehenden 18. Jahrhundert durch eine Hebammenschule nicht gleichmäßig flächendeckend das Land überzog, wie ihre Initiatoren es gewünscht hätten. Je weiter man sich von der Hauptstadt aufs Land bewegte, desto mehr war auch „inner Gebirg" Gebärende eingebunden in die umfassendere Beistandsgemeinschaft von Frauen.[52] In manchen Orten blieben die neuen Hebammen am Rand, in anderen wuchsen sie allmählich hinein. Was dem amtlichen Blick als unverständlich starres Festhalten an medizinisch überholtem Geburtsbeistand erschien, zeigt sich als das Nebeneinander zweier Haltungen zur Geburt, die gegeneinander konkurrierten. Weil er beide gegeneinander ausspielte und die Vertreterinnen herkömmlicher Geburtshilfe verächtlich machte, verfehlte letztendlich der „Freundschaftliche Zuruf eines Arztes an das salzburgische Landvolk" durch die berufsbedingte Parteilichkeit des Autors seinen Zweck. Dem medizinischen Volksaufklärer wurde die Arroganz ärztlicher Fachkompetenz zum Verhängnis.

*Nadia Maria Filippini*

# Die Hand, das Eisen und das Weihwasser.
## Hebammen, Geburtshelfer und Priester im Venetien des 19. Jahrhunderts

Unsere Geschichte spielt in Venedig im August 1849, einem Schicksalsjahr. Durch die Österreicher belagert und infolge der Blockade nahezu ausgehungert, wird die Stadt von einer schweren Cholera-Epidemie ergriffen. Zwischen Anfang Juli und dem 23. August zählt man 2788 Todesfälle.

Auf Malamocco, einer Insel der Lagune, bekommt Lucietta Ferrari Bravo, die im neunten Monat schwanger ist, am 8. August heftige Bauchschmerzen. Die 25jährige Frau eines Fischers, bereits Mutter eines Kindes, läßt eilig die Hebamme rufen; denn sie glaubt natürlich, daß die Wehen einsetzen. Die Hebamme untersucht sie und verordnet absolute Ruhe, was der Patientin eine gewisse Erleichterung verschafft. Nach einigen Tagen verschlimmert sich jedoch die Situation: Am 12. August verspürt die Frau erneut starke Schmerzen, auch in der Magengegend und an den Beinen. Dieses Mal konstatiert die Hebamme das Einsetzen der Wehen (der Gebärmutterhals ist leicht geöffnet); doch sie befürchtet, daß die Frau auch mit Cholera infiziert sei. In den folgenden Stunden kommen die Wehen in gewohnter Weise, und der Zustand der Frau scheint sich durch die Aussicht auf die bevorstehende Geburt zu stabilisieren. Plötzlich beginnt sie jedoch zu schreien, murmelt einige Worte und stirbt. Die Hebamme versucht, sie wiederzubeleben – aber ohne Erfolg. So konzentriert sie ihre Bemühungen auf das Kind: „Da der Frau auch mit Essig und durch das Besprengen mit Wasser nicht zu helfen war", so berichtet die Hebamme später, „versuchte ich, den Fötus herauszuziehen. Als mir auch das nicht gelang, spendete ich dem kleinen

Wesen die Nottaufe. Ich ging davon aus, daß es die Verrenkungen der Mutter nicht überlebt hatte und tot war."[1]

Eine Stunde nach dem Tod der Frau treffen der Arzt, Doktor Giuseppe Fiori, und der Pfarrer ein. Der Arzt untersucht den Leichnam und stellt als Todesursache Cholera fest. Sogleich nimmt der Pfarrer den Arzt beiseite und schlägt ihm leise vor, sofort einen Kaiserschnitt zu machen, um das Kind vielleicht noch zu retten. Der Arzt ist jedoch ganz anderer Ansicht; er weigert sich, einen solchen Eingriff vorzunehmen, denn er ist fest überzeugt vom Tod des Kindes. Und so werden die Mutter und das Kind in ihrem Leib gemeinsam beerdigt.

Alles scheint auf fatale Weise beendet, doch es kommt zu einem juristischen Nachspiel. Die Vorgänge werden Gegenstand des ,öffentlichen Gerüchts', und so kommen die Beerdigung der Gebärenden und die ärztliche Ablehnung des Kaiserschnitts auch der staatlichen Gesundheitskommission zu Ohren. Diese Behörde beschließt die Eröffnung einer Untersuchung und entsendet den Provinzialarzt, dem die Überwachung des Gesundheitspersonals obliegt, an den Ort des Geschehens. Nachdem dieser alle beteiligten Personen – die Hebamme, den Stadtarzt und den Pfarrer – befragt und ihre Aussagen protokolliert hat, verfaßt er einen Bericht an die Gesundheitskommission. Als Arzt bestätigt er ausdrücklich die Richtigkeit der Diagnose seines Kollegen: „Über den Tod des Kindes konnte kein Zweifel bestehen." Doch ungeachtet dieser Überzeugung mißbilligt er dessen Verhalten: „Auch wenn er von dem Tod des Fötus überzeugt war, hätte Doktor Fiori besser den Kaiserschnitt vorgenommen. Die Regeln der Kunst haben dies schon von jeher nahegelegt, und er hätte sich nach ihnen richten müssen." Der Provinzialarzt zitiert in diesem Zusammenhang das Gesetz über die Beerdigungen von 1838[2] sowie ein Dekret der ehemaligen Republik Venedig aus dem Jahre 1630. Doktor Fiori hat sich seiner Meinung nach einer Unterlassung der üblichen Handlungen schuldig gemacht, und er soll sich dafür vor einem Friedensgericht verantworten. Er schlägt also der Kommission vor, „den Fall an die Justiz zu übergeben".

Das Protokoll dieser Befragung ist erhalten: Es befindet sich im provinzialärztlichen Archiv, einem bedeutenden Bestand, der wichtige Zeugnisse über die Aktivitäten dieser Gesundheitsbehörde in der ersten Hälfte des 19. Jahrhunderts enthält. Zusammen mit anderen Berichten über Geburten, die detaillierten Untersuchungen oder bloßen Anzeigen entstammen, vermittelt es ein konkretes Bild von der damaligen Geburtshilfe in Venedig. Die Protagonisten, mit denen uns der Bericht konfrontiert, sind eben diejenigen, die bei einer Entbindung in Erscheinung treten konnten, um der Frau materiellen oder spirituellen Beistand zu leisten: die Hebamme, der Arzt/Geburtshelfer und der Pfarrer. Ausgehend von dieser Fallgeschichte, soll versucht werden, das soziale und berufliche Profil dieser Personen, ihre Praktiken und ihre jeweilige Rolle, aber auch ihre besonderen Kompetenzen, Beziehungen und möglichen Konflikte zu untersuchen. Um das Geschehen im historischen Kontext der Epoche zu situieren, werden auch verschiedene andere Quellen herangezogen, welche die Tätigkeit der Hebammen und die Sorge um das Seelenheil der Neugeborenen bezeugen: insbesondere normative Quellen (Gesetze und Verordnungen), medizinische Schriften (Handbücher der Geburtshilfe, Aufsätze und Entbindungsprotokolle aus wissenschaftlichen Zeitschriften) sowie Kirchenbücher (Taufregister).

## Die Hebamme

Eine Hauptrolle spielte bei dieser schwierigen Geburt die Hebamme. Sie besuchte die Schwangere schon einige Tage vor der Geburt und wurde dann mit Beginn der Wehen tätig. Die Frau hatte großes Vertrauen zu ihr; obwohl sie, wie die Quelle erwähnt, „besessen war von der Angst, die Cholera zu haben", kam sie nicht auf die Idee, nach einem Arzt zu rufen und dessen Rat einzuholen. Vielmehr vertraute sie ganz der Hebamme und deren langjähriger Erfahrung.

Fast nichts erfahren wir aus unserer Quelle über die Persönlichkeit dieser Geburtshelferin. Ausführlicher sind die Angaben über ihr berufliches Profil: Sie war geprüfte Hebamme und offiziell registriert. Sie hatte also den ganzen Kursus durchlaufen, der gesetzlich für die Hebammenausbildung vorgeschrieben war: Nach einer mehrjährigen Lehrzeit bei einer diplomierten Hebamme hatte sie die Schule für Geburtshilfe in Padua besucht, die seit 1819 bestand; der Pfarrer hatte sie über die Nottaufe unterwiesen; schließlich war sie durch eine staatliche Prüfungskommission examiniert worden und hatte ihr Diplom erhalten. Die österreichischen Gesetze, die nach dem Fall der Republik Venedig (1797) verkündet worden waren, hatten die Vorschriften aus der zweiten Hälfte des 18. Jahrhunderts im Kern bewahrt.[3] Unsere Hebamme wurde im Unterschied zu den anderen Hebammen, die in der Stadt Venedig arbeiteten, durch das Bürgermeisteramt von Malamocco bezahlt. Angesichts der Armut der Insel und ihrer Abgeschiedenheit in der Lagune hatte die Gesundheitsbehörde zu Beginn des 19. Jahrhunderts diese Regelung getroffen.

Die Maßnahmen und Verhaltensweisen der Hebamme während der Geburt zeugen von Erfahrung; sie entsprachen nicht nur der Gesetzgebung, sondern auch der Tradition. So beurteilte der Provinzialarzt ihr fachliches Vorgehen als tadellos. Sofort nach ihrer Ankunft untersuchte sie die Kreißende, um den Stand der Wehen festzustellen. Anschließend bereitete sie das Zimmer und die Schwangere auf die Geburt vor; letzteres bedeutete vor allem, die Frau durch Essen und Trinken zu stärken. „Ich gab der Ferrari Bravo ein wenig Kraftbrühe", erinnerte sie sich. Die Verwendung von Kraftbrühe, aber auch anderer Getränke ist in den Quellen ausdrücklich belegt. Man ging davon aus, daß Gebärende gestärkt und auf die anstrengenden Wehen vorbereitet werden mußten, vor allem wenn es sich um unterernährte Frauen handelte, wie es in den Unterschichten häufig der Fall war. Im Jahre 1817 hatte die Gesundheitsbehörde eine Hebamme aus Malamocco für den Tod einer Gebärenden verantwortlich gemacht und verurteilt: Die Geburtshelferin hatte sie zu Beginn der Wehen nicht durch Lebensmittel gestärkt, so daß die Frau „sich in ihren Anstrengungen erschöpfte", wie der Chirurg in seiner Anzeige schrieb.[4] Um die Schmerzen zu lindern, benutzte unsere Hebamme warme Wickel und Öle, die die Haut geschmeidiger machten. Aber das wichtigste Hilfsmittel waren ihre eigenen Hände, mit denen sie massierte, Druck ausübte und schob. Der Gebrauch eines Gebärstuhles, wie man ihn bis zum Ende des 18. Jahrhunderts in Venedig sehr häufig sah, war damals schon nicht mehr üblich. Sobald die Situation sich zuspitzte und die Frau das Bewußtsein verlor, besprengte die Hebamme sie mit Wasser und gab ihr Essig zu riechen. Sie sagte auch aus, sie habe versucht, das Kind mit ihren Händen herauszuziehen. Auf welche Weise dies geschah, führte sie nicht näher aus; doch darf man vermuten, daß es sich um eine ‚Wendung auf den Fuß' handelte, einen Eingriff, bei dem das Kind im Uterus gedreht wurde, um es an den Füßen herauszuziehen. In der Tat gehörte die ‚Wendung' in Venedig zu den traditionellen Aufgaben der Hebammen; allerdings beanspruchten seit dem Ende des 18. Jahrhunderts die Chirurgen diese Aufgabe für sich. Die Angelegenheit war sogar Gegenstand einer öffentlichen Debatte gewesen, in deren Verlauf die Hebammen versuchten, eine gesetzliche Anerkennung ihrer überlieferten Kunst zu erreichen.[5]

Obwohl die Extraktion des Kindes mißlang und die Situation hoffnungslos war, griff unsere Hebamme nicht zu chirurgischen Instrumenten. Auch dies entsprach durchaus der Tradition und den öffentlichen Vorschriften. Ein österreichisches Gesetz von 1808, das 1841 wiederholt wurde, untersagte Hebammen den Gebrauch „jedes geburtshilflichen Instrumentes" und aller Medikamente – eine Regelung, die schon seit den 1780er Jahren bestand.[6] Bei schwierigen Geburten waren die Hebammen verpflichtet, einen Geburtshelfer zu rufen – andernfalls riskierten sie den Verlust ihrer Lizenz. Die Aufgabentrennung zwischen Hebammen und Ärzten beruhte auf der Unterscheidung zwischen ‚leichten' und ‚schweren' Geburten; nur bei ersteren hatte die Hebamme das Recht, tätig zu werden. Doch es ist klar, daß diese Unterscheidung heikel war und entsprechende Voraussagen oft schwerfielen. Während der Gebrauch von Instrumenten nicht zum Aufgabenbereich der Hebammen gehörte und den Chirurgen zum Vorwurf gemacht wurde, war die Verwendung von Medikamenten durchaus üblich.[7] Ungeachtet des Gesetzes arbeiteten Hebammen mit Blutegeln und setzten Klistiere – Maßnahmen, die normalerweise den ,niederen Chirurgen' vorbehalten waren. Vor allem bedienten sie sich damals des Mutterkorns, das die Wehen beschleunigen sollte. Die Behörden griffen oft ein, um solche Mißbräuche abzustellen; in einigen Fällen erhielten Hebammen, die davon exzessiven Gebrauch machten, Arbeitsverbot. 1851 etwa wurde eine Hebamme aus Chioggia wegen „Mißbrauchs von Mutterkorn bei ihrer Arbeit" verurteilt.[8]

Die letzte Handlung der Hebamme von Malamocco war die Nottaufe des Kindes, da sie dieses tot und für immer im Uterus der Mutter eingeschlossen glaubte. Unser Bericht verrät nicht, wie es gelingen konnte, den Kopf des Kindes mit Wasser zu besprengen, doch möglicherweise wurde zu diesem Zweck ein Schwamm benutzt (andere italienische Quellen erwähnen dieses Utensil). Die Nottaufe, die das Seelenheil des Kindes garantieren sollte, war ein frommer Brauch, der zu den ältesten Pflichten der Hebammen gehörte und bereits vom Trienter Konzil geregelt war.[9] Mitte des 18. Jahrhunderts, als jansenistische und rigoristische Strömungen eine sehr düstere Vision vom Seelenheil der Totgeborenen entwarfen, hatte dieser Brauch in Kirche und Gesellschaft wieder Aufmerksamkeit auf sich gezogen; daraus folgten Bestrebungen, den Hebammen eine religiöse Unterweisung zu erteilen und ihre Aktivität stärker zu kontrollieren. So hatte 1746 der italienische Theologe Girolamo Baruffaldi für die Hebammen ein Buch verfaßt, dem ein großer Erfolg beschieden war: „Belehrung der Hebamme, damit sie das heilige Sakrament der Taufe, so es nötig, den Neugeborenen spenden kann".[10] Der kirchliche Wunsch, die Hebammen zu kontrollieren, traf auf ähnliche Bestrebungen der zivilen Behörden: 1838 verpflichtete ein österreichisches Gesetz die Hebammen dazu, alle totgeborenen Kinder zu melden, und noch 1842 erinnerte ein anderes Gesetz an ihre Pflicht, die Neugeborenen notfalls zu taufen.[11] 1832 hatte der

Bischof von Verona eine Hebamme aus Venedig mit der Begründung angezeigt, sie habe ein Neugeborenes nicht in der vorgeschriebenen Weise notgetauft.[12]

## Der Chirurg und Geburtshelfer

Doktor Giuseppe Fiori, der Lucietta Ferrari behandelte, war der Munizipialarzt der Insel. Er war also kein Geburtshelfer im eigentlichen Sinne, sondern ein Chirurg, der durch den Magistrat als Armenarzt eingesetzt wurde. Wirkliche Geburtshelfer (also Chirurgen, die sich auf Geburtshilfe spezialisiert hatten und über eine feste weibliche Klientel verfügten) waren damals selten, ja außergewöhnlich – nicht nur in Venetien, sondern in ganz Italien. Nur in den größeren Städten waren sie manchmal zu finden, im Umkreis der Gebärspitäler. Normalerweise hatte man es also eher mit Chirurgen zu tun, die gelegentlich bei Geburten halfen und kleinere Eingriffe (wie Aderlaß) oder kompliziertere Operationen (wie die Anwendung der Geburtszange, Embryotomie, also die Zerstückelung des kindlichen Körpers in aussichtslos scheinenden Situationen, etc.) vornahmen. Welche Eingriffe der Arzt übernahm, hing nicht nur vom Verlauf der Geburt ab, sondern auch von seinem medizinischen Grad. Die wichtigste Unterscheidung war die zwischen ‚höheren Chirurgen‘ (die ein Zertifikat für kompliziertere Operationen besaßen) und ‚niederen Chirurgen‘ (deren Zertifikat nur einfache Eingriffe erlaubte). Die Liste des medizinischen Personals der Stadt Venedig im Jahre 1842 umfaßte nicht weniger als sieben verschiedene Typen von Chirurgen und Geburtshelfern.[13]

Die Rolle dieser Männer war freilich begrenzt und gesetzlich beschränkt auf die wirklich schwierigen Fälle. Das Medizinisch-Chirurgische Kollegium von Venedig beklagte im Jahre 1800, daß „die Gebärenden es vorzögen, durch Hebammen betreut zu werden, und nur ganz wenige sich ohne Furcht und Abscheu den Männern der Zunft anvertrauen wollten“.[14] In Italien war die öffentliche Meinung im allgemeinen und selbst in aufgeklärten Kreisen ablehnend gegenüber der Anwesenheit männlicher Ärzte bei Geburten. Der Grund lag nicht nur im Schamgefühl; man hatte auch Vertrauen zu den Hebammen und ihrem althergebrachten Beruf. Wenn man Fachzeitschriften und anderen Informationen aus ärztlichen Kreisen glauben darf, änderte sich die Lage bis Mitte des 19. Jahrhunderts nicht wesentlich. Die schwierigsten Operationen der Geburtshilfe wurden auch damals nur selten ausgeführt, und sie waren eher Gegenstand der Theorie als der Praxis. Dies gilt sowohl für die Anwendung der Geburtszange, als auch für Kaiserschnitt und Embryotomie.[15] Gleichwohl hatten die chirurgischen Geburtshelfer damals eine bedeutende Verantwortung im Bereich der Geburt: So lag im Notfall nicht nur das Leben von Mutter und Kind in ihren Händen, sondern sie hatten auch die Befolgung der entsprechenden Gesetze zu überwachen. Nach den Vorschriften des 19. Jahrhunderts waren sie besonders mit der Kontrolle der Hebammen betraut und hatten eventuelle Verfehlungen sofort anzuzeigen. Das Medizinalgesetz des Lombardo-Venezianischen Königreichs von 1858 bestätigte diese Verpflichtung, die bereits in einem Runderlaß von 1829 enthalten war.[16] Die Gesetze regelten und bestätigten also ausdrücklich eine klare Abstufung zwischen den Berufen des chirurgischen Geburtshelfers und der Hebamme. Sobald der Arzt auftauchte, hatte letztere in den Hintergrund zu treten und mußte ihm die Verantwortung für die Gebärende gänzlich überlassen.

Doch zurück zu Doktor Giuseppe Fiori. Wie üblich wurde er gerufen, um das Problem einer komplizierten Geburt zu lösen, also das Kind herauszuholen, weil das Pressen der Mutter hierfür nicht genügte. Im Prinzip war er keineswegs unvorbereitet für diese Aufgabe: An der Universität hatte er Kurse für Geburtshilfe besucht und auch jene Prüfung abgelegt, die das Gesetz zur Bestellung von Amtsärzten vorschrieb. Aus der Klinik für Geburtshilfe, die seit 1819 in Padua bestand, mußten ihm einschlägige Instrumente wie die Geburtszange oder das Bistouri (ein spezielles Messer für den Kaiserschnitt) vertraut sein. Doch er kam zu spät: Die Schwangere und das Kind waren bereits tot. So blieb ihm nur die traurige Aufgabe, den Tod offiziell festzustellen und das für die Beerdigung notwendige Zertifikat zu unterzeichnen. Solche Verspätungen waren damals freilich an der Tagesordnung. Häufig trafen die Ärzte zu spät ein, um Mutter und Kind zu retten, vor allem auf dem Lande, wo Amtsärzte oft Schwierigkeiten hatten, abgelegene und durch Straßen schlecht erschlossene Gebiete rechtzeitig zu erreichen.[17] Oft beklagten sich die Landärzte über diese Situation und betonten, wie frustrierend es sei, bei einer Schwangeren erst dann einzutreffen, wenn wieder einmal nur der Tod von Mutter oder Kind – oder sogar von beiden – festgestellt werden konnte.

In den meisten Fällen erkennt man hinter diesem Zuspätkommen freilich bestimmte Gründe, die mit dem Mißtrauen der Hebamme, der Gebärenden oder ihrer Familie gegenüber dem Arzt zusammenhingen. Alfonso Corradi, der Historiograph der italienischen Geburtshilfe, hat in einer Statistik von Kaiserschnitten gezeigt, daß der Chirurg meistens erst 24 Stunden nach dem Einsetzen der Wehen gerufen wurde (in 31% der Fälle); nicht selten vergingen sogar zwei Tage (in weiteren 24% der Fälle).[18] Die Hebammen machten den Ärzten also nur widerstrebend Platz; sie mißtrauten deren Technik und Instrumenten, und dementsprechend gespannt war das Verhältnis zur ärztlichen Zunft. Einen Arzt zu Hilfe zu rufen galt gewissermaßen als Offenbarungseid, als Fehlschlag der Hebammenkunst. „Sie weiß sich nicht zu helfen, sie ruft immer den Arzt!" – so reagierten noch Anfang dieses Jahrhunderts die Bauern auf den Vorschlag der Hebamme, einen ärztlichen Geburtshelfer hinzuzuziehen.[19] Da die schnelle Anwendung von ärztlichen Maßnahmen ein wesentlicher Faktor ihres Erfolges war, kritisierten die Berichte der Ärzte sehr oft das Verhalten der Hebammen und machten sie für Fehlschläge bei den Geburtsoperationen verantwortlich.

## Der Priester

Die dritte Figur, die dem Geschehen in Malamocco beiwohnte, war der Pfarrer. Normalerweise kam er zusammen mit dem Chirurgen, denn bei Geburtskomplikationen alarmierten die Hebammen beide: den Arzt in der Hoffnung, Leben zu retten; den Priester aus Todesangst. Der eine war also für die physische Gesundheit, der andere für die Nottaufe bzw. für die letzte Ölung zuständig. Bevor der chirurgische Geburtshelfer eine riskante Operation unternahm, wurde der Gebärenden der „letzte Beistand der Religion" gespendet – so entsprach es der Tradition, so wollten es die Lehrbücher für Geburtshilfe und die Ordnungen der Gebärspitäler. Auch theologische Handbücher und volkskundliche Quellen bestätigen die Anwesenheit des Priesters. Erstere erwähnen oftmals den Beistand des Pfarrers am Sterbebett von Gebärenden, letztere hingegen betonen, daß diese Anwesenheit nicht zufällig war, sondern sich aus einem Vertrauensverhältnis und vorheriger Bekanntschaft ergab. Ein venetianisches Sprichwort aus dem 19. Jahrhundert rät zum Beispiel, Schwangere den Beichtvater, die Hebamme und den Arzt selbst auswählen zu lassen: „Priester, Arzt oder Hebamme – wer kommt, entscheidet sie allein."[20]

Auch die Kirchenbücher zeigen, daß die Anwesenheit des Priesters bei schwierigen Geburten üblich war, denn oft werden Nottaufen erwähnt, die der Priester während der Geburt im Haus der Gebärenden vornahm. Meine Auswertung der Taufregister einer venetianischen Pfarrei für die Jahre 1786 und 1810 ergab, daß er in 15 bis 20% aller Fälle anwesend war. 1786 zählte man unter 109 Taufen 22 Nottaufen, von denen eine einzige durch die Hebamme, alle anderen durch den Priester vorgenommen wurden; in 14 Fällen gab es einige Tage später noch eine weitere Feier im Beisein der Paten; diese Kinder hatten also überlebt. 1810 zählte man unter 100 Taufen 17 Nottaufen, von denen 15 der Priester, nur 2 die Hebamme erteilte.[21]

Doch die Rolle des Priesters bei der Geburt beschränkte sich nicht auf religiöse Aspekte. Vielmehr sahen die Gesetze auch vor, daß er eine soziale Kontrolle ausübte: Er war gewissermaßen der Kontrolleur der Hebamme und vor den staatlichen Behörden für sie verantwortlich. Die Ärzte übernahmen diese Rolle erst viel später. Neben seiner Verantwortung für die religiöse und moralische Ausbildung der Hebammen oblag dem Pfarrer auch die Überwachung aller Geburtshelferinnen, die in seiner Pfarrei niedergelassen waren. Eine ganze Reihe staatlicher Gesetze aus dem 17. und 18. Jahrhundert verpflichtete ihn, die Arbeit der Hebammen zu kontrollieren und illegale Geburtshelferinnen anzuzeigen.[22] Nach dem Fall der Republik von Venedig (1797) hatte die österreichische Regierung diese Rolle noch ausgebaut. Um sich an der Hebammenschule einzuschreiben, war zum Beispiel ein priesterliches Zeugnis nötig, das den guten Lebenswandel und die einwandfreie Moral der Kandidatin bestätigte. Das Verzeichnis der geprüften Hebammen wurde schließlich dem Pfarrer ausgehändigt. Die Hebamme mußte zur Taufe der von ihr ins Leben gebrachten Kinder erscheinen; ihr Name wurde ins Taufregister eingetragen.[23] Außerdem hatte der Pfarrer einige Aufgaben eines Staatsbeamten: Er mußte Buch führen über die Neugeborenen, auch über die Totgeborenen, und die Liste den Behörden aushändigen. Er hatte aufgrund dieser Funktion also die Möglichkeit, Nachforschungen über die Familienverhältnisse anzustellen; denn nach einem Gesetz von 1816 war die Hebamme verpflichtet, dem Pfarrer über die Identität des Kindsvaters Auskunft zu erteilen.

Die Frage der unehelichen Kinder interessierte nicht bloß das geistliche Regiment der Kirche: Der Pfarrer war auch Mittelsmann für die Geburtsspitäler, die in verschiedenen italienischen Städten im späten 18. und im frühen 19. Jahrhundert gegründet worden waren. Ledige schwangere Frauen, die hier aufgenommen werden wollten, mußten ein anonymes Zeugnis ihres Pfarrers vorzeigen, das den „unehelichen" Charakter der Schwangerschaft und ihre Armut bestätigte.[24] Dieses Papier, sowie eine vom Chirurgen ausgefertigte Schwangerschaftsbescheinigung waren in den meisten italienischen Staaten die einzigen Dokumente, die man von ledigen Frauen verlangte; denn diese hatten ein Anrecht auf Anonymität. Auch bezeugen die Quellen, daß es auf dem Lande vor allem die Pfarrer waren, die den Transport illegitimer Kinder ins Findelhaus organisierten.

Sowohl der chirurgische Geburtshelfer als auch der Priester waren für die Hebamme also Autoritätspersonen aus einer höheren sozialen Schicht, die eine Kontrolle ausübten. Ihre Anwesenheit am Bett der Gebärenden diente verschiedenen Funktionen: einerseits moralischen und spirituellen, andererseits medizinischen Aufgaben. Nur in der Theorie freilich waren beide Funktionen eindeutig voneinander zu unterscheiden; in der Praxis überschnitten sich die beiden Felder. Die Kunst der Geburtshilfe war auch Gegenstand eines theologischen Diskurses, der insbesondere die moralische Legitimität der verschiedenen Operationen und Experimente betraf. Viele moraltheologische Traktate der damaligen Epoche wirken wie Handbücher der Geburtshilfe; ihre Detailkenntnisse in einschlägigen Fragen sind erstaunlich. Einige Operationen wie die Embryotomie wurden durch die meisten Theologen ausdrücklich untersagt, während andere – etwa der Kaiserschnitt an einer lebendigen Frau – seither als erlaubt galten.[25] Die Urteile des Priesters konnten also mit den Entscheidungen des Chirurgen in Konflikt geraten – wie ja gerade unser Beispiel gezeigt hat.

Der Pfarrer von Malamocco – wir hatten es bereits gesagt – war erst eingetroffen, als Mutter und Kind bereits tot waren. Seine erste Reaktion war es gewesen, Doktor Fiori vertraulich zu raten, einen Kaiserschnitt vorzunehmen. Es ging ihm dabei nicht bloß um die physische Gesundheit des Kindes, sondern mehr noch um sein Seelenheil. Die Gültigkeit der Taufe, die einem noch im Uterus befindlichen Kind gespendet wurde, war nicht unbestritten; vielmehr war diese Frage unter den Theologen des 18. Jahrhunderts Gegenstand einer äußerst kontroversen Diskussion gewesen. Der Kaiserschnitt an der toten Frau erschien als besonders sichere Strategie, um das ewige

Heil des Kindes zu garantieren. Dafür traten in einer großangelegten Kampagne Mitte des 18. Jahrhunderts vor allem Jansenisten und Rigoristen ein. In Italien war der Abt Francesco Emanuele Cangiamila die treibende Kraft dieser Bewegung; sein Buch über den Kaiserschnitt, die ‚Embriologia Sacra‘, war durch Papst Benedikt XIV. ausdrücklich gebilligt worden und wurde in zahlreiche europäische Sprachen übersetzt.[26] Mehrere Bischöfe und Regierungen erließen Gesetze und Edikte, welche den Kaiserschnitt vorschrieben. Im Gebiet von Venedig erlaubte bereits seit 1630 ein Zivilgesetz, „diejenigen Frauen, die während der Schwangerschaft sterben, zu öffnen". 1760 wurde diese Vorschrift von der Gesundheitsbehörde (den ‚Provveditori alla sanità’) erneuert und in einen umfangreichen Plan zur Gesundheitsreform einbezogen.

Weil Doktor Fiori ebenso wie die Hebamme der Überzeugung war, daß das Kind ‚klinisch tot‘ sei, weigerte er sich, an der toten Frau eine solche Operation vorzunehmen. Doch auch die öffentliche Meinung, also der Widerstand der Bevölkerung gegen den Kaiserschnitt, spielte hier eine Rolle. „Die absolute Überzeugung, daß der Fötus tot war", so sagte Fiori, „bewog mich dazu, keinen Kaiserschnitt an der Leiche vorzunehmen. Und dies umso mehr, als ich sicher bin, daß die Bevölkerung von Malamocco diese Idee ablehnt." Wie andere Chirurgen dieser Zeit weigerte er sich also, den Primat des Priesters anzuerkennen und zu einem anderen als dem medizinischen Zweck tätig zu werden, auch wenn er sich dadurch dem Risiko einer öffentlichen Untersuchung aussetzte. Leider kennen wir den Ausgang dieser Geschichte nicht; so wissen wir nicht, ob die staatliche Gesundheitskommission dem Rat des Provinzialarztes folgte und Doktor Fiori verurteilte. Wir besitzen nur den Untersuchungsbericht; alle weiteren Quellen fehlen.

Unsere Geschichte führt die Besonderheit der italienischen Situation vor Augen: die wichtige Rolle des Priesters auf dem Schauplatz der Geburt. Seine Autorität gegenüber der Hebamme und seine Kontrollfunktion waren eine Quelle starker Spannungen, zumal er diese Rolle mit dem Arzt teilte und doch auch ihm gegenüber ein Aufsichtsrecht beanspruchte. Im Verlauf des Säkularisierungsprozesses, in dem die Ärzte sich der kirchlichen Kontrolle allmählich zu entziehen suchten, gewann dieser Konflikt im 19. Jahrhundert an Schärfe, ja es kam bisweilen – wie in unserem Fall – zu einem offenen Streit, in den schließlich alle einbezogen waren: die Nachbarn, die Gemeinde und die staatlichen Behörden.

*Übersetzung: Matthias Grässlin*
*in Zusammenarbeit mit Jürgen Schlumbohm*

*Claudia Töngi*

# Im Wissen fremd: Zur Lebensgeschichte einer Schweizer Landhebamme im 20. Jahrhundert[1]

Ich stelle meinen Überlegungen, in welchen es einerseits um geburtshilfliches Wissen, anderseits um unterschiedliche Dimensionen von Fremdheit gehen wird, als Leitmotiv die Aussage einer 76jährigen Frau voran. Anna Zberg, so will ich sie hier nennen,[2] sagt über sich als Schülerin während des klinischen Unterrichts in der Ausbildung zur Hebamme: „Ich hätte nichts sagen können, wovon es geheißen hätte, ja, das stimmt..." Das Zitat ist einem Gespräch entnommen, das ich 1991 mit Frau Zberg geführt habe. Als ich Anna Zberg kennenlernte und mit ihr mehrere längere Interviews führte, blickte sie auf eine rund vierzigjährige Berufstätigkeit als Gemeindehebamme zurück, war aber schon einige Jahre nicht mehr aktiv im Beruf. Außer mit Anna Zberg führte ich noch mit zwei weiteren Hebammen – Barbara Zgraggen und Clara Zeller – mehrere Oral History-Interviews durch.[3] Eine vierte Gesprächspartnerin, Katharina Gnos, war eine langjährige „Kundin", wie ihre Hebamme Frau Zgraggen sich ausdrückt: Sie lebte und arbeitete als Bäuerin in Silenen und war Mutter von 13 Kindern, die sie fast alle zu Hause unter Mithilfe der Hebamme geboren hatte.[4] Alle drei Hebammen hatten um 1940 aus unterschiedlichen Motiven in Basel die Hebammenschule besucht. Die Ausbildung bestand in einem einjährigen Kurs, der am damals als sehr modern geltenden Frauenspital angeboten wurde.[5] Die folgenden Überlegungen wurden vor allem angeregt von den Interviews mit Anna Zberg; Passagen aus anderen Interviews werden zur Kontrastierung oder Differenzierung ihrer Aussagen einbezogen.

Zur Person von Anna Zberg: 1915 geboren, wuchs sie zusammen mit ihren 15 Geschwistern in einem kleinbäuerlichen

Haushalt im Maderanertal auf. Der Vater arbeitete als Bergbauer und teilweise als Senn auf der Alp oder im Winter für die Gemeinde im Holzschlag. Die Mutter war seit 1919 als Dorfhebamme im Tal tätig. Anna Zberg sagt, sie habe nicht vorgehabt, ebenfalls Hebamme zu werden. Vielmehr habe sie nach der fünfjährigen Primarschule zunächst zu Hause den Haushalt besorgt und nach den jüngeren Geschwistern geschaut. Später diente sie saisonweise als Magd in Hotels und Gasthäusern. Der Entschluß, Hebamme zu werden, sei erst gekommen, als ihre Mutter unerwartet 1939 bei einem Verkehrsunfall ums Leben gekommen war und ihr besonders ihre Tanten zugeredet hätten, die mütterliche Nachfolge anzutreten, damit das Amt in der Familie bleibe.[6]

Anna Zberg war 24jährig, noch unverheiratet und kinderlos, als sie im Frühjahr 1940 in die Hebammenschule eintrat. Obwohl bereits ihre Mutter Dorfhebamme gewesen war, besaß sie keine pflegerische oder geburtshilfliche Vorbildung im Sinne einer schulmedizinischen Vorbereitung. Die Mutter hatte sie offenbar nicht zu ihren Geburten und Wochenbettbesuchen mitgenommen. Anna Zbergs Wissen über die Berufstätigkeit der Mutter bleibt in ihren Äußerungen, was den eigentlich geburtshilflichen oder medizinischen Aspekt angeht, schwer faßbar: Die Mutter hat anscheinend zu Hause wenn überhaupt, dann eher von der oft drückenden Armut der bergbäuerlichen Familien erzählt. Damit soll aber nicht gesagt werden, daß Frau Zberg ihre Ausbildung als Geburtshelferin voraussetzungslos antrat. Vielmehr verfügte sie – wie die anderen Frauen und Männer im Dorf – über ein ihrem sozialen Ort, d.h. ihrem Alter und Geschlecht, ihrem Status als unverheirateter Frau und älterer Schwester etc., entsprechendes Wissen über die weiblichen Körpervorgänge. Sie wußte Bescheid über Menstruation, Schwangerschaft und Geburt, über den Stellenwert der Geburt eines neuen Familienmitgliedes. Sie hatte erlebt, was es hieß, in den engen Wohn- und Arbeitsverhältnissen das Monatsblut vor den andern Familienmitgliedern zu verbergen; sie erinnerte sich, wie die Hebamme zu ihrer eigenen Mutter ins Haus gekommen war und wie die Alten darum ein Geheimnis gemacht und die Kinder ferngehalten hatten, bis sie am andern Tag ihr neues Geschwister gezeigt bekamen.[7] Vielleicht hatte sie als junge Frau dann auch einmal einer Nachbarin oder Tante, die im Kindbett lag, den Haushalt gemacht und geholfen, das Neugeborene zu versorgen.

## Sprache – Bildung – Macht

Wenn ich im folgenden der Frage nach dem Verhältnis der Hebammen zum geburtshilflichen Wissen ihrer Ausbildung nachgehe, so wird es nicht darum gehen, die Lerninhalte einer Hebammenausbildung in der Schweiz in den 1940er Jahren ausführlich darzustellen. Dafür wären Lehrpläne von Ausbildungsgängen, das Schweizerische Hebammenlehrbuch von 1920,[8] Akten des Berufsverbandes oder Hebammenverordnungen weit informativer. Es soll auch nicht darum gehen, ein umfassendes Bild der beruflichen Tätigkeit einer Hebamme in einer Berggemeinde zu vermitteln.[9] Vielmehr möchte ich anhand weniger Ausschnitte aus dem umfangreichen Interviewmaterial zu zeigen versuchen, wie man mündliche Quellen – die häufig eben gerade nicht die faktenorientierte Präzision vieler Schriftquellen haben – für die Gesundheitsforschung und die Körpergeschichte nutzen kann, mit welchen *Lektüretechniken* sich also vielschichtige Bedeutungsdimensionen in mündlichen Quellen erschließen lassen. Dies bedingt ein anderes Erkenntnisinteresse und andere Fragestellungen, als der oben kurz skizzierte institutionengeschichtliche Ansatz sie stellt. Ich interessiere mich im folgenden weniger für einzelne Wissensinhalte als für die sozialen Komponenten von Wissen, das heißt: für die spezifische Art und Weise, wie Wissen soziale Beziehungen und auch individuelle Selbstdeutungen mitstrukturiert.

Insofern Wissen von einzelnen Handelnden in konkreten gesellschaftlichen Situationen reproduziert werden muß, frage ich zunächst nach der *symbolischen Wertbesetzung* unterschiedlicher Wissensformen. Daran schließt sich die Frage nach dem Stellenwert von Wissen zur Stiftung beruflicher Identität und Autorität an. In den Oral History–Interviews wird dieser soziale Aspekt von Wissen und Bildung vor allem innerhalb der Dimension der *subjektiven Erfahrung* einer einzelnen Wissensträgerin greifbar. Oder noch genauer gesagt: in der Form, in welcher sie ihr Verhältnis zu diesem Wissen mir gegenüber, die ich ja auch, und in besonderer Weise, als Wissensträgerin auftrete, darstellt und mitteilt. Mein Erkenntnisinteresse richtet sich also darauf, die subjektive Sicht einer einzelnen auf ihre Ausbildungszeit und die Art, wie ihr dort berufliches Wissen vermittelt wurde, zu rekonstruieren. Ich will wissen, wie Frau Zberg und ihre Kolleginnen den Stellenwert dieser Berufsausbildung, die ja in ihrem Lebensplan zumindest teilweise nicht vorgesehen war, beurteilen und mir gegenüber darstellen. Haben die Ausbildung und der Wissenszuwachs ihr Selbstbewußtsein gestärkt, ihnen soziales Ansehen im Dorf verliehen? Mein Eindruck ist, daß dieses Verhältnis ausgesprochen ambivalent ist, und ich möchte in einer quellennahen Deutung besonders des Interviewmaterials von Anna Zberg zu zeigen versuchen, worin diese Ambivalenz besteht und wie Frau Zberg versucht, sie aufzulösen.

In dem Eingangszitat wurde bereits deutlich, daß in Frau Zbergs Verhältnis zur Schulmedizin ein Konflikt um Bildung eingelagert ist, den sie als die Ohnmacht beschreibt, im Kontext von Klinik und Ausbildung sich nicht adäquat äußern zu können: „Ich hätte nichts sagen können, wovon es geheißen hätte, ja, das stimmt ..." Frau Zberg weist die Wissensthematik in erster Linie als eine *Sprachthematik* aus. Klinisches im Sinne von wissenschaftlichem Wissen erscheint zunächst als sprachlich vermitteltes Wissen. Aus diesem Grunde, und weil mich hier der subjektive Umgang mit Wissen mehr interessiert als konkrete Wissensinhalte, wird mein erster methodischer Einstieg in einer Untersuchung der Redeweisen der Hebammen liegen: Es wird zu fragen sein, inwieweit medizinisches Vokabular als Verständigungsmittel und Deutungsmuster für Frau Zberg und die anderen Hebammen Gültigkeit erlangt hat. Ergänzend werde ich einzelne, als Szenen gestaltete Erzähleinheiten aus Frau Zbergs Lebensgeschichte hinzuziehen, in welchen die Erzählerin in besonders verdichteter Weise bestimmte konflikthafte Situationen schildert und inszeniert.

Eine solche – gleich zu zitierende – Passage beschreibt die Situation der Wissensvermittlung innerhalb einer hierarchischen Unterrichtsbeziehung. Wir werden sehen, wie die Wissensthematik dort als eine *Machtthematik* zum Ausdruck kommt. Für Anna Zberg wird diese Verbindung von Wissen und Macht konkret erfahrbar und mitteilbar in jenem Sprachverlust, der ihr widerfuhr, sobald sie im Unterricht „etwas hätte sagen sollen". Diesem Sprachverlust, korrespondiert in Frau Zbergs Geschichte eine spezifische *Fremdheitserfahrung*. Motivisch überwiegen Bilder von Fremdheit und Befremdung, wenn Frau Zberg von ihrer Zeit in Basel spricht. Diese Fremdheit ist allerdings mehr als bloß ein weiterer Aspekt, der mit ihrem ‚Auswärtsaufenthalt' verbunden war. Ihre zunächst kulturell bedingte ‚Fremdheit' wird zu einem Bild, das sich auf eine Vielfalt von sozialen Erfahrungen beziehen läßt. Sie wird zu einem *symbolischen Code*, einem Regelsystem also, das die Beschreibung von Welt nach einem bestimmten Muster strukturiert, die Dinge mit Bedeutung und mit sozialen Wertungen versieht.[10] Als Code wird die Fremdheitsthematik zu einer vielseitig verwendbaren Sprache, die die Dinge in spezifischer Weise in den Blick rückt und auswählt, worüber und wie gesprochen wird. Als Code übernimmt die Kategorie der Fremdheit Funktionen der Darstellung und der Wahrnehmung von Welt, von sozialen Beziehungen und subjektiven Erfahrungen, und macht für die Historikerin lesbar, wie diese mit einem spezifischen Sinn versehen sind.[11] Die Kategorie der Fremdheit dient also sowohl der eigenen Selbstverständigung über früher Erlebtes wie auch als Ordnungsmuster für Mitteilungen innerhalb der Interviewsituation mit mir.

# Fremdheiten

Fremdsein bzw. Fremdheit könnte charakterisiert werden als eine bestimmte Art und Weise des Umgangs mit Distanz, nämlich als eine dreifache Verneinung:[12] Erstens als Verneinung der *Zugehörigkeit*. Jemandem fremd zu sein, bedeutet dann, ihm nicht zu gehören, nicht sein Besitz zu sein oder nicht Mitglied seiner Gruppe zu sein. Diese erste Verneinung spricht die soziologische Begriffsdimension an; zweitens als Verneinung eines *Wissens*. Fremdheit bezeichnet dann ein Nicht-Wissen: die eigene Unkenntnis oder die Unbekanntheit einer Person oder eines Gegenstandes. Man könnte dies die kognitive Dimension des Begriffs nennen; drittens meint Fremdheit auch die Verneinung von *Vertrautheit*: ich fühle mich nicht wohl, nicht akzeptiert in einer Gruppe oder an einem Ort, womit die emotionale oder psychologische Dimension von Fremdheit angesprochen ist. Die drei genannten Dimensionen überkreuzen sich in den meisten Situationen, und besonders die letzte, die emotionale Konnotation des Begriffs, geht in der Regel mit den anderen einher. Wenn ich mich vor allem für die subjektive Erfahrung einer Hebamme interessiere und diese gleichzeitig als eine Erfahrung der Fremdheit charakterisiere, so wird nun deutlich, daß mein Hauptaugenmerk auf dem dritten, dem emotionalen Aspekt von Fremdheit liegt.

Ich sprach oben von einem ‚Code der Fremdheit‘. Unter diesem Aspekt, worunter ich die Form der sprachlich-kulturellen Inszenierung von Erfahrung im Rahmen der lebensgeschichtlichen Erzählung verstehe, ist nun die folgende Episode aufschlußreich, welche die Erzählerin Anna Zberg leitmotivisch ganz an den Anfang ihres Berichts über ihre einjährige Ausbildungszeit stellt.

„Und dann hatte ich immer Zahnweh. Wißt Ihr, ich hatte eben auch nicht mehr gute Zähne. Und dann hat es geheißen, eben, ich müsse die Zähne ziehen lassen. Die Kolleginnen sind ja dann immer mit mir gekommen, wenn etwas war. Haben sie jeweils gesagt, ich komme dann schon mit dir, und so. Ja, ich hätte doch, … ja könnt denken, ich wäre dann [lacht] … böse dran gewesen in dieser Stadt! Und ... hat es dann geheißen: ja, die müssen alle raus, da sei alles voller Eiter, oder ja, ich habe schlechte Zähne."

Anna Zberg war noch nicht lange in Basel, als sie sich alle Zähne ziehen und ein künstliches Gebiß anpassen lassen mußte. Dieses extreme Bild körperlicher Verletzlichkeit wird in dem Gesprächsausschnitt noch unterstrichen, indem eine Reihe von Topoi kultureller Distanz in die Erzählung einfließen: zunächst die mit der Zahnlosigkeit assoziierte Armut der bergbäuerlichen Bevölkerung, dann der Gegensatz von Stadt und Land und damit verbunden Anna Zbergs Orientierungslosigkeit und ihr Angewiesensein auf die Hilfe der Kolleginnen, denn der Gang zur Zahnpoliklinik ist auch ein Gang in die ihr fremde Stadt. Die körperliche Verletzlichkeit scheint ihre Erfahrung von *sozialer Verletzlichkeit* und Fremdheit zum Ausdruck zu bringen, der Verlust der Zähne metaphorisch ihre Sprachlosigkeit vorwegzunehmen. Ich lese die geschilderte Szene, welche Frau Zberg an den Anfang ihrer Erinnerung über das Ausbildungsjahr in der Frauenklinik stellt, als ein thematisch verdichtetes Bild ihrer subjektiven Erfahrungen. Es wird zu einem Wahrnehmungs- und Deutungsmuster für eine ganze Reihe sozialer Beziehungen: für ihre Situation als Schülerin, ihr Verhältnis zu Autoritäten und zu medizinisch-theoretischem Wissen, für ihre Identität als Frau männlichen Vorgesetzten gegenüber und wohl auch für ihre Befindlichkeit innerhalb unserer Interviewsituation, die ja eine primär sprachliche Angelegenheit ist.

## „... dann war ich dann nurmehr Handlanger"

Grundsätzlich fällt auf, daß sich Frau Zberg, wenn sie von ihrer Spitalzeit erzählt, seltener direkt an mich wendet, als wenn sie von Erlebnissen aus dem späteren Berufsleben berichtet. Schon rein formal-sprachlich und grammatikalisch scheint sie jene Zeit auf Distanz zu halten. Ist von Erlebnissen in der Klinik die Rede, so dominieren in ihren Sätzen Imperativ, Befehl und Order. Vor allem unpersönliche und indirekte Befehlsformen, wie sie in Passivkonstruktionen oder ‚man'-Verbindungen enthalten sind sowie Ausdrücke wie „da hat es geheissen ...", „da mußte man ..." sind charakteristisch für Frau Zbergs Erzählen. Am folgenden Beispiel wird dies sichtbar. Frau Zberg erzählt, daß zu ihren Aufgaben als Hebammenschülerin das Baden der zur Geburt ins Spital kommenden Frauen gehörte.

„Und wenn man sah, daß sie noch keine Wehen hatten, ... hat man sie ins Badezimmer genommen, und dann hats geheißen: ein Bad müsse da noch vorgenommen werden, ja. Dochdoch, wir mußten dann viele noch baden. Manchmal hatten sie die Nägel lackiert, und dann hats geheißen: es stimme etwas nicht. Wir hatten dann eine Oberhebamme, das war auch eine stramme Frau, – und die hat dann jeweils nur gesagt: so, da rüber! Da wußte man dann schon, – Oder sie hat dann manchmal nur noch gezeigt, ja."

Formulierungen wie: ‚ein Bad muß da noch vorgenommen werden' stammen aus dem Sprachregister eines Kommunikationstiles, wie er für hierarchische Ausbildungs– und Arbeitsverhältnisse typisch ist. Anna Zberg reinszeniert in ihrer Erzählung die Autoritätsstrukturen des Klinikbetriebes, und zwar in einer doppelten Weise. Zum einen ist sie selbst Teil der Klinikordnung: Bezeichnenderweise repräsentiert sie dies, wie aus dem Gesprächszusammenhang klar wird, gegenüber solchen Frauen, über deren zweifelhaften Lebenswandel so etwas wie unausgesprochene Einigkeit unter dem Personal zu bestehen scheint. Frauen, die sich die Nägel lackieren, oder solche, die bereits eine Zigarette rauchen wollen, noch bevor die Nachgeburt geboren ist, verkörpern so etwas wie ‚soziale Unsauberkeit', letztlich wohl auch die moralische Fremdheit der städtischen Umgebung, zu welcher auch das Spital wenigstens teilweise gehört. Zum anderen illustriert der Gesprächsausschnitt aber auch die Ambivalenz von Anna Zbergs Stellung als Schülerin. Denn sie repräsentiert nicht nur eine Institution gegenüber den Wöchnerinnen, ist also selber Teil derselben, sondern sie zitiert gleichzeitig einen Umgangston ihrer Vorgesetzten, der zugleich ihr selbst als potentieller Befehlsempfängerin galt: es sind die Weisungen einer Oberhebamme, die

„eine stramme Frau" war, oder eines Oberarztes, „der etwas dargestellt" habe, und vor dem sie sich jeweils gefürchtet habe. Auch Barbara Zgraggen thematisiert dieses soziale Gefälle, in welchem die Schülerinnen auf einer der untersten Stufen standen. In ihrem Bericht ist dieser Status der bloßen Befehlsempfängerin bildhaft ausgedrückt in der Institution der Spitalglocke, deren Läuten bei jeder Tages- und Nachtzeit zu erwarten war, und das bedeutete, daß sämtliche Schülerinnen sich unverzüglich im Gebärsaal einzufinden hatten.

Das ausgesprochen ambivalente Verhältnis zu Autoritäten, die als unnahbar und charismatisch gezeichnet werden, wird auch daran sichtbar, daß Frau Zberg wie auch die anderen von mir interviewten Hebammen immer wieder mit einem kritischen Unterton die autoritär-hierarchischen Befehlsstrukturen thematisieren, die ja auch ihr Verhältnis zu jenen Ärzten prägen sollten, mit welchen sie im späteren Berufsleben zusammenarbeiteten: „Hat es geheißen, so und so, und dann mußten wir das ausführen." Vor diesem Hintergrund erstaunt es kaum, daß die Hebammen trotz mehrmaligem Nachfragen meinerseits nur sehr selten ausführlich auf solche Fälle zu sprechen kamen, in denen sie sich entschlossen, selbständig in den Geburtsverlauf zu intervenieren, das heißt konkret, anstelle von Hausmitteln wie Knoblauchmilch, heißem Tee oder Kaffee ein wehenanregendes Medikament zu verabreichen, um die Geburt zu beschleunigen. Geschah dies dennoch, so blieb immer der Rechtfertigungsdruck hörbar, unter dem jedes eigenmächtige Handeln stand. Als Anna Zberg eines Nachts in einem zwei Wegstunden entfernten Hof ankam, hatte bereits die Geburt eines Mädchens stattgefunden. Bald stellte sie jedoch fest, daß es sich um zweieiige Zwillinge handeln mußte, die Geburt also noch nicht abgeschlossen war, obwohl die Frau keine Wehen mehr verspürte.

„Habe ich gesagt: ja, Doktor – was wollen wir machen? Doktor können wir keinen holen, der kann nicht mehr – einfach, wir können nicht warten – Und dann habe ich eben, Tymophysin, konnte man dann. Ja, hatten wir da dann schon. Hat es geheißen, vom Doktor aus, in Altdorf: also, wenn dann etwas, daß es nicht [vorwärts gehe], – dann könne ich eben Tymophysin –

das würde dann die Wehen wieder anregen – Ja, das hatten wir ja dann gelernt, oder ja – Und dann habe ich da Tymo gespritzt, und dann, hat es dann Wehen gegeben."

Häufig gleicht die Erzählweise der Hebammen bei solchen Episoden derjenigen, die sie verwenden, wenn sie eine Geburt im Spital oder das entschlossene Eingreifen des herbeigerufenen Arztes beschreiben. Unvollständige Sätze, das Verbum sowie Temporaladverbien wie ‚sofort', ‚grad' etc. als dominierende Wortarten sollen die Entschlossenheit und Raschheit, auch die Routiniertheit eines Handlungsablaufes unterstreichen. Sehr typisch hierfür ist Barbara Zgraggens Schilderung, wie der herbeigerufene Geburtshelfer eine festsitzende Nachgeburt löste: „Narkose gemacht, auch zu Hause. Ein wenig eingeschläfert, und dann, sie gleich geholt. – Die Nachgeburt geholt haben sie immer: steril, Handschuhe an, – und sie geholt. Von Hand, abgelöst".

Neben diesen sprachlichen Inszenierungen sozialer Hierarchien spiegelt sich das Verhältnis der Hebammen zur Schulmedizin auch in ihrem Wortschatz. Anders als zum Beispiel Barbara Zgraggen oder Clara Zeller, welche medizinische Fachausdrücke (z.B. „Uterus", „Plazenta" oder „Mekonium") vielleicht auch mir als Akademikerin gegenüber ausgiebiger verwendeten, scheint sich Frau Zberg die medizinische Fachsprache, die sie in der Ausbildung kennengelernt hatte, nur sehr bedingt angeeignet zu haben. Fachbegriffe sind in ihrem Erzählen reserviert für geburtshilfliche Ausnahmefälle oder sogenannte Komplikationen: ihre Verwendung impliziert in der Regel eine praxisrelevante Diagnose. Wörter wie „Wehenschwäche" oder „Nabelschnurvorfall", aber auch die Namen von Medikamenten („Chinin", „Tymophysin") markieren meist jene Momente in ihrer Berufstätigkeit, wenn sie sich als Hebamme entschloss, aktiv in den Geburtsverlauf einzugreifen, zum Beispiel ein Wehenmittel zu spritzen oder den Arzt zu rufen. Ich nenne solche Wörter ‚Etikettenwörter', denn es scheinen weniger konkrete Vorstellungen von bestimmten Körpervorgängen mit diesen Ausdrücken verbunden zu sein, als vielmehr die Funktion einer Selbstvergewisserung über die

Richtigkeit geburtshilflicher Entscheidungen. Der Fachausdruck gehört einer symbolischen Ordnung an, die sich umschreiben ließe mit ‚auf Wissenschaftlichkeit gegründeter Fachkompetenz‘; er legitimiert das für eine Hebamme immer ambivalente eigenmächtige Eingreifen in eine Geburt. Insofern das Erlernen von Handlungs– und Entscheidungsszenarien in der Ausbildung eng an solche Schlüsselwörter aus der Fachsprache gebunden war, erleichtern sie heute durch ihre Zeichenfunktion als mentales Orientierungsraster auch das rückblickende erzählerische Rekonstruieren von geburtshilflichen Fällen und dienen so als eine Art Erinnerungsstütze im Interview.

Medizinische Fachausdrücke und begrifflich vermitteltes Wissen scheinen Frau Zberg im Grunde fremd geblieben zu sein, jedenfalls bilden sie kein unproblematisches berufliches Identifikationsangebot.[13] Ausführlich erzählte mir Frau Zberg, wie ihre Mitschülerinnen ihr das im Unterricht Gesagte in allabendlichen Nachhilfestunden übersetzten und erklärten. Im folgenden Interviewausschnitt kommt Anna Zberg noch einmal auf ihre Schwierigkeiten zu sprechen, sich dieses Wissen anzueignen und vor allem, es wiederzugeben:

„Wenn ich nicht die andern gehabt hätte, die haben es mir dann hinterher wieder erklärt, dann – Wenn wir Stunden hatten oder Kurs hatten oder so, dann haben sie mich jeweils schon angeschaut und haben – eh, gesehen, daß etwas nicht stimmt – Aber in Gottes Namen, ich habe mich nicht, ich habe nichts vermocht – Habe mich manchmal geschämt, wenn die Lehrer gefragt haben: und, ist die Mutter nicht auch Hebamme gewesen? Und [dann hab ich] gesagt: ja. – Ich hätte nichts erzählen können, daß ich hätte sagen können, oder daß sie gesagt hätten: ja, das stimmt. Nein. Bin da manchmal gestanden – wir mußten ja viel stehen und zusehen, wenn etwas war, ab und zu war noch ein Kaiserschnitt, oder ja, und dann eben, hat es geheißen: steriiil, ja, wir mußten uns ja dann etwa 5 Minuten mußten wir uns jeweils mit Bürsten die Hände waschen, ja."

Frau Zbergs Geständnis ihrer Sprachlosigkeit mündet hier übergangslos in die Schilderung einer Situation, die sie als für den klinischen Unterricht charakteristisch darstellt, und auf die sie in unseren Gesprächen mehrmals Bezug nimmt: steril im Kreis stehen und zuschauen, wenn ein geburtshilflicher Eingriff vorgeführt wird. Das beschriebene Arrangement illustriert beinahe schon theatralisch die sozialen Hierarchien des Spitals, zunächst erneut als Sprechsituation. Die räumliche Halbkreisanordnung repräsentiert eine auf bloßes Zuhören und Zusehen festgelegte Passivität der Schülerinnen, in welcher, in extremer Form bei Frau Zberg, nicht einmal das Fragenstellen als mögliche Redeposition vorkam. Der Versprecher, bzw. das zweimalige Ansetzen in dem Satz „... daß *ich* hätte sagen können, oder daß *sie* gesagt hätten: ja, das stimmt" ist dazu aufschlußreich. Hier wird deutlich, daß der Konflikt nicht nur Anna Zbergs angstbesetztes Verhältnis zur beurteilenden Autorität ihrer Lehrer betrifft, sondern daß sie als junge Schülerin die fundamentale Verunsicherung der ins Schweigen Verwiesenen so weit internalisiert hatte, daß sie auch *sich selbst* gegenüber nicht zu beurteilen wagte, ob etwas stimmte oder nicht.

Die Spitalhierarchie – die sich später im Gebärzimmer zwischen Arzt und Hebamme fortsetzen wird – spiegelt sich nicht nur in der unterschiedlichen Beherrschung des Fachidioms, sondern auch an der von den Hebammen nur zu deutlich erfahrenen Kompetenzverteilung in der Anwendung bestimmter Instrumente. Relativ großen Raum nimmt denn auch in allen Hebammenberichten das Erlernen der Anwendung von Instrumenten ein, z. B. eines Stethoskops oder einer Spritze, und vor allem all jene Fertigkeiten, welche die Hebammen gerade nicht erlernten, und für welche sie später im Beruf jeweils einen Arzt rufen mußten: „Und wenn dann der Arzt da war, dann war ich dann nurmehr Handlanger", umschreibt Anna Zberg diese Situation.[14]

Ein weiteres oft angesprochenes Thema, das die Zeit der Ausbildung charakterisiert, ist die Hygiene im Spital. Eine ihrer Funktionen wurde bereits im Umgang mit bestimmten Wöchnerinnen angesprochen. In Form intensiver Waschprozeduren schrieb sie sich als klinische Ordnung auch den Schülerinnen in die Köpfe ein: Zweimal kommt Frau Zberg auf jene Kollegin zu sprechen, die aus dem Kurs austreten mußte, weil sich ihre Haut durch das häufige Waschen von den Händen abgelöst hatte. Nicht zuletzt prägt das Hygieneregime der Klinik die Erinnerung der Hebammen so stark, weil ausgiebige Putzarbeiten zu den Hauptaufgaben der Schülerinnen gehörten. In allen Gesprächen wird die Hygiene zur Kontrastfolie der Hausgeburts-Situation: Die Angst vor möglichen Infektionen und die Versuche der Hebammen, eine minimale Sauberkeit zu garantieren, sind zwar durchaus Ausdruck von tatsächlich oft sehr schwierigen Arbeitsbedingungen. Dennoch ist Sauberkeit ein ebenso hochgradig sozial differenzierender Code, der – indem er Ordnungen etabliert – Unterschiede definiert, Zugehörigkeiten und Nichtzugehörigkeit markiert.[15] Wenn die Hebammen so nachdrücklich auf dem Einhalten von Hygienenormen bei ihren Hausgeburten und im Wochenbett insistieren, so sagt dies zunächst und vor allem etwas über die Mächtigkeit des Hygienediskurses aus. Sauberkeit erscheint als der Inbegriff und gleichzeitig der Maßstab einer seriös ausgeübten Berufstätigkeit.[16] Die auf den verschiedenen Ebenen des zitierten Gesprächsausschnittes erkennbaren Machtdifferenzen – festgeschrieben ist, wer das Wort hat, wer Instrumente anwendet und wer Sauberkeit fordert – vergrößerten insbesondere, was letzteres anbelangt, die Kluft, die sich für Anna Zberg und ihre Kolleginnen auftat, sobald sie mit dem erlernten Wissen wieder zu Hause waren und als Hebammen unter grundlegend veränderten Bedingungen ihre Arbeit verrichten mußten.

## Fremdes Wissen – falsches Wissen?

Obwohl (oder vielleicht gerade weil?) die befragten Hebammen selbstverständlich auch ihre Heimgeburten im großen ganzen nach den Vorgaben einer Spitalgeburt leiteten, ergaben sich eine ganze Reihe von Friktionen zwischen dem, was sie als Selbstverständlichkeiten des Klinikalltags kennengelernt hatten und der Situation bei einer Hausgeburt. Während sie in ihrer Ausbildungszeit nie eine Geburt selbständig hatten leiten dürfen, waren sie nun auf sich alleine gestellt und übten einen Beruf aus, von dem im Reglement betont wurde, wie verantwortungsvoll er sei. Während im Spital ein Bewußtsein um mögliche Gefahren der Geburt (sog. „Komplikationen") kultiviert wurde und allgegenwärtig war, weshalb man bei schwachen Wehen „die Sache nicht lange herumzog", sondern es hieß: „So, da machen wir vorwärts", gehörten für die Berggemeindehebammen Wartenkönnen und Geduld zu den wichtigsten Fähigkeiten:

„Und zuerst, eine Zeitlang hat es geheißen: ja keine Spritzen machen, sonst [nehmen wir den Ärzten die Arbeit weg]. Sonst, im Spital, da haben sie dann manchmal Spritzen gemacht. Hat es geheißen: ja, da machen wir vorwärts, – man muß da nicht so lange, wir haben keine Zeit, oder ja, das ziehen wir da nicht so lange rum. Und wir zu Hause mußten dann halt, in Gottes Namen, warten."

Nicht selten kam es vor, daß sich Anna Zberg zu einer Gebärenden ins Bett legte, und die beiden Frauen noch ein paar Stunden zu schlafen versuchten, bis die erlahmten Wehen wieder einsetzten. Das Verhältnis zu Geburt, Leben und Tod war kaum in Kategorien von Risiko gefaßt, sondern eine Frage der Sorgfalt bei den notwendigen Verrichtungen, von Vertrauen zwischen Hebamme und Gebärender, und des richtigen Glaubens.[17]

Die Erzählungen der Hebammen machen darauf aufmerksam, wie stark die Hebammenausbildung jener Zeit bereits auf die Bedürfnisse der Institution Klinik zugeschnitten war. Für einen Großteil der Schulabgängerinnen, nämlich all jene, die in ländlichen Gebieten praktizieren würden und nur eine minimale Schulbildung genossen hatten, dürfte sie zu wenig anforderungsbezogen gewesen sein. In vielerlei Hinsicht bereitete sie nicht auf die spitalexterne Berufstätigkeit vor. Dies begann mit dem bei einer Hausgeburt erforderlichen Einfallsreichtum, um fehlende Medikamente, Instrumente, Hygienebedingungen zu kompensieren, und setzte sich fort in der fehlenden Ausbildung im Spritzen, Dammschneiden oder Nähen von Dammrissen.

Vor dem Hintergrund des Hygienediskurses und der mit tausenderlei Gerätschaften ausgestatteten Klinik konnte die Hausgeburt auch vor 50 Jahren im Grunde nur als defizitär und rückständig erscheinen. Daraus abzuleiten, daß die Hebammen selber Hausgeburten für schlechter oder gar zu riskant, im Grunde also für verantwortungslos hielten, hieße jedoch, der Macht eben dieses Diskurses aufzusitzen. Vielmehr paart sich mit den Schilderungen der Spitalzeit eine mehr oder weniger deutliche Kritik und der Hinweis auf *Defizite der Ausbildung*: „und später wären sie dann froh gewesen, wir hätten mehr gekonnt und gewußt!" Die spezifischen Widersprüche zwischen Spital- und Berufssituation scheinen bei den Hebammen Defiziterfahrungen und Verunsicherungen hervorgerufen zu haben, die individuell verarbeitet und aufgelöst werden mußten. Weder eine völlige Identifikation mit dem erlernten Wissen – d.h. eine ungebrochene Aneignung des Fremden – noch eine tendenziell ablehnende Haltung gegenüber der Hausgeburt wäre der spezifischen Berufssituation in der Berggemeinde angemessen gewesen. Vielmehr mußten sich die Hebammen, um ihren Beruf unter so grundverschiedenen Bedingungen ausüben zu können, bis zu einem gewissen Grad von der Spitalkultur ihrer Ausbildungszeit distanzieren. Dies explizit zu tun, widersprach allerdings sowohl ihrer Erziehung als Frauen als auch dem kulturellen Unterlegenheitsgefühl einer akademischen Institution gegenüber, in welcher sich ja in spezifischer, alltäglich vorgelebter Weise, Wissen mit Macht koppelte.

Insbesondere die Lebensgeschichte von Frau Zberg zeigt, wie die Widersprüche zur Hausgeburt weder durch Ablehnung der Hausgeburt noch durch explizite Kritik an der ungenügenden Ausbildung oder gar der Schulmedizin aufgelöst werden. Letzteres hätte in etwa der Position des politischen Berufsverbandes bzw. der Medizinkritik der 70er Jahre entsprochen. Vielmehr scheint in Frau Zbergs Geschichte die Spitalwelt, das dort vermittelte Wissen, überhaupt ihr Aufenthalt in der Stadt, in subtiler Weise in einen Code der Fremdheit gefaßt zu sein. Dieser Code ermöglicht es ihr, ihre kulturelle Distanz als Parabel für ihre Befindlichkeit als junge Frau ihren Vorgesetzten gegenüber und dem von ihnen vertretenen Wissen zu verwenden. Was zunächst eine Fremdheit des Wissens – ein Bildungskonflikt – ist, verortet in einer Situation, mit der sie sich kulturell in mehrfacher Hinsicht nicht vertraut fühlt, und die sich ihr als körperliche und emotionale Demütigungserfahrung einschreibt (vgl. die Geschichte über das Zähneziehen sowie die offensichtlich identifikatorische Erwähnung jener Kollegin, deren Hände die scharfen Desinfektionsmittel nicht ertrugen), kann im Rahmen dieses Fremdheitscodes auch als eine nur teilweise Zugehörigkeit und Identifikation mit dem Medizinbetrieb angesprochen werden. Und dies, ohne daß sich die Erzählerin ausdrücklich und ausschließlich von etwas distanzieren müßte, das ja doch Voraussetzung ihrer Berufstätigkeit gewesen war. Fremdheit ist für Frau Zberg im übrigen ein kulturell vertrautes Deutungs- und Darstellungsmuster für solche Abgrenzungsbewegungen. Sie bringt es ins Spiel, beispielsweise, wenn sie exotische Momente ihrer Spitalzeit geradezu topisch inszeniert, etwa, wenn sie die Klientel des Stadtspitals beschreibt: Frauen, die sich die Fingernägel lackierten, solche, die noch bevor die Plazenta geboren war, eine Zigarette hatten rauchen wollen.

Fremdheitserfahrungen werden aber auch mitthematisiert, wenn die Rede ist vom Hygieneregime der Klinik, den Geräten, die sie nicht zu bedienen lernte, dem passiven „steril Stehen", ebenso wie in der Tatsache, daß Frau Zberg zwar keine Mühe hatte, einen guten Dammschutz zu machen, aber eine ‚Übersetzung' für die ihr dort präsentierte Sprache benötigte. Dieses Bildungsdefizit war für Anna Zberg mit einem Gefühl persönlicher Demütigung verbunden: Fremd zu sein heißt in diesem Kontext zunächst, verletzlich zu sein. Im rückblickenden Erzählen übernimmt es in der Figur der Distanznahme aber auch eine Art Schutzfunktion innerhalb widersprüchlicher beruflicher Identifikationsangebote.

*Barbara Duden*

# Die Ungeborenen.
## Vom Untergang der Geburt im späten 20. Jahrhundert

Bei Gesprächen mit älteren Hebammen traf ich auf einen eigenartigen Widerspruch: Auch erfahrene Hebammen, gewiegte Praktikerinnen in Hausgeburten bis in die 1970er Jahre, sagen, daß ihre Zeit vorbei ist: „Hausgeburt heute? Glaube ich nicht, weil einfach die Zeit nicht mehr da ist, vielleicht auch, weil die Leute anders sind. ... für sie ist Schwangerschaft nichts Normales mehr, die sitzen ja dauernd bei den Ärzten und lassen alles prüfen. Die Einstellung der Leute ist anders geworden ...“[1] So spricht eine Hebamme, die noch länger in der Nachkriegszeit in der Gegend von Münster gearbeitet hat. Aber auch eine weit jüngere, erfahrene Klinikhebamme urteilt: „Hausgeburt? Ich glaube nein. Niemand traut sich das mehr zu ... Wissen Sie, die Frauen können ohne ärztliche Anleitung nicht mehr gebären ...“ Diese Einschätzung will ich zum Ausgangspunkt nehmen, um die Frage aufzuwerfen, ob und wie mit der gründlichen Medikalisierung, Hospitalisierung und Technisierung der Geburt in der zweiten Hälfte des 20. Jahrhunderts das, was Geburt war, beseitigt wurde, und zwar so gründlich, daß das historische Wesen der ‚Geburt‘ aus der kollektiven Erinnerung verschwunden ist.

Eine derartige Umgestaltung des Bewußtseins von Frauen fordert eine Erklärung, und die ist m.E. in dem Aufkommen eines neuen Mythos zu suchen. Denn was heute als ‚Geburt‘ bezeichnet wird, ist unvergleichbar mit dem, was in der Vergangenheit – und das heißt in Resten bis in die Nachkriegszeit hinein – so hieß: dem Kommen eines Kindes im Zusammenwirken von Frauen. Heute ist Geburt ein physiologischer Vorgang, der wegen seines vielfachen und hohen Risikos im Rahmen von medizinischen Prozeduren vor sich gehen muß. Jede dieser Prozeduren soll eine spezifische Form des Risikos mindern. Ich will die These vertreten, daß der Einsatz jeder Prozedur unweigerlich auch als ein ,mythopoietisches' Ritual, also als ein überzeugungschaffender Vorgang verstanden werden muß. Und weiterhin, daß diese Prozeduren zusammen eine ,Liturgie' ausmachen, durch welche die Entbindung nur mehr als Interaktion des Frauenkörpers mit der technisch gerüsteten Institution gedeutet wird. Der Begriff, das Erlebnis und die Deutung dessen, was ,Geburt' war und nicht mehr sein kann, ist mein Thema; und die neuere Forschung zu den Bräuchen, Praktiken und Mythen, die sie umgeben, erlaubt mir Vermutungen über die Historizität der Sache selbst.

Auch die Historikerin tut sich schwer, diese Neubestimmung eines so ursprünglichen Geschehens zu fassen, und das gilt um so mehr für die Frau, die heute schwanger wird und die in der Schwangerenvorsorge mit ihrem ,Risiko-Status' vertraut gemacht wird. So weit geht dieser Bedeutungsverlust, daß ich am ,Überleben der Geburt' zu zweifeln beginne, also die grundsätzliche Frage aufwerfe, in welchem Sinn der Geburt selbst ein historischer Status zuerkannt werden muß. Denn nur Historisches kann untergehen. Als Historikerin verwundere ich mich an der Gegenwart. Es gibt heute Kinder von Leihmüttern; das ist einstweilen selten, und ich weiß davon nur aus der Zeitung. Wenn ich aber kleine Kinder sehe, lösen die bei mir gelegentlich Verwirrung aus. Ich kann den Eindruck nicht los werden, daß diese Kinder nie ,geboren' wurden. Ich kann nicht umhin, daran zu denken, daß die zehnjährigen Kinder Foeten sind, die an einem Wochentag zwischen 9 und 17 Uhr durch einen Abbruch der Schwangerschaft (die als Geburtseinleitung bezeichnet wird) ihre extrauterine Existenz begonnen haben. Ich frage mich, ob wir dabei sind, uns an das Leben unter ungeborenen Menschen zu gewöhnen, wie schon seit zwei Generationen unter ungestillten. Nach einer theoretischen Fundierung meiner ästhetischen Intuition suche ich hier.

Historiker haben es bisher unterlassen, die bewußtseinschaffende Funktion der neuen perinatalen Rituale zu untersuchen, und das aus zwei Gründen. Erstens, weil die Besonderheit der traditionellen Entbindung als ritueller Vorgang nur selten zur Sprache gekommen ist, nämlich die Bedeutung schaffende Funktion der somatischen (körperlichen) Interaktion von Gebärender und Gehilfin. Der Vorgang des gemeinsamen Wartens und Tuns, an dessen Ende das Bündelchen in den Händen der Geburtshelferin landete, ging in einem besonderen Grenz-Raum vor sich. Das Wesen wurde abgenabelt, vielleicht gewaschen und der Mutter gezeigt, und in diesem verborgenen Vorgang schon wurde es bedeutungsvoll, bevor es noch in den Haushalt kommen konnte. Der Weg aus der Frauenintimität in den gesellschaftlichen Raum ist uns in seiner vielfachen rituellen Ausprägung durch die Forschung bekannt geworden. Was aber im Schatten blieb, ist die Bedeutung, also der ‚Mythos‘, der dem somatischen Vorgang selbst entspringt: das *prä-* oder *proto-rituelle* Wesen der Niederkunft.

Zweitens, hat die historische Forschung sich kaum mit der zeitgenössischen technischen Liturgie beschäftigt. Mir scheint, daß jedes der scheinbar risiko-mindernden Verfahren wie z.B. Ultraschall, kardiotokographische Überwachung des Föten, Wehentropf, Dammschnitt – ganz abgesehen von seiner technischen Wirksamkeit – Ängste, Mythen und Zwangshandlungen schafft: eine Haltung, eine Glaubensform. Dieser Glaube verengt das Verständnis der Geburt auf das mit ihr verbundene Risiko, macht die Schwangere mitverantwortlich für die Risikoverwaltung und damit die Teilnahme der Schwangeren an diesen Zeremonien zur Verpflichtung. Die Anfälligkeit für diese Glaubensform läßt mich verstehen, was die alte Münsteraner Hebamme meint, wenn sie sagt, daß „die Leute anders sind …". Wie sind sie's geworden?

## Medikalisierung des Vorganges

Wenn ich die neuere Literatur zur Geschichte der Geburt passieren lasse, so scheinen mir die ersten Schritte zu ihrer ‚Medikalisierung‘ recht solide erforscht zu sein. Gute Studien belegen den Rahmen, in den Alltagsrituale, Volksglauben und haltungsprägende kirchliche Zeremonien die Niederkunft gestellt haben; wie unterschiedlich in verschiedenen Gegenden und zu verschiedenen Zeiten bis in das 20. Jahrhundert hinein das Bild der wünschenswerten Geburtshelferin geprägt war; wie es zum Gebärhaus kam: seit dem mittleren 18. Jahrhundert als Ausbildungsstätte für männliche Geburtshelfer und zur Hebammenschulung; seit dem späten 19. Jahrhundert als Ort der aseptischen Ordnung; mit dem frühen 20. Jahrhundert als Rüsthaus für zunehmende operative Eingriffe und neuerdings als Anstalt der Vorsorge und Risikobeschränkung. Das Weiterwirken der selbstbewußten Hebamme in der Hausgeburt bis in die Nachkriegszeit hinein ist durch eine Reihe bemerkenswerter Autobiographien belegt[2] ebenso das Auf und Ab der für rationalen Fortschritt gehaltenen medizinischen Prozeduren. Wir wissen heute, daß gleichzeitig sehr ungleichzeitige, frühere und neuere, vormalige und modernere Typen der ‚Geburt‘ über zwei Jahrhunderte nebeneinander bestanden, je nach Landstrich, Konfession, Grad der medizinisch-staatlichen Einmischung. Diese Studien der vielfältigen Geschichte von Medikalisierung aber haben die ‚Geburt‘ als jenes historisch einzigartige Ereignis, mit dem jeder Lebenslauf, jeder ‚bios‘ beginnt, eher aus dem Blickfeld gerückt. Weitgehend erlauben diese Arbeiten ein Verständnis dafür, wie ein kulturell geprägter Vorgang, der bis vor kurzem unter Frauen stattfand, zum Tätigkeitsfeld der medizinischen Professionen wurde.

## Medikalisierung der Mentalität

Bei den Forschungen über die Medikalisierung des letzten Schwangerschafts-Stadiums ist in Umrissen auch deutlicher geworden, wie vormals vielschichtige apotrophäische (gefahrenabwehrende) Rituale durch vorsorgende wissenschaftliche Prozeduren abgelöst worden sind; wie eine grundsätzlich abwartende Haltung der Geburtshelferin einem nie ganz vorhersehbaren Geschehen gegenüber durch den zunehmenden

Glauben an seine Beherrschung und Planung überlagert wurde; wie das hoffende Bangen von Mutter und Helferin sich in den letzten Jahrzehnten in Risiko-Kalkulationen aufgelöst hat und als Funktion der abgesicherten Dienstleistungs-Intensität verstanden wird; wie die ethnologisch je andere, aber wohl überall beobachtete vorübergehende Herstellung einer liminalen Sphäre, eines weiblichen Sonderraumes für die Niederkunft, jeden Sinnes beraubt worden ist, seitdem die Gebärende in der Klinik aus Familie, Haushalt und Nachbarschaft ausgeschlossen wurde.

Die Geschichte der institutionellen ‚Medikalisierung‘ hat somit auch ein reiches Feld der Geschichte der sozialen Haltungen zum Vorgang der Geburt, zur Gebärenden und zu ihren Helferinnen sichtbar gemacht. In diesem Sinne läßt sich an der Geschichte der Geburt die historische Tiefenstruktur der Modernisierung beispielhaft zeigen. Ein körperliches Tun, das als ethische Handlung unter Frauen verstanden wurde, konnte – unter dem Vorwand seiner rationalen Verbesserung – dem radikalen Monopol der Medizin unterstellt und als Resultat ihrer professionellen Leistung definiert werden. In relativ wenigen Jahrzehnten, endgültig erst in der Nachkriegszeit, verschwand nicht nur die Praxis, sondern selbst die Erinnerung an Brauch und Haltung, in deren Rahmen die Geburt gestanden hatte. Gleichzeitig ist die dienstleistende Verwaltung des Schwangerschafts-Ausgangs gesellschaftlich zum selbstverständlichen Bedürfnis geworden, auf das jede Frau auch einen versicherungsrechtlich verankerten Anspruch haben soll.[3]

## Körpergeschichte der Geburt

Nun habe ich seit Jahren versucht, die Geschichte des Gebärens nicht als Institutionen-, Sozial- oder Mentalitätsgeschichte, sondern als integralen Teil der Körpergeschichte zu betreiben. Ich habe den Versuch unternommen, im Zusammenhang mit der Geburt weiter nach dem historisch bedingten Erlebnis des Körpers zu forschen: nach dem ‚soma‘ der Mutter und dem ‚soma' des Kindes. ‚Soma' ist das griechische Wort für das erlebte eigene ‚Fleisch', und ich verwende es hier, um nicht objektivierend vom ‚Körper' zu sprechen. Die Geschichte der traditionellen Geburtshilfe, die Untersuchung der Stadien ihrer Medikalisierung, Hospitalisierung und Versicherung haben mir dazu gedient, das Körpererlebnis der Ent-Bindung als fundamentales Paradigma der historischen ‚Somatik' zu verstehen. Die Geburt selbst steht am Anfang, ist Ur-sprung des ‚soma', ist ‚arché' der Somatik. Sie ist ein ganz unvergleichliches Ereignis für die an ihr beteiligten Frauen. Beim Erkunden dieses Erlebnisses bin ich an eine Grenze gestoßen, deren Darstellung das Anliegen dieses Beitrags ist. Die Schritte scheinen mir erklärungsbedürftig, mit denen die Geburt – die ursprünglich fest in der kollektiven Kultur der Frauen verankert war[4] – nach und nach zu einem professionell geregelten Unternehmen und schließlich zu einem Akt der Menschen-System-Verwaltung wurde. Denn nur so läßt sich die Unvergleichbarkeit der Geburt vormals, damals, neulich und endlich heute an jenem Ort verstehen, um den es mir als Körperhistorikerin geht: Wie wurde aus einem fleischlichen Geschehen der Sym- und Em-pathie, das es in dieser Intensität nur unter Frauen gab, ein technisch angeleitetes Hantieren am Frauenkörper, dem die Mutter als notwendige Ressource-Person gegebenenfalls am Schirm zusehen kann?[5]

### ‚Proto-Ritual'

Je tiefer ich mich in die Geschichte des Gebärens einlas, um so weniger konnte ich mich der Einsicht verschließen, daß der Ursprung des Menschen, mit dessen sozialem Umfeld sich die Geschichte der Geburt bisher beschäftigt hat, nicht jenes Geschehen sein kann, das 1998 mit dem Wort ‚Geburt' in der Klinik bezeichnet wird. Das Subjekt der Geburt, das in der Niederkunft einer Frau ans Licht kam, und der neugeborene Patient, der in einem programmierten Prozeß überwacht produziert wird, sind unverwechselbar. Das Subjekt vormals war ein Bub oder Mädchen. Geburt war die Ur-Sache der Erscheinung (‚epiphanie‘) eines erwarteten Kindes im Rahmen eines sozio-somatischen, eines immer körperlich-sozialen Ablaufs, der, durch Wehen begonnen, in der Abnabelung gipfelte, mit der Nachgeburt und – gelegentlich – mit dem Windeln beendet wurde und unter Frauen stattfand. Geburt war Neubeginn.

Was heute als Geburt bezeichnet wird, ist nicht mehr Neubeginn. Es ist ein kritischer Moment in der Karriere eines schon vorgeburtlich entstandenen Verwaltungsobjektes, eines sogenannten ‚Fötus’. Es ist das Resultat einer Synergie, eines Zusammentreffens von mütterlichem Organismus mit einer Vielzahl von technischen Interventionen.[6] Mit jeder Entbindung beginnt heute die extrauterine Epoche eines zusätzlichen Patienten, dessen Problematik, Bedürfnis-Intensität und Kosten-Veranschlagung schon lange im Mutterpaß nachgewiesen werden können. Unvermeidlich impliziert jede klinische Geburt einen Zuwachs der zu betreuenden Bevölkerung um eine Einheit.

In diesem Sinne meine ich, daß die Geburt, in der ein Lebenslauf begann, ihren Status geändert hat, nicht nur der sinngebende Vorgang der Geburt, sondern auch das durch diese Sinngebung zutage tretende Subjekt. Meist wird dabei übersehen, daß nicht nur Welt und Gesellschaft von rituellem Ursprung sind, sondern ebenso die Überzeugung, daß das, was aus einer Frau in die Hände einer anderen gekommen ist, ein wirkliches Kind, ein Bub oder Mädchen sei; daß also die ‚somatopoiesis‘, die Fleischwerdung des Menschen, eine Verwirklichung rituellen Ursprungs war; daß der Eintritt in die soziale Welt über diese besondere Sinngebung in einem vorausgegangenen, streng weiblichen ‚Proto-Ritual’ vermittelt wurde.

Wenn ich derart die proto-rituelle Funktion der traditionellen Geburt hervorhebe, so will ich nicht die Bedeutung jener juristisch oder religiös deutbaren Bräuche leugnen, in deren Vollzug *nach* der Geburt das Neugeborene zum Sohn, zum Angehörigen wurde.[7] Das sind wohlbelegte rituelle Schritte, mit denen aber nicht irgend ein Etwas, sondern ein geborenes

Kind in die Gesellschaft aufgenommen wurde. Mir geht es nicht um die soziale Zuerkennung von Verwandschaft oder Status, sondern um die historische Wirklichkeit der Niederkunft selbst und um ihre sinn- und soma-gebende Wirksamkeit. Damit möchte ich zweierlei betonen: daß mit der klinischen Technisierung die rituelle Sinngebung der Mensch-Werdung in der Geburt ebenso verloren gegangen ist wie das Verständnis des Gebärens als ethisches Tun einer Frau: als „etwas was die Frau tun muß – und was dennoch über sie kommt" – wie die Liebe, sagt eine alte Hebamme.[8]

## Geburt bei Menschen – ein Sonderling

Nur Menschen werden geboren. Mit dieser Einsicht muß jede Kulturgeschichte der Geburt beginnen. Algen teilen sich, der Bambus verläuft in Rizomen, Gingko-Biloba sproßt aus dem abgeworfenen Blatt, Frösche laichen, Katzen werfen, nur der Mensch ist geboren. So faszinierend es für Heidegger gewesen sein mag, sich als „Geworfener" zu fühlen, in der Kulturgeschichte der Geburt geht es um gebürtige Menschen. Die Somatik der Frau in der Geschichte des Westens – im Gegensatz zu der des Mannes – ist so angelegt, daß sie, wenn ihre Zeit gekommen ist, der Hilfe einer anderen Frau bedarf. Das Kind kommt aus dem Schoß der einen in die Hände der anderen. Zur Geburt gehören drei – die Mutter, die andere Frau und das Neugeborene.

Es hat mich schon oft verwundert, daß es Sozialwissenschaftlern oder Philosophen nicht aufgefallen ist, daß das sonderliche Wesen des Menschen sich in der Geburt als einzigartigem Vorgang manifestiert: Das Gebären ist ein zwischenmenschliches Tun, das jeder ausdrücklichen ‚Vergesellschaftung' wie Taufe, Wickelung, Aufhebung vorhergeht – und immer unter Frauen vor sich geht. In Mexiko heißt die Geburtshelferin noch heute ‚co-madrona', Mitmutter. Mütter unterscheiden die Kinder, die mit der ‚co-madrona' zur Welt kamen, von denen, die nur von der Hebamme entbunden wur-

den. Das Ethos der Geburtshilfe überlebte trotz aller geburts-
medizinischen Ausbildung und Überwachung weitgehend
noch bei den geprüften Hebammen in den ersten zweihundert
Jahren der mitteleuropäischen Medikalisierung. Geburt blieb
der Prototypus des sinn-schaffenden Geschehens, in dem aus
der rituellen Intimität von zwei Frauen ein drittes, ein neues
Wesen hervorging. Diese Sinngebung als Lebensbeginn gehört
zur Geburt des Menschen wie das Begräbnis zum Ableben:
Wenn ein Paläontologe auf Gebeine stößt, dann sind die
Spuren von Begräbnis das untrüglichste Zeichen, daß die Kno-
chen von ‚homo‘ kommen – von einem, der geboren worden
ist und der nicht einfach verendet, sondern verstorben ist.

Ich habe nach ‚Geburt‘ in verschiedenen philosophischen
und historischen Lexika gesucht.[9] Artikel habe ich in den
neueren keine gefunden, bestenfalls Hinweise im Index. Das ist
schon deshalb überraschend, weil ‚Natur‘ seitenlang untersucht wird. Und ‚natura a nascitura dicitur‘, Natur wurde nach
dem Gebären genannt. Aller Ursprung wurde mit Geburt
verglichen. Aller Anfang war wie Geburt, aber Geburt selbst
war nie wie irgend ein anderer Anfang. ‚Nascitura est princeps
analogatum‘ – Geburt war der Ausgangspunkt jeder Analogie
vom Anfang. Denn mit der Geburt kommt ein neuer Mensch
nicht einfach auf die Welt, sondern zur Welt, nicht in irgend
ein Revier, ein Terrain oder Milieu, eine Herde oder ein Rudel.
Geburt ist Lebensanfang und Sinngebung. Und so wie nur ein
Mensch intransitiv ‚sterben‘ kann, also seinen eigenen Tod, so
konnten nur Frauen ein Kind zur Welt bringen. Keine Kulturgeschichte der Geburt kann daran vorbei, daß Geburt einen
ganz einzigartigen Typus, einen Sonderling des historischen
Geschehens darstellt.

Wenn ich ‚Geburt‘ im Deutschen Wörterbuch der Gebrüder
Grimm nachsehe, erscheint sofort eine dieser Eigentüm-
lichkeiten. ‚Geburt‘ besagt zwei dis-symmetrische und untrennbar aufeinander bezogene Seiten. Die historische Wort-
bedeutung bekräftigt also die wechselseitige Bezüglichkeit, die
gegenseitige Bedingtheit des Geschehens. Von seiten der Mutter ist Geburt ‚partus‘, der Vorgang, der einen Menschen an

das Licht bringt, und von seiten des Kindes ist Geburt ‚nativitas‘, sein Erscheinen, seine Sternstunde, seine Herkunft. Und paradoxer Weise entrückt das extrem historische Wesen des mit ‚Geburt‘ bezeichneten Geschehens unter Frauen gerade das Erscheinen eines ‚soma‘ aus dem Revier der Sozialgeschichte. Der Unterschied zwischen allen Institutionen und diesem gesellschaftlich liminalen, weiblichen sinngebenden Ritual ist es wohl, was die Geburt selbst in diesen blinden Fleck gerückt hat und es erlaubt, sie mit etwas ganz anderem zu verwechseln: der Entbindung heute. Die Geburt als das Erscheinen eines gefährdeten, zarten Geschöpfs, das aus einer ausgegrenzten, auf Frauen beschränkten Domäne heraus hervorgebracht wurde, und ihr moderner Begriff müssen sorgsam unterschieden werden; denn die spätmoderne ‚Geburt‘ kann idealtypisch als die Integration eines zusätzlichen Immunsystems in das soziale Makrosystem charakterisiert werden.

## Die rituelle Schöpfung des Kyborgs

Mit Bedacht verwende ich dies Wort – „Kyborg“. Die amerikanische Kulturwissenschaftlerin Donna Haraway prägte den Begriff, um die neuartige ‚Natur‘ des Menschen als einer Synthese aus Genom und Technik zu fassen.[10] Dieser Begriff ist bisher nicht für ein Verständnis der tiefen Umformung der Geburt in der zweiten Hälfte des 20. Jahrhunderts eingesetzt worden. Und doch will ich behaupten, daß das klinisch-technisch überwachte Endstadium einer umfassend kontrollierten Schwangerschaft ein historisch neuartiges Zwitterwesen hervorgebracht hat, einen Kyborg. Diese Entkörperung des historischen Subjektes, die innerhalb weniger Jahrzehnte zum Regelfall geworden ist, heischt nach Erklärung. Denn hier wurde schrittweise die intensivste Form der erlebten Verkörperung gesellschaftlich ausgemerzt und der Glaube an den dienstleistungs-bedürftigen Menschen zur angeborenen Gewißheit. Geburt wurde zur Produktion eines Kyborgs, der in eine als Biokratie verstandene Gesellschaft paßt.

Wir müssen uns fragen: Wie konnte es glaubhaft werden, daß Frauen bei der Geburt fundamental auf Professionelle angewiesen sind? Wie konnte die technische Umgestaltung jeder Geburt unwidersprochen zur ‚Natur der Sache‘ werden? Wie läßt sich eine solche neuartige Anfälligkeit von Frauen für Selbstzweifel erklären? Und vor allem, wie kann ich folgendes verstehen: Auch die meisten erfahrenen Hebammen, die jahrzehntelang ihre Frauen selbstsicher betreut haben, können sich den Glauben an die Macht der Technologie nicht vom Leib halten: „Die Frauen können das nicht mehr.“ „Gegen Technik und Spezialisten läßt sich nicht ankommen, … die sind immer besser.“ „In der Klinik, die hen die Apparät, die hen elles – da ist alles da.“[11] Wie läßt sich der abrupte Verlust des Selbstvertrauens dieser im Dienst gealterten Frauen erklären? Oder das fundamentalistische Vertrauen auf die Technik seitens einer ganzen Generation von Schwangeren?

Nur das Verständnis der modernen technisierten Geburt als Ritual, als eine mythenschaffende Liturgie, gibt mir den Schlüssel zu diesem Bruch. Geschichte hat mich davon überzeugt, daß es im ganzen Geschehen der Geburt nie einen Aspekt gab, der nicht durch seinen Platz in einer rituellen Ordnung bedeutend, sinngebend, überzeugend und damit mytho-poietisch gewirkt hat. Daß also eine Geschichte des Gebärens in allererster Linie eine Untersuchung der ‚Geburts-Liturgie‘ sein sollte: Das Hervortreten des Kindes aus dem Schoß der Mutter mit Hilfe der anderen Frau bedeutete Menschwerdung. Und da die Literatur zur Sache den rituellen Aspekt kaum beachtet hat, ist das zeitgeschichtliche Verblassen der Geburt selbst und die Rolle, die bei diesem Schwund die Symbolik der Geburtstechnik gespielt hat, bisher kaum erforscht worden. Dennoch gibt es hin und wieder Einsichten und Untersuchungen, die den wirklichkeitsschaffenden, rituellen Aspekt der „Technisierung der normalen Geburt“ hervorheben.[12]

„So ängstlicher jemand ist, desto mehr ist er apparategläubig und je mehr selbst-g'sundes Selbstvertrauen 'n Mensch hat, desto weniger ist er apparategläubig. Das ist schwarz-weiß g'sagt, aber es is' was dran."[13] Diese Aussage einer Hebamme ist anrührend und zeugt für ihr Verständnis dieser Frauen. Aber sie verlangt doch eine Ergänzung, denn sie trifft nicht das Wesen des neuen Milieus, in dem Entbindung heute vor sich geht: Geburt wird nicht mehr als eine Gefahr, Gebären nicht mehr als Wagnis und ihr Verlauf nicht mehr als Schicksal erlebt; Gefahr ist zum Risiko umgemodelt, Wagnis zur Kalkulation über die notwendigen Mittel, und die Angst vor der eigenen Unzulänglichkeit einem schmerzlichen und überwältigenden Ereignis gegenüber kann nur ganz oberflächlich mit der Bodenlosigkeit verglichen werden, in die sich eine Schwangere bei ihrer Einwilligung zur Schwangerenvorsorge begibt. Um an diesen Kontrast näher heranzukommen, berufe ich mich auf eine außergewöhnliche Autorin: Marjorie Tew. Sie sagt von sich selbst: „Ich bin weder Arzt noch Hebamme, und die eigene Erfahrung mit dem Gebären lag schon lange hinter mir, als ich 1975 auf das Thema stieß. Spät ins akademische Leben zurückgekommen, hatte ich Medizinstudenten in Nottingham zu unterrichten, in der Abteilung ‚community health'."[14] Tew ist als Statistikerin ausgebildet, und es war ihre Aufgabe, die Veränderung der perinatalen Sterblichkeit für Mütter wie für Neugeborene im Laufe des 20. Jahrhunderts mit den gynäkologisch-geburtshilflichen Verbesserungen im selben Zeitraum zu korrelieren. Dabei „entdeckte ich zu meiner großen Verblüffung, daß die gängigen Statistiken die verbreitete und allgemein akzeptierte Hypothese nicht bestätigen. Daß nämlich der Rückgang der Mütter- und Säuglings-Sterblichkeit durch die Hospitalisierung der Geburt verursacht worden ist."[15]

Frau Tew baut ihr Argument auf solide Daten. Beim Lesen lernt man viel über die Brauchbarkeit der Statistik für die

Historikerin, aber auch über ihre Verwendung im öffentlichen Leben. Es ist beeindruckend, mit welchen naiven Tricks die Statistik im Parlament, in der Verwaltung und den Ärztekammern immer wieder und wieder wirksam eingesetzt wurde, um den Glauben an einen Kausalzusammenhang zwischen öffentlich finanzierten medizinischen Leistungen und sinkender Sterblichkeit zu festigen. Für die englisch sprechenden Länder Großbritannien, USA, Kanada und Australien legt Tew die Grundlagen zu einer kritischen Geschichte der Geburtshilfe im 20. Jahrhundert. Es wundert mich, wie wenig das Buch – bei uns wenigstens – rezipiert worden ist.

Frau Tew beschreibt eindrücklich, wie in nur wenigen Jahrzehnten die Geburt aus einem körperlichen Vorgang, der gelegentlich schief gehen konnte, zu einem medizinischen Geschehen wurde, das deshalb professionell betreut werden muß, weil man sich auf seinen gesunden Ablauf nie verlassen kann. Dieser Bedeutungsumbruch brachte zweifellos einen langfristig angelegten Gewinn für die Geburtsmedizin und einen weitgehend endgültigen Verlust für Mutter und Kind.

In dieser Geschichte erscheint die unmittelbare Nachkriegszeit als eine Schwelle. Bis um 1950 blieb – im Unterschied zu den USA – die „gekonnte Nicht-Intervention" („masterly inactivity") das Ideal der Elite von englischen Geburtsmedizinern – und das, obwohl sich die Klinikgeburt schon weitgehend durchgesetzt hatte. Erst danach kam es zum neuen Modell: dem programmatischen, präventiven Zugriff auf die Gesamtheit der Gebärenden zur Verwaltung ihrer Entbindung.

Dieser Paradigmenwechsel wäre ohne die davorliegende Phase kaum möglich gewesen. Denn um 1950 hatte sich die Redefinition der Geburt als eine naturgemäß ‚medizinische' Lebens-Situation schon solide eingebürgert – in England ebenso wie in Deutschland, auch wenn Interventionen noch jeweils einer Indikation, einer ärztlichen Begründung bedurften. Die Simulation des Operationstisches durch das Klinikbett und die Gewöhnung der Frau an die Fuß-Stützen, die auf englisch ‚stirrup', d.h. ‚Steigbügel' heißen, und die gelegentliche Fesselung ihrer Arme hatten schon in einer viel früheren Zeit begonnen. Die Autorin versucht, den iatrogenen – also medizinisch verursachten – Anteil an Evas Fluch zu isolieren. Die Verkrampfung und die Forderung, das Kind – in einer zum Blasenstein-Schnitt für den Arzt vorzüglichen Lage – gegen den Sog der Schwerkraft himmelwärts auf die Erde zu bringen, hatten schon im Laufe des Zweiten Weltkriegs den Einsatz von Mitteln gegen den so gereizten Schmerz zur Routine gemacht. Engländerinnen – ebenso wie viele deutsche Frauen – waren schon an diese unnatürliche Position gewöhnt, die den entscheidenden Beitrag zu jenen Komplikationen leistete, mit deren Beseitigung die Geburtsmedizin weitere Interventionen begründen konnte. Dammschnitt, Kaiserschnitt, Weheneinleitung, Bluttransfusion wurden schon gelegentlich eingesetzt und als medizinischer Fortschritt besprochen, so daß ihre Verfügbarkeit im Krankenhaus die Abwertung der Hausgeburt einschloß. Unter Tews Führung erscheinen die gelegentlich bizarren Neuerungen in den Gebär-Kliniken in der Zwischenkriegszeit – ganz abgesehen von ihrer Zweckdienlichkeit, Zweckwidrigkeit, Irrelevanz oder Komplikationsträchtigkeit – als symbolmächtige Mittel zur Prägung einer gesellschaftlichen Haltung: daß Gebären gestaltbar ist und endlich technisch optimiert werden wird.[16]

Die Statistikerin läßt jedoch keinen Zweifel: Für England wenigstens reicht das statistische Material schon vor 1950 dazu aus, um jeden signifikanten Zusammenhang zwischen dieser Medikalisierung und der circumnatalen Sterblichkeit auszuschließen. „Gelegentlich sind Interventionen ohne Zweifel für den einzelnen Fall hilfreich. Aber diese Interventionen sind nur für einen Bruchteil der Geburten angemessen und haben bestenfalls ein geringes Gewicht in der Veränderung von Mortalität und auch Morbidität. Im Gegensatz dazu besteht kein Zweifel, daß viele Interventionen eindeutig schaden; sie erfordern zur Schadensbegrenzung weitere Interventionen, die oft nur weiteren Schaden tun.“[17] Die Autorin kann nach einer sorgsamen Analyse der quantitativen Daten zu einem klaren Schluß gelangen, der eine moderne Selbstverständlichkeit infrage stellt: „Wenig oder gar nichts im Rückgang mütterlicher

Sterblichkeit kann mit dem Anstieg der Proportion der Klinikgeburten in einen kausalen Bezug gestellt werden."[18] Und schließlich: „Die Geburtsmediziner erwarteten, daß ihre Interventionen Leben gerettet haben. Die Perinatalstatistiken (1958 und 1970) und viele Studien zeigen höhere Mortalität, wenn derartige Interventionen sich häufen, als dann, wenn sie unterlassen werden."[19]

Dennoch stiegen in den Jahrzehnten nach 1950 Zahl und Reichweite der technisch und verwaltungsmäßig möglichen Interventionen; die Kosten der Prozeduren und damit das kommerzielle Interesse an Chirurgie, Pharmakologie, Krankenhausausstattung und zunehmend Elektronik; die öffentliche Bereitschaft zur Anpassung an technische Neuerungen. Soziale Wirklichkeit wurde nicht nur im Kreißsaal zunehmend statistisch und diagrammatisch gefaßt und gewertet, also in Verlaufskurven, Wahrscheinlichkeitsprofilen und Flußdiagrammen dargestellt. Parallel dazu veränderte sich das erlebte Verhältnis zwischen der Gegenwart und der Zukunft. Die Gewöhnung daran, sich an berechneten Wahrscheinlichkeiten zu orientieren, gab der Zukunft die Möglichkeit, mit ihrem Schatten das gegenwärtige Handeln zu bestimmen.[20] Geburt konnte so als das angeborene Risiko von Frauen verstanden werden und Schwangerschaft als eine Charakteristik, die vorbeugende Maßnahmen erfordert. Und damit veränderte sich die Logik ihrer Betreuung in epochaler Weise.

Perinatale Interventionen, also Eingriffe während der Geburt, wurden nun vor allem als Prävention zur Vermeidung eines Risikos verstanden: Sie waren nicht mehr Abhilfe bei einer gegenwärtigen Unordnung oder einer akuten Gefahrensituation, sondern zielten auf die Abwendung einer berechneten Wahrscheinlichkeit. Die statistisch errechnete unerwünschte Entwicklung in der Zukunft wurde zum vorrangigen Grund für geburtsmedizinisches Handeln. „Die Geburtsmediziner suchen gezielt nach Testergebnissen bei Hochschwangeren, die mit Wahrscheinlichkeit zu perinatalen Komplikationen führen, und nach den Prozeduren, um ihnen zuvorzukommen."[21] Die uralte Unterscheidung zwischen

‚Norm' und ‚Pathologie', die ‚normale' Geburten lange selbstverständlich den Hebammen vorbehalten hatte, schliff sich ab, weil nun der Vorgang selbst tiefer und gründlicher erfaßt wurde als je vorher. Die Statistikerin kommt zu einem ernüchternden Fazit: „Niemals, weder in der Vergangenheit noch heute und nirgends auf der Welt haben medizinische Interventionen die Geburt für die überwältigende Mehrzahl von Müttern oder Kindern gefahrloser gemacht."[22] Zu diesen Urteilen kommt Tew, wenn sie diesmal nicht die Situation der englischen Geburtshilfe in den fünfziger Jahren, sondern die Lage Mitte der achtziger Jahre zusammenfassend beurteilt.

Dieses Urteil ist deshalb für mich wichtig, weil die Autorin hier ausdrücklich von zwei historischen Stadien in der Geburtsmedizin spricht, die fünfunddreißig Jahre auseinander liegen. Mitte der achtziger Jahre zeigt sich ein Paradox: Die perinatalen Routinen sind sowohl selbstverständlicher wie fragwürdiger geworden; je unvermeidlicher sie für die einzelnen Frauen geworden sind, um so fragwürdiger ist für den Wissenschaftler die Gewichtung zwischen ihren erwünschten und unerwünschten Folgen. Wie aber läßt sich dann einerseits die Disziplin erklären, mit der heute die überwältigende Mehrzahl der Gebärenden sich dieser vorsorglichen Belagerung unterwirft, und wie läßt sich andererseits verstehen, daß die Frauen sich nicht empören? Ohnmacht? Fatalismus des heutigen Konsumenten? Opfer einer intensiven professionellen Propaganda? Ich schließe keinen dieser möglichen Beiträge aus; aber zur Herstellung der hier zu Tage kommenden Glaubensform, dieser treuherzigen Hingabe an die Segnungen der Klinik reicht das nicht aus. Nur ein Verständnis für die Entwurzelung, die De-Somatisierung – die darin zum Ausdruck kommt, daß eine ganze Generation von Frauen das Wissen vom Gebärenkönnen verloren hat – erlaubt es mir, an dieses Ausgeliefert-Sein heranzukommen. Nur ein Verständnis für die Suggestionsmacht versteckter Rituale kann den kritiklosen Mangel an Frust, ja Weigerung deuten.

Seit den 1950er Jahren läßt sich die Reformation der perinatalen Prozeduren, die zusammengenommen das Geburts-

Zeremoniell der Klinik ausmachen, genau verfolgen. Von jeder Prozedur gibt Marjorie Tew den Zeitpunkt und die Umstände ihres Aufscheinens, die Häufigkeit ihrer Anwendung in verschiedenen Jahren, Meinungen über ihre Zweckdienlichkeit und ihre Nebenwirkungen sowie ihren Status in der medizinischen Hackordnung an. So beginnt sie mit den Entwicklungstadien der Pharmaka, die zur Einleitung der Wehen eingesetzt werden und die es dem Klinikbetrieb erlauben, Geburten routinemäßig während der Arbeitsstunden der Werktage zu erledigen, um dann Berichte über den Nutzen dieser Neuerung für Mutter und Kind zu referieren. Sie verfolgt die Verkürzung der Wehendauer, also die Beschleunigung von Wehen auf einen berechneten Durchschnitt – auf ungefähr zwei Drittel der traditionellen Dauer. Sie schildert die Zunahme der Episiotomie, des Dammschnitts, die weitgehend als Folge der Wehenbeschleunigung nötig wird. Sie verfolgt den Fortschritt des Kaiserschnittes, seine rasch zunehmende Häufigkeit zuerst bei gutbetuchten Privatpatientinnen, dann immer mehr als einkalkulierter Regelfall; sie belegt die Selbstverständlichkeit, mit der die verschiedenen Betäubungsmittel, sehr oft vorbeugend, eingesetzt werden; schließlich stellt sie die Einführung der Herz-Kontrolle des noch Ungeborenen dar, die es erlaubt, auf einem Bildschirm mehrere Geburten zu überwachen. All dies erscheint als ein jeden vernünftigen Laien verwirrender Supermarkt, dessen Nicht-Einsatz an einem späteren Zeitpunkt rechtlich für den Arzt begründungspflichtig werden kann.

Als Historikerin kann ich die Frage nicht vermeiden: Was geht in diesem flächendeckenden Verwaltungsakt des weheneinleitenden Schwangerschafts-Abbruches vor sich? Womit lassen sich die biokratischen Maßnahmen vergleichen, die Kontraktionen des Uterus und Stechuhr des Personals aufeinander abstimmen? Oder die Verkürzung der Zeit, die der Frau maximal zugestanden wird? Oder die routinemäßige Erweiterung des Ausganges, wenn nicht gar seiner Nichtigkeit durch den Kaiserschnitt? Oder die Gleichgültigkeit, mit der Frauen sich bei dieser Gelegenheit betäuben lassen? Oder die Ablenkung der Helfer und auch der Frau selbst vom somatischen Erlebnis weg auf die Kurven am Bildschirm?

Vor dieser Geschichte, die bis in die späten 1980er Jahre reicht, wurde mir aber auch bewußt, wie gründlich seitdem die Mode auf ‚sanft' umgestellt hat: Kreißsäle sind familienfreundlich als Wohnzimmer kostümiert; Apparate werden hinter Vorhängen versteckt; psychosomatische Geburtsvorbereitung, Unterwasser-Entbindung, Laboyermassage, Yoga, der Gebärstuhl haben sich in die Routine eingeschlichen. Bloß erzwungene ärztliche Toleranz alternativen Therapieformen gegenüber wurde zuerst in den USA, langsam auch in Deutschland durch das neue Ideal der ‚Komplementärmedizin' überwunden: Homöopathie, Bachblüten, Akupunktur werden als notwendige Ergänzung zu immer mehr Schulmedizin von den Versicherungen übernommen. Die Miniaturisierung der Elektronik erlaubt schließlich die Technisierung der Hausgeburt. Die sich anbahnende Unterstützung der Hochtechnologie durch die Ideologie von ‚Natürlichkeit' besiegelt, so scheint mir, die Planung des physiologischen Endstadiums der intrauterinen Entwicklung als das ‚eigentliche Wesen' von ‚Geburt'.

## Was Technik sagt und nicht tut

Den Umbruch, der das rituelle Tun der Menschwerdung durch ein biotechnisches Programm ersetzt, kann ich zeitgeschichtlich nur mit Mühe ansprechen, denn auch für die meisten Historiker steht Geburt im Schatten des Risikos. Sie wird dann in der Geschichtsschreibung, was sie immer schon gewesen ist: der biologische Vorgang, mit dessen Bewältigung sich bis vor kurzem Brauch und Hebammen zu befassen hatten. Die Prozeduren, die heute bei der Geburt zur Anwendung kommen, sind für die meisten Historiker bloß neue technische Mittel, deren Kritik allenfalls in die Naturwissenschaft und nicht in die Geschichtsforschung gehört. Die Einsichten der kritischen Statistikerin werden erst dann zur wirklichen Herausforderung, wenn sie zur Distanzierung der Historikerin von ihrem eigenen somatischen Selbstbewußtsein eingesetzt werden. Dazu aber muß die Historikerin bereit sein, die heute erlebte Wirklichkeit als Folge der symbolischen Prägekraft von technischen Prozeduren zu verstehen.

Studien wie die von Marjorie Tew, William Arney, Ann Oakley bereiten die Quellen auf. Sie zeigen, daß die Bewertung der perinatalen Prozeduren und Routinen auf zwei auseinanderstrebenden Ebenen vor sich gehen muß. Auf der ersten Ebene stellt sich die Frage: Wie zweck-gerecht oder wie kontra-produktiv ist jede dieser Interventionen im Dienst der biotechnischen Synthese von biologischem Ablauf und medizinischer Zielsetzung? Auf der zweiten Ebene liegt die Frage, die ich stellen will: die Untersuchung und Bewertung von dem, was Prozeduren nicht als Technik leisten, sondern was sie als Rituale ideologisch schaffen. Welche Überzeugung wird durch die Politik der globalen Standard-Betreuung durchgesetzt? Ich will wissen, welche Gewißheiten durch diese Routinen entstehen, – was sie also sagen, neben dem, was sie vorgeblich tun.

Wenn ich diese Frage stelle, dann wird folgendes offensichtlich: Die ‚Geburt' heute ist in ein dichtes rituelles Geflecht eingefügt, in dem sich die Mehrzahl der Frauen fast zwangsläufig verfängt. Jede Prozedur, vom ersten Bluttest bis zur letzten Eintragung im Mutterpaß, prägt einen Glaubenssatz – den Mythos über eine Gefahr, die technisch gebannt werden soll. Jede Zeremonie, die sich in die Geburtsliturgie reiht, beschwört eine Angst und macht den Vorgang der Geburt jedes Jahr beängstigender. Denn mit jeder dieser risiko-orientierten Zeremonien wird jeder Gebärenden das medizinische Urteil verkündet, mit welcher Wahrscheinlichkeit die Gefahr, vor deren Folgen sie gefeit werden soll, schon in ihr steckt. Jede der rituell beschworenen Ängste liefert die Frau einer neuartigen Hilflosigkeit aus: nicht auf ‚ihre Natur', nicht auf die Hebamme oder die Mutter Gottes kann sie hoffen; sie kann sich nur dem zusätzlichen Risiko der angebotenen Routinen unterwerfen. Geburt ist nicht mehr etwas, das Frauen können, sondern etwas, wozu sie in einem verwaltenden sozialen Vorgang gebraucht werden. Nicht ein selbstbewußtes Tun, sondern eine Lebenskrise, die nur durch Dienstleistungskonsum zu überstehen ist.

Tew schreibt: „Auf den meisten Gebieten des gekonnten Tuns war, ist und bleibt Selbstvertrauen und Vertrauen entscheidend, und von keinem Tun gilt das mehr als dem Gebären, bei dem der physiologische Vorgang einzigartig von der psychologischen Haltung determiniert wird."[23] Was die gynäkologischen Prozeduren beinahe unwidersprechlich einbläuen, ist die Abhängigkeit der Schwangeren von den Dienstleistungen der Geburtsmedizin, die Sicherheit bietet. Und was dabei herauskommt, bestätigt wohl meine Intuition: Es ist keine ‚Geburt'. Im Spiegel der Vergangenheit sehe ich's: So wie die Nachkriegszeit von Ungestillten bevölkert wurde, so wimmelt die Jetztzeit von Ungeborenen.

# III. In der Klinik

*Jürgen Schlumbohm*

# Der Blick des Arztes, oder: wie Gebärende zu Patientinnen wurden. Das Entbindungshospital der Universität Göttingen um 1800[1]

## Die Anstalt

Im Jahre 1751 wurde in Göttingen eine Entbindungsanstalt gegründet. Sie zählt zu den frühesten in Deutschland und gilt als die erste überhaupt, die Teil einer Universität war.[2] Die Anfänge unter dem ersten Direktor und Professor der Geburtshilfe Johann Georg Roederer (1726-1763) waren bescheiden; das ‚Accouchement' wurde in zwei Räumen eines Armen-Hospitals untergebracht. Doch in den Jahren 1785–1791 ließ die kurhannoversche Regierung einen großzügigen Neubau für das Hospital errichten. Danach stieg die jährliche Zahl der Geburten – die anfangs zehn bis dreißig betragen hatte – auf achtzig bis hundert an.[3]

Der Nutzungsplan des dreistöckigen Gebäudes war klar und funktional gegliedert, wie der neue Direktor, Friedrich Benjamin Osiander (1759–1822, Professor in Göttingen 1792–1822), in seiner Beschreibung für die Fachwelt stolz hervorhob.[4] Dem ersten Obergeschoß kam zentrale Bedeutung zu: Hier lagen der Entbindungs- und der Lehrsaal, die sieben Zimmer und Kammern für je zwei Schwangere bzw. Wöchnerinnen sowie die Stube der Haushebamme. Im Erdgeschoß wohnten der Hospitalverwalter, die Magd und die Hebammenschülerinnen, während in der zweiten Etage der Direktor und Professor der Geburtshilfe mit seiner Familie residierte. Daß die Treppe in der Mitte des Gebäudes um eine runde von einer Lichtkuppel überwölbte Öffnung angeordnet war, gab dem Ganzen nicht nur ein prächtiges Aussehen (Abb. 1), sondern verschaffte dem

Inneren zugleich einen „Überfluß von Licht und Helle", den „ungehinderten beständigen Zugang der freien frischen Luft und damit die Wegführung ... aller unreinen Dünste" – und das wurde „mit Recht zu den wesentlichen Eigenschaften eines zweckmäßig eingerichteten Hospitals gezählt". Der Direktor

*Abb. 1:* Das Treppenhaus des Göttinger Entbindungshospitals ließ Licht und frische Luft in das Gebäude. Die runde Öffnung in der Mitte gestattete dem Direktor, von seiner Wohnung im obersten Geschoß zu beobachten, was auf den unteren Etagen vorging (Foto Zielske).

wußte an dieser Konstruktion besonders zu schätzen, daß er vom „Flur seiner Wohnung im 2ten Stockwerk ganz leicht sehen [konnte], was auf den Fluren der untern Etagen vorgehet".

Drei Zielen diente die Anstalt, und unter diesen gab es eine klare Rangordnung, jedenfalls in den Augen des ärztlichen Direktors:

„Das Entbindungs-Hospital in Göttingen hat ganz besonders den Zweck, daß daran für das In- und Ausland geschickte, ihres Namens würdige Geburtshelfer gebildet werden. Ein zweiter Zweck ist, daß auch Hebammen, besonders solche darin gebildet werden, welche sich durch Kenntnis und Geschicklichkeit über die gewöhnlichen Hebammen erheben. Ein dritter Zweck endlich ist, daß arme, eheliche und uneheliche Schwangere eine sichere Unterkunft über die Zeit ihrer Geburt und damit alle Unterstützung, Beistand und Hülfe finden, welche zu Erhaltung ihrer selbst und ihrer Leibesfrucht erforderlich sein können."[5]

Osiander hatte den festen Willen, das ganze Leben des Hospitals nach diesen Prioritäten zu regeln; nicht nur das Verhalten des Personals, sondern auch das der Patientinnen wollte er kontrollieren. Davon zeugen die von ihm eigenhändig entworfenen „Hausgesetze für die ins Königliche Entbindungshospital zu Göttingen aufgenommene Frauenspersonen", die er gedruckt in jedem Zimmer anschlagen ließ.[6]

## Das Tagebuch

Die Ordnung des Hauses erforderte unter anderem, daß die Patientinnen namentlich registriert wurden. Zu diesem Zweck führte der Verwalter die „Aufnahmebücher". Darin hielt er jede Frau mit Namen, Geburtsort, Alter und (seit 1808) Religion fest; außerdem notierte er, um die wievielte Schwangerschaft es sich handelte. Hinzu kamen der Tag der Niederkunft, Taufdatum und Vornamen des Kindes, Name und Ort des angegebenen Vaters, Aufnahme- und Entlassungsdatum sowie Anmerkungen über Todesfälle oder andere Besonderheiten. Diesen Registern läßt sich unter anderem entnehmen, daß die Geburten in der Göttinger Anstalt zu 98% außereheliche waren, daß

die Frauen regelmäßig etwa vierzehn Tage nach der Niederkunft entlassen und im Durchschnitt einen Monat vor der
Entbindung aufgenommen wurden. Freilich kamen gut 10%
erst, nachdem die Wehen eingesetzt hatten, während andere
15% sich bereits mehr als zwei Monate vor dem Termin auf-
nehmen ließen und die kostenlose Unterkunft und Verpflegung im Hospital entsprechend länger genossen.[7]

Kernstück der Dokumentation über jeden einzelnen ‚Fall‘
waren die ausführlichen Tagebücher. Der Hospitaldirektor
führte die in Halbleder gebundenen Foliobände „eigenhändig“, wie er gelegentlich auf dem Titelblatt hervorhob. Diese
Texte zeigen, wie der Arzt die Schwangere als Patientin sah
und was für ihn im Zentrum des Geburtsgeschehens stand. Die
Perspektive des Geburtshelfers prägte jeden einzelnen Eintrag.
Darüber hinaus zeugen die Berichte von der aktiven Bemühung des Direktors, das Leben in der Klinik und die Ge-
burtssituation nach seinem Konzept zu gestalten. Beides hängt
aufs engste zusammen. Wir können die ‚Realität‘ der Klinik
aus diesen Texten erschließen; aber zugleich sind die Tagebücher ein wichtiger Teil dieser Realität: Sie verkörpern das vom
Direktor über die Jahre akkumulierte Wissen. Wie groß die
symbolische und praktische Bedeutung solcher Dokumente
war, zeigt sich auch daran, daß in dem großen Entbindungshospital von Paris 1825 der Konflikt um die Vorherrschaft
zwischen Chef-Hebamme und Chef-Arzt gerade über die Frage ausbrach, wer zur Führung der Tagebücher berechtigt sei.[8]

In Göttingen war die Anstalts-Hebamme dem ärztlichen
Direktor eindeutig unterstellt. Schon der erste Artikel der
„Hausgesetze“ stellte klar, daß dieser die „Oberaufsicht“, jene
hingegen – zusammen mit dem Verwalter – lediglich die
„Unteraufsicht“ ausübte. Dabei war die Hebamme insbesondere für die Schwangeren und Wöchnerinnen zuständig.
„Kommt eine Schwangere auf das Haus, so muß sich solche
zuerst bei ihr melden, und sie hat alsdann die Schwangere
zu untersuchen, ob sie mit keiner unreinen Krankheit behaftet
sei.“ Danach hatte die Frau sich „durch die Hebamme des
Instituts beim Direktor zu melden, von dem sie über ihre

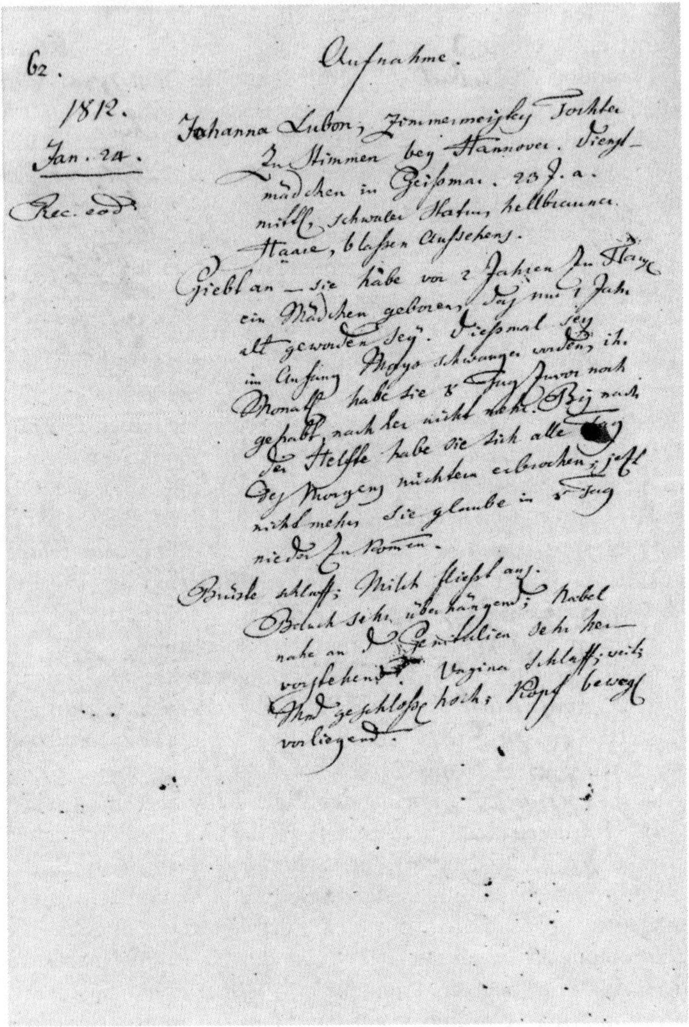
62.

Aufnahme.

1812.
Jan. 24.
Rec. ...

Johanna Lubon, Zimmermeisters Tochter zu Stimmen bey Hannover. Dienstmädchen in Geismar. 20 J. a. mittl. schwaler Statur, hellbraunen Haare, blassen Aussehens.

Giebt an – sie habe vor 2 Jahren zu Hause ein Mädchen geboren, das nur 1 Jahr alt geworden sey. Diessmal sey im Anfang May schwanger worden; ihr Monatl. habe sie 8 Tage zuvor noch gehabt, nachher nicht mehr. Bey nach der Helfte habe sie sich alle Tag des Morgens nüchtern erbrochen; jetzt nicht mehr. Sie glaube in 8 Tag nieder zu kommen.

Brüste schlaff; Milch fließt aus. Bauch sehr überhangend; Nabel nahe an d. Genitalien sehr hervorstehend. Vagina schlaff, weit. Mund geschloss. hoch. Kopf beweglich vorliegend.

*Abb. 2:* Johanna Lubon, eine Fallgeschichte im Tagebuch des Hospitals, aufgezeichnet von Professor Friedrich Benjamin Osiander, der dem Göttinger Gebärhospital von 1792–1822 vorstand.

# Geburt.

1812
Feb. 15.

Partus
ob uteri inertia
lentus forcipe
feliciter absolutus.
Opt. fec.
Dr. Tobler.

Gestern Nachmittag um 4 Uhr bekam sie die
erste[n] Wehen. Die Nacht hindurch hatte sie
viele Wehen; diesen Morgen um 5 Uhr war d' Mund
völlig offen und der Kopf natürlich ins Becken
eingetreten. Sie hatte viele aber unvollkommene
Wehen, und der Kopf schien groß zu seyn.
Ich ließ daher ihr mit d' Zange helfen. Hr. T.
legte sie an, und brachte es mit wenigen
Trakt. das Kind glücklich zur Welt.
Die Nabelschnur trat zweimal bey während d. Geburt
bey dem Liegen auf dem Rücken, die Bauchhaut war sehr umfänglich die Bauch nach
der linken Seite überhängend.

Taufe Luther.
d. 18 febr.
Kind: Johanna
Catharina
Vatter: Joseph Thomas
Bierbrauer in Aaen.

Ende der Geburt um 3/4 v. 7 Uhr Morgens.
Das Kind, ein großes Mädchen,
wog 7 ℔ 24 l.
war lang 19"
d. K. d. 3½"
gr. ⸺ 4¾"
Schult. br. 4¾"
Nachgeb. folgte bald und leicht.
Nabelschnur war lang 29".

Gesundheits- und Schwangerschaftsumstände befragt und erforscht wird und der ihren Namen, Stand, Alter, Geburtsort und alle auf ihre Niederkunft oder auf einen Sterbfall zu wissen nötigste Umstände in das Tagbuch des Instituts einträget".[9]

Der Aufbau der Tagebuch-Eintragungen läßt bereits in Umrissen das Konzept erkennen, nach dem der Direktor das Geschehen im Göttinger Accouchierhaus ordnete. Folgen wir also zunächst an einem beliebigen Beispiel dieser Struktur.

Obwohl die Tagebücher kein vorgedrucktes Formular enthielten, waren die Notizen in der Regel nach einem festen Schema gegliedert. Für jede Fallgeschichte war eine Doppelseite vorgesehen, links stand jeweils die „Aufnahme", rechts die „Geburt" (s. Abb. 2 für das im folgenden verwendete Beispiel[10]). Jeder Bericht ist durch eine laufende Nummer gekennzeichnet und beginnt mit dem Datum der Eintragung sowie der Aufnahme. Am 24. Januar 1812 wurde eingeschrieben und ins Hospital aufgenommen („rec[epta] eod[em]") „Johanna Lubon, Zimmermeisters Tochter zu Stimmen bei Hannover. Dienstmädchen in Geismar, 23 J[ahre] a[lt], mittl[erer] schwaler [= schmaler?] Statur, hellbrauner Haare, blassen Aussehens." Sie war eine ziemlich durchschnittliche Patientin.[11] Wie zwei Drittel aller aufgenommenen Frauen gehörte Johanna Lubon dem Gesindestand an; 24 und 23 Jahre waren die häufigsten Altersangaben. Da ihr Geburtsort Stemmen fast 100 km nördlich von Göttingen liegt, zählt sie zu den weiter Gereisten; andererseits befand sich ihr Dienstort vor den Toren der Stadt. Bei all diesen Personaldaten war der Direktor auf das angewiesen, was die Frau ihm sagen wollte und sagte. Nur in besonderen Fällen – z.B. wenn sie aus Göttingen oder der nahen Umgebung kam – mochte das Gerede in- und außerhalb der Anstalt eine gewisse Kontrolle ermöglichen und den Direktor zu zusätzlichen Bemerkungen im Tagebuch veranlassen. Benötigt wurden die Angaben zur Person nicht zuletzt für den Fall, daß die Frau starb und ihr Kind überlebte.

Der nächste Absatz jeder Fallgeschichte enthält die Anamnese, die Geschichte dieser und eventueller früherer Schwangerschaften. Er beginnt stets mit den Worten „gibt an" und macht schon dadurch deutlich, daß auch hier protokolliert wurde, was die Frau aussagte – freilich auf die Fragen des Arztes hin. Johanna Lubon „gibt an: sie habe vor 2 Jahren zu Hause ein Mädchen geboren, das nur 1 Jahr alt geworden sei. Diesmal sei [sie] im Anfang Mais schwanger worden, ihr Monatl[iches] habe sie 8 Tag zuvor noch gehabt, nachher nicht mehr. Bis nach der Hälfte habe sie sich alle Tag des Morgens nüchtern erbrochen, jetzt nicht mehr, sie glaube in 8 Tag niederzukommen." Der Geburtshelfer wollte nicht nur wissen, ob seine Patientin zum ersten oder wiederholten Male schwanger war; er fragte gegebenenfalls auch, wann und wo sie entbunden hatte, welches Geschlecht das frühere Kind hatte, ob es noch lebte, ja bei wem es sich aufhielt. Das Interesse des Arztes richtete sich also nicht ausschließlich auf Körperliches, sondern auch auf bestimmte Aspekte der sozialen Bedingungen. Vor allem ging es natürlich um die vorliegende Schwangerschaft. Wann die Konzeption stattgefunden hatte, wurde manchmal auf den Tag genau, meist aber nur ungefähr nach dem Kalender der Feste oder der Monate datiert. Regelmäßig dazu gehörte die Frage nach der letzten Regel; nicht selten gab eine Frau an, daß „ihr Geblüt" auch nach Beginn der Schwangerschaft noch einmal oder mehrfach „erschienen" sei, und Osiander notierte es kommentarlos. Zum Befinden während der Schwangerschaft wurde fast nie von Gelüsten, dagegen oft von Ekelgefühlen berichtet, z.B. vor Brot oder Butter, Fleisch oder Pfannkuchen. Selten vergaß der Direktor, den Zeitpunkt der ersten Kindsbewegungen zu erfragen, regelmäßig schrieb er den voraussichtlichen Geburtstermin auf – und zwar immer so, wie ihn die Schwangere vermutete.

Danach aber führte nicht mehr die Frau das Wort; der Arzt beschränkte sich fortan nicht darauf, Fragen zu stellen, sondern wollte auch selbst die Antworten finden: Er schritt zur Untersuchung. Im Unterschied zu den Frauen in der Privatpraxis, die den Geburtshelfer zu sich nach Hause riefen und bezahlten,[12] mußten sich die Patientinnen im Hospital offenbar entkleiden. Die Hebamme hatte sie zuvor angehalten, sich zu waschen.[13] Zuerst kam die äußere, dann die innere Untersuchung. Den Befund hielt der Direktor im Tagebuch fest. Hier lautet er: „Brüste schlaff; Milch fließt aus. Bauch sehr überhängend; Nabel nahe an d[en] Genitalien[,] sehr hervorstehend. Vagina schlaff; weit; M[utter]m[un]d geschlosse[n] hoch; Kopf bewegl[ich] vorliegend." Die Untersuchung hatte zum Ziel, die Lage des Kindes festzustellen, den Stand der Schwangerschaft genauer zu bestimmen und die Angaben der Frau soweit wie möglich zu überprüfen. Besonders achtete Osiander darauf, ob er Narben am Muttermund ertasten konnte. Traf das zu und die Patientin hatte behauptet, zum ersten Mal schwanger zu sein, so verhörte er sie nochmals eindringlich und fügte das Ergebnis als Zusatz ins Tagebuch ein: „gesteht", dann und dann bereits geboren zu haben, oder: „leugnet" trotz aller Vorhaltungen, je geboren zu haben. – Grundsätzlich waren diese Untersuchungen natürlich auch geeignet, nähere Hinweise auf den voraussichtlichen Geburtstermin zu geben. In dieser Hinsicht scheint Osiander sich jedoch lieber auf die Meinung der Schwangeren verlassen zu haben: In den Fällen, in denen er die Frau noch einmal wegschickte, bestimmte er das Datum für die stationäre Aufnahme in der Regel entsprechend ihren Angaben, wann sie niederzukommen glaube, und nahm dabei in Kauf, daß die Geburt dann nicht selten deutlich später stattfand.[14] War der Geburtshelfer sich der Grenzen seiner Prognose-Möglichkeiten bewußt, oder kam er den Schwangeren entgegen, die Gründe haben mochten, auf eine baldige Aufnahme hinzuwirken?

## Schwangere – Patientinnen

Die Struktur des Tagebuch-Textes zeigt, wie die Schwangere Schritt für Schritt zum Gegenstand der ärztlich-geburtshilflichen Kunst wird. Freilich gelang das nicht in allen Fällen. Manchmal blieb die rechte Seite im Tagebuch leer. Die betreffenden Frauen kamen nicht zurück, nachdem der Direktor sie im Anschluß an die Eingangsuntersuchung für einige Tage oder Wochen wieder weggeschickt hatte, weil der Geburtstermin noch zu weit entfernt war und kein Mangel an Schwangeren im Hospital bestand. Ein gutes Drittel der Aufnahmesuchenden mußte zunächst wieder gehen, und von ihnen kehrte jede Fünfte nicht zurück. Offenbar hatten diese Frauen nach einmaliger Untersuchung genug von der Anstalt. Sie fällten ihr Urteil mit den Füßen, dem Direktor gegenüber blieben sie stumm. – Die anderen vier Fünftel allerdings kamen wieder. Auch sie äußerten sich nur in Ausnahmefällen über ihre Motive. So Christina Schadin, Tochter eines verstorbenen Soldaten aus Hannoversch Münden, Dienstmädchen in Osterode am Harz, 28 Jahre alt, die sich am 27. Februar 1810 im Göttinger Accouchierhaus gemeldet und bei der Untersuchung erklärt hatte, sie wisse nicht genau, wann sie schwanger geworden sei. Der Direktor hatte entschieden, sie solle erst in vierzehn Tagen aufgenommen werden. Doch schon am nächsten Tag war sie wieder da, wie er in einem Zusatz notierte, „und bittet um Aufnahme, weil sie nicht hier einen Aufenthalt finden könne und sonst nirgendshin sich zu wenden wisse".[15] Von denen, die ganz wegblieben, wird man im Umkehrschluß annehmen dürfen, daß es ihnen gelang, eine Unterkunft oder Unterstützung außerhalb der Anstalt aufzutun. Notgedrungen mußten sich darum die bemühen, welche vom Direktor abgewiesen wurden, weil sie mit einer „unreinen" Hautkrankheit oder dgl. behaftet waren;[16] deren Zahl war freilich gering, dreimal kleiner als die derjenigen, die von sich aus wegblieben.

Nach der stationären Aufnahme standen die Schwangeren für die zweimal wöchentlich stattfindenden „praktischen Übungen im Untersuchen" zur Verfügung. Dies war ein wichtiger Bestandteil der Ausbildung für die Studenten, aber auch für die Hebammenschülerinnen.[17] Die Ergebnisse dieser Untersuchungen wurden nicht im einzelnen im Tagebuch festgehalten, sondern höchstens summarisch zu Beginn des Geburtsberichts erwähnt.

Hin und wieder kam es vor, daß Frauen vor der Entbindung wieder weggingen, obwohl sie bereits stationär aufgenommen waren. In diesem Fall mußten sie für ihren Aufenthalt bezahlen. Daher hat der Verwalter, der für die Rechnungsführung zuständig war, solche Abgänge im Aufnahmebuch besonders vermerkt. Dort findet sich am 29. Mai 1809 die 27jährige Witwe Rott eingetragen, gebürtig aus Stuttgart, zum ersten Mal schwanger. Bereits für den 3. Juni ist ihr Abgang notiert mit der Anmerkung: „Ist nicht entbunden und hat für die 6 Tage 1 Reichstaler bezahlt. Bekam das Heimweh." Welche Gefühle und Überlegungen sich hinter der Rede vom Heimweh verbargen, bleibt ungewiß. Eine unerwartet glückliche Wendung nahm die Geschichte der Catharine Meister. Aus Heyden bei Heiligenstadt im Eichsfeld gebürtig, 30 Jahre alt und zum zweiten Mal schwanger, war sie am 11. Mai 1807 ins Hospital eingetreten und ging am 11. Juni unentbunden ab. „D[en] 11 Junii ist diese Person von ihrem Stuprator [unehelichen Schwängerer] Nicolaus Brinkmann, Dorfschulze in Schachtebeck, um sie zu heiraten, wieder abgeholt u[nd] hat an Kostgeld für jeden Tag 6 Gr[oschen,] also in alle[m] 5 R[eichs]-t[aler] 12 Gr[oschen] bezahlt." Der Satz von mehr als einem Taler pro Woche erscheint abschreckend hoch; erhielt doch z.B. die Hospitalsmagd pro Jahr nur einen Barlohn von zehn bis zwölf Talern (neben freier Unterkunft und Verpflegung). So überrascht es nicht, daß unter den rund 3600 Frauen, die von 1791 bis 1829 in den Aufnahmebüchern registriert wurden, nur sieben vor der Niederkunft weggingen und für ihren Aufenthalt zahlten. Mehr als viermal so viele, nämlich 32, finden sich als „heimlich" entwichen verzeichnet; von ihnen ließ sich kein Geld eintreiben. Allerdings wurden auch 22 von seiten der Hospitalleitung unentbunden entlassen, entweder weil sie „unrein" waren oder weil ihnen „schlechte Aufführung" oder bestimmte Vergehen, meist kleine Diebstähle, zur Last gelegt wurden.

### Der aktive Geburtshelfer

Die rechte Tagebuch-Seite, überschrieben mit „Geburt", enthält auf dem Rand das Datum der Entbindung und eine kurze Zusammenfassung des Verlaufs in lateinischer Sprache. Johanna Lubon kam am 15. Februar 1812 nieder (s. Abb. 2). Für den Geburtshelfer war das Wesentliche an dem Ereignis: „Partus ob uteri inertiam lentus forcipe feliciter absolutus. Op[era]-t[ionem] fec[it] D[omi]n[us] Tobler." Also: Die wegen der Trägheit der Gebärmutter langsame Geburt wurde mit der Zange glücklich vollendet. Herr Tobler führte die Operation aus. – Den Hauptteil dieser Seite nimmt der ausführlichere Geburtsbericht in deutscher Sprache ein:

„Gestern nachmittag um 4 Uhr bekam sie die ersten Wehen. Die Nacht hindurch hatte sie viele Wehen, diesen Morg[en] um 5 Uhr war d[er] M[utter]m[u]nd völlig offen, und der Kopf natürl[ich] ins Becken eingetreten. Sie hatte viele, aber unvollkommene Wehen, und der Kopf schien groß zu sein. Ich ließ daher ihr mit d[er] Zange helfen. H[er]r T[obler] legte sie an und brachte mit wenigen Tract[ionen] das Kind glücklich zur Welt. Der Nabelbruch trat zurück während der Geburt bei dem Liegen auf dem Rücken. Die Bauchhaut war sehr runzlig und der Bauch nach der linken Seite überhängend. – Ende der Geburt um 3/4 v[or] 7 Uhr morgens."

Im Geburtsbericht[18] erscheint die Gebärende als Trägerin von Wehen, die mehr oder weniger ‚vollkommen‘, ‚kräftig‘, oft ‚schmerzhaft‘ sind. Der lateinische Text macht nicht sie, sondern ‚die Geburt‘ zum Subjekt. Im Mittelpunkt steht der Uterus – in diesem Fall zeichnet er sich durch ‚Trägheit‘ aus – oder der Muttermund, der sich allmählich öffnet, oder das Becken, das mehr oder weniger günstig geformt ist. Die Gebärerin als Person kommt in dem Kurzbericht, der in lateinischer Fachsprache verfaßt ist, nicht vor; und wo sie im deutschen Text grammatikalisches Subjekt ist, wird ihr doch keine aktive Rolle zugeschrieben. Aktiv ist der Geburtshelfer. ‚Herr Tobler führte die Operation aus‘, heißt es am Rand. Der ausführliche deutsche Text ist genauer: „Ich ließ … ihr mit der Zange helfen. Herr Tobler legte sie an …" Die Entscheidung trifft Osiander, der Professor der Geburtshilfe; der Student handelt nach seiner Anweisung. Das Protokoll ist so stilisiert, daß sich eine stimmige Abfolge ergibt von der Diagnose der Kindslage, des Standes der Geburt und gegebenenfalls des Hindernisses hin zum Entschluß des Geburtshelfers einzugreifen. Das will der Direktor seinen Studenten beibringen, und danach sucht er sein eigenes Verhalten einzurichten. Nicht selten läßt das Tagebuch erkennen, daß der Geburtsbericht nicht auf einmal niedergeschrieben wurde, sondern in Etappen, offenbar während des Wartens auf den Fortgang.[19] In solchen Fällen besteht weniger als bei nachträglicher Eintragung des Ganzen Grund zu dem Verdacht, daß der Text im nachhinein vom Ergebnis her stilisiert sein könnte.

Friedrich Benjamin Osiander bekannte sich vor dem wissenschaftlichen Publikum ausdrücklich dazu, ein *aktiver* Geburtshelfer zu sein. Zugleich betonte er seine Aufgabe als akademischer Lehrer; und als solcher hielt er es für seine „Pflicht", seine „Zuhörer zu geschickten *Geburtshelfern* zu bilden, nicht zu untätigen Ratgebern, ‚mit animalischer Ergebenheit auf die Hülfe der Natur zu warten'".[20] Hier klingen Denkmuster an, die in polaren Gegensätzen organisiert sind und eine ausgesprochen geschlechtsspezifische Pointe haben; gerade die Wissenschaft der Aufklärungszeit suchte diesen Vorstellungen eine biologisch-medizinische Grundlage zu geben. Kultur und Natur wurden als Gegensätze gedacht, und sie verbanden sich mit den Polaritäten von Mann und Frau, Aktivität und Passivität, Verstand und Gefühl.[21] Osiander bediente sich dieser Ideen auch, wenn er – wie viele seiner Fachgenossen – die „künstliche Geburtshülfe dem männlichen Geschlechte" vorbehielt, während er die Hebammen prinzipiell auf den Beistand bei ‚natürlichen' Geburten beschränken wollte.[22] Da er überzeugt war, „daß eine geschickte Zangenoperation die erste und vorzüglichste Hülfe bei den meisten verzögernden und schweren Geburten ist", ließ Osiander in der Klinik „nicht leicht eine aus Umschlingung oder anderer Ursache verzögernde und schmerzhafte Geburt oder den ersten Grad der Einkeilung unbenutzt vorübergehen, ohne die Zange entweder selbst vor den Augen meiner Zuhörer anzulegen oder durch einen von den am Fantome schon Wohlgeübten anlegen zu lassen." Mit Blick auf die großen Entbindungshospitäler, die etwa in Wien oder Paris Jahr für Jahr weit über tausend Geburten verzeichneten, fügte der Direktor des Göttinger Hauses mit seinen achtzig bis hundert Fällen pro Jahr selbstbewußt hinzu:

„... überhaupt ist mein Absehen beständig dahin gerichtet, aus den vorfallenden Geburten so viel möglich Nutzen für den Unterricht zu ziehen. Tut man das, so können hundert Geburten lehrreicher sein als auf einem andern Gebärhause tausende."[23]

Konsequent setzte Osiander seine Grundsätze in die Praxis der von ihm geleiteten Anstalt um. Hier wurden vierzig Prozent aller Entbindungen mit der Zange vorgenommen.[24] Diese Rate ist hundertmal höher als in der großen Wiener Klinik; dort wurde unter Johann Lukas Boer, der im Gegensatz zu Osiander das Programm einer ‚natürlichen Geburtshilfe' entwickelte, die Zange in 0,4% aller Entbindungen eingesetzt.[25] Im Göttinger Accouchierhaus wurden in weiteren 6% der Fälle andere Operationen ausgeführt, am häufigsten die Wendung, so daß nur 54% – kaum mehr als jede zweite Geburt – ‚der Natur überlassen' blieben. Dabei zeigt ein Vergleich der kurzen lateinischen Klassifizierungen mit den ausführlichen deutschen Berichten für die einzelnen Geburten, daß Osiander Eingriffe wie Blasensprengung und Ausdehnung des Muttermunds (mit der Hand oder einem Instrument) ebensowenig als „Operationen" notierte wie die Verabreichung von Medikamenten; bei derartigen Interventionen bezeichnete er die Geburt durchaus als „natürlich".

Regelmäßig vermerkte Osiander am Rand des Tagebuchs, wer die Operation ausführte. Am häufigsten taucht hier naturgemäß sein eigener Name auf. Aber ebenso werden zahlreiche Studenten („Herr") und Doktoren der Medizin („Dr.") genannt, die sich bei ihm in der Geburtshilfe aus- und fortbilden ließen. Manchmal steht daneben ein weiterer Name mit „assist[it]" = hilft. Häufiger findet sich diese Angabe bei ‚natürlichen' Geburten. Während als Operateure durchweg Männer eingetragen wurden, finden wir als ‚Helfende' oft Frauen registriert: die Hospitalshebamme oder Hebammenschülerinnen. Selten spezifiziert das Tagebuch, worin die Hilfe der ‚assistierenden' Person bestand; dies wird anscheinend als selbstverständlich vorausgesetzt. Gelegentlich aber heißt es, daß „ich", Osiander, „die Zange ... anlegte" und den Kopf

„heraushob, während die Hebamme vor der Gebärenden saß, unterstützte und das Kind vollends heraushob". Ein anderes Mal benutzte ein Student die Zange, „während die Hebamme Hübnerin vorsaß und unterstützte".[26] Bei Zangenoperationen scheint also der Dammschutz des öfteren Aufgabe der Hebamme gewesen zu sein.

Die Arbeitsteilung zwischen Haushebamme und Direktor hatte freilich noch andere Seiten. Eine nächtliche Sturzgeburt ging, wie das Tagebuch notiert, so schnell, daß außer einer anderen Patientin niemand dabei war. Geweckt wurde in diesem Fall – es war zwischen ein und zwei Uhr morgens – die Hebamme, nicht etwa Professor Osiander, der ja auch im Hause wohnte.[27] Nächtliche Bereitschaft war also eher Aufgabe der Hebamme als des ärztlichen Direktors.

Das Tagebuch beschönigt nicht, daß die Entbindung in der Anstalt als Ausbildungssituation gestaltet war. Dazu gehörten auch ungeschickte Versuche der Studenten: „... ich ließ ... die Zange anlegen; da aber H[er]r Br[am] mit d[em] Anlegen nicht fertig werden konnte, übernahm ich solche; er machte die erste, ich die letzte Tract[ion]."[28] Vereinzelt notierte Osiander, daß er versuchte, den Ablauf der Geburt je nach dem Zeitplan seiner Studenten zu beschleunigen oder zu verlangsamen. Margretha Schäffer wurde am 13. Juni 1811 gegen 12 Uhr mittags „auf den [Gebär-]Stuhl gebracht, hatte aber da wenig Wehen; und da die Herrn um 2 Uhr in Collegia mußten, ließ ich H[e]r[rn] Möhring die Zange anlegen ..." Ein anderes Mal „brachen die Wasser" morgens um sechs Uhr, als Osiander Vorbereitungen traf, „das Kind bei den Füßen hervorzubringen". „Sogleich brachte ich die ganze Hand ein, hielt solche in der Vagina, um das gänzliche Abfließen des Fruchtwassers zu verhüten, bis die übrigen Zuhörer beisammen wären; und nachdem ich so meine rechte Hand 1/2 Stunde gehalten hatte und es nun kaum mehr aushalten konnte, so zog ich einen Fuß um den andern, erst den linken, dann den rechten, herab ..."[29] Nur in seltenen Fällen erwähnte das Tagebuch ausdrücklich die Vielzahl der bei der Entbindung anwesenden Studenten. Da sie zusahen und gegebenenfalls untersuchten, aber nicht aktiv in den Ablauf eingriffen, hatten sie in der Regel keinen Platz im Geburtsbericht. Wie Osiander seinen Fachkollegen mitteilte, waren regelmäßig bis zu dreißig Studierende anwesend, außerdem die Hebammenschülerinnen, maximal acht pro Kurs.[30]

Die Mißgriffe der Studenten beschrieb der Professor im Tagebuch ohne Umschweife; dabei erwähnte er gelegentlich auch die schmerzhaften Folgen für die Gebärende: „Da H[er]r Pauli die Zange einmal zu hoch aufhebte, gleitete die Zange plötzl[ich] ab, und der Damm riß zur Hälfte ein ..."[31] Bekannte er sich mit gleichem Freimut zu eigenen Mißerfolgen? Zumindest sind die Berichte in dieser Hinsicht weniger explizit. Gewiß vermerkte Osiander manchmal, daß die Zange Spuren am Kopf des Kindes hinterließ. Von „Hauteindruck" sprach er hier, auch wenn er einmal präzisierte, daß dieser einen halben Zoll – d.i. mehr als einen Zentimeter – tief war; er beeilte sich hinzuzufügen, daß diese „Hauteindrücke" „aber bald verschwanden".[32] Er berichtete sogar von einem „eingedrückten" Stirnbein des Kindes: Bei dieser unvorstellbar schweren Geburt machten drei Geburtshelfer insgesamt über hundert Zangen-Traktionen; „das Kind schwach, erholte sich aber doch im Bade" und überlebte. Hier betonte Osiander an drei verschiedenen Stellen des – offenbar nachträglich eingetragenen – Geburtsberichts, daß er die Verletzung des Kindskopfes aufgrund der spitz hervorragenden Form des Promontoriums der Gebärenden exakt vorausgesagt habe; damit drückte er dem Resultat den Stempel des Unvermeidlichen auf.[33]

## Die Gebärerin: unsichtbar – sichtbar

Angesichts der Dominanz des Geburtshelfers in den Entbindungsprotokollen, wo bleibt die Gebärerin? Im Kreißsaal des Göttinger Hospitals blieb ihr Gesicht den Studenten verborgen durch einen grünen „Vorhang, welcher über die Hälfte des Leibes der liegenden Kreisenden weggehet", während sie „bis an die Geburtsteile entblößt [war], damit alle Zuschauer den

Hergang und die Art der Hülfe sehen" konnten.[34] Daß die Gebärende ganz entsprechend in den Tagebüchern als Person unsichtbar sei und nur ihre für die Geburt relevanten Körperteile existierten, wäre jedoch eine zu weitgehende Behauptung. Denn etwa jeder fünfte Bericht spricht ausdrücklich von der Gebärenden und ihren Reaktionen. Daß und wie sie die Wehen verarbeitete, wird jedoch äußerst selten erwähnt. Aus Osianders Veröffentlichungen wissen wir, daß im Accouchierhaus die Hospital-Hebamme der Gebärenden „zur Seite steht" und „sie zum geschickten Verarbeiten der Wehen anweiset".[35] Dieser Hebammen- und Frauen-Sache brachte der Geburtshelfer nur geringes Interesse entgegen.

Wenn der Geburtsbericht eine Reaktion der Gebärenden festhält, so geschieht das in den allermeisten Fällen mit Worten wie „bat um Hilfe", „wünschte, entbunden zu werden", „sehnte sich sehr nach Hülfe". In der Regel geht einem solchen Satz voraus die Diagnose über den Stand der Geburt, die Kindslage und – soweit möglich -die Art des Hindernisses, das einem natürlichen Fortschreiten im Wege stand: Der Muttermund war „völlig offen, aber der Kopf immer begl[ich] über d[em] kl[einen] Becken. Wehen bewürkten nichts, und die Untersuch[ung] mit d[er] ganzen Hand zeigte ein starkes Hervorragen des Promont[orii] os[sis] sacri [d.i. des Vorberges des Kreuzbeins]. Ich beschloß daher auf d[en] Wunsch d[er] Gebär[enden,] die Zange anzulegen..."[36] Das Verlangen der Gebärerin nach einem Ende ihrer Schmerzen wurde als unterstützendes Argument für den Eingriff des Geburtshelfers notiert, allerdings nur als ein ergänzendes, nicht als das entscheidende; darüber hinaus billigten die Entbindungsprotokolle der Betroffenen in aller Regel keine Stimme zu. Und es kam vor, daß der Arzt sich dem Begehren der Frau widersetzte: „... wurde sie auf den Stuhl gebracht, da d[er] M[utter]m[u]nd völlig offen war und der Kopf in die Krönung trat. Auf dem Stuhl klagte sie sehr über Schmerzen und verarbeitete die Wehen wenig und verlangte sehr, künstlich entbunden zu werden. Da aber nicht abzusehen war, warum sie entbunden werden sollte, indem der Kopf gut gestellt, das Becken und die äußern Geburtsteile weit waren, so wurde ihr zugeredet, die Wehen zu verarbeiten, sie folgte aber nicht, und das Kind kam ohne Anstrengung hervor."[37] In allen Fällen behielt der Geburtshelfer sich die Entscheidung über Zeitpunkt und Art der Hilfe oder der Operation vor – so jedenfalls die Stilisierung der Protokolle.[38]

Einige Male wird notiert, daß die Gebärende durch Unruhe, Wehleidigkeit oder übermäßige Bewegung die Entbindung behinderte. Das konnte im Einzelfall auch zur Erklärung von Schwierigkeiten taugen, obwohl prinzipiell die Tatsache, daß der Frau keine aktive Rolle zugedacht war, implizierte, daß ihr in der Regel auch nicht die Schuld für Mißerfolge zugeschrieben wurde. Hin und wieder lobt das Tagebuch eine Patientin für ihre Geduld und Tapferkeit. Catharina Snarrenberg aus Höxter, 24 Jahre alt und von „sehr kleiner Statur", hatte es wegen ihres engen und stark geneigten Beckens besonders schwer bei ihrer ersten Geburt. Osiander und zwei Studenten machten „c[ir]c[a] 73 Tract[ionen] stehend mit aller Kraft"; durch den Fehler eines Studenten riß „der Damm ... zur Hälfte ein". Um die Blutung zu stillen, wurde ein Medikament auf die Wunde gebracht – versehentlich ein falsches, wie Osiander ohne Beschönigung berichtet. „Zu aller Erstaunen sagte sie kein Wort. Und als ich sie fragte, ob sie nichts empfinde, antwortete sie: ‚Et bit e wenig.'" ‚Es beißt ein wenig' – dies ist einer der seltenen Fälle, wo eine Patientin im Tagebuch mit direkter Rede zu Wort kommt, und der Schwabe Osiander gab sich sogar Mühe, ihre niederdeutsche Sprache wiederzugeben. Wenn in diesem Eintrag eine gewisse Bewunderung für ihre Bravour anklingt, so war diese doch mit Herablassung durchmischt. „Etwas ... einfältig" fügte er nachträglich auf der linken Seite bei ihren Personalangaben hinzu.[39] Möglicherweise schwingt hier die damals verbreitete und von Osiander geteilte Vorstellung mit, daß weniger kultivierte Menschen und insbesondere die ‚Wilden' unempfindlicher gegen Schmerzen seien.[40]

Verächtliche Bemerkungen über die Person der Schwangeren sind rar; in wenigen Fällen wird der Vorwurf der Prostitution erhoben, meist in lateinischer Sprache: „filia publica", öffentliches Mädchen, oder „meretrix", Dirne. Einmal zumindest scheint durch den Tagebuch-Eintrag hindurch, daß eine Patientin stark genug war, den Direktor zu irritieren. Sie fügte sich nicht in sein Ordnungsschema und wurde deshalb mit zusätzlichen Informationen, aber auch herabsetzenden Kommentaren bedacht. Am 25. Mai 1811 meldete sich „Ilse Cathar[ina] Doroth[ea] Zimmermann, geb. Hartmann, Besenbinders Deserta [d.i. verlassene Ehefrau], 42 J[ahre] a[lt], mittl[erer] Stat[ur], seit 3 Jahren in Harste", einem Dorf unweit Göttingens. „Gibt an, sie habe mit ihrem Manne 5 Kinder gehabt, 4 Mädchen und 1 Knabe, die noch leben; diesmal sei sie um Mich[aelis, d.i. 29. September] schwanger worden" usw. Da sie glaubte, „3 Wochen nach Pfingsten niederzukommen", also um den 23. Juni 1811, wurde sie im Anschluß an die Untersuchung bis „8 Tag nach d[en] Pfingsten" wieder nach Hause geschickt. Sie kam sogar erst am 27. Juni zurück und brachte schließlich am 8. September ein kräftiges Mädchen zur Welt; es war eine natürliche Geburt unter Beistand der Hospitalshebamme. Irgendwann während ihres Aufenthalts in der Anstalt fügte Osiander auf der linken Tagebuchseite eine ganze Serie von Zusätzen ein. Nicht nur ergänzte er Geburtsort und Haarfarbe, die er ursprünglich vergessen hatte. Weiter notierte er bei den Personaldaten: „Ist schon einer Erbschaft wegen in England gewesen. Ein albernes Mensch." Unten auf der Seite vervollständigte er die Angaben über frühere Geburten: „Gesteht, daß sie schon einmal voriges Jahr von demselben Schwäng[erer] ein außerehl[iches] Kind geboren habe." Der Kindsvater war obendrein verheiratet, wie die rechte Seite zeigt: „Andreas Hein[rich] Hug, Ehmann u[nd] Einwohner in Parensen", einem Nachbardorf von Harste. „Sie ist häßlich und albern und alt", fuhr Osiander fort – er war übrigens zehn Jahre älter als sie. Den Schluß bildet ein kurzer Dialog zwischen dem Professor und der Besenbindersfrau: „Ich fragte sie, wie es dann komme, daß sie in ihrem Alter noch 2 uneheliche Kinder bekommen habe? Sie antwortete: ‚Was tut die Liebe nicht!'"[41]

Gegenüber den Fachkollegen rühmte sich Osiander seiner durchgehenden Präsenz in der Klinik: „Bei jeder Geburt, sie sei bei Tag oder bei Nacht, bin ich, wenn keine Krankheit, Reise aufs Land oder ein anderes wichtiges Geschäft mich hindert, vom Anfange bis zu Ende zugegen..."[42] Im Vergleich zu den ärztlichen Direktoren sehr großer Gebäranstalten, die unmöglich Derartiges von sich behaupten konnten,[43] belegen die Göttinger Tagebücher in der Tat eine den klinischen Alltag weithin bestimmende Rolle des Geburtshelfers. Gewiß konnte es vorkommen, daß er bei einer sehr schnellen Geburt nicht rechtzeitig da war, insbesondere nachts. Oder er stellte sich an einem Wintermorgen erst um sechs Uhr ein, als „eingeheizt wurde", während bis dahin offenbar die Hebamme Beistand und Untersuchung übernommen hatte.[44] Bei langwierigen Entbindungen brauchte der Arzt gelegentlich eine Pause: Nachdem eine Patientin schon am Vortag „viele kurze Wehen" verspürt hatte, „heute morgen um 2 aber stärkere" auftraten, der Muttermund „um 6 Uhr 2 Fing[er] br[eit] ..., um 8 Uhr 4 Fing[er] breit" geöffnet war, entging es Osiander, wann die „Wasser" abflossen; gegen 10 Uhr war er wieder präsent und leitete die schwere, aber erfolgreiche Zangenoperation.

Dennoch war der Direktor nicht über alles in seiner Anstalt informiert. Das kommt bei dem einen oder anderen besonderen Fall im Tagebuch zum Ausdruck, so nach dem Tod einer Patientin. Die 30jährige Maria Juliana Libertin, geborene Meisterin, Witwe eines Schmiedes, kam am 7. Dezember 1800 in das Accouchierhaus, wurde gleich aufgenommen, gebar am 17. Januar 1801 einen Sohn und starb am 10. Februar.[45] Zunächst lautete die Diagnose auf „kaltes Kindbettfieber"; die „Leichenöffnung" zeigte einen „schröcklichen Abszeß", der von der Schamfuge bis weit in den linken Oberschenkel reichte. In der „Krankengeschichte", die Osiander wohl erst nach ihrem Tod ins Tagebuch schrieb, hielt er fest: „Von Anfang, da sie aufs Haus aufgenommen wurde, stank ihr Atem sehr; auch stank wahrscheinlich ihr Urin und Ausdünstung, denn wenn man des Morgens auf ihre Stube gekommen sei, so soll es nach Aussage der Hebammen und Schwangeren kaum auszuhalten gewesen sei[n]." Den Atem der Frau hat der Arzt selbst gespürt, etwa bei der Untersuchung; auf ihr Zimmer ist er nicht gegangen, jedenfalls nicht morgens. Die „Unteraufsicht über die Schwangeren und Wöchnerinnen" und die Verantwortung „für Ordnung und Reinlichkeit auf den Wohn- und Schlafzimmern" lag ja auch bei der Instituts-Hebamme.[46] Weiter heißt es in der Krankengeschichte: „Den Hebammen erzählte sie, in d[er] Schwangerschaft schon, als Mädchen von 18 Jahren sei sie einmal auf ein Holz vorwärts hingefallen und habe zwischen den Füßen an den Geb[urts]t[ei]l[en] eine faustgroße Geschwulst bekommen, die sie lange verschwieg[en] habe …, und sie sei lang krank gewesen. Sie habe sich nachher verheuratet…" Hier steht ein Zusatz am Rand: „Ihr Mann habe sie mit dem Hammer vor dem Amboß auf das Gemächt geschlagen; und von der Zeit an habe sie den [!] Schmerzen im linken Fuß u[nd] Kreuz." Zu ‚den Hebammen‘, also wohl den Schülerinnen, vielleicht auch der am Hospital angestellten, sprach sie von ihren Leiden – vielleicht nicht in vollkommener Offenheit, denn die Geschichte von dem Unfall und die von der Gewalt des Ehemannes könnten zwei Versionen eines Ereignisses sein. Dem ärztlichen Direktor aber sagte sie von all dem nichts, und auch von ‚den Hebammen‘ erfuhr er es erst nach ihrem Tod. Gab es sogar im Gebärhaus eine Sphäre zwischen den Frauen, zu welcher der Direktor nicht ohne weiteres Zugang fand?

Einige Indizien sprechen dafür. Anna Maria Ostermeyerin, ein Dienstmädchen von 27 Jahren, das am 3. Mai 1800 zum zweiten Mal im Göttinger Accouchierhaus niederkam, „verheimlichte" laut Tagebuch „ihre Geburt bis diesen Morgen um h[alb] 5 Uhr, wo der Kopf schon im Einschneiden war. Um 5 Uhr wurde das Kind … geboren. … Sie soll die ganze Nacht Wehen gehabt, aber zu den andern, die bei ihr waren, gesagt haben, daß es nur Krämpfe seien." Zumal jeweils zwei Frauen ein Zimmer teilten, blieb den anderen nicht verborgen, daß sich Anna Marias Zustand veränderte; die Hospitalshebamme benachrichtigten sie nicht, obwohl die „Hausgesetze" das nachdrücklich einschärften.[47] Insgesamt 35mal spricht das Tagebuch mehr oder weniger deutlich von Versuchen, die Wehen zu verheimlichen, also bei knapp 4% der Entbindungen. Sehr häufig ist dies Verhalten demnach nicht gewesen. Dennoch irritierte es den Direktor in besonderer Weise. Wollten diese Frauen doch die Wohltaten der Gebäranstalt – freie Unterkunft und Verpflegung, eine Zuflucht in den schwierigen Wochen vor und nach der Niederkunft – in Anspruch nehmen und die Gegenleistung, sich entbinden zu lassen, verweigern.

Es gibt keinen Grund, an der Entschlossenheit Osianders zu zweifeln, die in sein Hospital aufgenommenen Schwangeren und Gebärenden der Disziplin der Klinik zu unterwerfen. Er drückte diesen Willen vor der wissenschaftlichen Öffentlichkeit mit schonungsloser Offenheit aus – die Nachwelt, auch seine Nachfolger im Amt schockierend:

„Und da der ganze Zweck dieses Instituts dahin gerichtet ist, daß den Studierenden der Geburtshülfe sowohl als den Hebammen der Vorteil verschafft werde, sich durch Zusehen und Handanlegen zu wahren, der Menschheit nützlichen Geburtshelfern und Hebammen zu bilden; ferner daß der Lehrer Gelegenheit haben möchte, seinen Zuhörern die Lehrsätze der Geburtshülfe in der Natur anschaulich zu machen, so werden auch die ins Haus aufgenommenen Schwangeren und Kreißenden gleichsam als lebendige Fantome angesehen, bei denen alles das (immer freilich mit der größesten Schonung der Gesundheit und des Lebens ihrer und ihres Kindes) vorgenommen wird, was zum Nutzen der Studierenden und Hebammen und zur Erleichterung der Geburtsarbeit vorgenommen werden kann."[48]

Zum Wohl ‚der Menschheit' wollte der akademische Lehrer lebende Menschen in Objekte, Frauen gleichsam in Übungspuppen verwandeln. Doch gibt es Anzeichen, daß die betroffenen Frauen trotz ihrer sozialen und persönlichen Notlage der Realisierung dieses Projekts hier und da Grenzen setzten, selbst unter den Bedingungen der Anstaltsgeburt.

*Marita Metz-Becker*

# Die Sicht der Frauen. Patientinnen in der Marburger Accouchieranstalt um die Mitte des 19. Jahrhunderts

Die 1792 gegründete Marburger Accouchieranstalt gehört zu den frühen Einrichtungen dieser Art in Deutschland, in denen sich die männliche akademische Medizin erstmals der von ihr bis dahin eher verachteten ‚Weiberkunst‘, der Hebammenkunst, annahm.[1] Vor allem dienten sie als Lehr- und Ausbildungsstätten einer sich professionalisierenden Ärzteschaft. Sie waren nicht primär der unehelich Schwangeren ‚wegen da‘: „Mit nichten! die Schwangeren, sie seyen hernach Verehelichte oder Unverehelichte sind der Lehranstalt halber da",[2] schrieb der Göttinger Geburtshelfer und Anstaltsleiter Friedrich Benjamin Osiander (1759–1822). In einigen Entbindungshospitälern hat man außerordentlich häufig geburtshilfliche Instrumente eingesetzt. An der Marburger Anstalt wurden zu Beginn des 19. Jahrhunderts 20% aller Entbindungen mit der Zange beendet, in den 1830er Jahren fanden Operationen nur noch in 7% aller Geburten statt.[3]

## Die Klientel der Accouchieranstalten

Die meisten schwangeren Frauen zogen weiterhin die traditionelle Hausgeburt vor. Nur durch ein ausgefeiltes Bonussystem (kostenlose Geburt, Unterbringung und Verpflegung, Erlassen der Unzuchtstrafen und der gefürchteten öffentlichen Kirchenbuße[4]) fanden sich verarmte, verlassene Schwangere bereit, ein Gebärhaus aufzusuchen. Die ehrbare verheiratete Marburger Bürgerin dagegen gebar im häuslichen Ehebett.

Im folgenden soll der Frage nachgegangen werden, wie die Frauen auf die Accouchieranstalten reagierten. Damit ist zunächst die Frage nach den Quellen aufgeworfen. Die Erfahrungen von Frauen aus den Unterschichten spiegeln sich nicht im gelehrten Diskurs der Zeit; sie lassen sich in der Regel nur mühsam aus verstreuten Quellen rekonstruieren. Ergiebig sind z.B. Gerichtsakten von Kindsmordprozessen. Auch wenn diese Fälle „bereits durch die Mühlen der gerichtlichen und obrigkeitlichen Interpretationskanäle gelaufen [sind]",[5] kommen doch in den Verhörprotokollen die Frauen selbst zu Wort; und das ermöglicht eine Sondierung ihres Alltages, ihrer Lebensbedingungen und ihrer Gefühlswelt. Von 77 Kindsmordfällen des Marburger Staatsarchivs standen 20 in engem Zusammenhang mit einer der umliegenden Gebäranstalten, so daß die konkreten Erfahrungen der Frauen mit der Anstalt rekonstruiert werden konnten. Da Kindsmörderinnen durchweg ledig waren, gehörten sie zu der potentiellen Klientel der Accouchierhäuser; ja, bei deren Gründung hatte man ausdrücklich auf den „zeithero vielfältig in Dero Landen sich zugetragenen Kinder Mord"[6] verwiesen, um die Institutionalisierung zusätzlich zu legitimieren.

## Frauen entziehen sich

Catharina Schmidt aus Weipoltshausen brachte 1837 ihr Kind allein auf einem Heuboden zur Welt. Es starb an Unterkühlung, und sie wurde des Kindsmords angeklagt. Auf die Frage, warum sie denn zur Geburt nicht ins Entbindungshaus, „jene heilsame Institution des Staates", gegangen sei, antwortete sie, daß sie Angst vor der Gebäranstalt gehabt habe. Ihr Verteidiger gab zu Protokoll, die Furcht rühre aus den „dort zur Anwendung kommenden Instrumente[n] und … [der] vermeintlich schmerzliche[n] Behandlung der Gebärwunden durch so viele ‚Kerle'". Die heimliche Entbindung im Heu begründet sie auch damit, daß ihr der Bürgermeister mit der Abschiebung in die Entbindungsanstalt gedroht habe, wo „die Doctoren … garstig mit den Weibsleuten umgingen".[7]

Daß unter der Entbindung bis zu einem Dutzend Studenten die Gebärende innerlich untersuchen durften, daß Instrumente zur Anwendung kamen und daß im Todesfall der Körper auf die Anatomie gebracht werden konnte, all dies war in der Bevölkerung bekannt. Das gehörte zum ‚garstigen Umgang durch so viele Kerle‘, dem sich die Frauen, wenn irgendmöglich, zu entziehen suchten. Vor diesem Hintergrund wird verständlich, warum die ledige Magd Elisabeth Gunkel ihr Kind heimlich auf einem Misthaufen zur Welt brachte, nachdem sie vorher schon einer Bekannten gegenüber auf deren Rat, das Entbindungshaus in Marburg aufzusuchen, geantwortet hatte, sie würde „lieber ins tiefste Wasser" gehen, auch wolle sie sich „eher den Hals abschneiden".[8]

Anna Martha Rahm tötete 1808 nach verheimlichter Schwangerschaft und Entbindung ihr Neugeborenes. Auch sie wurde im Verhör gefragt, ob sie „nicht an die hiesige wohlthätige Anstalt des accouchier Hauses gedacht habe, um daselbst niederzukommen?" – „Nein! daran habe ihr Herz nicht gedacht", war die Antwort.[9]

Aber auch Frauen, die mehr oder weniger freiwillig ins Accouchierinstitut gingen, beugten sich nicht fatalistisch den Regeln der Anstalt. „Eine Gebärende", hält der Jahresbericht der Marburger Anstalt 1822/23 fest, „welche in der Nacht zu kreisen anfing, verheimlichte ihre Geburt, indem sie sich auf den Boden des Hauses begab".[10] Hier wurde sie allerdings von der Institutshebamme gefunden, die in ihrer Dienstbeschreibung eigens dazu angehalten war, „dahin zu sehen: daß keine Verheimlichung der Geburts Wehen geschehe, und somit unvermuthet eine Geburt sich plötzlich ereigne",[11] bevor man Professor und Studenten gerufen hatte.

Trotzdem kamen derartige Fälle immer wieder vor. 1820 heißt es, daß Katharina K. ihre Wehen verschwiegen und „sich in einem entfernten Theile des Hauses" aufgehalten habe. 1821 verheimlichte Gertrud W., „unbesuchte Orte der Anstalt zu ihrem Aufenthalte wählend", ihre Geburtswehen und konnte „sich mehrere Stunden hindurch der Aufmerksamkeit ihrer Umgebung entziehen".[12] Margarethe K., die „am 2ten September 1831 um 4 Uhr die ersten Geburtsschmerzen [fühlte], aber erst um 8 Uhr davon Anzeige"[13] machte, versuchte wohl auch, die Untersuchungen durch viele Praktikanten zu vermeiden und den damit verbundenen körperlichen und seelischen Demütigungen zu entgehen.

Der Geburtsablauf in der Anstalt war minutiös geregelt, wie der Direktor Busch 1821 darlegte:

„Wenn eine Schwangere zu kreißen anfängt, so werden alsbald die sämmtlichen Praktikanten und der Lehrer gerufen: ... Nach der Reihe, wie sie sich zu der Klinik gemeldet haben, übernimmt einer die Behandlung der Geburt, während die übrigen als Beobachter zugegen sind. Nachdem der Lehrer die Kreißende untersucht hat, geschiehet dasselbe von dem, welcher die Geburt besorgt, und nachher auch von den übrigen Zuhörern. ... Wenn es nützlich erachtet wird, so werden im Verlaufe der Geburt sämmtliche Praktikanten noch einmal zu der Untersuchung zugelassen."[14]

Auf das Schamgefühl der den Ärzten anvertrauten Frauen nahmen Dienstordnung und Praktizierende wenig Rücksicht, so daß selbst die spätere Historiographie des Faches die unwürdigen Zustände nicht verschwieg. Der Marburger Gynäkologe und Medizinhistoriker Rudolf Dohrn schreibt über die Gepflogenheiten deutscher Gebärhäuser:

„In Erlangen hielt damals der Professor in einem unglaublich dürftig ausgestatteten Auditorium öfters über die einzige, mitten unter den Studenten, an dem runden Tisch sitzende Schwangere seinen Vortrag. – In Giessen stand in der Untersuchungsstunde die Schwangere hinter einem dicken Vorhang und der Praktikant durfte nur durch einen Schlitz des Vorhanges seinen Finger in die Genitalien der aufrecht stehenden Schwangeren einführen, worauf der Praktikant über den Befund referierte. – In Göttingen sah man in der abendlichen Untersuchungsstunde die Schwangere auf einer Art von Katafalk aufgebahrt. Ein von der Decke herabhängender Vorhang verdeckte die Gesichtszüge der Schwangeren den Augen der Studenten. Ein fremder Besucher glaubte in ein Sektionslocal zu kommen".[15]

Wenn das Gesicht der Frau für die Studierenden verdeckt war, konnte diese in gewissem Sinn anonym bleiben. Gleichzeitig wurde aber von ihr erwartet, sich von ihrem Körper zu distanzieren. Das „unlegitime Anrühren" läßt, wie Georg Simmel in seinem Essay über die Psychologie der Scham ausführt, „das Ich nicht mehr in seiner Integrität bestehen"; denn „in unserer Kultur [gehört] ganz generell die unbekleidete körperliche Erscheinung zu dieser Sphäre [der Unnahbarkeit], die nur unter besonderen Umständen einem anderen zugängig sein darf, ohne gleichsam das Ich von seiner Ganzheit und Unversehrtheit loszulösen".[16] Die Schwangeren und Gebärenden, denen man dergleichen zumutete, reagierten auf ihre Weise. Wenn irgend möglich, vermieden sie den Eintritt in die Anstalt. So entbanden im Marburger Institut während des Sommerhalbjahres, wenn auch andere Orte, wie Heuböden, Ställe, Gärten oder das freie Feld zur Geburt aufgesucht werden konnten, nur halb so viel Frauen wie im Winter.[17] Noch als Patientinnen wehrten sie sich, indem sie sich versteckten und ihre Wehen verheimlichten. Andere wandten sich mit ihren Klagen an die Direktion. Aus dem Juni 1850 ist ein Brief an den Direktor der Marburger Gebäranstalt erhalten.

## Patientinnen ergreifen das Wort

„Hochgertester Herr Profeser
Ich kan es nicht mir über mein Herz bringen und kann nicht eher aus Marburch scheiten um Ihnen erst das Elent und betrübniß hir in der Anstalt von den Mädcher nieder zu schreiben ich hätte ja gerne selbst mit Ihnen gesprochen allein ich finde mich zu unwürdich und habe das Herz nicht aber schreiben will ich Ihnen die Warheit und die Mädcher alle werden Zeichen sein das alles was Ihnen meine schwache Hand schreibt war ist Hochgeertester Herr Profeser Hier in dieser Anstalt wird man nicht mehr geachtet von der Frau Tekstor als wie ein stück Fieh die schweine bekomen es beser in Trok als mir auf den Tisch alle Mädcher müßen zugrunden gehn und die schweine bekomen alle 8 Tage gemißt wir müßen aber ein halbes Jahr und noch länger da liegen ohne ein frisch leintuch vielewinicher sacht was hir geht es einem wie dem verlohrnen Sohn man dädte gerne die Draben [= Treber] essen mit den schweinen aber niemand giebt sie uns Morgens schlicht sube wo die leineweber das Garn mit schlichten Mitag Erbsen oder Katofel sube mit Wasser und salz aber das Fett behalt die Sub ein Sie Abens Gries mit Wasser wenn man die sube Essen soll überläuft einem der Tode weiß das blut geht einem Esekalt durch alle adern so ist es in der Marburcher Anstalt die wird berümt in allen 4 Eken der Welt lieber hinter der heke soll man sein arme unschult gebähren als hir in alle Zeitung und Nachricht soll man sie rücken lassen und die arme Kindbetter die könen wenn sie frisch und Gesund sein den 3ten Tag nicht mehr allein stehn war-

um weil sie nicht wie schlicht bekomen Hochgeertester Herr Profeser Sie sind ein Mann wo jeder Marburcher bürcher aufgukt hat und Sie thun auch alles was Ihn Ihren Kräften steht von dem allem was hir vorgeht wissen Sie nichts deswechen wolten selbst schon bürcher von Marburch auftreden und Ihnen alles verzählen wie es hir ist allein sie hatten einer keine Gelechenheit ich bitte Ihnen sehr herzlich nehmen Sie eß mir nicht übel auf alleine streiten und kämpfen will ich wie die Jünger Jesu vier [= für] die Mädcher eß mach jetzt was helfen oder nichts das recht muß aber sein in keiner Anstalt in der ganzen Welt ist eine so schlichte verflechung wie hir überal ist ordnung aber hir keine

Hochgeertester Herr Profeser wen hir ein Mädchen stirbt kan es in Frieden sterben aber die Frau Tekstor die kann es am jüngsten Gericht [...?] werden wen die auf dem Todtes bette liecht und ihre Seele ausfährt diese Himelfart ist schmutzicher als 14 Tache rechewetter und schrecklicher als die Nacht die wird noch Ihren lohn bekomen da oben ist einer zwischen Himel und Erde der wird sie richten wen sie die weltliche vorgesetzte nicht richten kann wie H. ein recht böser Hund kämpft sie die Mädcher an ihren Dreck sollen sie butzen und Ihrem Herr Sohne die hemden Waschen dieß alles dädten sie gerne wenn Sie ordentlich zu essen bekäme aber da bey dieser Kost bleibt man liegen und wen es mal einem Mädchen nicht gut ist und bleibt zu hauße und es spricht so sacht sie der Herr Profeser wäre narich wenn sie es im sachen dädte sie müßte alles aus ihrem sack gebe vor die Kindamme zu esen bekomen wäre ihr auch nichts zu gut gethan ist den die anstalt so arm Herr Professer giebt den der Kuhrfürst von hessen sein Gelt umsonst aus o wenn dieses ist so bitte ich Ihnen sehr herzlich und kann man keine andere ordnung machen so bitte ich Ihnen sehr geben Sie den Mädcher Herr Profeser Ihre Babiere und lassen Sie dieses hauße zunaglen und in alle 4 Ecke der Welt ausschreiben da wird niemand mehr nach Marburch komen den hier sizt man wie im Kerker die wo gemort und gebrant haben sind nicht so übel daran so lange als ich lebe soll mir Marburch vor Augen stehn auf meinem Todtesbette soll das mein letzter Gedanke sein mit ausgespannte arme will ich mich unter freien Himel knien und Gott danken daß ich wieder drause bin den hat man den Tag über keinen schauder so bekomt man in die nacht den da geht ein zwei beinich schwarzes Gespenß im hauße herum und will auch noch die Mädcher zum besten haben nämlich der herr Hänsel Kapemacher dieses ist das Gespens ich bitte Ihnen sehr Herzlich mit gefaltenen Hände Herr Profeser sehn Sie doch besser nach und denken Sie daß mir alle Menschen sind und vor Gericht Gottes bestehn wollen erbarmen Sie sich doch und sein Sie ein Vatter der barmherzichkeit

Selich sind die Barmherzichen den sie werden barmherzichkeit erlangen

Von den Schenatlichgen [= genierlichen?] Mädtigern im Entbindungs Haus in Marburg".[18]

Die Schreiberin beschwert sich, ausdrücklich im Namen ihrer Mit-Patientinnen, über die miserable Kost und die nachlässige Versorgung mit Leintuch. Sie behauptet, Frau Textor, die Oberhebamme, verwässere die Suppe und schikaniere die Schwangeren und Wöchnerinnen, wo sie nur könne; so müßten sie deren Dreck wegmachen und die Hemden ihres Sohnes waschen. Dieser Sohn, „das Gespenß", laure auch noch nachts auf den Fluren herum und belästige die ‚Mädchen'. Die Verfasserin mahnt den „Profeser", er solle „besser nachsehen", und sie schildert die Anstalt als einen Ort, der den Vergleich mit dem Schweinestall und dem Zuchthaus für Schwerstverbrecher nicht besteht. Sie droht, die skandalösen Zustände öffentlich bekanntzumachen, in die Zeitung müsse man sie ‚einrücken lassen' oder noch besser: das Haus zunageln.

Auffallend an dem Brief ist, daß die geschriebene Sprache sich kaum vom gesprochenen Wort unterscheidet. Überdies ist das Schreiben stark mit religiösen Bildern und Ausdrücken durchwoben. So wird der Name Gottes mehrfach genannt, das Jüngste Gericht und die Jünger Jesu herbeizitiert und an die Barmherzigkeit des Anstaltsleiters appelliert. „Ein Vatter der barmherzichkeit" möge er sein, steht am Ende des Schreibens, im Namen der christlichen Tugend soll er den Frauen beistehen. In Supliken unterer sozialer Schichten ist dieser Duktus keine Seltenheit. Daß die Obrigkeit, sei es der Fürst, ein Rat oder – wie im vorliegenden Fall – ein Institutsdirektor, den Untertanen wie ein Vater begegnen sollte, war Konsens. An dieses Idealbild des ‚guten Vaters' hatte man also zu appellieren, wenn die Eingabe Aussicht auf Erfolg haben sollte.[19] Als „Vatter der barmherzichkeit" konnte man ihn sogar in die Nähe Gottes bringen, denn „Barmherzigkeit ist Gottes wesentliche Eigenschaft".[20] Insofern war die Bittschrift – bei aller orthographischen Ungelenkigkeit – geschickt konzipiert. Sie verfehlte ihre Wirkung nicht. Institutsdirektor Hüter fühlte sich in die Pflicht genommen und leitete eine umständliche Untersuchung ein, die sich lange hinzog, aber zu interessanten Ergebnissen führte.

## Die Untersuchung

Alle im Haus befindlichen Frauen wurden zu den in der Petition aufgeführten Behauptungen befragt, und sie bestätigten die wesentlichen Beschwerdepunkte. Einige fanden das Essen besser, andere schlechter, insgesamt aber hielt man es für unzureichend in Qualität wie Quantität. Alle hatten Kenntnis von dem Schreiben gehabt, so stellte sich heraus; doch an den Namen der Verfasserin konnte sich keine erinnern. Sie verhehlten auch nicht die Belästigungen, die einigen Frauen durch den 20jährigen Sohn der Frau Textor widerfahren waren; und sie waren sich einig darin, daß dieser Sohn in der Anstalt nichts verloren habe. So erklärte etwa Rosalie Bernhard auf Befragen des Direktors, daß „sie das Schreien einer Hebammenschülerin, welche auf demselben Gange wohnt", gehört habe. Die Mannsperson, die sie dann am Bett der um Hilfe rufenden Frau antraf, sei der Sohn der Frau Textor gewesen. Mehrere Zeuginnen bestätigten diesen Sachverhalt, auch die 29jährige Hebammenschülerin Frau Stewen.[21] Die Frauen erklärten, daß dieser Mann ihnen nachts auf dem Flur Angst mache und sie nicht vor ihm sicher seien. Zur Rede gestellt, räumte Frau Textor ein, daß der Sohn hin und wieder bei ihr gewesen sei, jetzt aber wohne er außerhalb der Anstalt bei seinem Vater. Zudem wisse der Direktor Hüter doch, daß sie bei ihrer Einstellung 1833 drei kleine Kinder bei sich gehabt habe, die mit seiner Zustimmung mit im Haus hätten leben dürfen. Hüter bestand darauf, von einem nunmehr 20jährigen im Institut lebenden Sohn nicht die geringste Kenntnis gehabt zu haben, und entließ die Hebamme kurzerhand aus dem Dienst. Das Innenministerium, das der Entlassung zustimmen mußte, verlangte insbesondere zu diesem heiklen Punkt eine Stellungnahme des Direktors:

„Zugleich aber ist der Herr Direktor der Entbindungsanstalt zu der berichtlich einzusendenden, rechtfertigenden Erläuterung aufzufordern, wie es der Aufsicht desselben hat entgehen können, daß der Textor Sohn Aufnahme in die Wohnung hat erlangen können".[22]

Diese ‚rechtfertigende Erläuterung' findet sich nicht in den Akten, dafür aber die Einstellung einer neuen Hebamme am 16. 6. 1851.[23] Die Hebamme Textor, über 18 Jahre im Dienst, klagte nun ihrerseits, ungerechtfertigt gekündigt worden zu sein, und bat um Wiedereinstellung. Schließlich habe sie ihre Stelle immer mit „Geschicklichkeit, Pünktlichkeit und Treue" versehen. Sie habe ihr Vermögen und ihre Gesundheit aufgeopfert: ihr Vermögen, weil sie bei der Verköstigung der Personen in der Anstalt gegen zu geringe Vergütung gezwungen gewesen sei, von ihrem eigenen Geld zuzusetzen; ihre Gesundheit durch das Warten kranker Wöchnerinnen über viele Tage und Nächte ohne Erholung und Schlaf. Ihr ganzer Körper sei jetzt „sieche und sie eine unglückliche Frau". Sie selbst sei ohne alle Schuld:

> „Ein Sohn von mir, der es aber *mir* nicht eingesteht, soll mit einer Person in der Anstalt einige Späße gemacht haben, wodurch ich aber doch nicht so hart leiden sollte, denn es ist keine Kleinigkeit, abgesehen von dem Vermögensverlust, seine Gesundheit aufgeopfert zu haben, und nun hiermit auch brodlos zu werden".[24]

Ihre Wiedereinstellung konnte Frau Textor jedoch nicht erreichen. Es scheint, daß nicht die Klagen über das unzumutbare Essen allein Ursache ihrer Entlassung waren – denn diese Klagen hatte es auch früher schon gegeben–, sondern daß der bei ihr lebende erwachsene Sohn den Anlaß dazu bot. Die Frauen waren weder gewillt, sich dessen nächtlichen Übergriffen auszusetzen, noch ihm die Hemden zu waschen. Direktor Hüter sah sich nicht nur gezwungen, den Stein des Anstoßes, den Sohn der Oberhebamme, zu entfernen, sondern auch diese selbst – nach 19 Dienstjahren – zu entlassen, um seinen Ruf und den Ruf des Institutes nicht dauerhaft zu schädigen. Für ihn entstand die peinliche Situation, sich vor dem Innenministerium für Vorgänge, die ihm eigentlich nicht entgangen sein konnten, verantworten zu müssen. Er war es, der seiner Aufsichtspflicht nicht nachgekommen war, die Hebamme als Subalterne jedoch wurde entlassen. Immerhin machte er die schlechte Nahrungsversorgung nicht der Hebamme allein zum Vorwurf, sondern erläuterte in seinem Bericht an die Universitäts-Deputation, daß Klagen über die Kost schon immer vorgekommen seien. So habe er sich seit seiner Einstellung „zu der Einrichtung, daß die Hebamme zugleich Köchin sei, ohne allen Erfolg ausgesprochen".[25] Wenn die Mittel zur Einstellung einer Köchin nicht vorhanden seien, wolle er nun eine Speisegaststätte mit der Versorgung der Entbindungsanstalt betrauen. So geschah es.

## „Keine Anstalt zur Unterstützung Armer" – und die Antwort der Frauen

Die wirtschaftliche Lage des Instituts war seit den 1830er Jahren fatal. Die Eingaben Hüters um die Erhöhung des jährlichen Fonds blieben unberücksichtigt; 1846 beschloß das Ministerium kurzerhand, daß nur noch eine festgesetzte Höchstzahl Schwangerer aufgenommen werden dürfe, alle anderen seien abzuweisen. Diese Vorschrift wurde Catharine Agel zum Verhängnis. Sie entband im Januar 1847 bei 10 Grad Kälte unmittelbar vor den Toren der Anstalt; das Neugeborene verstarb noch in derselben Nacht an Unterkühlung.[26]

Freilich müssen diese Phänomene im Zusammenhang mit der allgemeinen Not in Kurhessen betrachtet werden, die um die Jahrhundertmitte besorgniserregende Ausmaße annahm. In den 1850er Jahren erreichten die Belegungsquoten des Instituts nie dagewesene Höhen (durchschnittlich 200 Entbindungen jährlich); Ursache war die zunehmende Pauperisierung der Bevölkerung. Hessen galt als „Armenhaus Deutschlands".[27] 1847 stöhnte Hüter: „Wer noch nicht eine klare Idee von Noth und Elend der Menschen hat, der besuche ein Jahr oder nur ein halbes Jahr die Entbindungsanstalt".[28] Die meisten gesunden Schwangeren wurden tagsüber zur Arbeit geschickt, um ihren Unterhalt teilweise selbst zu verdienen und so den Institutsfonds zu entlasten. Wer keine Arbeit finden konnte, mußte sein Essen erbetteln. Manche sahen sich zum Stehlen genötigt, wie Magdalene Hohmann, die sich 1853 wegen Diebstahls in Untersuchungshaft befand. Nach einem Ministerialbeschluß

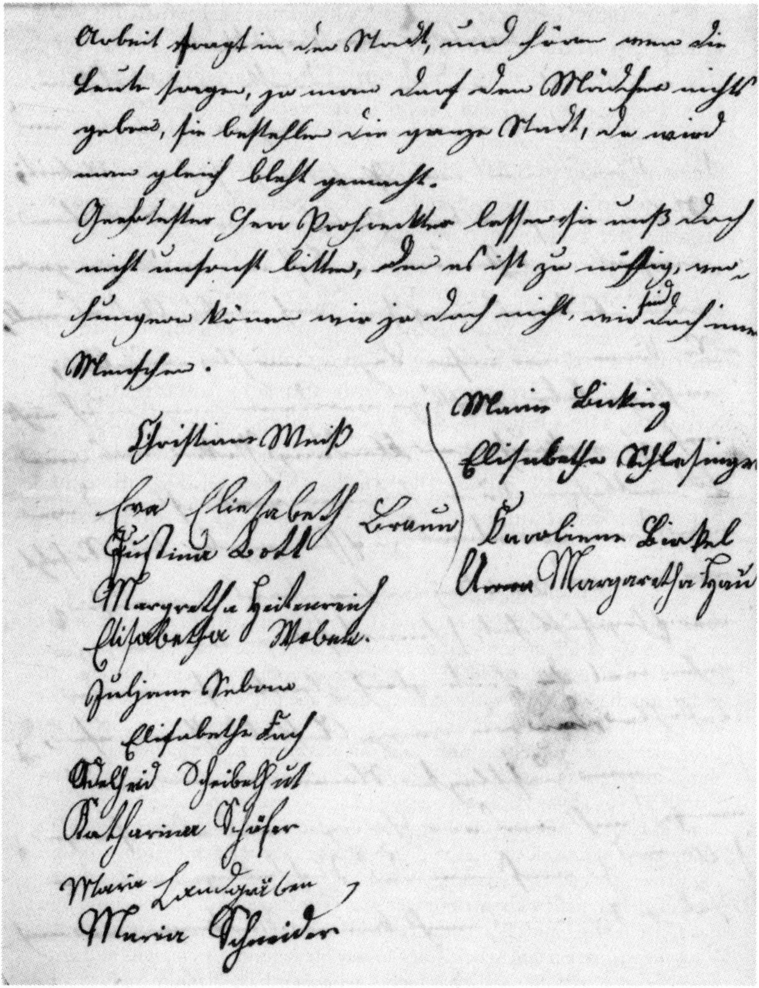

*Abb. 1:* „Geehrtester Herr Prorektor! ... wir sind doch immer Menschen." Bittschrift der Patientinnen des Marburger Gebärhauses aus dem Jahre 1853 mit 15 Unterschriften (Staatsarchiv Marburg, Bestand 305 a, A IV, III c, δ 1, Nr. 50).

aus dem Jahr 1840 war eben „das akademische Institut für den Unterricht in der Entbindungskunst keine Anstalt zur Unterstützung Armer".[29] Forschung und Lehre waren seine eigentlichen Funktionen, so daß Hüter devot versichern mußte: „Auch diese Personen, welche während der letzten Zeit ihrer Schwangerschaft blos ein Nachtlager in der Anstalt fanden, [sind] sowohl zum Unterrichte der angehenden Geburtshelfer, als auch der Hebammen benutzt worden".[30]

Der Direktor stand gewissermaßen zwischen allen Stühlen. Als Institutsleiter hätte er den Frauen gern eine bessere Versorgung geboten. Als Wissenschaftler mußte er in Anbetracht der enormen Etatüberschreitung die abermalige Beschneidung seiner Klientel befürchten – eine für ihn sehr unbefriedigende Situation. Die Frauen in der Anstalt nahmen die Zumutungen jedoch keineswegs widerspruchslos hin. Es findet sich ein Bittschreiben vom 17. Januar 1853 in den Akten, in dem alle fünfzehn im Institut aufgenommenen Frauen an den Prorektor appellieren:

„Geehrtester Herr Prohrekter!

Da die Zeit zu und die Verdienste zu schlegt sein, kein Mensch list etwas in der Anstald arbeiten, und kein Mensch nimt eine Persohn zu sich zur Arbeit. So sind wir semdliche Persohnen genöthicht ihnen dringenst zu bitten um die Kost, wir wolle ja gerne davir abeiten, es mag sein auf welche Art es will. So, können wir unsere Lage unmöchlig aushalten, nichts zu leben, nichts zu verdienen, und auch nichts mehr zu verkaufen an Kleidungsstüken, was man hat entbehren können hat man verkauft, und wen mans nur vor etwas zu Essen gegeben hat. So sitzt nun manges 3 x 4 Tag ohne etwas zu geniesen, wer Ehrgefühl hat, schiniert [= geniert] sich in ein Haus zu gehen, weil die Leute gleich glauben sie würden bestohlen, denn die ganze Anstald ist verrufen, sie hat einen zu schlegten Namen, warum, weil manches nicht weis vor Hunger was es anfangen soll, und so muß nun das Unschuldige mit dem Schuldige leiden, es macht keinem Verkügen [= Vergnügen], wer nach Arbeit fragt in der Stadt, und hören wen die Leute sagen, ja man darf den Mädcher nichts geben, sie bestehlen die ganze Stadt, da wird man gleich bleht gemacht. Geehrtester Herr Prohreckter lassen sie unß doch nicht unsonst bitten, den es ist zu nöthig, verhungern könen wir ja doch nicht, wir sind doch imer Menschen."[31]

Der Brief trägt fünfzehn eigenhändige Unterschriften, keine Kreuze (Abb. 1). Er wurde von Hüter an die Universitäts-

Deputation geschickt mit der Forderung, „der Noth thunlichst abzuhelfen".[32] Damit stellte dieser sich hinter die ihm anvertrauten Frauen. Ihre Eingabe ermöglichte ihm, erneut auf die dringende Erhöhung des Institutsfonds zu pochen. Am 22. März 1853, also zwei Monate später, antwortete das Innenministerium der Universitäts-Deputation, daß der Etat von 1760 Talern einstweilen nicht aufgestockt werden könne, daß jedoch bei besonderen Umständen, wie einer plötzlichen höheren Belegungsfrequenz, Professor Hüter die für die Speisung der Schwangeren nötigen Mitteln auszuhändigen seien. Der Aufwand sei aus der Universitäts-Hauptkasse zu bestreiten.[33]

Wenigstens konnte der Direktor nun dem städtischen Speisewirt Eucker eine Teuerungszulage von 1 Silbergroschen für die Portion Essen anbieten und ihm die Zusage abverlangen, künftig kein verdorbenes Brot mehr auszuteilen. Die Einrichtung einer eigenen Hospitalküche und die damit verbundene Personalaufstockung waren einstweilen nicht finanzierbar.

Immerhin: Die betroffenen Frauen hatten ihre Handlungsspielräume, so begrenzt sie auch waren, im wohlverstandenen eigenen Interesse genutzt. Durch Verweigerung und Protest – auch mit der Feder – trachteten sie danach, die Kontrolle über ihre körperliche und seelische Integrität nicht aus der Hand zu geben.

*Verena Pawlowsky*

# Trinkgelder, Privatarbeiten, Schleichhandel mit Ammen: Personal und Patientinnen in der inoffiziellen Ökonomie des Wiener Gebärhauses (1784–1908)

In einem Spital entbunden zu werden gehörte im 18. und 19. Jahrhundert nicht zu den gängigen Erfahrungen einer Frau. Eine ‚Spitalsgeburt‘ erlebten meist nur ledige Frauen, die Hauptklientel der Entbindungsanstalten und Gebärhäuser; im Normalfall fanden Entbindungen zu Hause und unter der Obhut einer Hebamme sowie einiger helfender Frauen statt. Da Gebärhäuser dem Unterricht dienten, sahen sich die Frauen dort mit einer Öffentlichkeit konfrontiert, die sie freiwillig wohl kaum gewählt hätten. Gleich mehrere Menschen waren an den Entbindungen interessiert und aus Unterrichtsgründen bei diesen auch anwesend: Geburtshelfer, Ärzte, Studenten der Medizin sowie Hebammenschülerinnen gruppierten sich um die gebärenden Frauen und übten sich in der Geburtshilfe. Die Funktionalisierung dieser Frauen als Unterrichtsobjekte war eine Umkehrung der Verhältnisse, wie sie von der Hausgeburt bekannt sind: Während dort die Anwesenden den Gebärenden halfen, dienten diese hier der Anstalt. Daß sie diese Rolle in jeder Hinsicht ausnutzbar machte, möchte dieser Beitrag zeigen. Konkreter Untersuchungsgegenstand ist das Wiener Gebärhaus (1784–1908). Daher soll zunächst die Organisationsform dieser Anstalt umrissen werden.

## Eines der größten Gebärhäuser der Welt

1784 wurde von Joseph II. in der Residenz der Habsburger-monarchie eine Entbindungsanstalt eingerichtet; sie bildete von Anfang an einen integralen Bestandteil des gleichzeitig eröffneten Allgemeinen Krankenhauses. Räumlich war sie diesem großen Spital eingegliedert, wenngleich sie die längste Zeit gemeinsam mit dem Findelhaus einer separaten Direktion unterstand. Die Gebäranstalt bekam einen eigenen Trakt im weitläufigen und mehrere Höfe umfassenden Gebäude des Krankenhauses zugewiesen; sie konnte im Eröffnungsjahr schon 200 Frauen gleichzeitig beherbergen. Es gab eine Abteilung für Zahlende und eine für Arme; letztere war zugleich die geburtshilfliche Schule der Stadt und diente der Wiener Universität als Klinik.

Insoweit glich das Wiener Haus vielen anderen Gebäranstalten; bemerkenswert war jedoch seine Größe. In den ersten 30 Jahren ihres Bestehens (1784–1813) suchten jährlich etwa 2000 Frauen die Gebäranstalt auf, und die Einrichtung entsprach noch dem Bedarf. Ab den 1820er/1830er Jahren reichte die Anzahl der Betten jedoch nicht mehr aus: Die Inanspruchnahme der Entbindungsanstalt stieg nun rasch an. Durch einen Anbau, verschiedene Adaptierungen sowie die Eröffnung zweier neuer Kliniken (1835 und 1873) wurde immer mehr Platz geschaffen, doch selbst die Kapazität von 600 Betten, die gegen Ende des Jahrhunderts erreicht wurde, genügte nicht. Seit den 1860er Jahren nahm die Gebäranstalt an die 10 000 Frauen pro Jahr auf. Ein Drittel aller Wiener Geburten wurde hier gezählt. Um 1900 galt das Haus schon lange als eine der größten Gebäranstalten der Welt.[1] Platznot und Überfüllung waren alltäglich. Immer wieder kam es vor, daß sich drei Schwangere zwei Betten teilten,[2] daß „die Gebärenden auf Stühlen zu sitzen gezwungen" waren[3] oder gar auf dem Fußboden entbunden wurden.[4] Wöchnerinnen mußten häufig früher entlassen werden, als es den Ärzten medizinisch vertretbar schien, und bei ambulanten Behandlungen blieb es „unvermeidlich, dass sich die Kranken gegenseitig sehen, dass sie auch sehen, was mit ihren Schicksalsgenossinnen gemacht wird".[5]

Was das Wiener Gebärhaus für Frauen trotz dieser Mißstände so interessant machte, erklärt sich aus dem mit der Anstalt verbundenen Findelhaus. Das Habsburgerreich gehörte zu jenen Ländern Europas, die zur Versorgung ihrer unehelichen Kinder Findelanstalten einrichteten; und diese waren meist mit den Gebärhäusern gekoppelt. Zumal wenn die Gebär- und Findelhäuser nach dem ‚josephinischen System' organisiert waren, war ihnen ein kräftiger Zustrom gewiß. Dieses System wurde erstmals im Gründungspapier der Wiener Doppelanstalt festgelegt: Frauen, die unehelich geboren hatten, durften ihre Kinder grundsätzlich dem Findelhaus übergeben. Die uneheliche Geburt mußte allerdings bestätigt sein – eine Drehlade zur anonymen Abgabe von Kindern gab es nicht. Das Findelhaus erhob für jede Kindesaussetzung eine Taxe oder verlangte – von den Armen – eine andere Gegenleistung: Nachdem sie ein Armutszeugnis vorgelegt hatten (eine Maßnahme, die sie ihrer – im Anstaltsstatut ebenfalls zugesicherten – Anonymität allerdings beraubte), mußten solche Frauen einer Entbindung in der Klinik zustimmen, sich also für den geburtshilflichen Unterricht zur Verfügung stellen.

Im Wiener Findelhaus konnten daher – im Unterschied etwa zu Findelhäusern mit Drehlade – nur *ledige* Mütter ihre Kinder aussetzen. Und nur *arme* Mütter konnten es – wenn sie die klinische Entbindung in Kauf nahmen – gratis tun. In den zeitgenössischen Diskussionen wurden immer wieder die Privilegien der reichen und anonymen Mütter thematisiert. Ausgehend von der Formulierung im Gründungspapier der Anstalt, daß „die hieher ihre Zuflucht nehmenden Personen die Freyheit [hatten] mit Larven, verschleyert, und überhaupt so unkennbar als sie immer wollen ... dahin zu kommen",[6] konzentrierten sich zeitgenössische Autoren auf solche Details und vermittelten das Bild einer relativ reichen Klientel. Diese Darstellungen hatten jedoch nur für die ersten Jahre und Jahrzehnte der Gebäranstalt eine gewisse Berechtigung. Bis zur Wende vom 18. zum 19. Jahrhundert konnten sich tatsächlich im Durchschnitt etwa 40% der in die Gebäranstalt aufgenommenen Frauen die Taxen der Zahlklasse leisten. Ab 1801 fehlen für gut zwei Jahrzehnte die Aufzeichnungen. Angaben aus den frühen 1820er Jahren zeigen dann, daß die Zahl der vermögenden Frauen nun bereits auf 10% geschrumpft war. In der überwiegenden Mehrzahl der Fälle waren es jetzt sozial deklassierte Frauen, welche die Gebär- und Findelanstalt in Anspruch nahmen. Die Bedeutung der Zahlgebärabteilung war gering im Vergleich zur Gratisklasse, wo sich spätestens ab den 1830er Jahren (nun liegt wieder eine fast durchgängige Statistik vor) über 95% der Schwangeren drängten. Auch der steile Anstieg der Aufnahmezahlen während des 19. Jahrhunderts war ausschließlich jenen Frauen zuzuschreiben, die sich ihrer Armut wegen an das Gebärhaus wandten.[7] Illegitimität war ein Phänomen der Wiener *Unter*schichten. Und ebenso blieb die Klinikgeburt – also die krasse Form einer öffentlichen Geburt – eine Erfahrung von städtischen Unterschichtsfrauen. Daß dies in Wien keine seltene Erfahrung war, zeigt die Illegitimitätsrate der Stadt: Sie lag im ganzen 19. Jahrhundert nie unter 20% und betrug in den 1850er und 1860er Jahren sogar 50%.


## Menschen im Spital

Das Wiener Gebärhaus wechselte im Laufe seiner Geschichte mehrmals seinen Status. Es war anfangs (1784–1819) Teil des Allgemeinen Krankenhauses, unterstand der Direktion dieses großen Spitals und damit der Niederösterreichischen Statthalterei. Danach wurde es – als ‚Provinzial-Staatsanstalt‘ – gemeinsam mit dem Wiener Findelhaus direkt der Hofkanzlei unterstellt. Bis 1850 besorgte jedoch immer noch der Direktor bzw. der Vizedirektor des Allgemeinen Krankenhauses auch die Geschäfte der Gebäranstalt. Eine eigene Direktion (wieder gemeinsam mit dem Findelhaus) gab es erst seit 1851; sie blieb auch nach der Übernahme der Anstalt in die niederösterreichische Landesverwaltung im Jahr 1865 bestehen. Die Personalhierarchie in der Anstalt sah als Vorstand einen Primargeburtsarzt auf der Zahlabteilung bzw. (je) einen Professor der praktischen Geburtshilfe in der (seit 1835: den Kliniken) vor; ihm waren Sekundararzt und Assistent, Oberhebamme und Hebammen, Oberkrankenpfleger, Wärterinnen, Medizinstudenten und Hebammenschülerinnen der jeweiligen Abteilung unterstellt.

Eine zusammengehörige Gruppe von Dienstinstruktionen aus den frühen 1820er Jahren[8] offenbart eine noch ziemlich ausgewogene Aufgabenverteilung zwischen dem Professor der praktischen Geburtshilfe, seinem Assistenten und der Oberhebamme, welche die drei wichtigsten Positionen im Gebärhaus innehatten. Sie alle mußten beispielsweise ihre Anwesenheit in der Klinik aufeinander abstimmen. Während der Abwesenheit des Professors durfte der Assistent das Haus nicht verlassen; die Oberhebamme durfte es in seiner Abwesenheit nicht tun – und umgekehrt. Waren nur Assistent und Oberhebamme im Haus, so war sie ihm unterstellt. Alle Wärterinnen, Studenten, Schülerinnen, Schwangere, Kreißende und Wöchnerinnen waren wiederum direkt der Oberhebamme untergeordnet.

Zum Aufgabenbereich der Oberhebamme gehörte die Aufnahme der Schwangeren, die Überwachung der natürlich verlaufenden Geburten, die Pflege der Schwangeren und Wöchnerinnen sowie die Anordnung aller zur Aufrechterhaltung des Anstaltsbetriebs notwendigen Arbeiten. Das meiste tat sie jedoch nicht selbst; Hilfshebammen, Hebammenschülerinnen, lernende Geburtshelfer und Wärterinnen unterstützten sie dabei. Wenngleich sie letztendlich dem Professor und seinem Assistenten eindeutig untergeordnet war, blieb die Oberhebamme doch eine wichtige Person: „[W]ie eine Hausmutter [hatte sie] die weibliche Ordnung der ganzen Gebäranstalt ... zu besorgen".[9]

Von solchen umfangreichen und relativ selbständigen Aufgaben ist in der Dienstinstruktion für die Oberhebamme aus dem Jahr 1889 nicht mehr die Rede.[10] Ihre Funktion war nun die eines Kontrollorgans in einer klinischen Hierarchie geworden. Sie hatte in erster Linie die Einhaltung der verschiedensten Hygienevorschriften zu überwachen und für Pünktlichkeit, Wirtschaftlichkeit und Anstand im Haus zu sorgen. In den 28 Paragraphen der Dienstinstruktion wird sie de facto als verlängerter Arm ihrer Vorgesetzten – des Klinikvorstands sowie des Assistenten – beschrieben. Ein ihr eigener Aufgabenbereich ist nicht mehr genannt. Mehr als die Hälfte der Paragraphen handelt von der Pflicht der Oberhebamme – als der für den reibungslosen Ablauf des Anstaltsalltags Verantwortlichen –, alle im Haus beobachteten Regelwidrigkeiten zu melden.

Dies war die hierarchische Struktur der Anstalt, in der sich die Schwangeren und Wöchnerinnen als unterste Glieder wiederfanden. Auch sie waren Angehörige dieser – wie es die ältere Dienstinstruktion ausdrückt – „zahlreichen, äusserst vermischten und mit jeder Stunde sich ändernden Familie",[11] die im Gebärhaus zusammenkam. Sie sahen sich dabei in viel komplexere Interesse-Netze hineingestellt, als es die Funktion des Gebärhauses als Lehrinstitut für angehende Ärzte allein vermuten ließe.

Im folgenden sollen aus der genannten ‚Familie' jene Personen herausgegriffen werden, die in untergeordneten Positionen im Gebärhaus arbeiteten. Dazu gehörten einerseits die Mitglieder des Hauspersonals (Hausdiener und Wärterinnen), andererseits die Hebammen – also alle nicht-medizinischen und alle weiblichen Beschäftigten. Ich möchte nachzeichnen, in welchen Situationen und warum auch diese Personen es verstanden, aus der Notsituation der Gebärenden Kapital zu schlagen. Von den Ärzten und angehenden Ärzten, die an geburtshilflichen Kliniken des 18. und 19. Jahrhunderts arbeiteten, von dem Profit, den *sie* aus der Einrichtung von Gebärhäusern zogen, ist wiederholt in verschiedenen Untersuchungen die Rede gewesen.[12] Auch das Wiener Beispiel kann das Faktum, daß sich die männliche Geburtshilfe auf Kosten lediger Frauen herausbildete, mit vielen Details belegen. Doch hier soll nicht dieses – die Geschlechterdifferenz ebenso wie die soziale Hierarchie zwischen Männern und Frauen abbildende – Ausbeutungsverhältnis Thema sein, sondern ein anderes, das ebenfalls mit dem Status der gebärenden Frauen zu tun hat: Da sie ledig geboren hatten *und* arm waren, konnte sich im Umgang mit ihnen die moralische mit einer sozialen Überlegenheit und Herablassung mischen; auch Wärterinnen und Hebammen, die selbst am unteren Rand der Gesellschaft standen, wußten diese Situation für sich zu nutzen.

## Aufnahme, Entbindung, Entlassung –
## Die Tage im Gebärhaus

Eine Frau verbrachte selten mehr als einige Tage im Gebärhaus, und ihr Aufenthalt verlief nach einem vorgegebenen Muster. Die meisten Schwangeren kamen erst in das Gebärhaus, wenn die Geburt unmittelbar bevorstand und die Wehen bereits eingesetzt hatten. Die Protokolle der Anstalt zeigen, daß Frauen im allgemeinen am Tag nach der Aufnahme entbunden wurden. Über ihre Aufnahme oder Abweisung entschieden – nach einer körperlichen Untersuchung – die Oberhebamme oder die ihr unterstellten Hebammen.[13] Eine Möglichkeit zu früherem Eintritt bestand offenbar, wenn sich die Schwangere den Wärterinnen als Magd anbot.[14] Grundsätzlich sahen die Statuten der Anstalt eine Mitarbeit der Schwangeren bei der Hausarbeit vor: Solange sie dazu in der Lage waren, mußten deshalb die werdenden Mütter ihren Beitrag für die gewährte Gratisentbindung leisten; auch schwere körperliche Arbeit wurde ihnen zugemutet.[15] Bis zur Einleitung der Wiener Hochquellwasserleitung in die Anstalt im Jahr 1875 war Wasser Mangelware im Gebärhaus. Die Schwangeren mußten es selbst in die Stockwerke hinauftragen.[16] Erst 1900 setzte die Anstaltsdirektion fest, daß schwangere Frauen „von allen groben Arbeiten, wie Wäschetragen, Ausreiben und Holzspalten enthoben"[17] wurden; diese Tätigkeiten übergab man von da an Tagelöhnern und Tagelöhnerinnen.

Frauen in den Wehen wurden sofort aufgenommen und den Wärterinnen übergeben. Diesen war befohlen, sie „mit Güte anzunehmen, die Schwachen zu entkleiden, vom Schmutze und Ungeziefer zu reinigen, und in die reinen Betten zu bringen".[18] Die gratis Aufgenommenen erhielten Bettwäsche von der Anstalt, doch mußten sie ihre eigene Kleidung tragen.[19] Das Allgemeine Krankenhaus stellte sonst den unentgeltlich aufgenommenen Kranken die nötige Kleidung: Ihnen wurden „Hemder, Schlafhauben, Strümpfe, Pantofel, Schnupftüchel; den Männern Beinkleider, und Schlafröcke, den Weibern Korsette, Röcke und Halstüchel gereicht".[20]

Wie auch im übrigen Spital wurde den Schwangeren zunächst, „soweit es ihre Umstände erlaub[t]en",[21] die Beichte abgenommen und die Kommunion gespendet. Im Jahr 1822 kam noch ein ‚Religions- und Sittenunterricht' hinzu. Eine solche Unterweisung scheint in anderen Abteilungen des Allgemeinen Krankenhauses nicht üblich gewesen zu sein. Ausnahme und wohl auch Vorbild war hier die Syphilisabteilung, wo ein Sittenunterricht bereits im Jahr zuvor eingeführt worden war.[22] Dies ist eines der vielen Beispiele für die häufig gleiche Behandlung lediger Schwangerer und syphiliskranker Frauen.[23] Das als Humanitätsanstalt gepriesene Gebär- und Findelhaus brach keineswegs mit der moralischen Verurteilung ledig gebärender Frauen. Wie lange ein solcher Sittenunterricht praktiziert wurde, ist unklar. Es bleibt bei dieser einen Erwähnung aus dem frühen 19. Jahrhundert.

Den Gebärenden standen in jeder Abteilung eigene Kreißzimmer zur Verfügung: „kleine Stübchen"[24] mit einigen Betten, die „sehr wenig Eigenthümliches"[25] an sich hatten und sich nur durch bewegliche Seitengriffe für die Hände von gewöhnlichen unterschieden. Der Göttinger Arzt Johann Friedrich Osiander, Sohn des dortigen Professors und Gebärhausdirektors, stellte bei seiner Reise nach Wien das Fehlen eines eigenen Gebärstuhls im Gebärhaus ausdrücklich fest.[26] Für die Geburtsbetreuung war die (Ober-)Hebamme verantwortlich, wobei unter ihrer Aufsicht und Anleitung jeweils zwei Praktikanten oder Praktikantinnen die notwendigen Handgriffe übten.[27] Die ‚natürlichen' Geburten dürften – angesichts der großen Zahl der täglichen Entbindungen – meist ganz den Hebammenschülerinnen bzw. Praktikanten überlassen worden sein. Nur bei schwierigen Entbindungen, vor allem bei solchen, die den Einsatz von Instrumenten verlangten, war die (Ober-)Hebamme verpflichtet, den Professor bzw. Assistenten hinzuzuziehen. Dann mußte sie „als Kunstgehülfinn, und gleichsam als einzige weibliche Autorität und Zeuge, selbst zur Beruhigung der leidenden Gebärenden, bey der Operation gegenwärtig seyn".[28] Doch solche Fälle waren sehr selten. In Wien wurden die meisten Geburten der Natur überlassen, die Zange kam fast nie zum Einsatz.[29] Vertreter einer instrumentellen Geburtshilfe wie Johann Friedrich Osiander kommentierten mit Verwunderung, daß die in Wien ausgebildeten Mediziner „also ihre Praxis anfangen, ohne die Anwendung des wohlthätigsten von allen obstetricischen Instrumenten zu kennen".[30]

Im Kreißzimmer blieben „die Entbundenen in der Regel drei Stunden liegen, worauf sie wohl eingehüllt und gestützt in die nächst anstossenden grösseren und luftigeren Zimmer"[31] gingen. Die Säuglinge wurden möglichst rasch nach der Geburt in der Hauskapelle getauft. In kritischen Fällen mußte die Hebamme sie während oder sofort nach der Geburt nottaufen. Die Kindesmütter konnten Paten oder Patinnen nennen; gab es keine, so sprangen die Hebammen ein.

Nun standen den Frauen noch einige Tage Erholung zu; die Neugeborenen blieben während dieser Zeit bei ihren Müttern. Visiten, medizinische Untersuchungen und die Ausspeisungen strukturierten die Tage. Nach Möglichkeit wurden die Wöchnerinnen am zehnten Tag nach der Geburt entlassen. Die meisten Frauen waren, wie gesagt, gratis in das Gebärhaus aufgenommen worden und wollten nun ihre Kinder ebenfalls gratis durch das Findelhaus versorgen lassen. Dazu mußten sie sich zuerst gemeinsam mit den Säuglingen in der Findelanstalt vorstellen, und diese wählte einige zum Ammendienst im Findelhaus aus, entließ aber den Großteil von ihnen. Manche Frauen wurden über ein hauseigenes ‚Säugammen-Institut' an Privatpersonen weitervermittelt. Die Kinder wurden meist nach wenigen Tagen in die ‚Außenpflege' verschickt – zu Pflegefrauen, die gegen ein Kostgeld für ihre weitere Versorgung zuständig waren.

## Hierarchie und Ausbeutung

Diese Schilderung des Gebärhaus-Alltags gibt erste Anhalts-
punkte für eine Ausbeutung der Mütter, und sie vermittelt
auch ein Gefühl für die hierarchische Positionierung der Beteiligten. Zuunterst standen die ledigen Frauen; selbst die Wärterinnen durften sie als Mägde gebrauchen. Unter den Bediensteten der Anstalt hatten Wärterinnen und Hausdiener die
niedrigste Stellung; sie trugen, wuschen und entkleideten die
Gebärenden. Und da sie (jedenfalls bis um die Mitte des
19. Jahrhunderts) auch im Gebärhaus lebten,[32] unterstanden sie
der umfassenden Disziplinargewalt der Anstalt. In den späten
1880er Jahren, als es unüblich geworden war, daß das Wartepersonal seine Unterkunft in den Kliniken hatte, bedauerten
die Ärzte, daß nun „die Schulung, Abrichtung und Überwachung desselben ... außerordentlich erschwert"[33] sei. Die Hebammen, Frauen mit qualifizierter Ausbildung, hatten bereits
eigene Rechte; die Oberhebamme unter ihnen durfte etwa über
die Aufnahme der Schwangeren allein entscheiden; sie war für
„die weibliche Ordnung" in der Anstalt zuständig und zumindest bis zu den 1820er Jahren in vielen Punkten dem Assistenten gleichgestellt, ihm nur in Abwesenheit des Professors bzw.
Primargeburtsarztes untergeordnet. Für das gesamte klinische
Personal galt, daß es nicht nur mit Geld, sondern auch durch
die Bereitstellung von Wohnungen, Beheizung und Beleuchtung entlohnt wurde.[34] Je nach den Raumverhältnissen lagen
die Wohnungen zeitweise im Anstaltsgebäude, immer aber in
seiner unmittelbaren Umgebung.

Das hierarchische System wurde durch Abgrenzung der einzelnen Bediensteten voneinander aufrechterhalten: Eine scharfe
Trennlinie verlief zwischen den fest angestellten Ärzten und
Hebammen und den – nicht dem ständigen Personal angehö-
renden – Wärterinnen. Ärzten und Hebammen war zur Wah-
rung der ihnen „gebührenden Achtung" „jede Vertraulichkeit
und jedes innere Verhältniß mit den Wärterinnen untersagt";[35]
ebenso war ihnen verboten, deren Privatdienste anzunehmen.

Die zweite Trennlinie wurde zwischen den Wärterinnen und den ledigen Frauen gezogen: Grundsätzlich war es den Wärterinnen nicht erlaubt, „von dem Unglücke der Schwangern oder Wöchnerinnen einen Gewinn zu ziehen, sie zu ausserordentlichen Zahlungen und sogenannten Trinkgeldern bey der Geburt, bey der Taufe, oder bey der Entlassung des Kindes oder der Mutter zu bereden, oder gar unter gewissen Drohungen zu verhalten".[36] Dennoch geschah genau das. Neben der offiziell sanktionierten Benutzung der Frauen als Unterrichtsobjekte gab es noch eine inoffizielle und unerlaubte Ausbeutung dieser Frauen durch das untergeordnete Personal des Gebärhauses.

Eine anonyme Schrift aus dem Revolutionsjahr 1848 sparte beispielsweise nicht mit Kritik an den Wärterinnen, jenen „gefühllosen entmenschten Weibsbildern": „Schimpfnamen in Menge aus dem Munde der Wärterinnen" („Mistpankerten oder H[uren]fratzen") seien keine Seltenheit, und nur „ein Zwanziger" rette vor „diesen Auszeichnungen".[37] Auch in der zweiten Hälfte des 19. Jahrhunderts reißen diese Anschuldigungen nicht ab; und in den späten 1880er Jahren provozierte die Aufdeckung einer Trinkgeldaffäre im Gebärhaus von Wien einen Skandal, der mehrere Sitzungen des Niederösterreichischen Landtages in Anspruch nahm. Dieser Vorfall dokumentiert, bei welchen Gelegenheiten Schwangere und Wöchnerinnen zu Extrazahlungen (und -arbeiten) angehalten wurden. Er ist nur ein Beispiel; aus anderen Jahrzehnten ließen sich vergleichbare Belege anführen.

Im Oktober 1888 brachte ein niederösterreichischer Landtagsabgeordneter Details einer – wie er sagte – „geradezu scheußlichen unmenschlichen Behandlung"[38] der Mütter in der Gebär- und Findelanstalt zur Sprache:

„In der Gebäranstalt werden die Schwangeren je nach dem Zustande der Schwangerschaft in große Krankensäle geführt und von dort ... wieder in andere Säle überführt. Es ist nun Thatsache und kein Gerücht, dass für diese Übertragungen förmliche Taxen eingehoben werden...

Es ist weiter Thatsache und nicht Gerücht, dass für die Taufe des Kindes für die Hebamme 1 fl. und für die Wärterin bis zu 1 fl. eingehoben wird, dass diese Ausgabe sich erhöht, wenn die Wöchnerin sich nicht selbst um eine Taufpathin umsieht oder noch einen zweiten Namen für das Kind wünscht.

Es ist Thatsache, dass die Eier, welche von den Ärzten zur Kräftigung der Weinsuppe verschrieben werden, zumeist den Kranken nicht verabfolgt werden. Es ist Thatsache, dass der Wein zur Hälfte mit Wasser gemischt wird, obwohl er rein verabfolgt werden soll...

Wenn Verwandte oder Herrenleute die Schwangeren in die Gebäranstalt überführen, so ist es auch Thatsache, dass diese Leute hier förmlich ausgeraubt werden. Gleich in der Aufnahmskanzlei hält die Hebamme die Hand hin, ferner die Wärterin, welche die Schwangeren auf ihre Zimmer führt, dann die Wärterin in diesem Zimmer, dann die Hebamme und Wärterin im Kreißzimmer und die im Wochenzimmer.

Es ist Thatsache, dass sich die Auslagen einer Wöchnerin für diese Trinkgelder und Kostaufbesserungen auf 10 bis 20 fl. stellen. Die ärmsten Wöchnerinnen, die nicht in der Lage sind, diese Trinkgelder zu bezahlen, werden de facto durch Drohungen und Schmähungen, durch rohe Behandlung, durch Überführung auf das Schwächezimmer dafür gestraft. Nach drei bis vier Tagen nach der Geburt werden solche arme Wöchnerinnen dazu gezwungen, dass sie für die Wärterinnen und Hebammen arbeiten, wobei sie den strengsten Auftrag bekommen, es den Ärzten nicht zu melden. Für die ganz Mittellosen gibt es thatsächlich keine Kindswäsche."[39]

Dieser Bericht vor dem Landtag führte dazu, daß die Anstaltsdirektion eine Untersuchung einleitete.[40] Freilich wiesen alle Beschuldigten die Vorwürfe vehement zurück. *Für* eine starke Verbreitung der Trinkgeldwirtschaft sprechen jedoch die zahlreichen Verbote, die zu allen Zeiten dagegen erlassen wurden. In den Dienstinstruktionen, die im Jahr nach dem Vorfall neu herauskamen, wurde dieses Verbot nochmals bekräftigt: In der Instruktion für das Wartepersonal heißt es beispielsweise: „Das Verlangen oder auch nur Annehmen von Trinkgeld, unter welchem Vorwande immer von Verpflegten, deren Angehörigen oder Parteien ist strengstens untersagt, auch dürfen die Verpflegten nicht zu Privatarbeiten der Wärterinnen, als: Nähen, Stricken, Häkeln ec. verwendet werden."[41]

Eine andere unerlaubte Einkunftsquelle, die vor allem Hebammen genutzt haben dürften, war die Vermittlung der Pfleglinge. In Eigenregie brachten sie Wöchnerinnen als Ammen auf attraktiven Dienstplätzen und Säuglinge auf guten Kostplätzen unter. Das eine schmälerte die Einkünfte der Anstalt: Die Wöchnerinnen sollten nämlich über das 1801 im Findelhaus eingerichtete ,Säugammen-Institut' an private Parteien vermittelt werden. Die Monopolstellung, die diesem Institut zugedacht war, führte zu zahlreichen Verboten der privaten Ammenvermittlung. Den Ärzten wurde es daher wiederholt „zur Pflicht gemacht, darauf zu wachen, daß kein Schleichhandel mit den Ammen getrieben werde".[42] Auch für das andere, nämlich Kinder auf jene Pflegeplätze zu schleusen, die ihre Mütter für sie ausgesucht hatten, ließen sich die Hebammen des Gebärhauses gut entlohnen. Diese Vermittlungstätigkeit war ihnen verboten, weil sie ebenfalls ausschließlich Aufgabe der Findelanstalt war und weil außerdem nur zahlende Mütter Anspruch auf die freie Wahl des Kostplatzes hatten. Während die Wärterinnen offenbar Trinkgelder und Arbeitsleistungen direkt oder indirekt erzwingen konnten, hatten die Hebammen schon ,qualifiziertere' Verdienstmöglichkeiten. Durch ihre Vermittlungstätigkeit mischten sie sich in Bereiche ein, die der Anstalt vorbehalten bleiben sollten. Die zahlungskräftigeren Frauen konnten so einige Vorschriften des Anstaltsreglements umgehen.

Die Empfänglichkeit der Wärterinnen für Trinkgeld wurde – zu Recht – auf deren materielle Situation zurückgeführt. Obwohl andere Krankenhäuser und Institutionen, beispielsweise auch das Wiener Findelhaus, im späten 19. Jahrhundert dazu übergingen, in der Krankenpflege ausgebildete Krankenpflegerinnen, oder doch zumindest Ordensschwestern, einzusetzen, wurden die Schwangeren und Wöchnerinnen des Wiener Gebärhauses bis zu seiner Auflösung im Jahr 1908 von weltlichen Wärterinnen ohne spezielle Ausbildung betreut. Diese waren schlecht entlohnt und deshalb auf einen Zuverdienst angewiesen. Selbst die Direktion der Gebär- und Findelanstalt kam nicht umhin, es 1889 „ungeschminkt und mit einem Worte auszusprechen, das Motiv hiezu [Trinkgeld anzunehmen] ist die Notlage des Hebammen- und Wartepersonals. Nicht nur, daß die Entlohnung dieser Bediensteten in keinem Verhältnisse steht zu der Verantwortung, zu dem schweren oft aufreibenden Dienste und zu den Anforderungen ..., so ist die Entlohnung überhaupt eine derartige, daß sie gezwungen sind, sich Nebeneinkünfte zu schaffen."[43]

Lohnerhöhungen gab es selten, und auch nach der Aufdeckung der Mißstände in den 1880er Jahren fehlten Geld und Wille, für die zu diesem Zeitpunkt bereits auf 54 Frauen angewachsene Schar von Wärterinnen und für zehn Hebammen eine Lohnaufbesserung durchzusetzen.

Warum war gerade das Gebärhaus finanziell so schlecht ausgestattet? Als eine der größten Wohltätigkeitsanstalten der Stadt Wien verschlang es Unsummen, mit zusätzlichen Geldern wurde deshalb gespart. Doch reicht diese Begründung nicht aus. Die Ausstattung mit Mitteln zeigt immer auch die Wertschätzung und das Ansehen einer Einrichtung, deshalb sei noch einmal auf die Klientel des Hauses verwiesen: Besonders von dem Zeitpunkt an, als die Armen unter den ledigen Müttern in der überwiegenden Mehrzahl waren, haftete dem Gebärhaus der Ruf an, für ein verachtenswertes Publikum zuständig zu sein.

Die Geringschätzung der ledigen und armen Mütter spiegelt sich in der Finanzierung der Einrichtung durch öffentliche Stellen ebenso wie in der Behandlung der Frauen im Gebärhaus selbst. In dem Austausch von Leistungen und Gegenleistungen, von zuvorkommender Behandlung und Trinkgeld hatten diese Frauen die schwächste Position. Sie waren dem Spott und diversen Beschimpfungen ausgesetzt; sie mußten sich freundliche Behandlung erst erkaufen und ließen sich in ihrer Extremsituation das wenige Geld, das sie hatten, leicht abpressen. Ihr einziges Kapital war ihre Milch. Die Struktur der Anstalt verhinderte Gemeinsamkeiten zwischen Wärterinnen und Gebärenden. Unterschichtsfrauen, die sie alle waren, reproduzierten sie doch die von der Gebäranstalt vorgegebene Hierarchie; und der ‚moralische‘ Aspekt erlaubte es den Wärterinnen, sich über die hilfesuchenden Frauen zu stellen. Darüber hinaus schuf die Trinkgeldwirtschaft auch Abstufungen unter den gebärenden Frauen. Darin setzte sich ein Muster fort: Die Gebäranstalt bot ja ganz offiziell in ihrer Zahlabteilung und Gratisklinik unterschiedliche Leistungen an.

Der Impuls der Aufklärung, die uneheliche Geburt von allem Schandhaften zu befreien, war vielleicht bei den Kindern etwas erfolgreicher als bei den Müttern. Sie verließen die Findelanstalt noch als Säuglinge, mit Geld ausgestattet, und kamen zu Pflegefrauen, während für ihre Mütter nach einem Wochenbett von acht bis zehn Tagen jede Unterstützung endete, wenn sie nicht als Ammen im Findelhaus unterkamen oder privat vermittelt wurden. Ein Wochenbett von zehn Tagen galt nach den zeitgenössischen medizinischen Anschauungen als ziemlich kurz. Und tatsächlich hatte das Wiener Haus seiner besonderen Bedingungen wegen in dieser Beziehung die ungünstigsten Verhältnisse; es bot im Vergleich zu anderen Gebärhäusern der Monarchie ein besonders kurzes Wochenbett an.[44] Für die Frauen bedeutete das, daß sie schon wenige Tage nach der Entbindung wieder auf der Straße standen. Für die Kinder brachte diese Praxis eine frühe Übergabe an Findelhaus und Pflegefrauen, eine frühzeitige Umstellung auf künstliche Ernährung und daher – aber das ist ein anderes Kapitel – sehr häufig den Tod.

*Scarlett Beauvalet-Boutouyrie*

# Die Chef-Hebamme: Herz und Seele des Pariser Entbindungshospitals von Port-Royal im 19. Jahrhundert

Die institutionelle Aufnahme von schwangeren Frauen hat in Frankreich eine lange Tradition. Im Pariser ‚Hôtel-Dieu‘[1] reichte sie bis ins 14. Jahrhundert zurück und wurde Anfang des 19. Jahrhunderts am neu geschaffenen Gebärspital von Port-Royal fortgeführt. Es ist bemerkenswert, daß die leitende Hebamme – ‚maitresse sage-femme‘ oder ‚sage-femme en chef‘, wie man sie im 19. Jahrhundert nannte – ursprünglich den Mittelpunkt dieser Anstalt bildete und dies paradoxerweise auch blieb, als männliche Geburtshelfer (‚accoucheurs‘) im allgemeinen die Aufsicht über die Hebammen erhielten.[2] Nach einem kurzen Rückblick auf die Geschichte der Pariser Entbindungsanstalt soll in diesem Aufsatz gezeigt werden, wie und weshalb die Oberhebamme ihre dominierende Stellung das ganze 19. Jahrhundert hindurch bewahren konnte; auch die Auseinandersetzungen und Konsequenzen, die sich aus dieser Situation ergaben, werden beschrieben.

Die Akten des Pariser Hôtel-Dieu erwähnen erstmals im Jahre 1348 eine Hebamme und eine Gebärabteilung. Man kann dieses Zeugnis als die Gründungsurkunde des ersten Pariser Gebärspitals ansehen. Auch wenn die Entbindungsabteilung des Hôtel-Dieu im Prinzip allen schwangeren Frauen offenstand, handelte es sich faktisch vor allem um eine Anlaufstelle für ledige Mütter und arme verheiratete Frauen, die nicht zu Hause gebären konnten. Diese Abteilung betreute nicht nur die Gebärenden, sondern diente gleichzeitig als Ausbildungsstätte für die Hebammen. Vierteljährlich wurden jeweils vier neue Schülerinnen aufgenommen, die ‚Lehrmädchen‘ genannt und durch die leitende Hebamme in der Kunst der Geburtshilfe ausgebildet wurden. Letztere war auch für die faktische Leitung der Abteilung zuständig, was dieses Amt zu einer sehr begehrten Position machte.[3]

Seit dem 17., besonders aber seit dem letzten Drittel des 18. Jahrhunderts – zumal nach dem schrecklichen Brand, der 1772 das Hôtel-Dieu verwüstete – forderten Ärzte und Philanthropen, die Anstalten der Gesundheitspflege gründlich zu reformieren. Die Akademie der Wissenschaften gab eine ganze Reihe von Gutachten in Auftrag, welche immer wieder die ungesunden Örtlichkeiten und die damit zusammenhängende hohe Sterblichkeit kritisierten. Auch die Entbindungsabteilung entging diesem Urteil nicht. Unter den zahlreichen Reformprojekten betraf der Vorschlag des angesehenen Chirurgen Jacques Tenon vor allem die Schwangeren und Gebärenden: Im Jahre 1788 plädierte er in einem berühmten Memorandum für eine vollständige Reorganisation der Entbindungsabteilung.[4]

In seiner Denkschrift plante Tenon nicht bloß eine Reorganisation, sondern auch eine Verlegung dieser Abteilung. Seine Vorschläge fanden Gehör, und nach einer Reihe von Verzögerungen zog die Abteilung 1795 in die Gebäude der Oratorianer und der ehemaligen Abtei von Port-Royal. Die offizielle Bezeichnung lautete von nun an ,Hospice de la Maternité'.[5] Auch das neue Gebärspital versorgte bedürftige Frauen und bildete Hebammen aus.[6] Die institutionelle Kontinuität mit dem alten Hôtel-Dieu wurde dadurch unterstrichen, daß dessen leitende Hebamme, Marie Dugès, mit ihrer Tochter Marie-Louise Lachapelle als Assistentin diese Funktion auch in der neuen Anstalt übernahm.

Direktor des Gebärspitals war der leitende Geburtshelfer; er wurde unterstützt von einem leitenden Arzt, der für die Krankenabteilung zuständig war, einem assistierenden Chirurgen, der den Geburtshelfer bei den Visiten der Wöchnerinnen begleitete, sowie der leitenden Hebamme. Diese hatte in der Tat eine herausragende Stellung an der Entbindungsanstalt: Ihr oblag die Ausbildung der Hebammenschülerinnen, die Aufnahme der Frauen, die Betreuung der Geburten und die Pflege der Gebärenden. Angesichts dieser vielfältigen Aufgaben und ihrer Position gegenüber dem Geburtshelfer kann man sie wohl als diejenige ansehen, die offiziell für das Gebärspital verantwortlich war.

## 1. Die Oberhebamme als Leiterin von Unterricht und Pflegedienst

Die Aufgaben der leitenden Hebamme waren ebenso zahlreich wie vielseitig und verliehen ihr ein sehr großes Prestige. Die Amtsinhaberinnen waren daher stets bemerkenswerte Persönlichkeiten, und es gab von der Gründung des Spitals bis zum Ende des 19. Jahrhunderts nur sechs Frauen, die diese Funktion versahen.

Tabelle 1: Die leitenden Hebammen der Entbindungsanstalt im 19. Jahrhundert

| Amtszeit | Leitende Hebamme |
|----------|------------------|
| 1798–1821 | Marie-Louise Lachapelle |
| 1822–1838 | Madeleine-Catherine Legrand |
| 1839–1858 | Madeleine Edmée Clémentine Charrier |
| 1858–1867 | Adèle Angélique Alliot |
| 1867–1881 | Charlotte Clémence Callé |
| 1881–1895 | Félicie Henry |

*Die Oberhebamme als Leiterin des Unterrichts*

Der Unterricht am Gebärspital betraf Theorie und Praxis. Er umfaßte vier Hauptkurse: Theorie der Entbindungen, Impfung, Phlebotomie oder Kunst des Aderlassens und Pflanzenkunde; hinzu kam eine praktisch-klinische Ausbildung am Bett der Gebärenden. Die leitende Hebamme stand im Mittelpunkt des Unterrichts und lehrte selbst sechs Stunden pro Woche.

Tabelle 2: Organisation des geburtshilflichen Unterrichts an der Entbindungsanstalt in den 1830er Jahren

| Verantwortliche(r) | Stundenzahl |
| --- | --- |
| Leitender Geburtshelfer | 3 |
| Leitende Hebamme | 6 |
| Hilfshebammen | 12 |
| Tutorinnen | 6 |
| Insgesamt | 27 |

Marie-Louise Lachapelle (1769-1821) war die Tochter von Marie Josnet, der letzten Oberhebamme am Hôtel-Dieu, und von Louis Dugès, der wohl Chirurg in Paris war.[7] Schon früh hatte sie ihrer Mutter in der Entbindungsabteilung geholfen und so alle theoretischen und praktischen Kenntnisse auf dem Gebiet der Geburtshilfe erworben. 1792 heiratete sie Charles Lachapelle, den zweiten Chirurgen am Hôtel-Dieu. 1795 zur Witwe geworden, widmete sie sich ausschließlich ihrem Hebammenberuf – zuerst als Stellvertreterin ihrer Mutter am Gebärspital, seit 1798 als deren Nachfolgerin.

Die Unterrichtsmethoden und das pädagogische Konzept von Marie-Louise Lachapelle erscheinen durchaus modern. Sie schuf die Grundlagen, die von allen ihren Nachfolgerinnen übernommen wurden und bis zum Beginn des 20. Jahrhunderts gültig waren. Man kann sich davon überzeugen, wenn man das Handbuch „Pratique des accouchements" (Praxis der Entbindungen) betrachtet, in dem sie 1821 für die Schülerinnen die wichtigsten Elemente ihrer Lehre niederlegte. Sie selbst präsentierte ihr Werk folgendermaßen: „Ich betrachte es lediglich als eine Sammlung von Ratschlägen, die auf Erfahrung beruhen und das Studium der Schülerinnen vervollkommnen sollen."[8] Der Unterricht beinhaltete auch theoretische Elemente, war aber hauptsächlich praktisch orientiert. Sie versuchte, ihren Schülerinnen den Stoff in leicht verständlicher Weise darzustellen, und folgte einem didaktischen Plan, der von der anatomisch-klinischen Analyse ausging. Die einzelnen Fragen wurden folgendermaßen präsentiert: Definition und/

oder Beschreibung, Verbindung mit Beobachtungen aus der Praxis des Spitals bzw. – wenn nötig – aus der Literatur, Aufzählung der Symptome, Diagnostik, Suche nach den Ursachen, Prognose und Hinweise zur Behandlung. Jede Frage wurde durch einen klinischen Fall illustriert, damit die Hebammenschülerinnen sich die Theorie leichter aneignen konnten. Die besonders schwierigen Fälle wurden mit den Hebammenschülerinnen im Hörsaal am Phantom erörtert.

In Ergänzung zu den Hauptkursen hat Marie-Louise Lachapelle auch eine Methode zur Wiederholung des Lernstoffes entwickelt. Jedes Jahr wurde aus dem Kreis der angehenden Hebammen eine Tutorin benannt; es handelte sich zumeist um eine fortgeschrittene Schülerin, die den Unterricht schon ein Jahr lang besucht hatte und beauftragt wurde, die Lektionen des leitenden Geburtshelfers und der Oberhebamme mit ihren Mitschülerinnen zu wiederholen. Schließlich organisierte man ein allgemeines, den gesamten Lernstoff betreffendes Repetitorium: Auch diese Wiederholungskurse wurden von Schülerinnen des zweiten Jahres geleitet, die mit ihren Erfahrungen den jüngeren Kolleginnen helfen sollten. Das Prinzip der Repetitorien ist direkt beeinflußt durch die Methode des wechselseitigen Lehrens und Lernens, die damals eine neue Errungenschaft war.

Im wahrsten Sinne des Wortes wirkte Marie-Louise Lachapelle als die Seele der Schule. Die Lobeshymne, die der Baron de la Bonnardière anläßlich der Preisverleihung von 1822 auf sie anstimmte, spricht für sich:

„Die zahlreichen Schülerinnen, die sie ausgebildet hat, zeugen von ihrem Eifer und ihrem Sachverstand. Sie wußte sich der Auffassungsgabe einer jeden Zuhörerin anzupassen, und so konnten alle von ihren Lektionen profitieren. Sie suchte nicht durch brillanten Vortrag Bewunderung zu erhaschen; vielmehr konzentrierte sie sich auf das, was wirklich der Ausbildung guter Hebammen diente. Und sowohl mit ihren Vorlesungen als auch am Krankenbett war sie überaus erfolgreich – durch ihre Methode und die Klarheit ihrer Lektionen und Ausführungen."[9]

Alle Zeitgenossen bezeugen übrigens das bemerkenswerte Engagement dieser Frau, ihre Beobachtungsgabe, ihre Fachkompetcnz und Hingabe. Es ging ihr nicht bloß um die technische Ausbildung der angehenden Hebammen, vielmehr wollte sie diese zu einer höheren Mission führen, wie etwa folgende Worte deutlich machen: „Seid voller Mitleid und Nächstenliebe, seid sanft und gut mit euren Kranken... Vergeßt nicht, ihr lieben Mädchen, daß ihr den Armen schuldet, was ihr gelernt habt. Ihnen verdankt ihr diesen ehrwürdigen Beruf. Wisset, daß unsere Kranken in doppelter Weise, als Arme und als Unglückliche, ein Anrecht auf eure Pflege haben."[10]

Madeleine Legrand und Clémentine Charrier traten in die Fußstapfen von Marie-Louise Lachapelle und folgten getreu ihren Vorschriften, wobei sie allerdings stärker praktisch orientiert waren. Das Pariser Gebärspital war keine starre oder unbewegliche Institution; jede Verbesserung schien willkommen, wie etwa die Amtszeit von Adèle Angélique Alliot zeigt. Angélique Alliot (1821–1896) trat 1840 als Schülerin in das Spital ein und wurde nach einem glänzend absolvierten Studium 1842 zur Hilfshebamme ernannt. Daneben hielt sie seit 1848 einen speziellen Kurs für Hebammenschülerinnen an der Klinik der Medizinischen Fakultät von Paris.[11] 1853 endete dieser Lehrauftrag, denn Dubois bat sie im gleichen Jahr, bei der Entbindung der Kaiserin Eugénie zu assistieren.[12] Dubois mußte die Geburtszange zu Hilfe nehmen, und Angélique Alliot gelang die Wiederbelebung des kleinen Prinzen. Sogleich wurde sie zur Hebamme der Kaiserin ernannt und stand ihr 1856 erneut bei. Am 19. Februar 1858 wurde sie leitende Hebamme am Gebärspital.

Angélique Alliot knüpfte an die Lehre von Marie-Louise Lachapelle an, bereicherte den Unterricht aber durch eine Reihe von Neuerungen.[13] Ihr erklärtes Ziel war „die intellektuelle und moralische Hebung des Hebammenstands", und so begann sie jeden Kurs mit Überlegungen zum Wesen dieses Berufes und zu den körperlichen und moralischen Qualitäten, die diese Profession verlangt. Sie wollte ihren Schülerinnen „ein Gefühl der Würde, der professionellen Verantwortung und der wahrhaften Nächstenliebe" gegenüber den Frauen in der Entbindungsanstalt vermitteln.[14] Auch gab sie den angehenden

Hebammen am Ende jeden Schuljahres Ratschläge und Hinweise über soziale und rechtliche Aspekte der Praxis und bereitete sie so auf den Übergang in das Berufsleben vor. In theoretischer Hinsicht ergänzte sie ihre Kurse um Hinweise zur Hygiene für „Frauen jeden Standes und jeden Alters sowie für Säuglinge"; auch stellte sie in einer Übersicht therapeutische Maßnahmen für die spätere Praxis der Hebammen zusammen.[15] Im Jahre 1858 schließlich schlug sie zusammen mit Danyau, dem leitenden Geburtshelfer der Entbindungsanstalt,[16] der Administration vor, den Lehrplan der Schule zu überarbeiten.

Im Laufe der Jahre war der Stundenplan für die Schülerinnen überfrachtet worden. Zu den Kursen für Geburtshilfe waren Lektionen in Anatomie, Aderlaß und Impfung getreten. Mitte des Jahrhunderts war der theoretische Unterricht auf insgesamt 37 Wochenstunden angewachsen. Der gesamte Lehrkörper war besorgt, daß die Praxis dabei zu kurz kam. Angélique Alliot verfaßte eine Eingabe an den Direktor der Öffentlichen Wohlfahrtseinrichtungen, um ihm das Tagesprogramm einer Schülerin vor Augen zu stellen. Sie legte dar, daß der Lehrplan unbedingt revidiert werden müsse, denn er war so umfangreich, daß die Schülerinnen sich unmöglich den gesamten vorgesehenen Stoff aneignen konnten.

Angélique Alliot schlug also vor, den theoretischen Unterricht zu reduzieren sowie die Repetitorien bei Tutorinnen und vor allem die klinische Ausbildung zu intensivieren. Der Professor und die leitende Hebamme gaben im neuen Lehrplan pro Woche drei Unterrichtsstunden, die jeweils durch eine Schülerin des zweiten Jahrgangs im Tutorium nachbereitet wurden.[18] Die so gewonnene Zeit erlaubte den Schülerinnen, sich intensiver der Versorgung der Frauen und Neugeborenen zu widmen, und gewährte auch die Möglichkeit von Erholungspausen. Die Vorschläge wurden akzeptiert, und ab 1859 reduzierte sich das wöchentliche Programm auf 28 Unterrichtsstunden. Seither wurde das Lehrprogramm nicht mehr verändert – nur kamen 1878 zwei Wochenstunden Gymnastik hinzu.

Tabelle 3: Das Tagesprogramm der Schülerinnen vor der Reform von 1858

| Tageszeit | Stundenplan[17] |
| --- | --- |
| 5.30 Uhr | Aufstehen. Die Schülerinnen versorgen die Wöchnerinnen und begleiten die leitende Hebamme bei der Visite. Sie besorgen ihre persönliche Körperpflege und begeben sich dann zur Messe und zum Frühstück. Anschließend begleiten sie den Arzt auf der Visite |
| 9 Uhr | Erste Unterrichtsstunde |
| 10 Uhr | Taufe der Neugeborenen |
| 11 Uhr | Zweite Unterrichtsstunde |
| 12 Uhr | Mittagessen, anschließend erneute Versorgung der Wöchnerinnen, der Neugeborenen und Ausführung der Verordnungen vom Morgen |
| 13 Uhr | Dritte Unterrichtsstunde |
| 14 Uhr | Kolloquium und Unterricht in Französisch |
| 15 Uhr | Repetitorium |
| 16 Uhr | Vierte Vorlesung (Geburtshilfe oder Aderlaß oder Impfung oder Pflanzenkunde) |
| 17 Uhr | Dritte Versorgung der Wöchnerinnen und zweite Visite der leitenden Hebamme und des Arztes; Wiederholung der Lektionen |
| 18 Uhr | Abendessen und Ausführung der Verordnungen |
| 19 Uhr | Gebet |
| 19.30 bis 21.30 Uhr | Schriftliche Hausarbeiten zu den Lektionen des Tages |

## Die Oberhebamme als Leiterin des Pflegedienstes

Die leitende Hebamme empfing die Frauen gleich nach ihrer Ankunft im Spital; nach einer Untersuchung entschied sie aufgrund des voraussichtlichen Geburtstermins über Aufnahme oder Ablehnung. Zu diesem Zweck führte sie ein Aufnahmeregister. Dies alles war keine leichte Aufgabe, denn im Durchschnitt kamen täglich zehn Frauen in die Entbindungsanstalt.[19]

Die Untersuchung der Frauen, die sich zur Aufnahme vorstellten, nahm zunächst die leitende Hebamme vor; anschließend übten sich darin der Reihe nach die in Zehnergruppen eingeteilten Schülerinnen.

Die aufgenommenen Frauen wurden danach in den Saal der Schwangeren geleitet, wo sie den Moment ihrer Entbindung erwarteten. Zwei Schülerinnen, die unter der Aufsicht der leitenden Hebamme standen, versorgten sie. Den Arzt des Spitals bekamen die Frauen nur bei ernsthaften Krankheiten zu Gesicht; in diesem Fall wurden sie in die Krankenabteilung gebracht. Sobald sie die ersten Geburtsschmerzen verspürten und die Hebamme das Einsetzen der Wehen feststellte, ließ diese die Schwangeren in den Kreißsaal bringen; zusammen mit den Schülerinnen betreute sie alle normalen Geburten.

Die Anstaltsordnung sah in der Tat vor, daß die leitende Hebamme für die gewöhnlichen Geburten verantwortlich war.[20] Weiter heißt es: „In allen Fällen, in denen die Geburt über die Kräfte der Mutter zu gehen scheint …, übernimmt die leitende Hebamme solche Entbindungen, solange sie keine Gefahr für Mutter und Kind oder sehr große Schwierigkeiten der Ausführung sieht; anderenfalls aber informiert sie den leitenden Geburtshelfer, es sei denn eine Verschiebung der Operation würde eine unmittelbare Gefahr bedeuten.“[21] Die Praxis bestätigte diese Vorrangstellung, und die leitende Hebamme übernahm faktisch die Funktionen eines gewöhnlichen Chirurgen. Beide erhielten übrigens dieselben Bezüge, wobei im Falle der Hebamme eine Prämie von 30 Francs pro Schülerin hinzukam.

Marie-Louise Lachapelle hat die Organisationsstruktur vom Hôtel-Dieu auf das Gebärspital von Port-Royal übertragen; und es gelang ihr, auch hier den Vorrang der Hebamme über den Geburtshelfer zu sichern. Mehr noch, sie arbeitete wie ein richtiger Chirurg:

„Bei der Leitung der Entbindungsanstalt hatte sie die höchste Autorität, und Chaussier,[22] der dort Zugang hatte, ließ ihr vollkommene Freiheit, Entscheidungen nach eigenem Urteil zu treffen. So führte sie fast alle geburtshilflichen Operationen aus und leitete auch die Entbindungen, bei denen Komplikationen auftraten. Sie praktizierte die Wendung, gebrauchte die Geburtszange, behob den Vorfall der Nabelschnur, stillte Blutungen und ließ zur Ader..."[23]

Ihre Aufgaben gingen also weit über die gewöhnlichen Kompetenzen von Hebammen hinaus. Baudelocque hatte selbst dazu beigetragen, diesen Zustand zu institutionalisieren. Da er Lachapelles Geschick und Kompetenz als Geburtshelferin erkannte, übertrug er ihr oftmals die Verantwortung für die Durchführung schwerer Geburten. Er beschrieb sie folgendermaßen: „Stets von Intelligenz geleitet, wußte ihre sichere Hand alle Schwierigkeiten und Hindernisse zu überwinden";[24] es war ihm ein Vergnügen, so gestand er, wenn sie vor seinen Augen operierte, und nie vergaß er, ihr seine Anerkennung auszusprechen.

Die Hebammen, die Marie-Louise Lachapelle in Port-Royal nachfolgten, verstanden es, diese traditionelle Unabhängigkeit zu wahren. Hinzu kam, daß auch die leitenden Geburtshelfer von Anfang an im Spital der natürlichen Entbindung den Vorzug gaben, selbst wenn sie in ihrer Praxis außerhalb der Anstalt zum Teil anders verfuhren. Sie orientierten sich an der Regel, daß Hebammen der Gebrauch von Instrumenten untersagt sei; daher sollten die Schülerinnen lernen, der Natur so weit wie möglich ihren Lauf zu lassen. Baudelocque, Antoine Dubois, Marie-Louise Lachapelle und ihre Nachfolger waren sich in diesem Punkt einig: „Nur keinen Übereifer ... eher auf die Natur vertrauen als auf sich selbst. Lieber einen Rosenkranz beten als operieren ... Stetigkeit, Langsamkeit, Aufmerksamkeit, Behutsamkeit – so lauten die Prinzipien, die jeder Anwendung von Gewalt vorangehen müssen."[25] Die Praxis bestätigte weithin diese Orientierung: Geburtshilfliche Eingriffe und der Gebrauch der Zange waren sehr selten, der Kaiserschnitt eine Ausnahme, die im ganzen 19. Jahrhundert am Pariser Gebärspital nur 15mal stattfand.

Marie-Louise Lachapelle war stolz auf die geringe Anzahl nicht-natürlicher Geburten, und sie stellte die Praxis am Pariser Gebärspital derjenigen Osianders in Göttingen entgegen, wo nach ihren Informationen auf 700 Geburten 400 künstliche

Tabelle 4: Statistik der Entbindungen am Gebärspital von Port-Royal[26]

| Zeitraum | Entbindungen Insgesamt | Natürliche Entbindungen | Nicht-natürliche Entbindungen |
|----------|------------------------|-------------------------|-------------------------------|
| 1797–1809 | 17308 | 98,7% | 1,3% |
| 1830–1839 | 22250 | 98,8% | 1,2% |
| 1840–1849 | 24544 | 98,7% | 1,3% |
| 1850–1859 | 25453 | 97,5% | 2,5% |
| 1860–1869 | 15692 | 97,1% | 2,9% |
| 1870–1879 | 10937 | 96,3% | 3,7% |

kamen.[27] Marie-Anne Boivin, Hilfshebamme am Spital, rühmte ebenfalls diese sanfte Methode: „Zum Glück ist heutzutage Schluß mit Hakenzangen, stinkendem Nieswurz, allen Arten von Kopfziehern, Binden, Schlingen, Zungenband, Streifchen und allen möglichen anderen mörderischen oder nutzlosen Instrumenten, die, wenn nicht die Barbarei, so doch die Unwissenheit ihrer Urheber bezeugen."[28]

Da die leitende Hebamme für die Entbindungen verantwortlich war, führte sie auch das Register der Geburten. Ein weiteres Register betraf die gesunden Wöchnerinnen, die sie betreute. Tag für Tag machte die leitende Hebamme Visite bei den Wöchnerinnen, bestimmte ihren Ernährungsplan und verlegte sie, falls nötig, in die Krankenabteilung zur besonderen Behandlung. Sie begleitete auch regelmäßig die Arztvisite bei den kranken Wöchnerinnen und erstattete, zusammen mit dem Assistenzarzt, Bericht über den Zustand der Kranken. Das war ein ungewöhnlich verantwortungsvoller Aufgabenbereich, und man begreift, daß die Oberhebamme faktisch die Leitung des Gebärspitals innehatte. Diese Situation führte schließlich zum Konflikt mit dem Geburtshelfer.

## 2. Die Rivalität zwischen Hebamme und Geburtshelfer

*Eine Schule unter der Leitung einer Frau?*

Von Anfang an war die herausragende Stellung der Hebammen am Pariser Gebärspital der Kritik ausgesetzt. Kaum war die Anstalt in die Gebäude von Port-Royal eingezogen, als die Einrichtung und die leitende Hebamme sich bereits mit schweren Vorwürfen konfrontiert sahen. 1802 wurde Baudelocque von einem Rivalen, dem Doktor Sacombe, vor Gericht zitiert.[29] Sacombe warf ihm vor, in seiner Pariser Privatpraxis durch einen schlecht ausgeführten Kaiserschnitt den Tod eines Neugeborenen verursacht zu haben (die sog.‚Affäre Tardieu‘). Baudelocque ging zum Gegenangriff über und erhob gegen Sacombe Anklage wegen Verleumdung; der Streit beschränkte sich in der Folge nicht auf die Affäre Tardieu, sondern betraf schließlich die gesamte Praxis der beiden Männer. Im Verlauf des Prozesses griff Sacombe auch die Entbindungsanstalt an und schilderte sie in den düstersten Farben:

„Die schönste Schule der Welt ist also in den Händen einer Frau, die anderen Frauen beibringt, was eine Frau sie gelehrt hat, nämlich daß die Neugeborenen aus der Vulva oder dem geöffneten Bauch der Schwangeren kommen, tot oder lebendig, zeitig oder zu früh. Auf den Unterricht, der am Gebärspital erteilt wird, fällt das Licht von Totenfackeln. Nun gut, so mag diese düstere Beleuchtung wenigstens den Lebenden ein einziges Mal den Weg leuchten. Hereinspaziert, Bürger Minister! Treten Sie mit mir durch das geheimnisvolle Tor der Bourbe,[30] das uns Männern so verschlossen ist wie der Tempel der Vesta. Die Totenregister legen Zeugnis ab, wie die zweitausend Geburten dort alljährlich durchgeführt werden...“[31]

Es war damals kein Geheimnis, daß Baudelocque an der Entbindungsanstalt dazu übergegangen war, eine Reihe von Aufgaben an die leitende Hebamme zu delegieren. Sacombes heftiger Angriff offenbarte die negative Einstellung der Ärzte gegenüber den Hebammen; er schloß nahtlos an die Polemik an, welche die Geburtshelfer im 18. Jahrhundert gegen die Matronen, die als Hebammen tätig waren, vorgebracht hatten.[32] Gleichzeitig spielte hier zweifellos auch die Frustration der medizinischen Fakultät von Paris eine Rolle, deren Studenten von dem theoretischen und praktischen Unterricht an der Entbindungsanstalt ausgeschlossen waren. Beim Umzug der Entbindungsabteilung hatte sich in der Tat die Frage gestellt, welche Schüler im Gebärspital zugelassen werden sollten. Alphonse Leroy (1741–1816), Professor an der medizinischen Fakultät von Paris, hatte der Nationalversammlung 1790 ein Projekt vorgelegt mit dem Titel „Motive und Plan für die Einrichtung eines medizinischen Seminars zum Unterricht über Frauenkrankheiten, Geburtshilfe und Kinderfürsorge im Hospital der Salpêtrière".[33] Er plädierte also für eine entsprechende klinische Ausbildung der jungen Ärzte. Zwar hatte das Projekt zunächst keinen Erfolg, doch die Fakultät versuchte, den Umzug der Entbindungsabteilung zu nutzen, um ihr Seminar mit dem Gebärspital zu verbinden. Doch auch dieser Plan scheiterte, denn Marie Dugès und Marie-Louise Lachapelle, die ihre Tätigkeit an der neuen Einrichtung eben aufgenommen hatten, scheuten keine Anstrengung, um den theoretischen und praktischen Unterricht ausschließlich den angehenden Hebammen vorzubehalten. Sie konnten schließlich Chaptal, auf den die Konzeption des Gebärspitals zurückging, davon überzeugen, daß dort keine Medizinstudenten zugelassen werden dürften: „In keiner Institution ist man jemals auf die Idee gekommen, Studenten beiderlei Geschlechts gemeinsam zu unterrichten; und wieviel mehr gilt solches im Bereich der Geburtshilfe."[34] In Port-Royal wurden folglich nur Hebammen zugelassen, und die Medizinstudenten mußten sich mit der Klinik der medizinischen Fakultät begnügen, wenn sie eine praktische Ausbildung erwerben wollten.

*Arzt contra Hebamme*

Antoine Dubois, der 1810 Baudelocque als leitender Geburtshelfer nachfolgte und bis 1825 im Amt blieb, praktizierte dieselbe Politik; Madeleine Legrand, die 1822 zur Oberhebamme ernannt wurde, leitete faktisch das Spital. Als aber Paul Dubois

1825 Nachfolger seines Vaters wurde, kam es zu einem regelrechten Führungsstreit zwischen Geburtshelfer und Hebamme. Wir sind hierüber durch einen Text unterrichtet, mit dem Madeleine Legrand ihre Vorrechte als faktische Leiterin des Spitals verteidigte.[35] Madeleine Legrand hatte selbst die Schule dieser Anstalt durchlaufen, und zwar als Preisträgerin des Jahrgangs 1809–10; sie hatte den zweiten Preis im allgemeinen Wettbewerb beim Examen für Geburtshilfe und den ersten Preis für umsichtige Arbeit in der Klinik erhalten. Sie hatte in Versailles als Hebamme praktiziert, bis sie 1822 zur Nachfolgerin von Marie-Louise Lachapelle ernannt wurde.

In der Auseinandersetzung ging es um die in der Anstaltsordnung vorgesehene Aufgabenverteilung, vor allem um die Verantwortung für das Patientenregister. Bei jeder Geburt wurde ein klinischer Bericht angefertigt, und bislang oblag dies der Hebamme. Der Streit betraf eine wesentliche Frage, denn die Verantwortung für das Register verlieh medizinische Autorität. Protokolliert wurde in diesem Register die Erstuntersuchung bei der Aufnahme, der Verlauf und die Umstände der Geburt sowie der postnatale Zustand von Mutter und Kind. Über die Patientin notierte die Hebamme außer den üblichen Personalien, wie ihre Konstitution beschaffen und ihr Becken geformt war, wieviele zeitige oder vorzeitige Geburten sie bisher gehabt hatte; in welcher Phase der Schwangerschaft sie sich befand, wie diese verlaufen war und ob Zwischenfälle oder Komplikationen aufgetreten waren; wann die Wehen einsetzten, wann sie stationär aufgenommen und wann in den Kreißsaal gebracht worden war; welche Lage der Uterus hatte und wieweit der Muttermund bei der Ankunft im Kreißsaal geöffnet war, um welche Uhrzeit die Fruchtblase sprang, welches die genaue Kindslage war, welcher Körperteil vorlag, wann der Muttermund vollständig geöffnet war, wie lange die Wehen insgesamt dauerten und wie die Geburt endete. Des weiteren erwähnte die Hebamme das Geschlecht des Kindes, seinen körperlichen Zustand, Gewicht, Länge sowie die wichtigsten Angaben zum Kopfdurchmesser (Hinterhaupt – Stirn, Hinterhaupt – Kinn, von Scheitelbein zu Scheitelbein, Scheitel – Hinterhaupt). Eine letzte Rubrik war außergewöhnlichen Bemerkungen vorbehalten.[36]

Im August 1825 beschloß Paul Dubois, ein Register desselben Typs anzulegen; er schlug Madeleine Legrand vor, dieses gemeinsam zu führen. Die Hebamme akzeptierte, wenn auch mit einer gewissen Zurückhaltung, denn sie erriet bereits Dubois' Absicht, in ihre Vorrechte einzugreifen. Ende September kam es zum offenen Konflikt, als sie feststellen mußte, daß Dubois sich ohne ihr Wissen in den Saal begeben hatte, in dem die Patientinnenaufnahme stattfand:

„Er verfolgte gewissermaßen eine Strategie des Überfalls, betrat am 27. September den Aufnahmesaal und schritt – ein bisher noch nie gesehener Vorgang – in Anwesenheit der Hebammenschülerinnen zur körperlichen Untersuchung der schwangeren Frauen, wobei er die Ergebnisse protokollierte. All das geschah in Abwesenheit der leitenden Hebamme und ohne daß diese von den Absichten des Arztes in Kenntnis gesetzt worden wäre."[37]

Ein anderes Mal kam Madeleine Legrand, von einer Schülerin gerufen, in den Kreißsaal und mußte feststellen, daß Dubois und der Assistenzarzt im Begriff waren, eine Entbindung vorzunehmen, obwohl die Ärzte nach der Anstaltsordnung nur auf ausdrückliche Anforderung und in Anwesenheit der leitenden Hebamme diesen Bereich betreten durften. Der Konflikt spitzte sich zu, denn es handelte sich um eine Zwillingsgeburt, bei der Paul Dubois und Madame Legrand verschiedener Ansicht waren, insbesondere über die Lage des zweiten Kindes. Nach Aussage der Hebamme zeigte der Austritt des Kindes, daß es sich genau in der Position befand, die sie angegeben hatte, Dubois dagegen habe bei der Abfassung des Protokolls die Dinge völlig falsch dargestellt. In unserem Zusammenhang interessieren nicht so sehr diese speziellen Streitpunkte, sondern die Konsequenzen des Konflikts. Was die Hebamme Dubois vorwarf, war weniger die Amtsanmaßung als solche als die Abfassung des Geburtsprotokolls.

Madeleine Legrand verfaßte also eine Eingabe, die wohl an den Verwaltungsdirektor der Entbindungsanstalt gerichtet war und in der sie ihre Position darstellte. Sie brachte eine ganze

Anzahl von Argumenten vor, u.a. daß die Frauen sich nicht von einem Mann untersuchen lassen wollten und daß die Schülerinnen von der praktischen Seite der Ausbildung abgeschnitten werden könnten:

„Seit Menschengedenken haben die schwangeren Frauen sich nur mit größtem Widerstreben einer solchen Untersuchung unterworfen ... Einige zogen es sogar vor, sich zu entfernen; denn lieber wollten sie auf den Beistand der Entbindungsanstalt verzichten, als in eine solche Untersuchung einzuwilligen ... Die Frauen murren und klagen, sie seien belästigt worden und bereits der Neugier eines Mannes ausgesetzt gewesen. Würde man Herrn Paul Dubois diese Tätigkeit gestatten, so kann man sicher sein, daß die Schülerinnen einer Anschauungsquelle, die für ihren zukünftigen Beruf so notwendig ist, bald völlig beraubt wären ."[38]

Natürlich erkennt man hinter dieser Argumentation vor allem das Bestreben der Oberhebamme, die eigene Machtstellung bei der Leitung der Entbindungsanstalt gegen den Geburtshelfer zu verteidigen.

Madeleine Legrand wies in diesem Zusammenhang auch darauf hin, daß die Rollenverteilung zwischen leitendem Geburtshelfer und Hebamme in der Anstaltsordnung nicht klar genug definiert sei.[39] Schließlich nahm sie Anstoß an der Persönlichkeit von Dubois: „Dieser junge Professor scheint vom Geist der Neuerung ergriffen, was für sein Alter an sich nichts Ungewöhnliches ist; möglicherweise glaubt er, auf diese Weise den wissenschaftlichen Fortschritt zu befördern und die Ausbildung jener Schülerinnen zu verbessern, die ihm anvertraut sind. Doch das Bessere ist oft der Feind des Guten, und man muß befürchten, daß die von ihm bereits unternommenen Versuche mehr Ausdruck wohlmeinender Absichten als Ergebnis reiflicher Überlegung sind." Um ihre althergebrachten Rechte zu beglaubigen, führte die Hebamme schließlich das Beispiel von Baudelocque und Antoine Dubois an: „Diese berühmten Männer wußten sehr wohl, daß die unmittelbare Leitung einer Schule, auf der Frauen unterrichtet werden sollen, nur einer Person dieses Geschlechts anvertraut werden kann."[40]

Madeleine Legrand beanspruchte also für sich allein das Recht, die Frauen in der Aufnahme zu untersuchen und zusammen mit den Schülerinnen alle Geburten zu leiten, die natürlich oder doch ohne schwere Komplikationen verliefen; außerdem wollte sie sich die Entscheidung, ob der leitende Geburtshelfer gerufen wurde, sowie die Verantwortung für die Aufnahme- und Entbindungsregister vorbehalten. Gleichwohl war sie bereit, dem Arzt die Register zu übermitteln, so er dieses wünsche. Die Frage der Register war grundlegend, denn wenn Dubois selbst die Protokolle führte, wäre die Vorrangstellung der Hebamme in Frage gestellt. Madeleine Legrand war sich dessen bewußt, denn sie stellte unzweideutig fest:

„Ein Register, das im Kreißsaal vom leitenden Geburtshelfer geführt wird, macht dessen dauernde Anwesenheit notwendig... Er überwacht alles und mischt sich überall ein. Wenn die Hebamme seinen Anordnungen keine Folge leistet, wird sie selbst überflüssig... sie genießt nicht mehr jenes Ansehen, das ihr von selbst Gehorsam einbringt, und verliert bald ihren ganzen Einfluß, ihre Autorität gegenüber den Schülerinnen, ja sie kann diese dann nicht mehr führen."[41]

Die Angelegenheit hatte sich also zu einem Grundsatzkonflikt entwickelt; die Vollmachten und das Urteil des Geburtshelfers wurden in Frage gestellt. Auch seine Unterrichtsmethoden kritisierte Madeleine Legrand. Denn als sich Dubois zusammen mit ihr im Kreißsaal befand und die Kindslage erörterte, bestimmte er drei Schülerinnen, welche die Kindslage ermittelten und ihm Bericht erstatten sollten. Madeleine Legrand bekundete ihre Überraschung, drei Schülerinnen im ersten Jahr mit einer solchen Aufgabe betraut zu sehen, woraufhin Dubois wortlos den Saal verließ! Sein Versuch, den Platz der leitenden Hebamme zu usurpieren, scheiterte also, und diese gewann ihre wichtigsten Vollmachten wieder zurück. Die starke Persönlichkeit der einzelnen Hebammen – und besonders diejenige von Angélique Alliot – hat wesentlich dazu beigetragen, diese Vorrangstellung zu sichern.

Gleichwohl wurde die Stellung der Oberhebamme im Laufe der Jahre letztlich doch immer mehr in Frage gestellt. Die ‚Gesellschaft für Chirurgie‘ wunderte sich 1866 über die Unabhängigkeit der leitenden Hebamme, und Dr. Le Fort kritisierte diese Position, die er als einzigartig in Europa ansah:

„Ist es nicht eine bedauernswerte Lage der Dinge, wenn die leitende Hebamme zwar vielleicht nicht offiziell, aber – was viel schlimmer ist – faktisch die Leitung der Abteilung für die gesunden Wöchnerinnen innehat? ... In ihrem Bereich, und wir haben allen Grund, diese merkwürdige Situation zu bestaunen, arbeitet die leitende Hebamme unabhängig von dem leitenden Chirurgen. Praktisch bedeutet dies, daß der Chirurg nur dann in die Abteilung der Hebamme kommt, wenn er von ihr gerufen wird. Diese Unabhängigkeit der Hebamme bei der Leitung einer Abteilung ... existiert nirgendwo im Ausland."[42]

Ende des 19. Jahrhunderts wurde der Aufgabenbereich der Hebamme tatsächlich immer mehr beschnitten. Daß man ihr die Durchführung schwieriger Geburten überließ wie in der Epoche von Baudelocque und Antoine Dubois, kam jetzt nicht mehr in Frage. Die Entstehung des Berufsstands der klinischen Ärzte für Geburtshilfe und der Erlaß vom 31. Mai 1895 beendeten die Vorrangstellung der Hebamme und unterstellten sie viel unmittelbarer als zuvor dem Geburtshelfer.[43] Die Assistenzärzte der meisten Geburtsstationen besaßen keinerlei spezielle Ausbildung, waren aber mit allen Eingriffen betraut; nur in besonders komplizierten Fällen wurde der Chirurg gerufen. Mit Erlaß vom 18. Oktober 1881 wurde ein neuer Typus von Fachärzten geschaffen, die Ärzte für klinische Geburtshilfe; von nun an besaß jede Station einen ordentlichen Arzt für Geburtshilfe, einen Assistenzarzt, zwei externe Hilfsärzte und eine Hebamme. Die Auswahl geschah in einem staatlichen Wettbewerb, welcher den neuen Amtsinhabern großes Prestige und vor allem das Recht zur Leitung einer Station verlieh. Charles Auguste Porak, der leitende Geburtshelfer von Port-Royal, unterstrich damals die Unhaltbarkeit der alten Situation, wobei er allerdings auch nicht vergaß, die Verdienste und die Kompetenz der Hebammen gebührend zu würdigen. Er erinnerte daran, daß die Leitung der Entbindungsanstalt ursprünglich unter drei Personen aufgeteilt war: dem Geburtshelfer, dem Arzt und der leitenden Hebamme. Seiner Ansicht nach beinhaltete eine solche Struktur einen Konstruktionsfehler: „Damit eine menschliche Einrichtung funktionieren kann, darf ihre Leitung nur von einem Impuls abhängen, und dieser Impuls muß ständige Verbesserungen durchführen."[44] Die Unterordnung der Hebamme unter den Geburtshelfer betrachtete er demnach als einen Fortschritt, und ebenso sollte seiner Ansicht nach mit dem Arzt verfahren werden.

Seitdem hatte die Geburtshilfe einen festen Platz zwischen der Medizin und der Chirurgie – eine Entwicklung, die dem Hebammenberuf nur zum Nachteil gereichen konnte. Schrittweise wurden die Hebammen aus der Leitung der Entbindungsstationen vertrieben, und ihre Rolle beschränkte sich bald darauf, dem Geburtshelfer zu assistieren. Nur in der Praxis außerhalb des Spitals konnten sie ihre Vorrangstellung aufrechterhalten, bis dann in der zweiten Hälfte des 20. Jahrhunderts die Kliniksentbindung an die Stelle der Hausgeburt trat.

### Die Hebammen an der Pariser Entbindungsanstalt: eine Ausnahme?

In der Provinz hatte die Ausbildung von Hebammen während der zweiten Hälfte des 18. Jahrhunderts vor allem unter dem Einfluß von Madame Du Coudray große Fortschritte gemacht.[45] Die Revolution schaffte einige dieser Kurse wieder ab, kreierte aber auch neue: Eine Rationalisierung des ganzen Systems wurde notwendig. 1805 bat das Ministerium die Präfekten um einen Bericht zur Lage der Geburtshilfe, und zwar sowohl der Spitäler als auch der Schulen im jeweiligen Departement.[46] 1810 mündete diese Initiative in die Einrichtung eines Netzes von insgesamt 57 Schulen, die entweder neu geschaffen oder reformiert wurden.[47]

In ihrer Organisation unterschieden sich diese Schulen kaum voneinander. Die meisten entschieden sich für ein Statut, das an dem der Pariser Entbindungsanstalt orientiert war. Der theoretische und praktische Unterricht wurde durch einen Professor für Geburtshilfe, seinen Assistenten und eine Hebamme erteilt. Die Statuten sahen vor, daß letztere die Schülerinnen in der Praxis der Entbindungen üben solle. Aber wie verhielt es sich mit der Praxis? Versah die Hebamme – wie am

Pariser Gebärspital – Leitungsfunktionen oder war sie auf eine untergeordnete Stellung beschränkt? Nur regionale Fallstudien können diese Frage beantworten.[48]

Beinahe das ganze 19. Jahrhundert hindurch haben die Hebammen von Port-Royal ihren Vorrang gegenüber den Geburtshelfern sichern können. Die faktische Leitung der Einrichtung lag ebenso in ihren Händen wie die Ausbildung, die praxisorientiert war und höchsten Standards genügte. Noch am Ende des 18. Jahrhunderts erschien eine solche Entwicklung eher unwahrscheinlich, denn damals schienen alle Bedingungen für eine Verdrängung der Hebamme durch den Geburtshelfer erfüllt.[49] An der Entbindungsanstalt von Port-Royal kam es freilich anders. Wo liegen die Gründe? Mehrere Hypothesen kommen in Frage. Die fachliche Kompetenz der leitenden Hebammen (die, ins 20. Jahrhundert versetzt, wohl eine Karriere wie die berühmtesten Geburtshelfer gemacht hätten) kann ihre Macht erklären. Die Aufgabenüberlastung der Geburtshelfer, die nicht nur für das Gebärspital verantwortlich waren, sondern auch als Professoren an der Universität lehrten und eine private Praxis betrieben, veranlaßte sie, ihre Funktionen an die Oberhebamme zu delegieren. Schließlich wirkte sich der Mentalitätswandel und die Veränderung der sozialen Position der Chirurgen und Geburtshelfer aus. Im 18. Jahrhundert war die Chirurgie für die Ärzte ein Mittel des sozialen und beruflichen Aufstieges: Indem sie sich die geburtshilflichen Handgriffe und Techniken aneigneten, wollten sie sich gegenüber den unausgebildeten Hebammen durchsetzen, die sie als inkompetent und brutal abqualifizierten. Im 19. Jahrhundert hatten die Chirurgen dieses Ziel erreicht, und entsprechende Profilierungsversuche erübrigten sich; so erhielten die Hebammen von neuem einen gewissen Handlungsspielraum. All das hat gewiß in Port-Royal eine Rolle gespielt. War die Entbindungsanstalt von Port-Royal nun aber ein Modell oder eine Ausnahme?[50] Nur ein Vergleich mit anderen Schulen – beispielsweise in Straßburg, Lyon, Bordeaux oder Montpellier – aber auch mit entsprechenden Einrichtungen in ganz Europa könnte diese Frage erhellen. Eine vergleichende Untersu-

chung würde gewiß zu einem besseren Verständnis des Phä-
nomens Port-Royal führen.

*Übersetzung: Matthias Grässlin*
*in Zusammenarbeit mit Jürgen Schlumbohm*

# IV. Zwischen Leben und Tod

*Susi Ulrich-Bochsler*
*Daniel Gutscher*

# Wiedererweckung von Totgeborenen. Ein Schweizer Wallfahrtszentrum im Blick von Archäologie und Anthropologie

Eine der bekanntesten spätmittelalterlichen Wallfahrtsstätten der Schweiz, an der totgeborene Kinder wieder zum Leben ‚erweckt‘ werden konnten, befand sich in Oberbüren im heutigen Kanton Bern. Oberbüren, ein auf einer Anhöhe über dem Städtchen Büren an der Aare gelegener Flecken, liegt ungefähr 25 Kilometer nordöstlich der Stadt Bern. Kirchlich gehörte Oberbüren damals zum Bistum Konstanz, dessen Einzugsbereich von Ulm bis an die Stadt Bern reichte. Die Grenze zum Bistum Lausanne bildete die Aare.

Eine geplante Überbauung machte eine archäologische Untersuchung im Areal ‚Chilchmatt‘ in Oberbüren notwendig.[1] An die vorreformatorischen Geschehnisse erinnerten keinerlei bauliche Überreste mehr; das Gelände war zum einen Teil eine baumbestandene Wiese, zum anderen bäuerlich genutztes Akkerland. Höchstens die Flurbezeichnung ‚Chilchmatt’ kann als Überbleibsel der Wallfahrtszeit gedeutet werden.[2] Über die bauliche Organisation vor Ort schweigen sich die Schriftquellen völlig aus, da sie einzig die Ereignisse festhalten. Die archäologische Erforschung der baulichen Realität ist deshalb eine unerläßliche Voraussetzung zur Rekonstruktion der tatsächlichen Verhältnisse. Demgegenüber sollen die anthropologischen Untersuchungen an den Skeletten einen Vergleich der teilweise legendenhaft anmutenden schriftlichen Überlieferungen mit der biologischen Realität ermöglichen. Beide Forschungsrichtungen gehen der Frage nach, was von dieser Wunderstätte nur Legende und was Wirklichkeit war.

## Was wissen die schriftlichen Quellen?

Die schriftliche Überlieferung[3] berichtet von einer Marienkapelle, die hier bis zur Reformation bestand. Erstmals ausdrücklich genannt wird die „capelle in Oberburon" im Jahre 1302; sie könnte indessen älter sein. Ferner wissen wir, daß sich eine Bruderschaft um den Unterhalt und die zahlreichen Messen in der Kapelle kümmerte. Um 1470 ist ein Neubau überliefert, wozu im gesamten Bistum Konstanz eine Kollekte veranstaltet worden war. Wundertaten, welche sich in der Marienkapelle ab ungefähr 1482 ereigneten, machten Oberbüren rasch weit über die Region hinaus bekannt. Die kleine Kapelle mit dem wundertätigen Marienbild galt bald als neue Gnadenstätte der Jungfrau Maria und schien den in der Schweiz bedeutenden Wallfahrtsort Einsiedeln[4] in den Schatten zu stellen.

Berühmtheit erlangte Oberbüren, als im Jahre 1485 der in der Aare ertränkte Kirchendieb Hans Steffan wohlbehalten aus der Aare wieder auftauchte, in der Hand einen grünen Zweig haltend, den ihm angeblich die Muttergottes von Oberbüren als Zeichen der Errettung gegeben hatte. Dieses Ereignis und besonders die dem Kirchendieb aufgetragene Dankeswallfahrt nach Rom sorgten für die rasche Verbreitung der Kunde von den Wundertaten weit über die Grenzen hinaus. Oberbüren bekam einen immensen Zulauf von Wallfahrern. Das wundertätige Marienbild half nämlich nicht nur gegen „not vom wasser". Es ermöglichte auch die Wiedererweckung totgeborener Kinder. Ende des 15. Jahrhunderts scheint der Ruhm Oberbürens einen Höhepunkt erreicht zu haben. Bern, welches ab 1495 die vollständige Herrschaft[5] über Oberbüren übernahm, förderte die Wallfahrten insbesondere aus wirtschaftlichen Interessen. Infolge der vielen Wiederbelebungen und Taufen wurde die Gnadenstätte international bekannt, selbst der Heilige Vater war einbezogen. Ein Verzeichnis der Bruderschaft enthält um das Jahr 1500 über 1250 Namen, worunter auch politische und wirtschaftliche Größen der Zeit genannt sind.

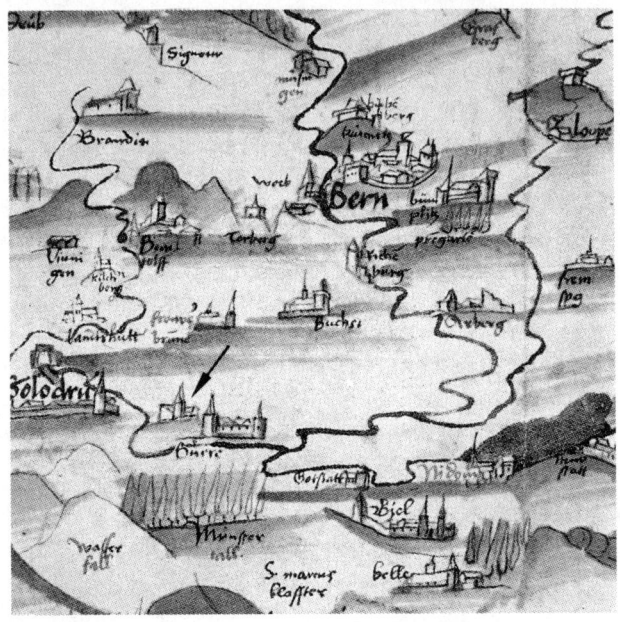

*Abb. 1:* Karte von Conrad Türst aus dem Jahre 1495/97. Die Kapelle von Oberbüren ist neben Büren an der Aare eingezeichnet. Am linken Bildrand erkennt man Solothurn, in der Bildmitte oben Bern.

Der Andrang spiegelt sich im sprunghaften Anstieg der erwirtschafteten Summen wider: Im Jahre 1482 sind es 534 Pfund, 1492 bereits 1432 Pfund und 1504 schließlich 2344 Pfund. 1528 schrieb Haller an den Reformator Zwingli, daß dank der Wundertaten über 30000 Pfund angehäuft worden seien. Die höchste Stufe kirchlicher Ehren erlangte Oberbüren im Jahre 1512 mit dem Recht, Ablässe zu verkaufen.

Auch auf der Karte des Conrad Türst von der Eidgenossenschaft aus dem Jahre 1495/97 (Abb. 1) ist Oberbüren dargestellt; im Kommentar wird erwähnt: „... daselbs von wunderzeichen wegen, so teglich geschechent, ein capell unser lieben Frouwen ist nüwlich gebuwen". Einen weiteren Beleg der Wallfahrt liefern zwei noch heute erhaltene Pilgerzeichen in

*Abb. 2:* Das Pilgerzeichen von Oberbüren zeigt ein Berner Wappen mit der wundertätigen Maria.

Gittergußtechnik (Abb. 2).[6] Die Reformation bereitete der Wallfahrt nach Oberbüren dann ein Ende: Kapelle und Nebenbauten wurden geschleift. Allerdings mußte Bern dem wirtschaftlich auf die Erträge der Wallfahrt angewiesenen Büren Referenz erweisen. So erhielt Büren das Recht, als erster Ort Berns Fasnacht zu feiern, d.h. auch einen entsprechenden Markt abzuhalten.

## Zu den Hintergründen der Wallfahrt mit Totgeburten

Die mittelalterliche Glaubensauffassung ging davon aus, daß ein Kind in Sünde zur Welt kam und deshalb von der Sünde seiner Empfängnis und der Erbsünde durch die Taufe gereinigt werden mußte. Kirchenrechtlich gesehen gehörte ein ungetauftes Kind zu den Heiden. Damit zählte es nicht zur christlichen Gemeinschaft und war von der Beisetzung in geweihtem Boden ausgeschlossen.[7] Der „locus secretus" (abgesonderte Ort) wird um die Jahrtausendwende als Begräbnisplatz der Ungetauften genannt; 300 Jahre später wird er als „extra cimiterium" (außerhalb des Friedhofs) umschrieben.[8] Als Folge dieser Regelung kam es zu heimlichen und ‚wilden' Bestattungen, was wiederum bewirkte, daß die Praxis im Verlaufe der Zeit liberalisiert wurde, um heidnischem Brauchtum vorzubeugen. Die Meinung der Kirchenväter zum Schicksal der Ungetauften war zwar nicht einstimmig; eine Art Vorhölle, den „limbus puerorum", sah man aber als wahrscheinlichste Möglichkeit für ihren Verbleib an. Diese Vorstellung festigte sich wie der Fegefeuerglaube im Laufe des Mittelalters, in derselben Zeit, in der die großen ‚geographischen' Umstrukturierungen des Jenseits erfolgten.[9] Im „limbus puerorum", an diesem intermediären Ort, gibt es für die ungetauft verstorbenen Kinder keine Hilfe und keine Aussicht, jemals ins Himmelreich zu gelangen. Sie sind weder in der Hölle noch im Himmel fixiert (und können deshalb herumgeistern).

Ohne Taufe ist das Kind also ambivalent: bedroht und bedrohlich zugleich. Bedroht, weil es im „limbus puerorum" keine Aussicht auf Erlösung hat; bedrohlich, weil es zu einem Wiedergänger oder schadenbringenden Wesen werden kann. Wie sehr man sich im Volk mit diesem Problem beschäftigte, läßt sich anhand der Vorstellungen ermessen, die vor allem für die Neuzeit in reicher Auswahl aus ganz Europa verfügbar sind:[10] Im Gegensatz zu einem getauften Kind, welches ohne Umweg über das Fegefeuer direkt als Engel in den Himmel eingeht und damit zu einem Fürbitter für die Lebenden wird und eine ähnliche Stellung wie die Heiligen einnimmt, findet ein ungetauftes keine Ruhe. Es wird zu einem Kobold oder zu einem Irrlicht und was der Vorstellungen mehr sind. Weiterhin fürchtete man sich vor seiner Rache, wie auch, daß es zum Auslöser von Seuchen werden könnte – für das Emmental wird diesbezüglich die Pest genannt (die Pest als Strafe für die Auslieferung eines ungetauften Kindes an den Bösen). Die Schuld für solche Ereignisse wurde den Eltern zugewiesen, weil sie angeblich eine rechtzeitige Taufe versäumt hatten. Diese Vorstellungen mögen mit erklären, weshalb es für die Eltern von nachgeordneter Bedeutung war, ein Kind am Leben zu erhalten, gegenüber der Pflicht, für die Taufe und damit für das Seelenheil zu sorgen. Nottaufe und Taufe im Mutterleib, aber auch eine Wallfahrt wie die zur Muttergottes nach Oberbüren waren Maßnahmen zur Rettung des Un- oder Neugeborenen. Gnadenstätten wie Oberbüren gab es im Europa des Mittelalters in großer Zahl – in katholischen Gebieten blieben sie bis ins 18. Jahrhundert hinein erhalten.[11]

## Die archäologischen Ergebnisse

Bei den Ausgrabungen, die Ende 1997 abgeschlossen wurden, konnte die gesamte als fundträchtig geltende Fläche von 3500 m$^2$ untersucht werden. Die von den Archäologen erwarteten Spuren der Wallfahrtskapelle zeigten sich im Gelände fast nur noch als geleerte Fundamentgruben, die jedoch den Grundriß von zwei Kapellenbauten deutlich erkennen lassen (Abb. 3). Der ältere Kirchenbau dürfte der im Jahre 1302 erstmals erwähnten Kapelle entsprechen, die jüngere und viel größere Anlage dem um 1470 beschriebenen Neubau. Mit einer Länge von knapp 40 m war er nach dem Berner Münster einer der größten spätgotischen Kirchenbauten im Herrschaftsgebiet des Standes Bern, was indirekt ebenfalls das zunehmende Ansehen des Wallfahrtsortes beleuchtet. Um die neue Kapelle schüttete man eine durch hohe Stützmauern gesicherte Terrasse auf, welche die Anlage von weit her sichtbar emporragen ließ. Die am östlichen Fuß der Terrasse gefundenen Strukturen werden als Brunnenanlage interpretiert. Auf der Südseite der Wallfahrtskapelle wurde ein großes Gebäude nachgewiesen, welches die Kaplane beherbergt haben dürfte. Auch wenn der aufgehende Bestand, den man sich mit plastisch geschmückten Eingängen und Fenstern vorstellen darf, verschwunden ist, geben die Ausmaße dieses Gebäudes einen Hinweis auf die finanziellen Möglichkeiten, welche sich aus den mit der Wallfahrtskapelle verbundenen Spenden ergaben. Die archäologi-

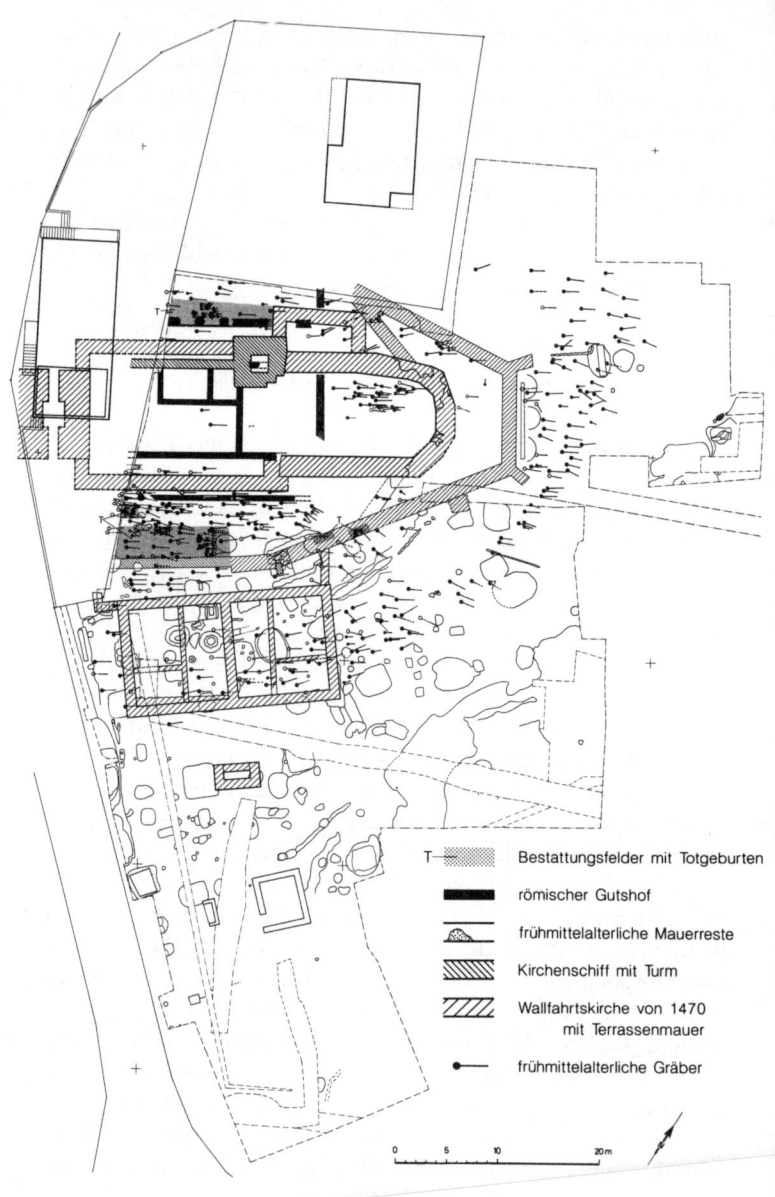

| | |
|---|---|
| T ▨ | Bestattungsfelder mit Totgeburten |
| ■ | römischer Gutshof |
| ◸ | frühmittelalterliche Mauerreste |
| ▨ | Kirchenschiff mit Turm |
| ▨ | Wallfahrtskirche von 1470 mit Terrassenmauer |
| ●— | frühmittelalterliche Gräber |

0   5   10        20m

schen Untersuchungen belegen zudem, daß die ‚Chilchmatt'
bereits lange vor der Wallfahrtszeit eine Bedeutung hatte.

Eine erste Belegung kann für die späte Bronzezeit (um 1200
bis 1000 v. Chr.) nachgewiesen werden. Aus römischer Zeit
stammen Reste der folgenden Besiedlung (Gutshof oder Anlage anderer Funktion?). Die römische Anlage muß mindestens
als Ruine noch sichtbar gewesen sein, als in ihrem Umfeld ein
Reihengräberfeld angelegt wurde, dessen Anfänge vermutlich
im ausgehenden Frühmittelalter liegen. Ungewiß bleibt, ob zu
diesem Gräberfeld auch ein Kirchenbau gehörte. Als weitere
wichtige Entdeckung ist die Existenz eines mittelalterlichen
Bauerndorfes zu werten. Im 13./14. Jahrhundert folgt die erste
Kapelle (1302 erstmals erwähnt), die durch ihre Nordseite und
den Turm gefaßt ist. Die Wallfahrtskirche (um 1470) bildet das
letzte Glied in der Kette. Mit der Einführung der Reformation
erfolgte ab 1528 der Abbruch der Kirche und der dazugehö-
renden Anlagen.

Auf der Chilchmatt wurden über 600 Gräber freigelegt. Ein
Großteil ist dem früh- bis hochmittelalterlichen Friedhof zu-
zuordnen, auf dem man Männer, Frauen und Kinder verschiedenen Alters begraben hatte. Während der landwirtschaftlich-
dörflichen Nutzung scheinen keine Bestattungen erfolgt zu
sein. Hingegen wurden nach Auflassung der Siedlung Teile
desselben Friedhofs noch einmal benutzt, diesmal, um die totgeborenen Kinder zu bestatten, die während der Wallfahrtszeit
zum wundertätigen Marienbild von Oberbüren gebracht worden waren. In dieselbe Zeitspanne gehören auch einige Gräber von Erwachsenen auf der Nord-, Süd- und Ostseite – die
Gräber auf der Ostseite kamen durch die massive Vergröße-
rung der Wallfahrtskirche von 1470 im Inneren des Chors zu
liegen.

*Abb. 3:* Aktueller Stand der Ausgrabung in Oberbüren (Ende 1997).
‚Totgeburten' wurden auf der Nord- und der Südseite der Wallfahrtskirche
sowie in den geleerten Fundamentgruben der Umfassungsmauer gefunden
(Plan Archäologischer Dienst des Kantons Bern = ADB).

# Die anthropologischen Befunde

Otto von Sonnenberg, Bischof von Konstanz, verfaßte um 1486 ein Schreiben an den Papst in Rom, in dem er die von ihm nicht gutgeheißenen Vorgänge in Oberbüren schildert. Dieser Brief, der den Heiligen Vater wahrscheinlich nicht erreichte, ist für uns heute das wichtigste Dokument, welches einen Vergleich mit den Befunden an den Skeletten zuläßt. Dies betrifft vor allem das Alter der Totgeburten und ihre Anzahl. Rückschlüsse auf die Behandlung der Kinder können dagegen allein aus den Beobachtungen auf der Ausgrabung gezogen werden, nämlich aus der Grablage der Totgeburten und aus den Körperpositionen.

## Lage und Bestattungsweise der Kinder

Von etwa 250 Totgeburten[12] konnten Skelettreste nachgewiesen werden. Nach der Kartierung der Lage ihrer Gräber gegenüber der Kirche wird klar, daß es verschiedene, meist gut definierte Felder gab, auf denen man die wiedererweckten Kinder begrub. (Daß es tatsächlich wiedererweckte und getaufte Kinder waren, ist aus der Ausrichtung der Skelette nach Osten und auch aus der Lage der Arme zu schließen, s. unten). Zwei dieser Areale lagen auf der Nordseite der Wallfahrtskirche, davon eines an der Westmauer der Sakristei, das andere nördlich von Turm und Nordmauer der Kirche. Beide Felder waren 1 bis 3.5 m von der Kirchenmauer entfernt. Auf der gegenüberliegenden Südseite der Kirche – praktisch auf gleicher Koordinatenhöhe – fanden sich drei weitere, deutlich abgegrenzte Felder mit Totgeburten. Sie lagen unmittelbar an der südlichen Umfassungsmauer der Wallfahrtsterrasse, sind aber z.T. weiter von der Kirchenmauer entfernt (4 bis 5 m) als auf der Nordseite. In den Fundamentgruben der südlichen und nördlichen Terrassenmauer erfaßte man ebenfalls auf gleicher Koordinatenhöhe an drei Stellen Gruben mit Totgeburten (vgl. Abb. 3). Da die Bestattungsplätze auf der Nord- und auf der

Südseite eine annähernd gleiche topographische Lage gegenüber der Kirche einnehmen, fragt man sich, ob eine bestimmte Kircheneinrichtung (Altar, Marienbild?) oder eine Ausschmückung an den Außenfassaden der Kirche (Nische?) dazu führte.

Im Osten der Kirche außerhalb des Chors fanden sich keinerlei Spuren von solchen Kleinstkindern. Dieser Befund überrascht um so mehr, als der Bereich des Chors im Mittelalter ein bevorzugter Begräbnisplatz für Kinder, insbesondere für Säuglinge und Kleinstkinder war (es gibt jedoch Hinweise, daß im Chorbereich nur die Getauften bestattet wurden[13]). Auch die Westseite mittelalterlicher Kirchen wurde gerne als Begräbnisplatz für Kinder benutzt. Über die entsprechende Fundsituation in Oberbüren werden wir dazu nichts erfahren, da diese Fläche überbaut ist.

Mit Ausnahme der Gräber an der Westmauer der Sakristei waren die Kleinstkinderbestattungen nur wenig eingetieft. Bei keinem einzigen Kind wurden bisher Reste eines Holzsarges beobachtet. Aufgrund der oft sehr eng nebeneinander liegenden Körper muß man annehmen, daß die Leichen nur in Tücher oder Windeln eingewickelt in die Erde gelegt wurden. Reste der Einkleidung oder Beigaben wie Münzen, Paternoster oder Schmuckgegenstände fehlen.

Eines der wohl eindrucksvollsten und zugleich aussagekräftigsten Kriterien für die Rekonstruktion der Geschehnisse an diesem Wallfahrtsort ist die Anordnung der Totgeburten. In fast allen Feldern herrscht eine überaus dichte Belegung vor. Man bestattete die Kinder meist in Reihen, die aus mehreren direkt übereinander liegenden Schichten bestanden.

Wie ging man beim Bestatten vor? Aufgrund der in situ-Befunde hob man wahrscheinlich anfangs eine große Grube aus. Damit wäre erklärt, weshalb einige Felder klar definiert sind. Bei denjenigen Gruben, die keine sekundäre Störung aufweisen, kann man zudem erkennen, daß die Kinder manchmal unmittelbar nebeneinander liegen, sozusagen Körper an Körper und Kopf an Kopf. Auch in der Vertikalen liegen die Schichten direkt übereinander, ohne daß die tiefer gelegenen Skelette durch die später beigesetzten durchschlagen würden. Hätte man für jedes einzelne Begräbnis eine Grube geschaufelt, müßten sowohl die daneben wie die darunter liegenden Skelette beschädigt worden sein. Da dies nicht der Fall ist, muß man anders vorgegangen sein. Möglicherweise bestattete man mehrere Kinder gemeinsam, wenn innerhalb einer Zeitspanne von wenigen Tagen eine größere Zahl von Wallfahrern eingetroffen war. Diese Kollekivbestattung würde die genaue Abgrenzung der Gruben erklären. In Fällen, wo die Kinder nicht in regelmäßigen seitlichen Abständen zueinander liegen, sondern zwei, drei oder vier Körper an Körper, andere wieder in einigem Abstand von solchen Kleingruppen, scheint die Interpretation naheliegend, daß man nach der Wiederbelebung eines einzelnen Kindes oder einer kleinen Gruppe von Kindern die Leiche(n) des oder der nun Getauften nebeneinander auf den Grubenboden legte und sie mit wenig Erde überdeckte. War die Reihe bis an den Grubenrand vollständig, kam eine Schicht mit Kindern darauf und so fort, bis die Grube gefüllt war.

Die Felder mit den Totgeburten variieren in der Ausdehnung: Eine Grube enthält zwei hintereinander liegende Reihen und mindestens zwei Gräberschichten mit etwa 50 Kindern auf einer Fläche von 1 x 1 m. Zwei weiter östlich gelegene Felder bestehen aus drei respektive vier Reihen mit bis zu zehn Kindern und zwei Schichten. Ein im Norden der Kirche untersuchter Teil einer Gemeinschaftsgrube von 60 x 60 cm bestand aus einer Gräberreihe und vier Schichten, fünf Frühgeburten und sieben Neugeborene enthaltend (Abb. 4). Größere Felder sind ebenfalls vorhanden. Bei großen wie bei kleinen Feldern ist das Muster immer dasselbe: Zwei, drei oder vier Kinder[14] wurden gleichzeitig begraben, andere wieder einzeln. Schwierig ist die Fundsituation bei Arealen, die sehr dicht belegt und deren Bestattungen durch spätere mechanische Eingriffe stark gestört waren.

Auch wenn die relativ chronologischen Abfolgen noch nicht vollständig ausgewertet sind, läßt sich beim gegenwärtigen Wissensstand aus der Bestattungsweise der Kinder von Ober-

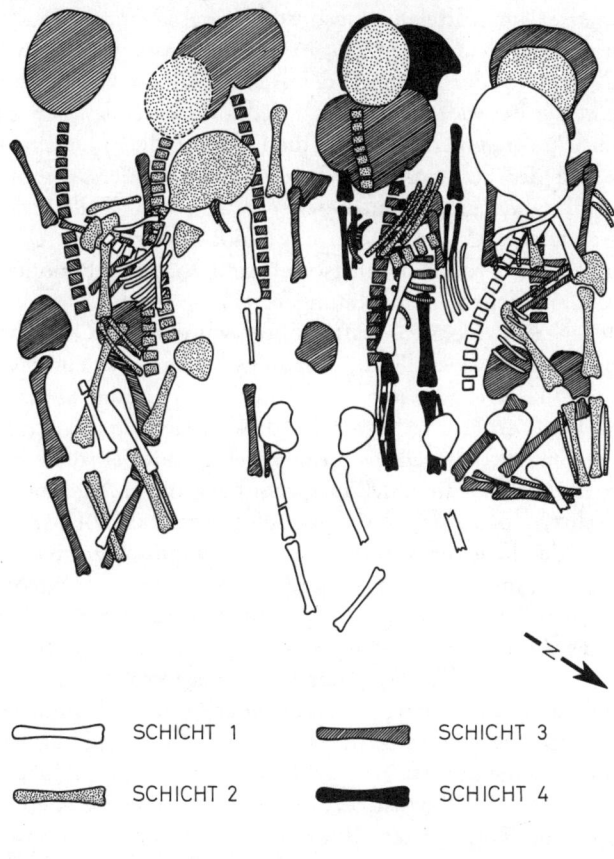

SCHICHT 1

SCHICHT 3

SCHICHT 2

SCHICHT 4

BÜREN A.A · CHILCHMATT   1993

*Abb. 4:* Umzeichnung eines kleinen Gräberkomplexes aus dem Norden der Kirche. Die Gemeinschaftsgruben, in denen viele Kinder eng über- und nebeneinander lagen – hier eine mit 12 Kindern – sprechen für einen enormen Andrang von Wallfahrern (Umzeichnung H. Kellenberger, Atelier d'archéologie médiévale, und D. Rüttimann, Hist. Anthropologie).

büren bereits ein Abweichen vom mittelalterlichen Begräbnismodus, wie er uns von vielen Ausgrabungen im Kanton Bern vor Augen geführt wird, deutlich ablesen. Gemeinschaftsgräber gab es im Mittelalter ansonst bei grassierenden Seuchen (Pestgruben), in der Neuzeit vor allem in großen Städten für die Bestattung der Ärmsten der Armen. In der Gesamtschau kommt die Besonderheit dieses Friedhofes zwar deutlich zum Ausdruck; offen bleibt dagegen die Frage, ob die unterschiedliche Zahl der auf einem Feld bestatteten Kinder temporäre Schwankungen und damit gewissermaßen den Wallfahrtszyklus widerspiegeln. Für Oberbüren gibt es dazu – im Unterschied zu anderen Wallfahrtsorten und späteren Perioden – keine schriftlichen Aufzeichnungen.[15]

Neben den Gemeinschaftsgruben wurden in Oberbüren auch Einzelgräber entdeckt, allerdings wenige. Vorläufig kennen wir die Ursache der unterschiedlichen Bestattungsarten nicht. Die Vermutung liegt nahe, daß jeweils dann Einzelgräber geschaufelt wurden, wenn nur wenige oder einzelne Kinder zu bestatten waren, daß man aber bei großem Andrang von Wallfahrern mit toten Kindern auf Sammelbegräbnisse auswich. Oder liegt der Grund in der geographischen Herkunft des Kindes, indem man die Totgeburten der nahen Umgebung in Einzelgräbern beisetzte, die ,Anonymen' aus der Fremde respektive die Pfarreiexternen[16] in den großen Gruben? Sind es soziale Unterschiede? Hing der Begräbnisaufwand vom Spendenaufwand ab? Konnten vermögendere Eltern also ein Einzelgrab für ihr totes Kind finanzieren, während die ärmeren mit dem Gemeinschaftsgrab vorliebnehmen mußten? In Genf praktizierten die Augustiner Mönche ebenfalls Wiederbelebungen von Totgeburten. Ihnen warf man vor, den Preis für die Erweckung je nach Vermögen der Eltern hinaufgetrieben zu haben![17]

Wichtig ist die Beobachtung, daß man auch bei den Gemeinschaftsgruben nicht von einer unsorgfältigen Bestattungsweise sprechen kann. Die toten Kinder wurden nicht in die Gräber hineingeworfen, sondern hineingelegt, manchmal sogar hineingebettet. Ob in einem Einzelgrab oder in einer Gemeinschaftsgrube beigesetzt, alle Kinder waren nach Osten ausgerichtet, d. h. der Kopf liegt im Westen, der Blick ist nach Osten gerichtet, wo am Jüngsten Tag der Herr erscheinen soll. So ruht der Tote im Mittelalter im Grab. Indirekt bestätigt die Einhaltung dieses christlichen Brauchs, daß die Wiedererweckung gelungen war und die Taufe an den Kindern vollzogen werden konnte. (Ungetaufte Kinder wurden im Mittelalter oft in nichtgeweihten Teilen der Kirchhöfe, meist an abgelegenen Stellen, bestattet und nicht nach Osten orientiert, da sie sowieso nicht an der Gottesschau teilnehmen konnten). Im Gegensatz zu Oberbüren gibt es zu neuzeitlichen Wallfahrtsorten Belege, die zeigen, daß die Wiedererweckung keineswegs bei allen Kindern gelang – solchen konnte infolge fehlender Lebenszeichen die Taufe nicht gespendet werden.[18]

Obwohl das Gelände im Nahbereich der Wallfahrtskirche bei weitem nicht ausgenutzt wurde für die Bestattung der Totgeburten, fand man an einer Stelle eine Grube, die ‚umbestattete' Knöchelchen enthielt. An der Westmauer des Sakristeianbaus lagen in der tiefsten Schicht sechs Kinder, darüber – diesmal deutlich höher gelegen – eine zweite Gräberschicht mit zehn Kindern. Zu einem späteren, bisher nicht genau faßbaren Zeitpunkt wurden zuoberst in der Grube umbestattete Skeletteile ebenfalls von Totgeburten eingebracht. Woher diese stammen, respektive wo deren Gräber ursprünglich lagen, ist zur Zeit noch eine offene Frage. Wir wissen auch nicht, wer die Gräber dieser Kinder aufhob und aus welchem Grund dies geschah. Offensichtlich sammelte man die Skelettreste beim Umbestatten sorgfältig ein, denn es sind Teile aller Körperpartien vorhanden, auch winzige wie Handknöchelchen. Schnittspuren etwa von Schaufeln oder anderen Grabwerkzeugen fehlen. All dies zeigt, mit welcher Sorgfalt man bei der Umbettung ans Werk ging – ein Umstand, der bei umbestatteten Skeletteilen Erwachsener nur selten beobachtet wird. Im Mittelalter wurde mit den Gebeinen der Verstorbenen weit weniger rücksichtsvoll verfahren, als dies für uns heute auf den archäologischen Ausgrabungen selbstverständlich ist.

Aus der Lage der Skelette lassen sich weitere Schlüsse auf die Behandlung dieser Totgeburten ziehen. Manche Kinder nehmen eine normale Rückenlage ein. Die Arme liegen öfters an-

*Abb. 5:* Gräberschicht an der Westmauer der Sakristei. Manche dieser Kinder liegen auf dem Rücken. Die Arme sind öfters zum Leib hin angewinkelt, die Beine nehmen die für so kleine Kinder typische O-Bein-Stellung ein. Die christliche Bestattungsweise drückt sich auch in der West-Ost-Ausrichtung (resp. parallel zur Kirchenachse) der Skelette aus (Foto ADB).

gewinkelt im Bauchbereich (Abb. 5) – eine Lage, die bei so kleinen Kindern von den Proportionen her schwierig ist und nur durch eine bewußte Herrichtung eventuell mit Fixierung der Arme erreicht werden kann. Auch mit dieser Annäherung an die Gebetshaltung achtete man also darauf zu zeigen, daß es sich beim Toten um einen Christen handelte. Bei den auf dem Rücken bestatteten Kindern variiert die Lage der Beine weit mehr. Selten sind gestreckte Beine, was einer unphysiologischen Haltung bei Säuglingen entspricht im Gegensatz zur natürlichen O-Bein-Stellung. Parallel gestreckte Beine wären

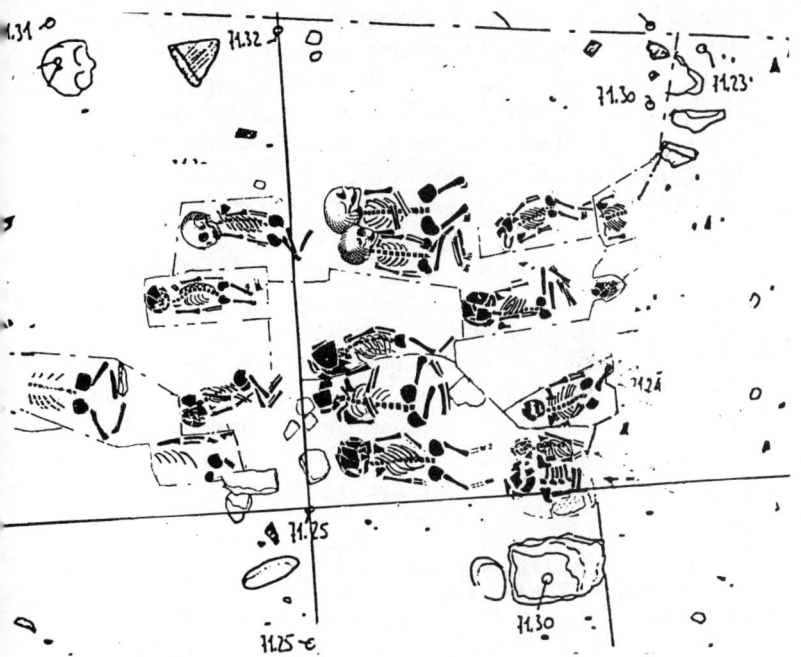

*Abb. 6:* Ausschnitt aus einem Gräberbezirk im Süden der Kirche. Rechts im Bild zwei zusammen bestattete Neugeborene mit extrem stark angezogenen Beinen (Umzeichnung der in situ-Befunde D. Rüttimann, Hist. Anthropologie).

zu erwarten, wenn das Neugeborene in eine kompakte Windeltüte, wie sie für das Mittelalter bildlich überliefert ist, gesteckt worden wäre oder wenn man die Beine eng einbandagiert hätte. Häufiger zu beobachten sind seitlich liegende Kinder, mit zum Knie hin leicht angezogenen Unterschenkeln wie auch im Knie stark angewinkelten Beinchen. Oft erweckte die in situ-Lage sogar den Eindruck, man hätte die Leichen zu möglichst kleinen Bündeln verpackt. Dieser Gedanke drängt sich besonders bei denjenigen Kindern auf, die mit extrem angezogenen Beinen auf der Seite lagen, also fast in Hockerstellung (Embryonalstellung) waren (Abb. 6). Vor allem in zwei Feldern auf der Südseite der Kirche gab es einige Kinder, die mit dem Oberkörper gegen die Bauchseite verdreht waren oder absonderliche Lagen der Extremitäten wie verschränkte Beine hatten. Zum Teil sind solche abnormen Körperhaltungen postmortal bedingt. In der öfters wohl mehrere Tage dauernden Pilgerreise zum Ort des Wunders müssen die Leichen in Verwesung übergegangen sein, besonders in der warmen Jahreszeit. Wurden sie nur lose in Tücher eingewickelt und vielleicht in Kistchen transportiert, sind solche Verdrehungen von Körperteilen erklärbar. Andere Leichen scheint man aufgrund der engen Schulterlage fest in Tücher eingewickelt zu haben, so daß man fast von einer Bandagierung sprechen möchte. Solche Kinder haben die Arme dann auch am Körper angelegt, befinden sich also nicht in Gebetsstellung im Bauch- oder Brustbereich.

Hören wir, was Bischof Otto von Sonnenberg über den Vorgang der Wiedererweckung zu sagen hatte:[19]

„... Gewisse ... Frauen erwärmen die todten Kinder zwischen glühenden Kohlen und ringsum hingestellten brennenden Kerzen und Lichtern. Dem warm gewordenen todten Kinde oder der Frühgeburt wird eine ganz leichte Feder über die Lippen gelegt und wenn die Feder zufällig durch die Luft oder die Wärme der Kohlen von den Lippen weg bewegt wird, so erklären die Weiber, die Kinder und Frühgeburten atmeten und lebten und sofort lassen sie dieselben taufen unter Glockengeläute und Lobgesängen. Die Körper der angeblich lebendig gewordenen und sofort wieder verstorbenen Kinder lassen sie dann kirchlich beerdigen ..."

Wie lange diese Wiedererweckungen dauerten, wissen wir im Falle von Oberbüren nicht. Wir wissen auch nicht, ob man bei der Wiederbelebung die Leichen vollständig enthüllte, um den ‚Wiederbelebungstest‘ durchführen zu können. Falls die Wiederbelebung immer mit dem ‚Kunstgriff‘ mittels der Feder demonstriert wurde, mußte mindestens das Gesicht unbedeckt sein. Ein Erwärmen der Leiche hätte man hingegen auch beim eingewickelten Kind erreicht. Wie die verschiedenen Körperpositionen zeigen, scheint man einige Kinder sorgfältig zur Bestattung hergerichtet zu haben, andere – diejenigen mit den verdrehten Körperteilen – beließ man wohl in der Haltung, die beim Transport entstanden und fixiert worden war.

Zum Abschluß dieser vorläufigen Überlegungen, wie sie aus den Beobachtungen der Lage der Skelettreste im Grab resultieren, sei angefügt, daß alles in allem eigentlich recht wenig von den Todesumständen dieser Kinder spürbar wird, wenn man bedenkt, daß viele dieser Kinder abortiv auf die Welt gekommen sind. Es gibt bisher auch keinen einzigen Fund, bei dem gesichert auf massive Eingriffe etwa der Geburtshelferin zu schließen wäre (z. B. auf e ine Embryotomie).

## Das Alter der Kinder

„Heiligster Vater!
Euer ergebener Diener Otto Bischof von Konstanz, bringt Eurer Heiligkeit zur Kenntniß, daß sich in der Pfarrkirche der heiligen Jungfrau in der Stadt Büren der Konstanzer Diözese, die unter der weltlichen Herrschaft des Schultheißen, der Räte und der Gemeinde von Bern steht, ein Bild der heiligen Jungfrau befindet, zu welchem die Christgläubigen beiderlei Geschlechts und besonders die Ungebildeten unter dem Scheine der Frömmigkeit die Frühgeburten und die verstorbenen Kinder, sogar bisweilen solche, welche noch nicht ausgebildete Glieder haben, sondern nur Klumpen bilden, sowohl aus der Konstanzer Diözese als auch aus den umliegenden Bistümern, in großer Zahl bringen. Sie glauben, diese Kinder und Frühgeburten, deren einige offenbar noch kein Leben im Mutterleib empfangen haben, würden dort auf wunderbare Weise vom Tode zum Leben erweckt und zwar auf folgende Art: …"

Was das Alter der Kinder anbetrifft, bestätigen die Skelettfunde die Hypothese, daß es Totgeburten gewesen sein können, denn es handelt sich durchwegs um Frühgeburten und Neugeborene bis zu einer maximalen Körperlänge von knapp 57 cm. An dieser Stelle ist es notwendig, einige methodische Anmerkungen zur Altersbestimmung solcher Skelette zu machen. Bei dem am Skelett bestimmbaren Alter handelt es sich um das biologische Alter und nicht um das tatsächliche, wie es für die historische Demographie etwa aus Sterbebüchern ermittelbar ist.[20] Für die Föten und Neonaten wird das Alter über die Körperlänge ermittelt. Kinder mit Körperlängen von unter 45 cm definieren wir als Frühgeburten. Besonders heikel ist die Eingrenzung, welche Kinder man allein aufgrund des Skelettbefundes als Neonate – in Gegenüberstellung zu Frühgeburten und Säuglingen – bezeichnen kann. Trotz gewisser Unsicherheiten lassen sich aufgrund der Korrelation von Körperlänge und Alter Angaben zur Altersstruktur machen, allerdings mit dem Vorbehalt, daß unterentwickelte Kinder altersmäßig eher unterschätzt, großgewachsene Kinder eher überschätzt werden. Wir beziehen hier alle Kinder mit einer Körperlänge zwischen 45 cm und 55 cm in die Kategorie der Neugeborenen ein, wobei Längen von 45 cm bis 48 cm eher etwas vorzeitig geborenen Kindern entsprechen, während die über 55 cm großen auch Kinder sein könnten, die die Geburt kurze Zeit überlebt haben.[21]

Wenden wir uns zunächst den größten Kindern zu. Im Falle von Oberbüren müssen es voraussetzungsgemäß Totgeburten oder gleich nach der Geburt Gestorbene gewesen sein, womit für die wenigen überdurchschnittlich großen Kinder eine Erklärung zu suchen ist. Zum einen ist an übertragene Kinder zu denken, zum andern an Kinder diabetischer Mütter. Solche sind wegen ihrer Größe bei der Geburt gefährdet (traumatische Verletzungen, Hirnblutung etc.). Übergewichtige Kinder mit einer Foetopathia diabetica sind auch häufiger mit Mißbildungen oder Fehlbildungen belastet als normale Neugeborene. Die vereinzelt über die für Totgeburten zu erwartende Körperlänge hinausgehenden Werte können also durchaus biologische Gründe haben.

Der Hauptanteil der Kinder weist Körperlängen zwischen 45 cm und 55 cm auf. Doch mehr als ein Drittel aller Totgeburten hatte eine Körperlänge von unter 45 cm – sie gehören nach unserer Definition zu den Frühgeburten. Der Bischof erwähnt „... Frühgeburten ... bisweilen solche, welche noch nicht ausgebildete Glieder haben, sondern nur Klumpen bilden ..." sowie Kinder „... deren einige noch kein Leben im Mutterleib empfangen..." hätten. Um diese Angabe zu verstehen, muß man wissen, daß der Embryo damals erst nach seiner Beseelung als Mensch galt (die „animatio" soll bei Knaben am 40. und bei Mädchen am 80. Tag eingetreten sein[22]). Demzufolge brachte man also auch in sehr frühen Stadien Abortierte zur Wiederbelebung. Die kleinsten Föten, die wir fanden, wei-

# Körperlängen der Totgeburten von Oberbüren

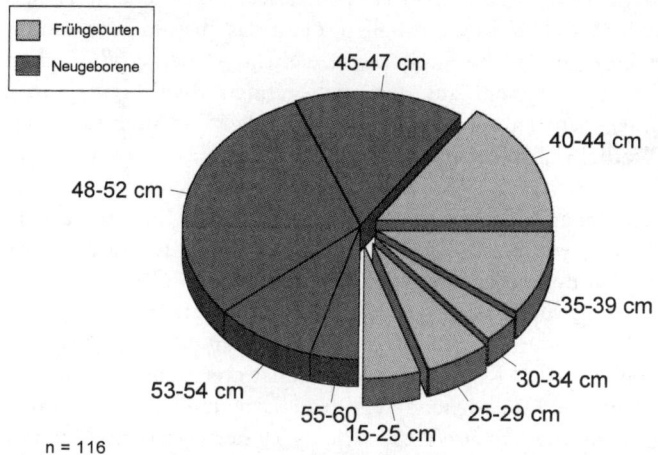

Abb. 7: Körperlängenverteilung der totgeborenen Kinder von Oberbüren. Unter den bisher ausgewerteten Kinderskeletten bilden die Kinder mit einer Körperlänge zwischen 45 und 55 cm die Mehrheit. Nur wenige hatten eine größere Körperlänge (bis maximal 57 cm). Die restlichen Kinder sind Frühgeburten.

sen eine Körperlänge von 18–19 cm auf (Entwicklungsalter von etwa 4–5 Lunarmonaten, Abb. 7). Noch kleinere Fehlgeburten bleiben in der Regel nicht lange im Boden erhalten, weil das Skelett zu wenig weit entwickelt ist. Soweit dies von den biologischen Gegebenheiten her möglich ist, können wir die Aussage des Konstanzer Bischofs also bestätigen.

## Zur Zahl der wiedererweckten Kinder

Der Bischof von Konstanz fährt in seinem Bericht fort:

„...Und obgleich Euer Diener sich bemüht, diesen Aberglauben ... auszureuten und solche Weiber, deren in den letzten Zeiten mehr als 2000 todte Kinder in jene Kapelle gebracht haben, mit kirchlichen Strafen belegt hat..."

Allein bis 1486 sollen über zweitausend Totgeburten nach Oberbüren gebracht worden sein. Diese Zahl scheint gemäß unserer Hochrechnung möglich, denn das Bistum Konstanz – von Ulm bis an die Stadt Bern reichend – war groß. Zudem sollen auch Kinder aus den umliegenden Bistümern hierher gebracht worden sein. Enorm hohe Zahlen sind auch für andere Wallfahrtsorte überliefert, etwa zu Ursberg, wohin man in der Zeit zwischen 1686 und 1720 über 24000 tote Kinder gebracht haben soll.[23] Bei den Ausgrabungen in Oberbüren wurden (nur) rund 250 Kinder gefunden. Trotz der Diskrepanz zwischen der nachgewiesenen und der (bis 1486) überlieferten Zahl kann die Angabe des Bischofs zum jetzigen Zeitpunkt nicht als widerlegt gelten. Zum einen war nicht die gesamte Umgebung der Kirche archäologisch untersuchbar; zum andern müssen Gräber bei den Abbrucharbeiten zerstört worden sein, denn die Skelette dieser Kleinstkinder lagen teilweise nur knapp unter der Grasnarbe. Daneben haben wir uns grundsätzlich zu fragen, ob die Kinder überhaupt allesamt bei der Wallfahrtskirche begraben wurden. Gab es nicht auch Angehörige, die die Leichen wieder mitnahmen, um sie an ihrem Wohnort zu bestatten? Nach den Untersuchungen von Gélis[24] über die sanctuaires ‚à répit‘[25] in Frankreich war allerdings ein Begräbnis vor Ort die Regel, denn es galt als zusätzliche Gnade, dort begraben zu werden, wo das Wunder geschah. Gehen wir von der Prämisse aus, daß der Bischof bei der Angabe der Zahl ernst genommen werden muß, so haben wir nur einen kleinen Teil der Gräber gefunden.

## Das Fortdauern der Wallfahrt selbst nach Abbruch der Kirche

Der Einfluß des Reformators Berchtold Haller und die zirkulierenden Lutherschriften lösten allmählich ein Umdenken Berns aus. Als nach dem Reformationsmandat vom 7. Februar 1528 ein wahrer Bildersturm im ganzen Bernbiet einsetzte, blieb es in Oberbüren zuerst noch ruhig. Jedoch schon wenige Tage später beschloß der bernische Rat, daß das Marienbild, der Altar und andere ‚Götzen‘ zu entfernen seien. Da dieser

Ratsaufforderung nicht Folge geleistet wurde, reiste Anfang März desselben Jahres ein Berner Ratsherr nach Oberbüren, um das Muttergottesbild eigenhändig zu verbrennen. Nach der Überlieferung ging die Wallfahrt trotzdem weiter. Mehr als zwei Jahre später, am 6. Juli 1530, wurde deshalb verordnet, die Kirche abzureißen. Die Überlieferung will es, daß die Wallfahrten selbst nach der Zerstörung der Kirche noch andauerten und die Leute ihre Gaben einfach um den noch übriggebliebenen Turm auf den Boden gelegt hätten. Am 12. Oktober 1532 schließlich gebot der Berner Rat: „Der thurn zu büren soll uff der wurtzen hinweggeschliffen werden". Daß man der Verordnung Berns letztlich sprichwörtlich nachgekommen war, die Kirche bis auf die „wurtzen" zu schleifen, zeigen die Ausgrabungen auf eindrucksvolle Weise: Von der Kirchenanlage blieben praktisch nur die ausgeräumten Fundamentgruben übrig. Offensichtlich beseitigte man auch alle Spuren der ehemaligen Ausstattung. Außer einer Anzahl Ofenkacheln im Kaplanenhaus und einem Tonrelief (Pilgerandenken) konnten fast keine Gegenstände wie Münzen o. ä. gefunden werden.

Bei den Ausgrabungen fand man in den geleerten Fundamentgruben der Terrassenmauern dagegen Bestattungen von Totgeburten. Sie bestätigen die Überlieferung, daß die Wallfahrten nach Oberbüren respektive das Bestatten von Totgeburten nicht von einem Tag auf den anderen endete. Da diese Skelette im Abbruchmaterial lagen, können sie erst nach 1528 in den Boden gekommen sein. In einer der beiden Gruben auf der Südseite der Kirche fanden sich mindestens 20 Kinder, Körper an Körper, die Gesichter fast schindelartig aneinander gelegt, begraben. Dieses über Jahre hinweg verzögerte Ablassen von der Wallfahrt zeigt sehr klar, daß die Kapelle im Volksbewußtsein weiterhin als Gnadenstätte galt.


Die Zeit nach der Reformation


Mit der Einführung des neuen Glaubens durch die Reformation im Jahre 1528 galt die Taufe nicht mehr als heilsnotwendig und stellte damit auch keine Bedingung mehr dar für ein Begräbnis im Kirchenfriedhof. Trotzdem blieb im Volk eine gewisse Unsicherheit über die Zukunft der Ungetauften im Jenseits bestehen. Vor allem in ländlichen Gegenden begrub man ungetaufte Kinder gerne unter der Dachtraufe der Kirche im Glauben, daß sie durch das vom Kirchendach rinnende Regenwasser nachträglich getauft würden. Schriftquellen und die Gräber von zahlreichen solchen ,Traufkindern' aus der Neuzeit, die man entlang der Mauern bernischer Kirchen (und natürlich auch anderswo) fand,[26] belegen diesen Brauch der Jenseitsvorsorge (Abb. 8). Beim Vergleich der Altersverteilung der mittelalterlichen Totgeburten mit den neuzeitlichen Traufkindern fällt grundsätzlich die Übereinstimmung im Gesamtbild auf. Eine Abweichung betrifft die sehr kleinen Frühgeburten, die am Wallfahrtsort von Oberbüren häufiger sind als bei den Traufgräbern. Beim gegenwärtigen Wissensstand können wir davon ausgehen, daß diese neuzeitlichen Traufkinder eine Art Nachfolger der ungetauft verstorbenen Kinder des Mittelalters darstellen, wobei es nun nicht mehr ausschließlich Totgeburten waren. Unter ihnen können sich auch Kinder befunden haben, die die Geburt um Tage und Wochen überlebt hatten, aber dennoch ungetauft gestorben waren,[27] weil die Nottaufe nach reformiertem Glauben nicht mehr praktiziert werden sollte. Das Kind mußte nun vom Pfarrer in der Kirche getauft und mit einem Namen versehen werden.

Die Reformation vermochte also insofern keine klare Zäsur zu schaffen, als sie vorwiegend auf theologischer Ebene, nicht aber auf der Ebene des Volksglaubens stattfand. Vorstellungen, die ihre Wurzeln in sehr früher, in bezug auf die Stellung Neugeborener sogar in vorchristlicher Zeit haben, wurden weiter tradiert und blieben mindestens bis an die Schwelle unseres Jahrhunderts lebendig. Spannen wir den Bogen weiter bis in unsere Zeit, so konstatiert man weiterhin eine ambivalente Haltung den Totgeburten gegenüber.

„Es war neun Monate in mir, dann war es tot", berichtet eine Frau in der schweizerischen Zeitschrift „Der Beobachter", erschienen im Herbst 1994.[28] Erst verlor sie ihr Kind während

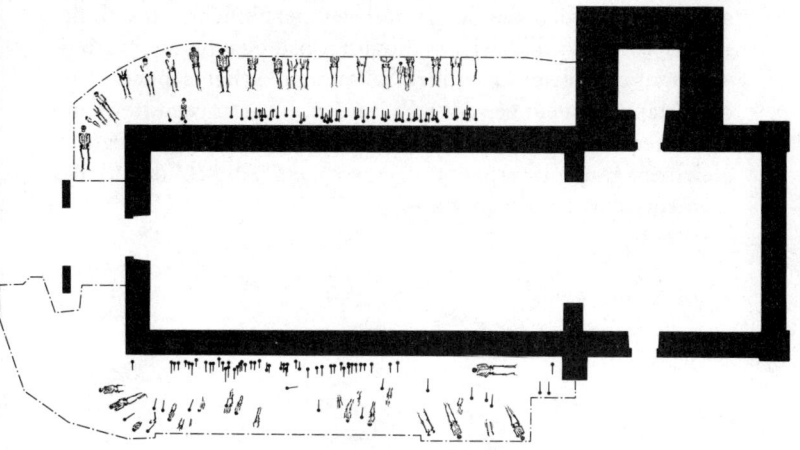

*Abb. 8:* Der neuzeitliche Friedhof um die Kirche von Bürglen in Aegerten/Bern. Entlang der Nord- und der Südmauer des Schiffs wurden 131 Traufkinder gefunden. Sie waren durch einen Weg von den übrigen Friedhofsgräbern abgetrennt (Zeichnung ADB).

der Wehen – die Nabelschnur war viermal um den Hals gewickelt – dann folgten traumatische Erfahrungen mit den Behörden: Als Totgeborenes hatte ihr Kind kein Anrecht auf ein eigenes Grab. Es durfte nur namenlos im Familienbüchlein eingetragen werden. Eine Revision der Zivilstandsverordnung aus dem Jahre 1953 mit Inkrafttreten der Änderung auf den 1. Januar 1996[29] erlaubt es den Eltern nun, dem Kind einen Namen zu geben. Eine Bestattung auf bestimmten Feldern der Friedhöfe ist in verschiedenen Kantonen ebenfalls möglich. Allerdings gilt noch immer, daß Totgeburten unter dem Grenzwert von sechs Schwangerschaftsmonaten nicht meldepflichtig sind.[30] Solche Vorschriften kannte Oberbüren nicht!

Auch wenn der Grabungsort seine letzten Geheimnisse noch nicht preisgegeben hat, zeigen die archäologischen und anthropologischen Befunde zu Oberbüren klar, daß die Wallfahrt mit totgeborenen Kindern einem Bedürfnis vieler und nicht nur einzelner entsprach. Ebenso eindrucksvoll veranschaulicht werden die Sorge und der persönliche Einsatz der Eltern wie auch der tiefe, bedingungslose Glaube dieser Menschen an die allein durch ihre Sakramente seligmachende Kirche. Man nahm einiges auf sich, um ein totes ungetauftes Kind vor einem ungewissen Schicksal und einer Sonderstellung und gleichzeitig die Eltern vor dem sozialen Ausschluß aus der Gemeinschaft zu bewahren.

*Jacques Gélis*

# Lebenszeichen – Todeszeichen: Die Wundertaufe totgeborener Kinder im Deutschland der Aufklärung

Seit dem Mittelalter gab es katholische Kultstätten, an die man totgeborene Säuglinge brachte. ,Sanctuaires à répit' nannte man in Frankreich diese Orte, wo man auf ein Wunder ,mit aufschiebender Wirkung' wartete: Man hoffte, die Kinder würden ein Lebenszeichen geben, so daß man sie taufen konnte.[1] Unter den vielen Dutzend Wallfahrtsorten dieser Art, die es im Abendland gab, bildete die schwäbische Prämonstratenser-Reichsabtei Ursberg (bei Krumbach) im 18. Jahrhundert einen Sonderfall. Zum einen unterschied sie sich durch ihr wundertätiges Bild, ein romanisches Kruzifix, während in den meisten anderen Fällen die Jungfrau Maria als Mittlerin angerufen wurde; zum anderen zeichnete sich Ursberg durch seine außergewöhnliche Bedeutung aus: Die Zahl der totgeborenen Säuglinge, die in wenigen Jahrzehnten hierher gebracht wurden, ging in die Tausende.

Dieser enorme Zustrom führte schließlich auch zum Eingreifen der römischen Kurie: Im Jahre 1729 verurteilte Rom diese Art von Wunderpraktiken zum ersten Mal. Daß Papst Benedikt XIV., ein durchaus aufgeklärter Geist, der Urheber dieses Verdiktes war, kann nicht überraschen. Bemerkenswerter ist, mit welchen Methoden man eine Untersuchung vornahm, als man 1750 feststellen mußte, daß nach wie vor tote Säuglinge nach Ursberg gebracht wurden. Der mit dieser Angelegenheit betraute Kirchenmann, Eusebius Amort, war ein Anhänger der Aufklärung, der nach wissenschaftlichen Gesichtspunkten vorging. Damit war in der Geschichte der Taufe totgeborener Kinder ein Wendepunkt erreicht, an dem Wunderglauben und wissenschaftliches Denken aufeinandertrafen.

# Die Ursprünge der Wallfahrt

Im Jahre 1686 hatten sich Georg Schaucher und Adam Ecker, zwei Wallfahrer aus Balzhausen (einer Pfarrei in der Nähe der Abtei Ursberg) nach Imst in Tirol begeben, wohin gewöhnlich totgeborene Kinder gebracht wurden, um ihnen das Sakrament der Taufe spenden zu können. Doch dort wurden sie von einem frommen Priester gefragt, weshalb sie einen so weiten Weg auf sich genommen hätten; es gebe doch auch in ihrer näheren Heimat eine Wallfahrtsstätte, die sehr berühmt sei. In der Tat ging damals die Kunde um, am Kruzifix von Ursberg hätten sich in jüngster Zeit einige Wunder ereignet.

Bei ihrer Rückkehr erzählten die beiden Wallfahrer selbstverständlich, welche Auskunft man ihnen in Imst erteilt hatte, und als im September 1686 im Dorf Zeisertshofen Anna, die Frau des Georg Vögele, ein lebloses Kind zur Welt brachte, legte man es vor das Kruzifix, das sich damals noch außerhalb des Klosters befand. Nach vier Tagen fing der Körper des Kindes an, sich in bemerkenswerter Weise zu verändern: Seine Leichenblässe wechselte ins Rosige und der schlechte Geruch, der von ihm ausging, verschwand. Nachdem man die Meinung verschiedener Personen eingeholt hatte, wurde beschlossen, dem Kind mit einer speziellen Formel die Taufe zu spenden: „Si vivis, baptizatus es" – ‚Wenn du lebst, bist du getauft'. Kurz nach der Taufe nahm der Körper wieder eine Leichenblässe an und verströmte von neuem einen Verwesungsgestank. Im Liber Apologeticus, dem Mirakelbuch von Ursberg, bildet dieser 1744 aufgeschriebene kurze Bericht die erste jener Wundertaufen, die dann bis zur Mitte des 18. Jahrhunderts den umstrittenen Ruf der schwäbischen Abtei begründeten.[2]

## Das Ausmaß der Wundertätigkeit

Von 1686 bis 1720 sollen mehr als 24000 totgeborene Kinder nach Ursberg gebracht worden sein, also alljährlich im Durchschnitt 700; die Mehrzahl konnte freilich in Ermangelung klarer Lebenszeichen nicht getauft werden. Doch diese Schätzungen sind mit Vorsicht zu genießen, denn es gibt für diesen Zeitraum weder ein Taufregister noch eine reguläre Aufzeichnung von Mirakeln; es fällt daher schwer, diesen runden Zahlen wirklich Glauben zu schenken. Es bleiben also nur die mündlichen Zeugenaussagen. Eusebius Amort konnte während seiner dreitägigen Untersuchung in Ursberg den Pater Hugo Ziegler befragen, der als einziger schon vor 1725 in der Klostergemeinschaft gelebt hatte. Nach seiner Ankunft im Jahre 1720 hatte Ziegler 17 Monate lang die Kindstaufen vorgenommen. Das Register, worin er die Namen der wiederbelebten Säuglinge eingetragen hatte, war allerdings 1750 nicht mehr auffindbar; doch nach seinen Schätzungen waren in dieser Periode insgesamt 300 totgeborene Kinder in das Kloster gebracht worden, also ungefähr 200 in einem Jahr. Allerdings, so betonte der Pater, habe nur ein Drittel oder ein Viertel dieser Säuglinge, also etwa 60 pro Jahr, tatsächlich getauft werden können.

Diese bescheidene Zahl kann mit einem Register verglichen werden, das seit 1725 alle getauften oder zu taufenden Säuglinge genau verzeichnet (der lateinische Titel lautet: „Summa baptizatorum et baptizabilium ab anno 1726"). Von November 1725 bis zum Mai 1750, also bis zur Ankunft des Eusebius Amort, zählt dieses Verzeichnis 1426 wiederbelebte Kinder. Zwischen November 1728 und Juni 1730 weist das Register allerdings eine Lücke auf; demnach wurden im Schnitt alljährlich etwa 60 Kinder getauft – was die andere Schätzung bestätigt. Der Durchschnittswert verdeckt allerdings beträchtliche Schwankungen, also Höchstwerte (93 bzw. 78 Taufen in den Jahren 1726 bzw. 1735) und ruhigere Perioden (38 Taufen im Jahre 1745). Pater Gadinger, der Amort diese statistischen Angaben übermittelte, wies gleichzeitig daraufhin, daß von hundert nach Ursberg gebrachten Säuglingen höchstens zehn dort getauft wurden. Insgesamt, so schätzte Gadinger, seien alljährlich 500 bis 600 Kinder vor dem wundertätigen Kruzifix niedergelegt worden. Dies bedeutet, daß während eines Vierteljahrhunderts mehr als 12 000 Säuglinge nicht wiederbelebt wurden und weder das Taufsakrament noch ein christliches Begräbnis erhalten konnten. Das Ausmaß des Scheiterns entsprach dem Ausmaß des Zulaufes.


## Die Inszenierung der Wundertaufen

Nach den schrecklichen Überfällen durch die Schweden, die 1632 die Klostergebäude zerstört hatten, befand sich die Abtei Ursberg Ende des 17. Jahrhunderts wieder im Aufschwung.[3] Der Wiederaufbau war schon 1663 abgeschlossen, als man außerhalb des Klosters, in der aus Ziegelsteinen errichteten Gebetskapelle, eine Kreuzigungsgruppe aufstellte, ein Bildwerk aus der Mitte des 13. Jahrhunderts.

Das erste Wunder, das im Jahre 1686 den Ruf der Kultstätte begründete, kam also wie gerufen, und die Prämonstratenser zögerten nicht, die entstehende Wallfahrt nach Kräften zu fördern. Das wundertätige Bildwerk wurde in die eigentliche Klosterkirche gebracht und auf dem Kreuzaltar aufgestellt, unmittelbar vor dem Lettner in der Mitte des Kirchenschiffs; hier sollte es bis zur Klostersäkularisation des Jahres 1802 verbleiben. Da schon 1685, ein Jahr vor dem ersten Wunder, die Reliquien eines Katakombenheiligen, des hl. Prosper, aus Rom nach Ursberg überführt worden waren, wurden diese Märtyrergebeine am Fuße des Kruzifixes deponiert und verstärkten so den heiligen Charakter des Kultbildes (s. Abb. 1). Die ‚Spezialisierung' von Ursberg auf die Wundertaufe totgeborener Kinder entsprang also dem ausdrücklichen Wunsch der Abtei; dies erklärt auch die Entschiedenheit, mit der die Mönche später ihren Wallfahrtsort verteidigten und selbst vor einem Konflikt mit der römischen Kurie nicht zurückschreckten, die, durch den Erfolg der Wunderstätte beunruhigt, die hier geübten Praktiken verurteilte.

Das Bildwerk begünstigte übrigens die Strategie der Prämonstratenser, denn die Verehrung des Kruzifixes und der Kreuzigungsszene erlebte am Ende des 17. Jahrhunderts in

Die Abbildung zeigt in einem Kupferstich:

**INRI**

Der gekreuzigte Christus mit drei Heiligen, darunter Kartuschen mit den Beschriftungen:

- **S Charitas**
- **S Prosper**
- **S Candidus**

*Wahre Abbildung des über 600 Jahr Wunderthätigen Cru-
cifix-Bild in dem Reichs Gotts Haus Ursperg so in dessen
+ mahlig gantzlieher einaescherung allzeit unverletzt ge-
bliben.*

*Abb. 1:* Dieser Stich, der Wallfahrern als Erinnerung an die Abtei Ursberg
angeboten wurde, befindet sich in den Akten der Untersuchung, die Eusebius Amort 1750 vor Ort vornahm. Zwischen dem wundertätigen Kruzifix
und einer Ansicht der Abtei sind die drei Schutzheiligen dargestellt, Prosper, Charitas und Candidus, deren Reliquien kurz vor der ersten Wundertaufe aus Rom nach Ursberg geholt worden waren (Staatsbibliothek
München, Codex lat. man. 1410).

Süddeutschland eine Blüte. Nachdem die Wallfahrt zur Taufe totgeborener Kinder einmal in Gang war, mußte sie nur noch in rechte Bahnen gelenkt und organisiert werden; denn sehr schnell – und diese Schnelligkeit ist ein Ausdruck für die große Erwartung der verzweifelten Eltern – kam der große Strom der Pilger aus immer entfernteren Orten nach Ursberg. Schon im letzten Jahrzehnt des 17. Jahrhunderts war die Abtei zum größten europäischen Wallfahrtsort für Wundertaufen geworden.

Trotz des Verlustes zahlreicher Dokumente vermitteln die aus Ursberg überlieferten Archivalien einen ziemlich genauen Eindruck von den Bedingungen dieser von Panik geprägten Wallfahrten, die erst Mitte des 18. Jahrhunderts wieder abschwellen sollten. Der Konvent trug von Anfang an Sorge, daß die toten Säuglinge in rechter Weise unter dem Kruzifix niedergelegt wurden. Die Pilger wurden seit 1686 durch die Klostergemeinschaft betreut: Ein Klosterbruder empfing die Ankömmlinge, begleitete sie während ihres gesamten Aufenthaltes in Ursberg und führte exakt Buch über die erhörten Gebete.

Wie an allen Kultstätten, in die tote Säuglinge gebracht wurden, so wurde auch hier die Wallfahrt von einer Gruppe unternommen und bildete ein soziales Ereignis. Einige fromme Frauen des Ortes begleiteten diejenigen, die das Kind brachten: meist die Hebamme, der Vater oder eine Nachbarin. Zufällig vorbeikommende Pilger schlossen sich den Bittgebeten der kleinen Gruppe an; und weil zuweilen mehrere Kinder gleichzeitig aufgebahrt wurden, entstand zwischen den Familien ein Band der Solidarität: Sie alle warteten ja auf einen Fingerzeig Gottes, ein Lebens-Zeichen, das die Errettung des Kindes zum ewigen Leben sichern würde.

Daß die Mönche mit diesen Praktiken einverstanden waren, zeigt sich auch daran, daß sie den Familien einen Holztisch zur Bettung ihrer Säuglinge zur Verfügung stellten. Der Tisch wurde an einen Pfeiler des Kirchenschiffs angelehnt, der sich neben dem wundertätigen Kruzifix befand, so daß die kleinen Körper direkt unter den Augen Christi ruhten.

Inszenierung wäre kein falsches Wort, um die Vorkehrungen zu beschreiben, mit denen die Prämonstratenser die Wallfahrt von Ursberg praktisch organisierten. Im erhitzten Klima der Gegenreformation förderten sie ebenso entschieden wie konsequent eine Frömmigkeit, die das Wunder im Dienste der Seelsorge klar bejahte und zugleich den eigenen Wallfahrtsort aufwertete. Und Ursberg stand nicht allein: Das Bedürfnis nach Wundern grassierte in den Jahren um 1690 auch in anderen Teilen Europas. In Verviers, im Fürstbistum Lüttich, kam es 1692 nach einem wundersamen Vorfall zu einem Wallfahrtskult um die Schwarze Madonna der dortigen Franziskanermönche; auch hier waren die Wallfahrer verzweifelte Eltern, die einen Säugling verloren hatten. Freilich bleibt das Beispiel der Kultstätte von Ursberg einzigartig – sowohl hinsichtlich des Umfangs als auch der Dauer dieser Wallfahrt. Nachdem die Mönche den Zustrom der Pilger gefördert und unterstützt hatten, schien die Wallfahrt durch keine menschliche Maßnahme mehr zu stoppen zu sein – nicht einmal durch die Intervention des Papstes.


## Die Kirche an einem Wendepunkt

Daß die Kirche versuchte, die Volkskultur und insbesondere den Wunderglauben zu kontrollieren, war nicht neu. Aber im Fall der Wundertaufen hatte sich die Situation Anfang des 18. Jahrhunderts zugespitzt; ein Eingreifen der Kirchenbehörden erschien notwendig. Was die Amtskirche am enormen Ausmaß der Ursberger Wallfahrt beunruhigte, war nicht zuletzt die Tatsache, daß diese durch einen Orden offiziell gefördert wurde und so gleichsam die Institution der Kirche selbst beteiligt war. Auch begann der kritische Geist der Aufklärung seine Früchte zu tragen. Nicht nur im Protestantismus, sondern ebenso in katholischen Kreisen wurden die Stimmen immer zahlreicher, die den Wunderglauben in Frage stellten und hier Betrug, Volksverdummung oder Profitsucht des Klerus witterten.[4]

Auch der süddeutsche Klerus war an dieser geistigen Entwicklung beteiligt. In der zweiten Hälfte des 18. Jahrhunderts begeisterte man sich in den meisten Klöstern Bayerns und Schwabens für die wissenschaftliche Beschäftigung mit der Natur und dem Leben; Kuriositätenkammern wurden ebenso eingerichtet wie Kabinette zur Durchführung von wissenschaftlichen Experimenten, wobei man sich besonders für Astronomie, Physik, Botanik und Meteorologie interessierte. Seit 1759 wurden die Arbeiten der klösterlichen Forschergruppen von der ‚Bayerischen Akademie der Wissenschaften' koordiniert.[5] Im Zentrum dieser wissenschaftlichen Aktivitäten, welche die religiöse und geistige Entwicklung zutiefst beeinflußten, stand die Klosterbibliothek. Die Abtei Polling, das Heimatkloster des Eusebius Amort, besaß mit 80000 Bänden die umfangreichste Klosterbibliothek in ganz Süddeutschland und stand den fürstlichen Bibliotheken in nichts nach.

Das wissenschaftliche Denken veränderte selbstverständlich den Blick, mit dem die Mönche ihre eigene Institution sahen. Diese neue Klosterkultur entfernte sich immer mehr von den Glaubensvorstellungen und Praktiken, welche die Kirche lange Zeit toleriert hatte. Der Widerspruch zwischen säkularer Offenheit und hartnäckigem Traditionalismus, zwischen der Beteiligung an einer methodischen Erneuerung der Wissenschaften und der Toleranz gegenüber magischen Riten wurde immer offensichtlicher. Die einzelnen Orden reagierten freilich unterschiedlich: Während die Prämonstratenser eher einer mittelalterlichen Wunderfrömmigkeit verhaftet blieben, interessierten sich die Benediktiner lebhaft für den Aufbruch der Wissenschaften und verwarfen zu diesem Zeitpunkt auch die Wundertaufe von Totgeborenen. Das Verdikt, mit dem die Kurie 1729 und 1737 entsprechende Praktiken verurteilte, gehört zu dieser Anpassung der Kirche an die säkulare Entwicklung. Freilich wurde das Verbot auf seiten der Wundergläubigen nicht befolgt, wie gerade das Beispiel der Ursberger Wallfahrt deutlich macht.

## Die Mission des Eusebius Amort

Wie wichtig der römischen Kurie das Problem der Ursberger Kultstätte war und mit welcher Entschlossenheit sie es anging, verrät bereits die Persönlichkeit des Untersuchungsbeauftragten.[6] Eusebius Amort war Mitte des 18. Jahrhunderts zweifellos einer der führenden Intellektuellen Mitteleuropas: ein höchst kultivierter Kirchenmann, der mit Briefpartnern im ganzen Abendland verkehrte, darunter mehrere Kardinäle, Alfonse de Liguori und nicht zuletzt die Päpste Benedikt XIII. und Benedikt XIV. Seine enzyklopädische Bildung war allgemein bekannt, ebenso sein Interesse nicht nur für theologische Fragen, Kirchenrecht und Literatur, sondern auch für die Naturwissenschaften; seine Arbeiten zur Astronomie galten als Standardwerke. Amort war ein Musterbeispiel für den wissenschaftlichen Aufschwung, zu dem auch die alten Klöster Süddeutschlands in der Zeit der Aufklärung beigetragen hatten. Es ging ihm keineswegs bloß um die enzyklopädische Anhäufung von Wissen; vielmehr war er überzeugt, daß sich gesichertes Wissen nur durch Experimente gewinnen und verifizieren lasse. Eben darum ging es nun auch in Ursberg: um die Überprüfung und Verifikation umstrittener Fakten.

Böswilliger Betrug konnte ausgeschlossen werden, denn es geschah ja in Ursberg tatsächlich etwas. Aber was? Die neue geistige Situation, die besseren Kontrollmittel, über die man nun verfügte, zwangen die Kurie, vor Ort tätig zu werden; eine bloße Erneuerung des Verdikts von 1729, das ja bereits 1737 erfolglos wiederholt worden war, kam nicht in Frage. Hinter der Affäre der Ursberger Wallfahrt ist der erneuerte Anspruch einer Amtskirche zu erkennen, die selbst über die Realität von Wundern entscheiden will und zu diesem Zweck neue Untersuchungsmethoden einsetzt. Das Wunder war nicht länger eine bloße Glaubensfrage; vielmehr war es mit modernen wissenschaftlichen Verfahren zu beweisen oder zu widerlegen.

Die Mission von Eusebius Amort war durchaus typisch für die neue Einstellung gegenüber dem Wunderglauben. Am

6. Mai 1750 wurde der Gelehrte durch ein Dekret des Augsburger Bischofs offiziell beauftragt, sich zu einer Inspektion nach Ursberg zu begeben. Er erhielt Anweisung, sowohl das „angeblich wundertätige" Kruzifix als auch die Zeichen einer „Wiederbelebung" und die gespendeten Taufen mit größter Sorgfalt zu untersuchen. Als er am 30. Mai 1750 in Ursberg ankam, war er fest entschlossen, Licht in die Frage der angeblichen Wunder zu bringen. Bei seinem Versuch, die Natur der Vorgänge aufzuklären, konnte er sich auf die Unterstützung mehrerer Fachleute stützen, denn er wurde von einem Arzt und zwei Chirurgen begleitet. Auch kam Amort nicht mit leeren Händen; in seinem Gepäck befanden sich verschiedene Meßinstrumente: ein ‚florentinisches Thermometer' sowie das Thermometer des Paters Ignatius Weber, außerdem mehrere Hygrometer und Quecksilber-Barometer.

Noch erstaunlicher erscheint die akribische Methode, die Amort anwandte: eine detaillierte Untersuchung des wundertätigen Bildwerkes (also des Bildensembles, bestehend aus Kruzifix, Gottesmutter und Apostel Johannes, das aus dem 13. Jahrhundert stammte und in dessen Nähe die Säuglinge niedergelegt wurden); eine Befragung der Mönche, die jahrelang Zeugen wundersamer Wiedererweckungen und Kindstaufen waren; das Studium aller Dokumente des Klosters, die über die Anfänge des Kultes und die Pilgerströme informierten; sowie eine minutiöse Analyse aller Anzeichen des Lebens und des Todes, die damals als solche wahrgenommen und notiert wurden. Der Bericht des Eusebius ist das Resultat einer gewissenhaften Untersuchung und gleichzeitig ein Lehrstück der ‚Experimentalphysik' im Stil der Aufklärung.

Ein besonderes Interesse zeigte Amort für die Örtlichkeiten. Er erkundete Lage und Ausrichtung der Abtei, ihre Höhenlage und ihre hydrographischen Verhältnisse. Offenbar folgte er den medizinischen Theorien, die der Beschaffenheit der Örtlichkeiten sowie der Luft wichtige Auswirkungen zuschrieben. Insbesondere untersuchte er den Kirchenraum selbst. Mit Hilfe eines Experimentes stellte Amort fest, daß er feuchter war als die anderen Klostergebäude: Ein wasserabsorbierendes

Papierblatt, das zwei Schritte vom Altar entfernt hingelegt wurde, war schon nach einigen Stunden zu einem Viertel mit Feuchtigkeit vollgesogen. Der Gelehrte erklärte dieses Ergebnis u. a. mit der Tatsache, daß das Gelände im Norden der Kirche zwei Fuß höher war als der Boden im Kirchenschiff. Er wiederholte das Experiment mit dem Löschpapier am Tag darauf, um ganz sicherzugehen. Auch der Temperaturunterschied zwischen dem Inneren der Kirche und einem anliegenden Raum wurde gemessen; an den zwei darauffolgenden Tagen wiederholte er diese Messung, wobei er abwechselnd die beiden mitgeführten Thermometer verwendete: Die Kirche, so stellte er fest, war um sechseinhalb Grad Celsius kälter als der Nebenraum.

Feucht und kalt war es im Kirchenraum – doch was folgte daraus? Amort untersuchte als nächstes den Einfall des Sonnenlichtes in das Gebäude, inspizierte genauestens den Tisch, auf dem die Kinder niedergelegt wurden – mit anderen Worten: Es wurde gemessen und begutachtet, was immer sich messen oder begutachten ließ. Nichts überließ Amort dem Zufall. Dem Abschlußbericht fügte er einen präzisen, numerierten und nach Himmelsrichtungen ausgerichteten Plan bei, dessen ausführliche Beschriftung das Verständnis der Örtlichkeit erleichtert (s. Abb. 2).[7]

Die zahlreichen Texte – zumeist in Latein, nur bestimmte Zeugenaussagen wurden in Deutsch notiert – bilden eine einzigartige Dokumentation, vor allem der Abschlußbericht, die „Relatio",[8] ein Text von etwa 260 Blatt, der präzise die verschiedenen Untersuchungsschritte Amorts und seiner Mitarbeiter während ihrer dreitägigen Mission beschreibt. Das ganze Dossier ist nicht nur eine Fundgrube für die religiöse Volkskunde, sondern ebenso für die Wissenschaftsgeschichte der Mitte des 18. Jahrhunderts. Besonders instruktiv ist in diesem Zusammenhang der Fragenkatalog, den Amort jenen Mönchen vorgelegt hat, die mit der Aufnahme und Betreuung der Pilger befaßt waren. Drei Augenzeugen der Wunder ‚mit aufschiebender Wirkung' haben ihre Aussagen zu Protokoll gegeben: Pater Hugo Ziegler, der 67jährige Dekan von Ursberg; Pater

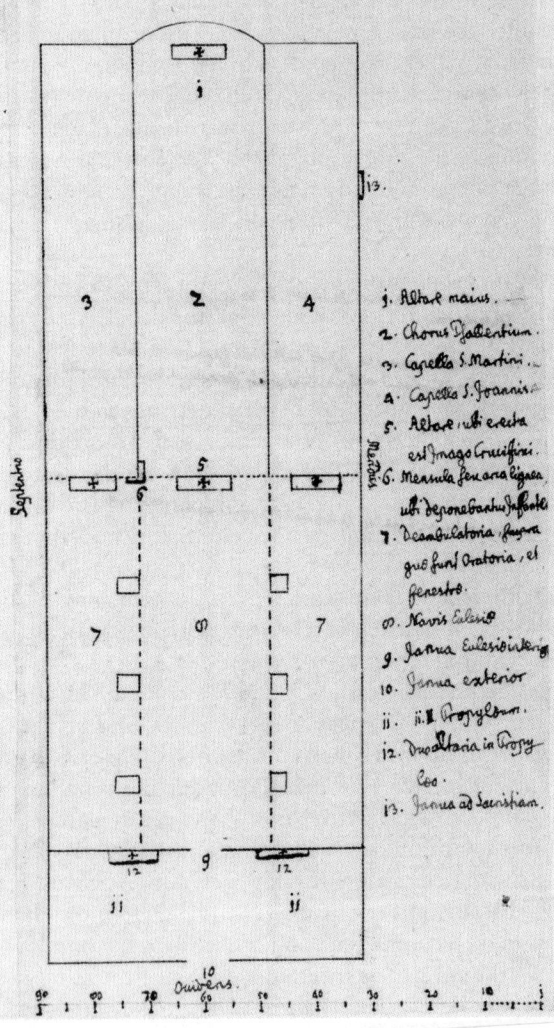

Candidus Maurus, ein 34jähriger Professor für Philosophie, der von 1737 bis 1742 als Sakristan gewirkt und praktisch täglich die niedergelegten Kinder gesehen hatte; schließlich der 52jährige Pater Bernard Gadinger, der Subprior, der von 1726 bis 1750 besonders für die Taufe der Säuglinge zuständig war.

## Der Einflußbereich der Wallfahrtsstätte

Bei der Auswertung eines der im Kloster geführten Register[9] zählte Amort 760 getaufte Kinder, von denen 336 (oder 44,25%) aus dem engeren Umkreis von Ursberg kamen: Diese Kinder stammten alle aus Orten, die nur wenige Stunden oder maximal einen Tagesmarsch von Ursberg entfernt liegen. Sie wurden also sehr schnell zur Wallfahrtsstätte gebracht: Gewöhnlich beschloß man schon nach ein oder zwei Stunden, wenn alle Bemühungen der Geburtshelferin zur Wiederbelebung des Kindes vergeblich geblieben waren, nach Ursberg aufzubrechen. In demselben Register zählte Amort 217 Kinder (oder 28,5%), die an zwei bis drei Tagesmärsche entfernten Orten geboren wurden. Schließlich ermittelte er 207 Kinder (oder 27,25%), die aus einem dritten Einzugsbereich kamen, der mehr als drei Tagesmärsche oder mindestens 75 km von der Abtei entfernt liegt: Der Reiseweg, den ein Träger mit seiner kleinen Last an einem Tag zurücklegen konnte, wurde also auf 25 km angesetzt – eine Zahl, die realistisch erscheint. Pater Gadinger wies in diesem Zusammenhang darauf hin, daß man die Totgeborenen nicht bloß aus Schwaben und Bayern, sondern sogar aus Franken und der Oberpfalz heranbrachte.

Die Wallfahrtsstätte stand also in ganz Oberdeutschland in höchstem Ansehen. Dies wurde auch durch einen anderen

*Abb. 2:* Nach einer sorgfältigen Untersuchung der Kirche hat Eusebius Amort diesen genauen Plan mit Angabe der Himmelsrichtungen gezeichnet. Man erkennt unmittelbar vor dem Lettner den Altar (5), auf dem das wundertätige Kruzifix stand. Ganz in der Nähe befand sich der Ecktisch (6), auf den man die Körper der Totgeborenen legte (Staatsbibliothek München, Codex lat. man. 1410).

Mönch bestätigt: Pater Candidus Maurus erinnerte sich daran, daß manche Kinder in der Periode von 1737 bis 1742 aus den entferntesten Gegenden Bayerns oder sogar aus Österreich stammten. Einmal – dies bildete allerdings eine Ausnahme – war sogar ein Mann aus Böhmen gekommen, mit einem Kind, das bereits zwei Wochen unter der Erde geruht hatte, aber noch einmal ausgegraben und nach Ursberg getragen wurde – auf Bitten der Mutter, die von der Existenz eines „wunderkräftigen Kruzifixes in Deutschland" gehört hatte.[10]

Solche Vorkommnisse verdeutlichen eine Besonderheit der Wallfahrten für totgeborene Kinder im Deutschland des Barockzeitalters: Während in Frankreich, der Schweiz und Belgien das Netz entsprechender Kultstätten recht dicht und damit der Einzugsbereich einer jeden in der Regel begrenzt war, hatten die Wallfahrtsorte in den katholischen Provinzen Deutschlands ein weitaus größeres Einzugsgebiet und waren oft Bestandteil einer großen Abtei.

## Anzeichen des Todes, Lebenszeichen: ein Fragebogen

Um den Realitätsgehalt der Wiederbelebungswunder mit größter Genauigkeit zu bestimmen, entwickelte Amort – zweifellos in Zusammenarbeit mit Ärzten – einen Fragenkatalog, der als Grundlage für die Befragung der Pilger dienen sollte; auch bei der Befragung der drei Patres wurde er verwendet. Der Titel dieses Dokuments lautet: „Was bey denen nach Ursperg getragene Unfröhlichen Kinderen zu beobachten seye". Es beinhaltet nicht weniger als 38 Fragen, die sich in vier Rubriken unterteilen lassen.[11] Die ersten sieben Fragen betreffen jeweils den Zeugen selbst: Name, Alter, Stand, Zahl und Herkunft der Kinder, die er mit eigenen Augen gesehen hatte. Die zwölf folgenden Fragen zielen auf die das Kind betreffende Vorgeschichte, von seiner Geburt bis zur Ankunft an der Kultstätte.

„Erstlich ist von denen Trägeren zuerforschen 1. wie viel täg oder stunden es her seye, dass solches Kund geboren worden? 2. Wie vil täg oder stunden es von demselbigen orth nach Ursperg seye? 3. Ob die geburth hart hergegangen, und wie vil stunden die geburths-schmerzen angehalten? 4. Wie lang die Muetter das Künd vor der geburth noch empfunden habe? 5. Ob das Künd zu- oder vor rechter Zeit, und wie lang vorhero, geboren worden? 6. Wie vil stund nach der geburth das Künd von hauss nach Ursperg seye fortgetragen worden? 7. Wass man nach der Geburth für mittl angewandt, das Künd zu recht zubringen, und ein lebenss-zeichen abzuspüren? 8. Ob das Künd ein Knäblein, oder ein Mägdlein seye? 9. Wie das Künd zu hauss, oder auf dem weeg ausgesehen? 10. Und ob kein übler todten-geruch an selben zu hauss, oder auf dem weeg verspüret worden? 11. Ob das Künd unterwegs an Gewicht nit merklich schwerer worden? Und wan? 12. Ob die Muetter nit schon vor der geburth lange zeit vorhero, und in wass-Krankheit, kranckh gewesen?"

Die Antworten der Zeugen auf diese Fragen informieren uns über die Art des Transports. Zahlreiche Kinder wurden in jenen Holzkisten herangetragen, die dann auch als Sarg dienen sollten. So ergibt sich auch ein indirektes Zeugnis über die Umstände der Beerdigung: Die Kinder wurden in Ursberg bestattet. Oft waren bezahlte Träger für den Transport verantwortlich. Von den 24 außergewöhnlichen Vorfällen, über die Amort berichtet, betrifft einer gerade einen solchen ‚Reisenden‘, der an einem Wintertag mit Glatteis und großer Kälte Opfer eines tragischen Unfalls wurde: Der Mann fiel in einen vereisten Fluß, hatte aber noch die Geistesgegenwart, die Kiste mit dem Kind irgendwie an das Ufer zu schaffen, bevor er in dem eisigen Wasser ertrank. Als man das Kind fand, war sein Körper völlig gefroren; gleichwohl wurde es nach Ursberg gebracht und unter das Kruzifix gelegt; da es Lebenszeichen gab, wurde es schließlich getauft.[12]

Eine der Fragen, die elfte, verlangt noch nach einer genaueren Erklärung. Wie konnte das Gewicht des Kindes im Verlauf der Reise zunehmen? Pater Gadinger, der sich mit einigen Trägern darüber unterhalten hatte, präsentierte eine überraschende Antwort: „Von einigen Kindern sagten die Träger, die aus weit entfernten Orten kamen, daß ihr Gewicht bei der Ankunft in Ursberg größer war und daß solches nicht nur von einer Zunahme des Körpergewichts herrührte, sondern auch vom Gewicht der Seele." Die Idee einer ‚Gewichtszunahme der Seele‘ in der Nähe jenes Ortes, wo sie gerettet werden soll, gehört offenbar mit zu dem Glauben an die wunderbare Wiederbelebung totgeborener Kinder.

Der zweite Teil des Textes von Amort umfaßt zwölf Fragen, welche die „unfellbahre Zeichen des Todtes" betreffen. Auf sie hin sollten die Kinder, die in Ursberg ankamen, sogleich untersucht werden. Denn hier lag der Kern des Problems. Die Kriterien, auf die man achtete, waren folgende: „ein starckher Todten-geruch", „die Farb an Gesicht todtbleich", „einige besondere solche fläschsen in der Stirn, wangen etc. …", ob „die armb leicht oder hart", das Fleisch weich oder hart, ob Blut in der Nase war, welche Temperatur der Körper hatte. Schließlich fragte man, „ob die hirnschall eingetruckt oder ein anderer haubt-theil des leibs verletz seye".

An die Beschreibung der Merkmale des Todes schließen sich Ratschläge zur Wiederbelebung an. Nach ihnen sollte verfahren werden, wenn bei den Kindern, die nach Ursberg gebracht wurden, kein unfehlbares Zeichen des Todes festzustellen war. Sie stammen aus der Medizin der damaligen Zeit: Anwendung von Alkohol, Balsam, Niespulver oder verdunstenden Salzen; man sollte Sorge tragen, daß das Kind keiner großen Kälte oder Feuchtigkeit ausgesetzt war. Schließlich folgt die letzte und bedeutendste Gruppe von Fragen, welche die Lebenszeichen betrifft. Die Körperfarbe wird auch hier erwähnt, neben der wiedergefundenen Beweglichkeit der Glieder, der Festigkeit des Körpers oder dem Ausströmen frischen Blutes. Die Furcht, einer Täuschung zu erliegen, war freilich allgegenwärtig; sie erklärt auch die Ermahnung zu sorgfältiger Beobachtung und vorsichtigem Vorgehen.

„Wan nach allen angewendeten mitteln an dem Künd ein lebenszeichen verspüret worden, solle man nach einigen stunden von zeit zu zeit das selbe besichtigen und beobachten 1. Ob nit ein lebhafte farb komme? 2. Ob nit die augen klärer werden? 3. Ob nit die armb leichter zubiegen? 4. Ob der üble geruch völlig abgenommen? 5. Ob aus denen augen helle Zecher [d. i. Zähren, Tränen] fliessen? 6. Ob aus der nasen helles bluet rinne? 7. Ob die härte an den wangen und brust vergangen? 8. Wan dan einige dergleichen Veränderungen an einem Künd sich zeigen, an welchem man keine Unfellbahre Zeichen des Todtes verspüret hat, und man vernünftigen zweifl findet, ob solche veränderungen von der Natur eines todtencörpers, oder von einer noch letsten anspannung deren innerlichen übrigen lebens-Kräften herkommen, solle man ohne verzug solches einem Geistlichen andeiten, ienes vorzunehmen, was er für rathsam erkennen wird."

Die Genauigkeit und der wissenschaftliche Charakter dieser Fragen zeigt deutlich, in welchem Geist und mit welcher Methode Amort seine Untersuchung führte. Nichts wurde dem Zufall überlassen, vielmehr alles sorgfältig registriert: der Gesundheitszustand der Mutter während der Schwangerschaft, die Umstände der Geburt, die Versuche der Wiederbelebung und der Transport des Körpers nach Ursberg. Der interessanteste Teil des Berichts ist freilich jener, in dem der Gelehrte die Frage des Todes schärfer zu fassen sucht.

Diese Frage war Mitte des 18. Jahrhunderts gewiß nicht neu. Schon in den Jahren zwischen 1710 und 1720 war die Vorstellung des Lebendig-begraben-Werdens zu einem brisanten Thema geworden, das Ärzte, Theologen und Moralisten in ganz Europa erörterten – zahlreiche Schriften über die Zeichen des Todes waren seitdem erschienen. Amorts präzise Fragen nach dem Aussehen des Körpers, seiner Reaktion bei Experimenten sowie nach der Entwicklung von Symptomen zeugen von den Fortschritten, welche die Medizin in wenigen Jahrzehnten bei der Definition der klinischen Anzeichen des Todes gemacht hatte.

Die letzte Gruppe von Fragen, welche die verschiedenen Lebenszeichen am Körper des toten Säuglings betrifft, ist nicht weniger bezeichnend: Die erwähnten Merkmale – Erschlaffung der Muskeln, wässrige oder blutige Ausflüsse, Körpergeruch, das Öffnen der Augen – zeigen, daß die Vorstellung des Klerikers vom menschlichen Körper stark von der Medizin geprägt war. Der ganze Fragenkatalog lenkte die Untersuchung also bereits in eine bestimmte Richtung. Es ist nicht zu übersehen, daß Amort den wundersamen Vorgängen von vornherein sehr skeptisch gegenüberstand. Die einzige Frage, auf die es für diesen Mann der Aufklärung ankam, war die der Objektivität, des Beweises.

Erwartungsgemäß gründete der Gelehrte sein abschließendes Urteil auf ein Maximum an gesammelten Informationen über die

Geschehnisse. Seine große Chance (von der auch wir profitieren) war gewiß, daß er nicht nur zahlreiche Informationen über die jüngste Vergangenheit der Wallfahrt sammeln konnte, sondern in zwei Fällen selbst zum Zeugen der Niederlegung von Kindern wurde. Das erlaubte ihm, die zu untersuchenden Fakten direkt in Augenschein zu nehmen – und nicht bloß die Berichte zu prüfen, die natürlich immer schon Elemente einer Interpretation enthielten. Das Schauspiel der zwei kleinen Körper vor dem Kruzifix hat ihn spürbar erschüttert. Und da er ein großes Mißtrauen gegenüber Sinnestäuschungen hatte, nahm er eine experimentelle Untersuchung eines dieser Fälle vor; er selbst hat diese Experimente in seinem Bericht beschrieben.

Das Kind war am Vorabend geboren worden und wurde um ein Uhr mittags gerade an dem Tag, an dem Amort in Ursberg eintraf, in die Wallfahrtsstätte gebracht. Die Frau, die es transportierte, versicherte, es sei noch während der Geburt gestorben und die Hebamme habe erfolglos versucht, es wiederzubeleben. Zuerst wurde es durch einen Chirurgen untersucht, der selbst noch vergeblich eine Reanimation versuchte, aber nur noch die Zeichen des Todes feststellen konnte. Gegen zwei Uhr beschloß man, den kleinen Körper in eine Kapelle im oberen Teil der Wallfahrtsstätte zu bringen, um ihn den Blicken der Menge, die an diesem Tag sehr zahlreich war, zu entziehen. Gegen fünf Uhr ließ man einen Arzt kommen, der das Kind noch einmal untersuchte und feststellte, daß die Beweglichkeit des Körpers seit der ersten Untersuchung zugenommen hatte. Auch ein schlechter Geruch aus seinem Mund sowie je ein kleiner blasser Fleck auf der rechten Wange und der Stirn wurden jetzt wahrgenommen; der Körper war immer noch kalt, aber etwas biegsamer.

Um sieben Uhr abends wurde in Anwesenheit des Arztes, des Chirurgen und des Landpfarrers, der inzwischen eingetroffen war, eine dritte Untersuchung vorgenommen. Das Gesicht verfärbte sich jetzt immer mehr, und die beiden kleinen Flekken waren verschwunden. Der Körper hatte sich nunmehr ein wenig erwärmt, und auch der schlechte Geruch hatte sich abgeschwächt, denn er war nur noch ganz dicht am Gesicht des

Kindes wahrzunehmen. Der linke Arm war wieder beweglich, und ebenso waren auch das Gesicht und die Brust nun biegsamer. – Eine vierte Untersuchung wurde gegen elf Uhr abends in Anwesenheit des Chirurgen vorgenommen. Eusebius Amort unterstreicht in seinem Bericht, er habe gesehen, daß das Gesicht Farbe angenommen hatte, daß die Brust sich ausdehnte und daß es keinen schlechten Körpergeruch mehr gab.

Am folgenden Morgen fand zwischen fünf und sechs Uhr morgens eine fünfte Untersuchung des Körpers statt, im Beisein des Arztes, des Chirurgen und des Landpfarrers. Man hob die Augenlider, und die beiden Augen sahen so glänzend aus wie bei einem lebenden Menschen, doch schienen sie anders zu blicken. Man spürte praktisch keinen schlechten Geruch mehr; das Gesicht und die Brust waren wohl gefärbt, der Arm noch biegsamer als zuvor.

In dieser Situation konstatierten nun einige Experten den Tod des Kindes; es sei, so sagten sie, anderthalb Tage zuvor, im Bauch seiner Mutter, noch lebend gewesen und während der Geburt offenbar erstickt. Andere aber beriefen sich auf den Arzt und den Chirurgen und erkannten latente Lebenszeichen, wie wahrscheinlich oder unsicher diese auch waren. Amort beschloß nun, daß dem Kind mit der Formel ‚Wenn du lebst, taufe ich dich‘ das Taufsakrament gespendet werden sollte. So geschah es dann auch: Der Landpfarrer taufte es nach der Frühmesse, zwischen sechs und sieben Uhr morgens.

Der Rückgriff auf eine ‚bedingte Taufe‘ war natürlich ein Mißerfolg für Eusebius Amort; sein Auftrag hatte ja gerade darin bestanden, alle Zweideutigkeiten bei der Wundertaufe zu beseitigen. Die Gruppe, die den kleinen Leib aufmerksam beobachtet hatte, war nicht zu einem einhelligen Urteil gekommen, so daß dem Kirchenmann nichts anderes übrigblieb, als die am wenigsten kompromittierende Formulierung zu benützen, diejenige also, welche im Zweifelsfall dem Kind zugute kam: Lebte es noch, so war es zum ewigen Leben gerettet. Dieser Kompromiß war übrigens keine Neuerung; schon seit dem 17. Jahrhundert hatten viele Pfarrer eine solche Vorgehensweise gewählt.

Ein anderer Aspekt von Amorts Bericht freilich ist äußerst bemerkenswert: Während die Ärzte eher für die Existenz von Lebenszeichen plädierten, zeigten sich die Kleriker, allen voran Eusebius Amort, skeptisch. Diese paradoxe Situation war ungewöhnlich, zumal in dieser Epoche. In Frankreich etwa begannen Ärzte und Chirurgen damals, die Praktiken der Wundertaufe in Frage zu stellen; ihre Aufgabe sei es, so betonten sie, die kleinen Kinder zu retten und nicht, die ärztliche Autorität in zweifelhaften Situationen bloßzustellen.

Um die Mitte des 18. Jahrhunderts, als man die Grenze zwischen Leben und Tod genau bestimmen wollte, war der Fall der wundersam wiederbelebten Kinder keine bloße Angelegenheit der Theologie, sondern beschäftigte alle, die sich für Wissenschaft, sichere Beweisführung und objektive Erkenntnis interessierten. Die Affäre von Ursberg bezeugt, daß die Epoche der experimentellen Forschung und des wissenschaftlichen Geistes nun auch in den Klöstern begonnen hatte. Paradoxerweise war es ein hoher Kirchenmann, der zu den magischen Praktiken auf Distanz ging und sich skeptisch zeigte gegenüber dem alten Wunderglauben.

*Übersetzung: Matthias Grässlin*
*in Zusammenarbeit mit Jürgen Schlumbohm*

*Eva Labouvie*

# Geburt und Tod in der Frühen Neuzeit. Letzter Dienst und der Umgang mit besonderen Verstorbenen

In der Literatur wird die Frühe Neuzeit nicht selten als eine emotionsarme Zeit beschrieben: Geheiratet wurde innerhalb von Standesgrenzen und aufgrund ökonomischer Zwänge, ältere Menschen blieben oft sich selbst überlassen oder wurden in den hintersten Winkel des Hauses oder Dorfes verbannt, Kinder waren in erster Linie Arbeitskräfte und dienten der Altersversorgung ihrer Eltern. Ihr Leben kannte kaum Kindheit und Jugend, und ihr Tod stieß auf Gleichgültigkeit; waren sie nicht lebensfähig, warf man ihre Leichen auf den Misthaufen oder in den Abort.[1]

Dies Vorurteil über die Gefühlsarmut und den eingeschränkten Affekthaushalt in den Beziehungen frühneuzeitlicher Menschen will ich mit dem folgenden Beitrag entkräften. Dabei wird ein überraschend andersartiger Umgang mit Sterbenden und Toten – insbesondere mit sterbenden und verstorbenen Müttern und Kindern – erkennbar. Hierzu führe ich Erlebnisse, Erfahrungen und Handlungsweisen an, die die Quellen des 16. bis 18. Jahrhunderts aus Lothringen, Kurtrier, der Grafschaft Nassau-Saarbrücken, dem Herzogtum Pfalz-Zweibrücken, der Reichsgrafschaft Blieskastel und vielen anderen kleineren Herrschaften bereithalten.[2] Im Mittelpunkt stehen dabei nicht jene Ausnahmefälle, die etwa bei Kindsmordprozessen oder bei erfolglos verheimlichten Niederkünften in Gerichtsprotokollen festgehalten sind. Vielmehr geht es um Geburten auf dem Land, die durch den Tod von Mutter oder Kind zum besonderen Fall innerhalb eines besonderen Ereignisses wurden, auch wenn mit dem ‚Außerplanmäßigen' jederzeit zu rechnen war. Der Tod bei Geburten, das sei vorweggenommen, war kein eingeplantes Schicksal, mit dem man sich abfand, keineswegs eine Alltagserfahrung, die nur wenig Emotionen erzeugte, zumal, wenn bereits das dritte oder vierte Kind gestorben war. Der Tod um die Geburt hatte vielmehr einen besonderen Status; für ihn standen spezifische Rituale und Sinngebungen bereit.

## Umgang mit dem nahen Tod: Sterbende Neugeborene

Die Geburten im ländlichen Raum fanden entweder in Gegenwart einer Hebamme und helfender Frauen oder nur mit der Hilfe von verwandten und benachbarten Frauen statt. Die Kirchenbücher lassen erkennen, daß die bei der Geburt anwesenden Frauen in den meisten Fällen einschätzen konnten, ob das Neugeborene überlebensfähig war. Nur selten blieb ein Kind ungetauft, das kurze Zeit später verstarb, und nur selten wurden Kinder notgetauft, die dann doch überlebten. Bei Katholiken wie Lutheranern galt die Nottaufe als erster und letzter Dienst, durch den das Kind zur Erlangung des Seelenheils in die Gemeinschaft der Gläubigen aufgenommen wurde. In den reformierten Gemeinden achtete die Ortsgeistlichkeit umgekehrt darauf, daß keine „Jähtaufen" stattfanden, da der Calvinismus nicht in der Taufe, sondern allein im Glauben den Weg zur Seligkeit sah: Die Taufe galt als Aufnahme in die Nachfolge Christi, war weniger Reinigung denn Weihung für ein künftiges christliches Leben. Nur Geistliche konnten sie verrichten, während Frauen dieses Amt unter Berufung auf die Bibel strikt verboten war.[3] Die calvinistische Bevölkerung etwa des Herzogtums Pfalz-Zweibrücken stand dieser Anordnung recht zwiespältig gegenüber: Während das Bürgertum in den Städten und die dörflichen Honoratioren sich an die Glaubensregel hielten, die auch dem ungetauften Neugeborenen das Seelenheil garantierte, kam es in den Familien von Bauern und Landhandwerkern – häufig auf Initiative der Kindsmutter oder der weiblichen Verwandten – nicht selten vor, daß eine katholische Hebamme aus der Nachbargemeinde gerufen wurde oder die Frauen eine Nottaufe gegen den Widerstand oder in Abwesenheit des Hausvaters vornahmen. Die reformierten Ortsgeistlichen erklärten diese Taufen zwar in jedem Falle für nichtig, für die Familien bedeuteten sie jedoch, ebenso wie im katholischen oder lutherischen Bereich, die alleinige Garantie zur Erlangung des Seelenheils ihrer Kinder.[4]

In den katholischen Gemeinden überließ die Geistlichkeit unter der Annahme, daß die anwesende Hebamme beim Pfarrer unterwiesen worden war und einen Eid abgelegt hatte, das priesterliche Amt der Nottaufe den Frauen ohne weitere Aufsicht. Anders war dies in den lutherischen Gemeinden: Hier sahen die Kirchenordnungen vor, daß in jedem Falle zunächst ein Geistlicher verständigt werden müsse und nur im akuten Notfall die Hebamme oder andere Personen eine Nottaufe vornehmen sollten. Diese war nur gültig, wenn das Kind noch lebte und wenn das Taufritual nach den kirchlichen Bestimmungen vollzogen worden war, was von den Geistlichen überprüft wurde. Eine solche „Examination" schildert 1759 der Burbacher Ortsgeistliche wie folgt: Nach der nachmittäglichen Geburt eines Schuhmacher Sohnes wurde das Kind „wegen anscheinenden baldigen abscheidens in Eyl von Anna Eva Hörin in beysein Margaretha Hörin und Anna Margaretha Kelin ... getauft, welcher tauf actus ... als ich [der Pfarrer] herbey geholt und examiniert hatte, nach maßgabe der Kirchenordnung ... approbat, welches nach 9 Stunden starb...".[5]

Ein sterbendes Kind versetzte die anwesenden Helferinnen häufig in „große Angst", in „großen Schrecken", Sorge und „Eyl", wie es in den Quellen heißt. Über die große Verwirrung, die bei einer „unglücklichen Geburt" herrschte, notiert ein Ortsgeistlicher:

„Den 28. Juli 1666 ist Meister Nicolauß Bekern und seiner Haußfrau ein Söhnlein mit schwachem Leben zur Welt geboren und von etlichen Weibern, als Luden Greten, ihrer Mutter und Hanß Georg Hohlen Hausfrau mit großem Schrecken des nachts zwischen 12 und 2 uhren gejähtauffet worden, weil aber in solcher angst der nahme des Herrn nicht über es ahngeruffen worden, auch kein namen ertheilet, habe ich zwischen 12 und ein Uhr in der Nacht wieder getauft, weil es noch bei ziemlichem leben ... ist auch ein halbe stund hernach verschieden ..."[6]

Selbst die Hebammen, die ja in Nottaufen unterrichtet und erfahren waren, scheint manchmal die Panik eines drohenden Kindstodes übermannt zu haben, wie 1692 der Ortsgeistliche von St. Johann berichtet: Ein Kind sei von der Hebamme notgetauft worden, „weylen es in hochster schwachheit gleich nach der Geburt ist befunden worden, nachdem aber bey Examinierung die Amme ausgesagt und bekandt, daß sie in großer angst gewesen und nicht alles wüste, was gethan worden, daß sie zwar habe Wasser aufgegossen im Namen Pater, Filii, spiritu sancti, aber gesagt: ich tauffe dich, item auch dem Kind keinen nahmen gegeben, ferner auch keine gebet weder nach noch vor verrichtet worden", so habe er die Taufe nochmals vorgenommen.[7] War die Taufe nicht ordnungsgemäß verrichtet worden oder das Kind zuvor verstorben, wurde es – ebenso wie die Totgeburten – im Sterberegister als „ungetauft" registriert. 1769 etwa hatte man den St. Arnualer Geistlichen zu einem Neugeborenen gerufen, welches „gesund und starck" zur Welt gekommen war, wenig später aber heftig unter einem „Steckfluß" zu leiden begann. Der Pfarrer notiert im Geburtsregister: „Ich habe mich eine halbe Stunde im Haus aufgehalten, um ein Zeichen des Lebens zu erwarten, so aber vergeblich gewesen"; das Kind sei verstorben, „ohne die heilige Taufe zu empfangen". Im Sterberegister findet sich entsprechend der Eintrag: „den 6. April verstorben, ohne getauft zu werden".[8]

Die Nottaufe war in den meisten Fällen ein gemeinschaftliches Ritual der an der Geburt beteiligten Frauen. Nach der katholischen kurtrierischen Kirchenordnung durfte eine Nottaufe von der Hebamme sogar nur in Anwesenheit weiterer Frauen als Zeuginnen durchgeführt werden; die lutherische Kirchenordnung für die Grafschaft Nassau-Saarbrücken sah zwar vor, in jedem Falle den Ortsgeistlichen zu benachrichtigen, de facto waren es in den meisten Fällen aber auch hier die anwesenden Frauen, die eine „Jähtaufe" durchführten und die Patenschaft übernahmen. In den lutherischen Gemeinden um Saarbrücken wurden von insgesamt 128 zwischen 1720 und 1790 verzeichneten Nottaufen nur fünf von einem Geistlichen und vier von einem Chirurgen vollzogen.[9] Grundsätzlich war die Nottaufe ein öffentliches Ereignis, das wie die Geburt registriert wurde und die zukünftige Haltung zum verstorbenen Kind prägte: Das tote, getaufte Kind hatte einen Namen, hatte Paten und war in die Gemeinschaft der Gläubigen und der verstorbenen Gläubigen aufgenommen. Dem ungetauften Kind fehlte diese Einbindung in die Gemeinschaft durch Rituale, die ihm eine – wenn auch nur kurze – Einzigartigkeit und Identität gaben. Nicht nur unter dem Aspekt der Volksfrömmigkeit (Seelenheil) und des Aberglaubens (Wiedergängerglaube) hatte damit die Nottaufe eine wichtige Funktion, sondern auch zur Herstellung emotionaler Beziehungen, hier besonders der Trauer und des Gedächtnisses. Nur an das getaufte und ‚benamte‘ Kind konnte nach seinem Tode weiterhin individuell wie kollektiv gedacht werden, indem etwa das Nächstgeborene seinen Namen bekam, indem es mancherorts einen Grabstein mit seinem Namen und einem Spruch erhielt, der die Trauer der Eltern oder die Trennung der Toten von den Lebenden zum Gegenstand hatte, indem seine Paten sich nach einem Gang zum Pfarrhaus offiziell ins Kirchenbuch eintragen ließen, möglicherweise sogar an seinen Geburts- und Todestag gedacht wurde.[10] Auch die Wiederbelebung von Neugeborenen kann aus dieser Perspektive der Herstellung von emotionalen Bindungen betrachtet werden, denn auch hier spielte die Namengebung eine ganz besondere Rolle.

## Auf der Schwelle zwischen Leben und Tod

In den betrachteten Regionen gab es zwanzig und mehr katholische Wallfahrtsorte, zu denen tote, totgeborene oder gerade verstorbene Neugeborene zur Wiederbelebung durch Fürsprache der Mutter Gottes oder eines Heiligen und zur anschließenden Nottaufe gebracht wurden, oder wohin ein Kind zu diesem Zwecke „verlobt" wurde.[11] Diese Rituale der Reanimation galten sicherlich in erster Linie dem Seelenheil des Kindes, seiner Aufnahme in die Gemeinschaft der Gläubigen und der Versicherung einer kirchlich geweihten Begräbnisstätte; ebenso lösten sie das Neugeborene durch Namengebung und Benennung aus seiner ungewissen und sozial zwiespältigen Stellung, um es erinnerbar zu machen. Daß sich um die Furcht vor dem Kindstod ohne Taufe ein eigener Wundertypus der ‚Taufwunder‘ oder ‚Reanimationswunder‘ bildete, daß sich spezielle „sanctuaires à répit" oder „saintes de résurrection" zur Wiedererweckung totgeborener oder nach der Geburt verstorbener Kinder herausbildeten, verweist auf eine ausgeprägte Angst vor der Verdammnis der Ungetauften – der „petits réprouvés", wie sie in Lothringen hießen –, aber ebenso auf den keineswegs marginalen Platz des neugeborenen, hilfsbedürftigen, selbst des nicht lebensfähigen Kindes.[12] Die überlieferten Mirakel lassen überdies eine elementare Suche nach Trost, Hoffnung und Zuversicht und die Notwendigkeit der Aussprache mit einem Heiligen, einer Heiligen oder der Gottesmutter erkennen. All dies sind Momente, die darauf hindeuten, daß die Eltern nicht nur das Seelenheil des Kindes sichern wollten, sondern daß ihnen auch die emotionale Bewältigung des Verlustes ein Bedürfnis war.

Berühmtheit unter den Gnadenstätten unseres Untersuchungsgebietes erlangten einmal das im 12. Jahrhundert gegründete Kloster Gräfinthal, in dessen Wallfahrtskirche eine aus dem 13. Jahrhundert stammende und mit Pfeilen aus derselben Zeit durchbohrte Madonnenstatue angerufen wurde, zum anderen eine seit spätestens 1304 verehrte Maria lactans, ‚Unsere Liebe Frau zu Beurig‘, in der später errichteten Wallfahrtskirche von Beurig.[13] Beide Orte wurden sowohl in Kindsnöten, bei drohendem Tod der Mutter oder des Kindes, bei Kinderkrankheiten und zur Erweckung toter Neugeborener bis ins ausgehende 18. Jahrhundert aufgesucht. Für beide Wallfahrtsorte sind Mirakelbücher aus dem 17. Jahrhundert überliefert.[14]

„Es hat sich zugetragen/daß ein tugendreiche Fraw von Bittlingen [Püttlingen]/den Tag vor Mariae Geburt in schwere Kindsnöthen niederkommen/nach vielfältigen Schmertzen ein todtes Kind zur Welt gebracht nicht ohne großem Herzen=Leid/die Mutter sambt den Weibern/welche ihr in solcher Trübsal beygewohnt/haben ihnen selbst gerathen/Trost und Hilff

bey Unser Lieben Frauwen zu Gräffenthal zu suchen. So seynd sie mit
guter Hoffnung auff die Knye gefallen/verlobten sich und das Kind dahin/
auff das die Mutter der Barmhertzigkeit ein Zeichen deß Lebens an ihm
wolle thun und würcken/darauff alsbald das Kind ein schöne Farb be-
kommen/das Leben erlangt/nachfolgends zu dem Heil. Tauff getragen
worden und Margaretha genennt... Deshalben die Weiber/Eltern mit dem
Kind baarfuß nacher Gräffenthal den ersten Tag nach Jacobi ihr Schuldig-
keit abgelegt"

– so der Wortlaut eines der zahlreichen Exempel des Gräfinthaler Mirakelbuches.[15]

Ebenso häufig wie die Anrufung Marias vom Geburtshaus
des Kindes aus und die Wallfahrtsgelübde sind Fälle, in denen
man ein totes Kind an die Wallfahrtsstätte brachte, wie dies die
folgenden Beispiele verdeutlichen: Eine Frau hatte unter „höch-
ster Lebensgefahr" ein totes Kind zur Welt gebracht, welches
sie nach Gräfinthal „zu unser Lieben Frawen Altar" brachte,
„fangt an zu bitten umb sein leben/verharret so lang mit wai-
nen in dem andächtigen Gebett/biß sie entlich erhört worden:
dann unversehens fangt das Kind an sich wiederumb zubewe-
gen/nimbt es also mit grossen Frewden in ihre Armb/in dem
heiligen Tauff wird es Petrus genandt ..."[16] In Saarburg machten sich 1642 Ritter Rudolf von Musiel und seine Gattin, nachdem diese eine Tochter geboren hatte, welche jedoch kein Lebenszeichen von sich gab, auf den Weg zur ‚Lieben Frau von
Beurig'. Sie gelobten vor dem Gnadenbild, eine zweite Wallfahrt barfuß nach Beurig zu machen, wenn das Kind so lange
am Leben bliebe, bis es getauft werden konnte. Sogleich gab
das Kind einen Seufzer von sich, der anwesende Landdechant
taufte es auf den Namen Maria Salome, worauf es kurze Zeit
später starb.[17]

Der Glaube an eine Wiederbelebung aufgrund der Fürbitten
der Gottesmutter scheint in allen Schichten und Ständen ver-
breitet gewesen zu sein. Selbst Adlige nahmen für die Nottaufe
ihres sterbenden Kindes eine Wallfahrt mit bloßen Füßen auf
sich, arme Landbewohner „verlobten" mit der Wallfahrt ihren
besten Rock, große Mengen an Wachs oder Nahrungsmitteln,
um ihrem Neugeborenen eine kurze Zeit des Lebens und die
Taufe zu ermöglichen. Derartige Strapazen und Opfer unter-

schieden sich keineswegs von denjenigen zur Errettung ver-
unglückter Kinder von zwei, zehn oder fünfzehn Jahren. Und
auch die besondere Betonung einer Namengebung in den Mi-
rakelberichten und Kirchenregistern sowie die Tatsache, daß
die Kirchenbücher verstorbenen Neugeborenen eine ebenso
ausführliche Dokumentation einräumen wie den Erwachsenen,
deuten darauf hin, daß das neugeborene Kind als individuelles
menschliches Wesen keine Sonderstellung oder gar eine min-
dere Stellung einnahm. Der Tod eines Neugeborenen war kein
gottgegebener Schicksalsschlag, den man akzeptierte, ohne zuvor alle Möglichkeiten der Volksmedizin, der Volksfrömmigkeit oder des dörflichen Brauchtums genutzt zu haben.[18]

## Das tote Neugeborene

Bis zur Einführung der Zivilstandsregister in der Französischen Revolution erfolgte die Anzeige eines Kindstodes durch
die Hebamme oder den Vater des Kindes beim Pfarrer. Eine
Untersuchung der Todesursache wurde nur dann eingeleitet,
wenn eine Anzeige erstattet worden war oder von Amts wegen
der Verdacht auf ein Verbrechen bestand. Erst ab 1799 war der
Munizipalagent der Gemeinde, dem der Tod des Neugeborenen von mindestens drei Zeugen – darunter häufig die Hebamme – gemeldet werden mußte, zur Leichenschau vor Ort
verpflichtet.[19]

Nach Ansicht der Kirchen hatte das tote Neugeborene bis
zum Alter von vier Wochen als „Kindbetterkind" einen besonderen Status, was die Art seiner Beerdigung anbelangte.
Dies ist im Hinblick auf andere Kulturen und frühere Zeitepo-
chen nichts Ungewöhnliches.[20] Die Kirche unterschied bei den
Beerdigungsformen zwischen Kindbetterkindern und Kindern,
in den Trauervorschriften zwischen Kindern unter fünf Jahren,
für die eine Trauerzeit unzulässig war, und Kindern über fünf
Jahren, für die eine beschränkte Trauer erlaubt wurde.[21] Die
Bevölkerung hingegen orientierte sich bei den Begräbnis-
ritualen und -stätten an völlig anderen Kriterien: Man trennte

in allen Konfessionen bei den Neugeborenen zwischen „unzeitiger Frucht" und wohlgestaltetem Kind, zwischen totgeborenen und nach der Geburt verstorbenen, zwischen getauften und ungetauften Kindbetterkindern, wobei jeweils andere Beerdigungsrituale stattfanden und andere Personengruppen die Bestattung vornahmen.

Die Quellen dokumentieren, daß Fehl- und Frühgeburten, welche dem Geistlichen häufig nicht einmal als Geburten angezeigt wurden, von den Eltern im Haus, im Keller oder in der Nähe des Hauses begraben oder in Gefäßen beigesetzt wurden. Näheres ist über dieses Brauchtum in den Hexenprozeßakten des 16. und 17. Jahrhunderts zu erfahren. Dort wird Eltern, welche ihr frühgeborenes Kind unter dem Schrank, der Türschwelle, im Keller, unter den Treppenstufen oder im Garten bestattet hatten, im Zuge der Hexenverfolgungen vorgeworfen, sie hätten dessen Gebeine ausgegraben und zu zauberischen Zwecken mißbraucht.[22] Die katholische wie die protestantische Kirche wirkten diesem Brauch der Bestattung „unzeitiger" Kinder außerhalb des Kirchhofs – in der heimischen Kammer in einem „Lädel", unter der Kirchentreppe, im Seitenschiff oder unter der Dachtraufe[23] – seit dem ausgehenden 17. Jahrhundert entgegen, indem sie andere als den vorgeschriebenen Begräbnisort auf dem Friedhof verboten und unter Strafe stellten. In den Sterberegistern des 18. Jahrhunderts betonen die Ortsgeistlichen deshalb immer wieder, die hier eingetragenen „unzeitigen" Kinder seien der Ordnung gemäß „ehrlich zur Erde" und auf dem „Gottesaker" beigesetzt worden.[24]

Während totgeborene Kinder oft allein von der Hebamme, die auch die Leichenwäsche bei verstorbenen Neugeborenen sowie Wöchnerinnen – und häufig für alle Toten der Gemeinde – vornahm, auf dem Kirchhof begraben wurden, zogen in allen Ortschaften während des 16. bis 18. Jahrhunderts die „Weiber des Dorfes" mit dem toten Kindbetterkind zum Friedhof, um es zu bestatten. Folgender Eintrag aus dem Güdinger Sterberegister von 1765 kann für viele andere stehen: „Den 2. January starb an den Gichtern Susanna Maria, Jacob

Hupperts töchterlein, so den 26ten Decembris geboren, und ward des folgenden tags zur Abendgloke als ein Kindbetter Kind durch die weiber in der stille begraben."[25] Die Frauen des Dorfes, die schon bei den Geburten anwesend waren, waren zugleich Trägerinnen und Akteurinnen eines besonderen Totenbrauches, welcher für alle Kindbetterkinder, ob getauft oder ungetauft, ehelich oder unehelich, nachweislich seit der Mitte des 17. Jahrhunderts, wohl aber auch schon zuvor, galt. Ein Unterschied bestand lediglich in den katholischen lothringischen Gemeinden bezüglich des Bestattungsortes, da hier die ungetauften Kinder bis ins ausgehende 18. Jahrhundert in einem durch eine Mauer abgesonderten Teil des Kirchhofes, dem ungeweihten „carré profane", jedoch ebenfalls von den Dorffrauen, beigesetzt wurden.[26]

Die Frauen waren mithin Begleiterinnen jener beiden besonderen ‚rites de passage' des Kindergebärens und der Kinderbestattung, die von der Männerwelt völlig getrennt verliefen. Auch als 1778 im Kurtrierischen per Verordnung die Möglichkeit geschaffen wurde, Kindbetterkinder vom Pastor, aber nur im Beisein „einiger männlicher Nachbarn" beerdigen zu lassen, machte man von dieser offiziellen, aber mit der Männerwelt verbundenen Art der Bestattung keinen Gebrauch.[27] Kindbetterkinder wurden auch danach ohne kirchlichen Sermon, d. h. ohne priesterliche Segnung oder Leichenpredigt und nicht zur gewöhnlichen Beerdigungszeit am frühen Nachmittag, sondern „in der Stille" zur Morgen- oder Abendglocke bestattet. Wie die Begrüßung der lebenden so erfolgte auch der Abschied von den verstorbenen Kindern – von getauften und ungetauften, totgeborenen und nach der Geburt verschiedenen, ehelich und nicht ehelich geborenen – weiterhin allein durch Frauen, unter Verzicht auf den Segen des Ortsgeistlichen, welcher ja ihren Ausschluß bedeutet hätte. Es schließt sich hier einer jener Kreise aus Ritualen, Vorstellungen und handelnden Personen, der einerseits durch die Imagination einer größeren Nähe der Frauen zu den Kindern, andererseits durch die Vorstellung einer Affinität des Weiblichen zu Leben und Tod bestimmt war. Diese Zusammenhänge lassen sich auch auf anderen Gebieten beobachten: Nur Frauen betrieben Totenbeschwörungen oder Wahrsagerei aus toten Gebeinen, Frauen vollzogen das ‚Gesundbeten', aber auch das ‚Totbeten' einer Person, spielten in der Vorstellung vom ‚wilden Heer' der Toten eine ebenso große Rolle wie als Gebärende.[28] Sie standen symbolisch – aber auch im Alltagsleben – für beide Seiten der menschlichen Existenz, was vor allem in den Tätigkeitsbereichen der Hebamme kulminierte, die Geburtshelferin, Totenwäscherin und Totengräberin zugleich war.

## Sterbende Mütter

Gebärende Frauen waren zugleich mit der Möglichkeit des eigenen Todes konfrontiert. Dem nahenden Tod einer niederkommenden, einer soeben entbundenen Frau oder einer Kindbetterin konnte man durch Anwendung volksmedizinischer oder volksmagischer Mittel begegnen, indem man entsprechende Heilige anrief oder indem man den Ortsgeistlichen zur letzten Ölung rief. Daß zumindest die Kirche Wert darauf legte, daß Kindbetterinnen „seelig", d.h. mit den Sterbesakramenten entschliefen, betonen und registrieren die Kirchenbücher.[29] Auch standen vielfältige volkstümliche Arznei- und Magiemittel für Komplikationen bereit, die während bzw. nach der Geburt und im Kindbett verwandt wurden und denen durch ihre Analogien zum Tod oder zur Geburt eine besondere Wirksamkeit zugesprochen wurde. Bei den folgenden Beispielen handelt es sich um handgeschriebene Sprüche aus Brauchbüchern des 17. bis 19. Jahrhunderts. Gegen Fieber in Kindsnöten sprach man folgenden Spruch über die Kranke: „Hier stehe ich an der Todessee und werfe hinein 77 Fieber und aller Kranken Weh +++" (drei Kreuzzeichen); zur Blutstillung diente folgende Formel: „Glückseelige Wunde, glückseelige Stunde, glückseelig ist die Stund, da Jesus Christus geboren war +++" oder: „Seelig ist der Tag, da Jesus Christus geboren ward, seelig der Tag, da Jesus Christus gestorben war, seelig der Tag da Jesus Christus von den Toten aufgestanden ist. Dieses sind die heilige drei Stunden, damit stille Dir N.N. [Name] dein Blut und heile deine Wunden, sie sollen weder geschwöllen noch geschwären, so wenig als Maria noch einen Sohn soll gebären."[30] Gegen alle möglichen Notfälle sollte folgender Spruch helfen: „Sanct Susanna tragt Sanct Anna, Sanct Anna tragt Maria, Maria tragt unsern Herrn Jesu Christ, so wahr das ist, vergeht [Name der Krankheit]."[31] Naheliegend war bei Segnungen in Kindsnöten oder beim Sterben der Kindbetterin die Analogie zum glücklichen Gebären heiliger Frauen oder der Gottesmutter. Auffallend ist jedoch auch ein deutlicher Bezug zu biblischen Todesereignissen, welche sich ins Gegenteil verkehrten: Tod und Auferstehung Jesu, die Erweckung des Lazarus und die Errettung anderer Heiliger vom Tod. Vor allem die Anwendung magischer Praktiken wurde kirchlicherseits immer wieder den nicht unterrichteten und nicht vereidigten ‚Hebemüttern' vorgeworfen, welche im Gegensatz zu den approbierten und verpflichteten Hebammen keinen Eid abgelegt hatten, auf derartige Mittel zu verzichten. Aus diesem Grund unterstützte die Kirche auch die von Landesregierungen und Medizinern befürwortete Professionalisierung des Hebammenwesens im ausgehenden 18. Jahrhundert.[32]

Eine weitere Hilfe boten das Gebet und die direkte Anrufung von Heiligen, wie dies die Mirakelbücher dokumentieren. Hebammen wurden von den Ortsgeistlichen nicht nur zur Ausführung der Nottaufe, sondern vielerorts auch für das Gebet mit einer sterbenden Wöchnerin vorbereitet. Die Quellen belegen, daß das gemeinsame Beten der anwesenden Frauen, das Besprechen mit Segen und die Anwendung magischer Praktiken in derartigen Notsituationen üblich waren. Über das „Verloben" einer ganzen Frauenrunde an die Muttergottes von Gräfinthal berichtet ein Mirakel von 1671 wie folgt:

„Zu Peppenkum in einem Dorff/gehört in die Pfarrey Medelsheim/wohnt Nicolaus deß alten Webers Sohn/dessen Frau anderthalben Tag in sehr grossen schmertzlichen Kindsnöthen gelegen/daß man besorgte, sie werde mit dem Leben nicht davon kommen/Die Hebamm und die beywesende

Weiber wißten kein ander Mittel/der armen Frawen zu helffen, als daß sie die Mutter Gottes anrufen/erheben ihre Händ gen Himmel/ruffen mit andächtigem Gebett: O Maria stehe uns bey/Da legte die Hebamm die Händ an/und mußte die todte Geburt stuckweiß von ihr ziehen und reissen/were bey nahe vor grossen schmertzen gestorben/wann sie nicht sonderbar von der Mutter Gottes durch ihre treuliche Fürbithen/ … were erhalten worden/solches hat sich zugetragen den Sonntag vor St. Johannis Tag."[33]

In anderen Berichten forderte der Hausvater die anwesenden Frauen zum Gebet zur Gräfinthaler Gottesmutter auf, die Kindsmutter bat ihren Mann um ihre Anrufung oder betete selbst zu Maria, oder die anwesenden Frauen ergriffen die Initiative. Zur Mutter Gottes von Beurig verlobten sich die Kindbetterinnen immer selbst; als Gründe der Anrufung geben sie große Schmerzen nach der Geburt, heftige Blasenleiden, hitziges oder vermischtes Fieber, lebensgefährliche Schwellungen und Geschwülste, ja sogar Lähmungen an. Nach den Mirakeln stand das Überleben der Mutter an erster Stelle und übertraf im Zweifelsfalle die Sorge um das Kind. Bei einer stockenden Geburt betete man selten für das Überleben von Mutter und Kind, sondern nur für die Gesundheit der Mutter. Diese volksreligiöse Haltung widersprach in gewisser Weise der kirchlichen Auffassung vom Schutz allen menschlichen Lebens, wozu auch das ungeborene Leben zählte, und von der gleichwertigen Bedeutung des mütterlichen wie des kindlichen Lebens in Bezug auf die Sakramente und das Leben im Jenseits. Sie gehörte andererseits einer lebenspraktischen Logik an, die einer überlebenden Mutter nach dem Tod eines Neugeborenen den Trost gab, daß sie „noch mehr kinder gewinnen" könne.[34]

### „Bey volkreicher Versammlung begraben": Verstorbene Mütter

War trotz aller Hilfeleistung die Mutter gestorben, wurde sie meist schon am nächsten Tag begraben. Die Bestattung von Wöchnerinnen scheint mit einer großen Anteilnahme der Dorfgemeinschaft verbunden gewesen zu sein, da häufig der

Zusatz „bey volksreicher Versammlung begraben" oder „bey sehr volkreicher Versammlung begraben" in den Sterberegistern verzeichnet ist, welcher sich ansonsten nur bei Beerdigungen sehr alter Menschen findet.[35] Das zahlreiche Erscheinen der Dorfbewohner deutet auf eine besondere letzte Ehrung im Kindbett oder bei der Geburt zu Tode gekommener Mütter hin. Auch sie galten wie die Kindbetterkinder als besondere Verstorbene. Dies kam allerdings bei ihnen nicht in der Art oder im Ort ihrer Bestattung (Sonderbestattung) zum Ausdruck, als vielmehr im Umgang mit ihrer Grabstätte, an die sich spezielle Imaginationen und Rituale knüpften. Bis ins ausgehende 18. Jahrhundert war es weder durch kirchliche noch durch gerichtliche Strafen zu verhindern, daß in den protestantischen Gebieten die Gräber von Wöchnerinnen mit weißen Laken bedeckt, in den katholischen Regionen mit kleinen Kreuzen aus Ästen oder mit Garn umrandet wurden, um sie für alle kenntlich zu machen. Keine Schwangere – so die volksmagische Bedeutung dieses Brauches – sollte ein solches Grab überschreiten, um nicht demselben Unglück anheim zu fallen.[36] Da Kreuze in der populären Magie eine bannende Funktion erfüllten, spielte möglicherweise bei der Umrandung der Begräbnisplätze mit Kreuzen auch der Wiedergängerglaube, der die verstorbene Mutter nachts an die Wiege ihres Kindes zurückkehren ließ, eine Rolle.[37]

Tabuisierung und Ritualisierung deuten darauf hin, daß bei der Geburt oder im Kindbett verstorbene Frauen – ebenso wie die während einer Schwangerschaft gestorbenen – zu jener Gruppe von besonderen Toten gehörten, die auf ausgesprochen tragische Art und durch Unglück einen frühzeitigen, unnatürlichen Tod erlitten hatten. Auf der einen Seite waren dies Selbstmörder und Hingerichtete, auf der anderen Seite Verunglückte, Geisteskranke oder Menschen, die an Lepra, Pocken oder Cholera gestorben waren. Deren Grabstätten waren ebenso wie die der verstorbenen Kindbetterinnen mit besonderen Tabus belegt; ein Kontakt mit ihnen konnte nach dem volksmagischen Verständnis des Analogiezaubers jenes Unglück aktivieren, das den Toten selbst widerfahren war. Ihr

Leichnam war in der Vorstellung des Volkes in doppeltem Sinne lebendig: in unzähligen Sagen und Geschichten und in der Imagination ihrer möglichen nächtlichen Wiederkehr. Im Jahre 1636 – so eine Mirakelgeschichte, die von der ‚Zwischenwelt' einer im Kindbett verstorbenen und um Erlösung kämpfenden Frau berichtet – erschien den Franziskanerpatres der Beuriger Wallfahrtskirche eine Frau aus dem Nachbarort, die wenige Tage zuvor im Wochenbett verschieden war. Sie bat um einen Bittgang zur Gottesmutter nach Beurig samt drei Messen, damit sie von der Pein des Fegefeuers erlöst werde.[38] Die „Weiber, so im Kinder gebären/vnd Kindbett sterben", so beschreibt der Volksprediger Nicolaus Cusanus die populären Vorstellungen des 16. und beginnenden 17. Jahrhunderts sowohl zum Opfertod wie zur gleichzeitig unerlösten Seelenwanderung dieser Frauen, könnten „die Himmliche Frewd allein hören/aber nit geniessen".[39] Erst nach vier bis sechs Wochen, so nahm man in Analogie zur Dauer des Wochenbetts der Lebenden an, ging von ihren Gräbern kein Unheil mehr aus, kehrten sie nicht mehr als Wiedergängerinnen zurück, waren ihre Sünden im Fegefeuer abgebüßt.

## Schuld, Strafe und Rechtfertigung

In den meisten Fällen wurde eine „unglückliche" Geburt mit Todesfolge für Mutter und/oder Kind, wie es die zeitgenössische Terminologie bereits andeutet, als unverschuldetes Unglück aufgefaßt. Wo Hebammen wegen „schlechter Proben" oder Versäumnissen belangt wurden, traf es immer die obrigkeitlich eingesetzten, zumeist ortsfremden, geschulten Hebammen. Durch ihre neuen Methoden (Geburt im Liegen oder auf einem Gebärstuhl) und Instrumente (v.a. Klistierspritze) lösten sie bei den helfenden Frauen Irritationen und Meinungsverschiedenheiten über die richtige Art der Geburtshilfe aus.[40] Interessant erscheinen freilich auch Beschuldigungen aus dem sozialen Umfeld, welche einen Einblick in den alltäglichen Umgang mit Schwangeren und Kindbetterinnen erlauben. Da die Zeit von Schwangerschaft und Kindbett dem besonderen Schutz der Gemeinschaft und der Rechtsprechung anbefohlen war,[41] kam es zu Anklagen vor allem gegen Männer, welche ihre Frauen oder die Mütter ihrer künftigen Kinder mißhandelt und dadurch eine vorzeitige Geburt ausgelöst hatten. Folgender Fall kann für die Situation vieler nicht ehelich schwangerer Frauen stehen, die häufig mit männlichen Repressalien rechnen mußten: Die 24jährige Gertraud von Wellingen war 1699 vom Sohn ihrer Dienstherrin geschwängert worden und hatte ihm dies mitgeteilt. Matthes Streit, der Kindsvater, war daraufhin mehrfach über die Schwangere hergefallen, hatte sie gestoßen und geschlagen und schließlich bedroht, „wan sie schwanger wehre, wolt [er] ir den hals umbdrähen... Des schreckens und folgenden Schmertzen empfunden, ein unzeitige geburt ohne leben von ihr gegangen, welches [sie] als dem beclagten angezeigt, er [habe] ir den hals zu brechen betrohet, wann [sie] etwas sagen wurde." Matthes Streit wurde nach seiner Vernehmung mit 14 Tagen Turmhaft bei Wasser und Brot sowie mit einer Geldbuße von acht Gulden bestraft.[42] Mit harten Strafen mußten verheiratete wie ledige Väter auch dann rechnen, wenn sich herausstellte, daß sie entweder die Kindbetterin oder – etwa bei Krankheit der Frau – das Neugeborene nicht versorgt hatten, so daß der Tod eingetreten war.

Eine gute Geburt und die Versorgung des Kindes zu gewährleisten, gehörte andererseits zum obersten Pflichtbereich der Mutter. Entsprach sie diesen Erwartungen nicht, wurde ihr der Schutz durch die Gemeinschaft, vor allem durch das Kollektiv der verheirateten Frauen, entzogen. In einem Fall von 1721 warfen die helfenden Frauen einer Kindbetterin, deren Kind aus zunächst unerklärlichen Gründen kurz nach der Geburt gestorben war, gerichtlich vor, sie selbst habe Schuld an seinem Tod. Schon während der Schwangerschaft habe sie getanzt, bei der Geburt habe sie sich nicht genügend angestrengt und dadurch die Geburt verzögert, danach habe sie sich kaum um das Kind gekümmert. Schließlich gestand die junge Frau unter dem Druck des öffentlichen Geredes vor Gericht, sie habe das Kind wohl nicht „lieben" können und es deshalb wenig beachtet.[43] Dies eine von vielen Beispielen verdeutlicht, daß auch jenseits des Kindsmordes Frauen durchaus für den Tod ihrer Neugeborenen zur Rechenschaft gezogen wurden, wenn sie den von der Dorfmeinung vorgegebenen ‚Standards' einer vorsichtigen Schwangeren, einer hart arbeitenden Gebärenden und einer fürsorglichen Mutter nicht entsprachen.

Geburt und Tod waren zweifellos aus dem Alltagsgeschehen herausragende, besondere Ereignisse, die wie alle Übergangsriten[44] eine gewisse Tabuisierung und Isolation verlangten. Der Tod in der Geburt verstärkte den Charakter dieses Ausnahmezustandes sowohl auf der symbolisch-imaginativen Ebene wie auf der rituellen Handlungsebene. Nach volkstümlicher Vorstellung handelte es sich bei einem kurz nach der Geburt verstorbenen Kind um einen doppelten und zugleich kontroversen ‚rite de passage', beim Tod einer erstgebärenden Frau um die Kombination aus Initiation zur Mutterschaft und ‚rite de passage'. In den Bestattungsriten und Totenbräuchen zeigt sich diese doppelte ‚Passage' im Aufeinandertreffen der Todes- und Lebenssymbolik bzw. der Todes- und Initiationssymbolik: Getauften Kindbetterkindern legte man Rosmarienkränze als Symbole des Lebens auf ihre Todesstätte, tote Erstgebärende erhielten jenen Strauß aufs Grab, der ihnen in der Kindbettzeche, dem Fest der verheirateten Frauen am Bett der Wöchnerin, zur Aufnahme in den Kreis der Mütter angesteckt worden wäre.[45]

Geburt und Tod waren aber auch öffentliche Ereignisse, in die zunächst Frauen, später dann die Dorfgemeinschaft involviert waren. Beim Tod eines Neugeborenen wurde dieser öffentliche Charakter durch die besondere, nur von Frauen vorgenommene Bestattung bewußt eingeschränkt. Es war hier nicht die Dorfgemeinschaft, die sich von einem ihrer Mitglieder verabschiedete; vielmehr waren es die Mütter des Dorfes als Trägerinnen eines besonderen Brauchtums, die gemeinschaftlich und stellvertretend für die Kindesmutter, mit der sie seit der Geburt eine Not- und Hilfsgemeinschaft gebildet hatten, einen wichtigen Teil auch ihrer Lebensgeschichte – denn nicht selten hatten sie selbst eines ihrer Kinder verloren –

rituell bewältigten. Aber die Frauen beaufsichtigten und beurteilten auch die Ereignisse: Sie waren Augenzeuginnen von Geburt und Tod, tradierten und schufen Bilder von richtigen und falschen Handlungs- und Verhaltensweisen, urteilten über Schuld und Unschuld, ja sie zogen gegebenenfalls zur Rechenschaft.

Anhang

# Anmerkungen

## Einleitung

1 Klassisch und in dieser Hinsicht immer noch nützlich: Heinrich Fasbender, Geschichte der Geburtshilfe, Jena 1906, Nachdruck Hildesheim 1964.

2 Dazu Hans-Heinz Eulner, Die Entwicklung der medizinischen Spezialfächer an den Universitäten des deutschen Sprachgebietes (Studien zur Medizingeschichte des 19. Jahrhunderts, 4), Stuttgart 1970, S. 283 ff.

3 So kam in Schweden, für das besonders lange Datenreihen vorliegen, um 1750 etwa ein Todesfall einer Mutter auf 100 Geburten, um 1975 weniger als ein Todesfall auf 10 000 Geburten. Grundlegend und differenziert zu diesem Problem: Irvine Loudon, Death in childbirth. An international study of maternal care and maternal mortality 1800–1950, Oxford 1992, hier S. 409, 553 f.

4 Dagegen richtet sich Marjorie Tew, Safer childbirth? A critical history of maternity care, 2. Aufl. London usw. 1995.

5 So wird ein Wörterbuch des 16. Jahrhunderts zitiert von Jacob Grimm/ Wilhelm Grimm, Deutsches Wörterbuch, Bd. 4, München 1984 (Leipzig 1878), Sp.1907 s. v. „Geburtsarbeit".

6 Jacques Gélis, La sage-femme ou le médecin. Une nouvelle conception de la vie, Paris 1988, bes. S. 471 ff.; Adrian Wilson, The making of man-midwifery: Childbirth in England 1660–1770, London 1995, bes. S. 185 ff.

7 Grimm, Deutsches Wörterbuch, s. v. „Geburtsarbeit".

8 Vgl. auch Adrian Wilson, The ceremony of childbirth and its interpretation, in: Valerie Fildes (Hg.), Women as mothers in pre-industrial England: Essays in memory of Dorothy McLaren, London 1990, S. 68–107; Eva Labouvie, Selbstverwaltete Geburt. Landhebammen zwischen Macht und Reglementierung (17.–19.Jahrhundert), in: Geschichte und Gesellschaft 18. 1992, S. 477–506. Über die zeitweilige ‚Macht' der Frauen gegenüber der Männerwelt in der Zeit zwischen Schwangerschaft und Kindbett: Ulinka Rublack, Pregnancy, childbirth and the female body in early modern Germany, in: Past and Present 150. 1996, S. 84–110.

9 Dazu auch Barbara Duden, Geschichte unter der Haut. Ein Eisenacher Arzt und seine Patientinnen um 1730, Stuttgart 1987, S. 185, 191 ff.

10 Dazu Linda A. Pollock, Childbearing and female bonding in early modern England, in: Social History 22. 1997, S. 286–306. Vgl. auch Ulrike Gleixner, Die ‚Gute' und die ‚Böse'. Hebammen als Amtsfrauen auf

dem Land (Altmark/Brandenburg, 18. Jahrhundert), in: Heide Wunder/
Christina Vanja (Hg.), Weiber, Menscher, Frauenzimmer. Frauen in
der ländlichen Gesellschaft 1500–1800, Göttingen 1996, S. 96–122 zur
Doppelfunktion der Hebamme als solidarischer Geburtshelferin und
kontrollierender Gutachterin im Auftrag der Obrigkeit; zu letzterem in
vergleichender Perspektive Gélis, sage-femme, S. 40 ff.

11 Vgl. Gernot Böhme, Wissenschaftliches und lebensweltliches Wissen
   am Beispiel der Verwissenschaftlichung der Geburtshilfe, in: Kölner
   Zeitschrift für Soziologie und Sozialpsychologie, Sonderheft 22. 1980,
   S. 445–463.

12 Wilson, man-midwifery.

13 Von französisch ‚accoucher‘, entbinden.

14 Siehe den Beitrag von S. Beauvalet in diesem Band sowie Gélis, sage-
   femme, S. 56 ff.

15 Wilson, man-midwifery, S. 1 ff., 145 ff.

16 Zu dieser und anderen Paradoxien: Jürgen Schlumbohm, Geschichte
   der Geburt und der Geburtshilfe in der Neuzeit, in: Max-Planck-
   Gesellschaft. Jahrbuch 1996, S. 658–666. Die Hauptursache der über-
   höhten Sterblichkeit war das ansteckende Kindbettfieber; davon war
   natürlich auch das – faktisch von der ‚Chefhebamme‘ geleitete – Pariser
   Gebärhaus stark betroffen: Loudon, Death in childbirth, S. 428 ff.

17 Für England gilt das nicht in gleicher Weise: Wilson, man-midwifery,
   S. 145 ff.


## Laurel Thatcher Ulrich

## Ihre Arbeit – seine Arbeit

1 Diary of Joshua Hempstead, 1711–1758, New London, Connecticut
  1901, S. 67.

2 The Diary of Matthew Patten of Bedford, N.H. from 1754 to 1788,
  Camden, Maine 1993 (1903), S. 22.

3 Diary of Elizabeth [Eliza] Wildes (Manuskript), Maine Historical Society, Portland.

4 Diary of Experience (Wight) Richardson (Typoskript), transcribed and
  compiled by Ellen Glueck and Thelma Ernst, 1978. Die Herausgebe-
  rinnen machten mir dies Tagebuch zugänglich.

5 Stephen Innes, Creating the Commonwealth: The Economic Culture of
  Puritan New England, New York 1995, S. 127.

6 The Compact Edition of the Oxford English Dictionary, Oxford 1979,
  Bd. 1, S. 1554; Bd. 2, S. 3388. Die Definitionen der beiden englischen
  Wörter sind identisch. Der moderne Sprachgebrauch hat die Assozia-
  tion des englischen Wortes ‚labor‘ mit harter körperlicher Arbeit etwas

gemildert, die traurigen Konnotationen des englischen Wortes ,travail' erscheinen somit altertümlicher. Vgl. hierzu Random House College Dictionary, Revised Edition, New York 1983, S. 747, 1398. Vgl. auch Jacob und Wilhelm Grimm, Deutsches Wörterbuch, Leipzig 1873, „Arbeit".

7 Sewall-Lane Scrapbook (Manuskript), Maine State Library, Augusta, Maine.

8 The Diary of Ebenezer Parkman, 1703–1782, First Part, hg. von Francis G. Walett, Worcester 1974, S. 242 f.

9 Ebd., S. 87.

10 Laurel Thatcher Ulrich, A Midwife's Tale: The Life of Martha Ballard, Based on her Diary, 1785–1812, New York 1990, S. 168, 5, 201.

11 Bei einer früheren Entbindung war Patten offenbar besorgt darüber, daß er „Deacon Boyes Frau, die Hebamme heimbrachte und kein Geld hatte, sie zu bezahlen". Sangers Empfindlichkeit gegenüber Rollins deutet auf eine etwas schwierige nachbarschaftliche Beziehung hin. An anderer Stelle notiert er, daß Rollins ihm eine lahme Stute schickte, als er um ein Pferd bat, mit dem er Korn zur Mühle bringen wollte. Very Poor and of a Lo make: The Journal of Abner Sanger, hg. von Lois K. Stabler, Portsmouth, N.H. 1986, S. 522, 533; Diary of Matthew Patten, S. 22.

12 Diary of Ebenezer Parkman, S. 87.

13 Diary of Matthew Patten, S. 64, 65, 90, 91.

14 Diary of Matthew Patten, S. 91; Very Poor and of a Lo make, S. 131; Ulrich, A Midwife's Tale, S. 184, 190; Laurel Thatcher Ulrich, Good Wives: Image and Reality in the Lives of Women in Northern New England 1650–1750, New York 1982, S. 128.

15 Diary of Matthew Patten, S. 39f.

16 Diary of Ebenezer Parkman, S. 27, 56, 87, 296, 190.

17 Henry Sewall Diary (Mikrofilm), Massachusetts Historical Society, 12.-13. November 1790; Martha Moore Ballard Diary (Manuskript), Maine State Library, Augusta, Maine, 12.-13. November 1790. – Meine eigenen Notizen entstammen der Manuskriptfassung des Tagebuchs. Inzwischen wurde eine wortgetreue Edition veröffentlicht: The Diary of Martha Ballard, 1785–1812, hg. von Robert R. McCausland und Cynthia MacAlman McCausland, Camden, Maine 1992.

18 Ulrich, A Midwife's Tale, S. 185.

19 Diary of Ebenezer Parkman, S. 150.

20 Diary of Joshua Hempstead, S. 619.

21 Bei einer weiteren Entbindung berichtete Collins, daß er in der Nacht eine Hebamme aus Marblehead holte und die Geburt gegen Sonnenaufgang erfolgte. Diary of Zaccheus Collins (Manuskript), Essex Institute, Salem, Massachusetts, Bd.1, „30 day 9th month [November] 1735"; „6 day 11th month [Januar] 1740". – Als Quäker verwendete Collins nicht die lateinischen Monatsnamen.

22 The Diary of Elizabeth (Porter) Phelps, hg. von Thomas Eliot Andrews, in: The New England Historical and Genealogical Register 120. 1966, S. 57–63, zit. 58; The Diary of Mary Cooper: Life on a Long Island Farm, 1768–1773, hg. von Field Horne, Oyster Bay Historical Society 1981, S. 51.

23 Ulrich, Good Wives, S. 131.

24 Joseph Green His Book, in: Publications of the Colonial Society of Massachusetts 34. 1943, S. 181 (30. 06. 1713); Diary of Mary Cleaveland (1742–1762) (Manuskript), Cleaveland Family Papers, Essex Institute, Salem, Massachusetts. Vgl. auch die Untersuchung der Geburtseintragungen bei Seaborn und John Cotton in: Ulrich, Good Wives, S. 129 f.

25 The Diary of Samuel Sewall, 1674–1729, hg. von M. Halsey Thomas, New York 1973, Bd. 1, S. 460.

26 Martha Ballard Diary, 18. November 1793.

27 Judith Walzer Leavitt, Brought to Bed: Child-bearing in America, 1750–1950, New York 1986, S. 100 f.

28 Dr. Samuel Adams, Diaries, New York Public Library (Mikrofilm), 10. März 1778; The Holyoke Diaries, hg. von George Francis Dow, Salem, Massachusetts 1911, S. 77, 70, 73, 81, 85, 107; vgl. hierzu Ulrich, Good Wives, S. 134 f.

29 Ulrich, A Midwife's Tale, S. 147–160.

30 Ebd., S. 156; Very Poor and of a Lo Make, S. 283.

31 Very Poor and of a Lo Make, S. 391, 392, 257. Cornelia Hughes Dayton, Taking the Trade: Abortion and Gender Relations in an Eighteenth-Century New England Village, in: William and Mary Quarterly 48. 1991, S. 19–50.

32 Unter den 1135 Entbindungen von Adams waren nur 32 unverheiratete Frauen. Alle wurden namentlich erwähnt, bis auf „Miss Incognito", die am 16. Oktober 1789 in Ipswich, Massachusetts, entbunden wurde, und „Miss Innominatum" in Bath, Maine, am 25. August 1806: Samuel Adams, Record Book of Cases (1782–1819) (Manuskript), Maine Historical Society, Portland, Maine, S. 10, 35. – Neil DePaoli sei für die Transkription gedankt.

33 Diary of Experience (Wight) Richardson, S. 10.

34 Diary of Mary Cleaveland; Ballard Diary, 13. November 1790; The Diary of Elizabeth (Porter) Phelps, in: The New England Historical and Genealogical Register 118. 1964, S. 108–127, zit. 121.

35 Very Poor and of a Lo Make, S. 394, 310.

36 Handkerchief Moody, The Diary & the Man / decoded & translated from the Latin with an Interpretation by Philip McIntire Woodwell, Portland, Maine 1981, S. 41 (5. Juni 1722).

37 The Diaries of Benjamin Lynde and of Benjamin Lynde, Jr. Boston 1880, S. 36; The Journals of Ashley Bowen of Marblehead, in: Publications of the Colonial Society of Massachusetts 44. 1973, S. 163, 229. Der Herausgeber von Bowens Tagebuch fügt dem englischen ‚nurse'

das Präfix ‚wet' hinzu, was bedeutet, daß die Wochenwärterin das Kind auch gestillt hat. Dies ist unzutreffend. Bei einer späteren Geburt war die Nachricht, daß das Kind trank, besonders willkommen, da es ohne Gaumen geboren war. Wenngleich der Vater berichtete, daß es „wohl doch am Leben bleiben würde", starb es vier Monate später.

38 Elizabeth Porter Phelps an Elizabeth Phelps Huntington, Boston, 18. September, 1801, Porter-Phelps-Huntington Papers, Special Collections, Amherst College.

39 Jane C. Nylander, Our Own Snug Fireside: Images of the New England Home, 1760–1860, New York 1993, S. 30, 31, 26; Diary of Matthew Patten, S. 22, 39, 65, 91, 121, 146.

40 Experience Richardson Diary, S. 45.

41 Zaccheus Collins, „30 day 9th month [November] 1735"; „6 day 11th month [Januar] 1740"; Bowen, S. 163; Lynde, S. 137, 162, 36; Henry Sewall Diary, 26. März 1798.

42 Lydia Baldwin Diary (Typoskript), Special Collections, Dartmouth College Library, Hanover, New Hampshire; Martha Ballard Diary, 25. und 29. Juni 1794, und passim; Samuel Adams, Record Book, S. 1, Geburten am 9. August und 25. Oktober 1782.

43 Jeremy Belknap Diary (Manuskript), Massachusetts Historical Society, 7., 8., 10., 13. April 1768; 30. Dezember 1776; 4., 16., 17., 19. Februar; 3., 6., 7., 8., 11., 13. März 1776.

44 Ulrich, A Midwife's Tale, S. 196.

45 Ross W. Beales Jr., Nursing and Weaning in an Eighteenth-Century New England Household, in: Peter Benes (Hg.), Families and Children (Dublin Seminar for New England Folklife: Annual Proceedings 1985), S. 54, 63.

46 Very Poor and of a Lo Make, S. 535 f.; Ulrich, A Midwife's Tale, S. 112f., 191, 196f.; Samuel X. Radbill, The Role of Animals in Infant Feeding, in: Wayland D. Hand (Hg.), American Folk Medicine: A Symposium, Berkeley usw. 1976, S. 21–30.

47 The Diary of Elizabeth (Porter) Phelps, in: The New England Historical and Genealogical Register 118. 1964, S. 121; Nylander, Our Own Snug Fireside, S. 27; Eliza Wildes Diary, 15. Juni 1790; Ulrich, A Midwife's Tale, S. 190.

48 Ulrich, Good Wives, S. 130f., 146–149.

49 The Diary of Mary Cooper, S. 39; Very Poor and of a Lo Make, S. 443.

50 Dr. Samuel Adams Diary, 1778–1782 (Manuskript), New York Public Library, 9. August 1781; Ulrich, A Midwife's Tale, S. 181. Zu Kontroversen des 17. Jahrhunderts mit Bezug auf Geburten, insbesondere jenen, die zur Anschuldigung der Hexerei führten, vgl. John Putnam Demos, Entertaining Satan: Witchcraft and the Culture of Early New England, New York 1982, S. 80f.; Carol Karlsen, The Devil in the Shape of a Woman: Witchcraft in Colonial New England, New York 1987, S. 142f.; David D. Hall, Worlds of Wonder, Days of Judgement:

Popular Religious Belief in Early New England, New York 1989, S. 140, 100f.; Ulrich, Good Wives, S. 132, 190f. Zu ähnlichen Themen im europäischen Kontext, vgl. Lyndal Roper, Hexerei und Hexenphantasien in der Frühen Neuzeit, in: Dies., Ödipus und der Teufel. Körper und Psyche in der Frühen Neuzeit (Fischer-Taschenbuch, 12765), Frankfurt a. M. 1995 (London 1994), S. 204–231.

*Françoise Loux*

## Frauen, Männer und Tod in den Ritualen um die Geburt

1 Der Begriff des Symbolischen wird in diesem Aufsatz in mehreren, aufeinander bezogenen Bedeutungen verwendet. Zunächst ist das Symbol die Konkretisierung einer abstrakten Sache. So symbolisiert das Hemd des Vaters, in welches das Neugeborene gehüllt wird, die Vaterschaft. Im folgenden geht es genau um diese Doppelbedeutung von konkreten Gesten oder Elementen im Umkreis der Geburt, also um jenes Nebeneinander von praktischer Funktion und symbolischer Bedeutung, worin jeweils verschiedene Aspekte wie Vaterschaft, Mutterschaft, Trennung, Zugehörigkeit und Identität zum Ausdruck kommen. Darüber hinaus hat das Symbol – z. B. das väterliche Hemd – die Aufgabe, etwas konkret Abwesendes – nämlich den realen Vater – wirksam zu vergegenwärtigen. Die Szene einer Geburt ist also voller Gegenstände, die einerseits praktischen Charakter und andererseits eine symbolische Bedeutung haben. – Vgl. auch das wichtige Buch über die Rituale zur Sterbevorbereitung: Luce Des Aulniers, Itinérances de la maladie grave. Le temps des nomades, Paris 1997; dort heißt es S. 582: „Das Symbolische ist wesentlich Hinnahme und Übersetzung von schmerzhafter Abwesenheit; insofern hat das Ritual es stets mit dem Tod zu tun. Symbolisieren heißt also dafür Sorge tragen, daß aus diesem Todesbewußtsein irgendetwas entsteht." Daß die Geburt, die früher ein Moment voller Todesgefahren war, nicht nur in vielfältiger Weise Anwesenheit, sondern auch symbolisch kompensierte Abwesenheit beinhaltet, verwundert also nicht.

2 Vgl. dazu auch Françoise Loux, Das Kind und sein Körper. Volksmedizin – Hausmittel – Bräuche, Stuttgart 1980 (frz. Paris 1978), bes. S. 23 ff., 168 ff.

3 Der ‚Satré' war ein böser Geist, der vor allem in der Nacht die Neugeborenen heimsuchte.

4 Vgl. auch den Beitrag von Eva Labouvie in diesem Band.

5 Yvonne Verdier, Drei Frauen. Das Leben auf dem Dorf, Stuttgart 1982 (frz. Paris 1979).

6 Dies., Le petit chaperon rouge dans la tradition orale, in: Le Débat 3. 1980, S. 31–61.

7 Françoise Loux, Guides de montagne – mémoire et passions, Grenoble 1990, S. 139.
8 Dies., Traditions et soins d'aujourd'hui, 2. Aufl. Paris 1990, S. 134.


*Waltraud Pulz*

## Gewaltsame Hilfe?

1 Vgl. hierzu Marianne Gronemeyer, Hilfe. Wo geholfen wird, da fallen Späne, in: Dietmar Dirmoser/Reimer Gronemeyer/Georgia Rakelmann (Hg.), Mythos Entwicklungshilfe. Entwicklungsruinen: Analysen und Dossiers zu einem Irrweg, Gießen 1991, S. 38–69.

2 Archiwum Państwowę we Wrocławiu – Oddział w Legnicy (AP Wrocław, Odd. w Legnicy), Akta m. Legnicy II/202 (Missivenbuch 1678–82), S. 215 sowie II/204 (Missivenbuch 1684–92), S. 76. Kergers Lebensdaten lassen sich seiner – bei Johann Peter Wahrendorff, Lignitzische Merckwürdigkeiten, Budißin 1724, S. 419 f. abgedruckten – Grabinschrift entnehmen.

3 Die Erstausgabe des Werks erschien 1690, ich zitiere im folgenden nach der erweiterten Ausgabe: Justina Siegemund, Die Königl. Preußische und Chur-Brandenb. Hof-Wehe-Mutter ..., Berlin 1723. Für eine Analyse dieses zwischen 1690 und 1756 in acht Ausgaben sowie einer Übertragung ins Niederländische erschienenen Lehrbuchs und eine Darstellung des Werdegangs von J. Siegemund s. Waltraud Pulz: „Nicht alles nach der Gelahrten Sinn geschrieben" – Das Hebammenanleitungsbuch von Justina Siegemund. Zur Rekonstruktion geburtshilflichen Überlieferungswissens frühneuzeitlicher Hebammen und seiner Bedeutung bei der Herausbildung der modernen Geburtshilfe (Münchner Beiträge zur Volkskunde, 15), München 1994.

4 Daniel Bandeco, Die Von GOtt zu GOtt gezogene Kinder GOttes, Cölln an der Spree [1705], S. 74. Für die weiteren biographischen Daten vgl. Pulz, Hebammenanleitungsbuch, S. 44–47.

5 Siegemund, Hof-Wehe-Mutter, S. 164. Die Konstruktion des Lehrbuchs von J. Siegemund ist insofern kompliziert, als der Hauptteil in einem Gespräch zwischen der Meisterin Justina und ihrer Schülerin besteht, wobei die Dialogfigur Justina auf die Autorin verweist; zugleich wird von einer weiteren Figur mit dem paradigmatischen Namen Titia berichtet, die, wie durch textinterne Hinweise deutlich wird, wiederum mit J. Siegemund referenzidentisch ist. Die Referenz von Sempronius läßt sich hingegen nur aus extratextuellen Hinweisen rekonstruieren.

6 Ebd., S. 163.

7 AP Wrocław, Odd. w Legnicy, Akta m. Legnicy II/302 (Protocollum Syndici 1680–86), S. 5.

8 Ebd., II/202, S. 215.

9 Ebd., II/204, S. 77; vgl. ferner II/203 (Missivenbuch 1678–84), S. 436; Hervorhebung im Text von W.P.

10 Ebd., II/204, S. 76. Die Formulierung stammt von Kerger; in dem Ende 1684 vom Unterrichter für die höhere Instanz abgefaßten, J. Siegemunds Appellation für unzulässig erachtenden Apostelbrief wird sie bestätigend wiederaufgenommen, wobei auf der dunklen Fremdheit dieser Frauenangelegenheit insistiert wird. Vgl. hierzu auch den Bericht an den Leipziger Schöffenstuhl (Akta m. Legnicy II/202, S. 215).

11 Vgl. Martin Dinges, Die Ehre als Thema der Stadtgeschichte. Eine Semantik im Übergang vom Ancien Régime zur Moderne, in: Zeitschrift für Historische Forschung 16. 1989, S. 409–440.

12 AP Wrocław, Odd. w Legnicy, Akta m. Legnicy II/302, S. 59. Vgl. ferner ebd., S. 58 und 60 sowie II/204, S. 77 und II/473 (Criminalia 1683–89), S. 192 ff.

13 Ebd., II/204, S. 77ff. sowie II/302, S. 58f.

14 Siegemund, Hof-Wehe-Mutter, S. 131 ff. Zur Überlieferung einiger dieser Zeugnisse in einem Liegnitzer Gerichtsbuch s. Pulz, Hebammenanleitungsbuch, S. 85.

15 Der Landeshauptmann war Vertreter des Königs von Böhmen; mit dem Aussterben des Piastenhauses fielen die Fürstentümer Liegnitz-Brieg-Wohlau 1675 als erledigtes Lehen an das Haus Habsburg.

16 AP Wrocław, Odd. w Legnicy, Akta m. Legnicy II/473, S. 68 und 198; vgl. außerdem ebd., S. 193 und 197 sowie II/204, S. 73 und im Gegensatz dazu die im Apostelbrief vertretene Position des Liegnitzer Stadtgerichts und Rats (ebd., II/204, S. 80).

17 Ebd., II/204, S. 78, II/202, S. 379f. und II/473, S. 59 und 85.

18 Der drohende Schwur erzeugte Angst, da hierbei nicht nur die weltliche Ehre, sondern auch das ewige Heil auf dem Spiel stand. Erlassen wurde der Eid jedoch nur Anna Maria Kleinert, bei der man in diesem Zusammenhang einen Selbstmordversuch befürchtete. Vgl. ebd., II/202, S. 379f. und II/473, S. 67ff. sowie auch 191ff.

19 Vgl. ebd., II/473, S. 85–189.

20 Ebd., II/204, S. 80.

21 Ebd.

22 Vgl. Siegemund, Hof-Wehe-Mutter, S. 167.

23 Vgl. Georg Burckhard, Die deutschen Hebammenordnungen von ihren ersten Anfängen bis auf die Neuzeit, T. 1 (Studien zur Geschichte des Hebammenwesens, 1, 1), Leipzig 1912, S. 107f., 110, 125f. sowie Johann Dietrich Hub, Die Hebammenordnungen des 17. Jahrhunderts, Diss. Würzburg 1914, S. 50. Interpretationen zu den entsprechenden Bestimmungen in den Nürnberger, Regensburger und Ulmer Ordnungen finden sich in der Dissertation von Sibylla Flügge, Hebammen und heilkundige Frauen – Recht und Realität im 15. und 16. Jahrhundert, die im Stroemfeld Verlag, Frankfurt usw. erscheinen wird.

24 Siegemund, Hof-Wehe-Mutter, S. 141, 146, 147, 152, 155 und 159. Die in den Berichten immer wieder gebrauchte Wendung verweist auf die Potenz der Helferin, die, wie noch zu zeigen sein wird, auch angstbesetzt ist.

25 Kerger hatte, wie J. Siegemund in ihrem Lehrbuch berichtet, „Sechzehen, theils Adeliche, theils Bürgerliche, theils einfältige Land-Leute, Wehe-Mütter, so gar Jungfern, die ja von solchen Kinder-Sachen nichts verstehen können, zusammen[getrieben], in Meynung, Titia würde mit dem Strohm so vieler Zeugen überschwemmet, die Obrigkeit übertäubet, und der Process gehemmet seyn; Oder es müste doch etwas unter 16. Zeugen wider sie ausgesaget werden, womit er sich behelffen, und sie zum wenigsten verdächtig machen könnte." Siegemund, Hof-Wehe-Mutter, S. 165.

26 AP Wrocław, Odd. w Legnicy, Akta m. Legnicy II/204, S. 76.

27 Ebd., II/202, S. 328.

28 Ebd., II/473, S. 181.

29 Vgl. AP Wrocław, Odd. w Legnicy, Akta m. Legnicy II/202, S. 363. Ob hier jener raffinierte, aller Wahrscheinlichkeit nach aus dem traditionalen Hebammenwissen stammende ‚(ge)doppelte Handgriff' gemeint war, den J. Siegemund wenig später in ihrem Lehrbuch beschrieben hat und für den sie bezeichnenderweise erst sehr viel später berühmt wurde (Osiander schrieb ihr Ende des 18. Jahrhunderts die entscheidende Erfindung zu, im 19. Jahrhundert wurde der Handgriff nach ihr benannt, dann aber eben auch im Hinblick auf die Bequemlichkeit des Operateurs abgeändert), läßt sich Kergers inkompetenter, weil ungenauer Beschreibung, in der von einer „schnur" die Rede ist, die „umb dz füßlein geleget" wurde, nicht entnehmen. Daß die Hebamme diesen Handgriff auch in ihrer Liegnitzer Zeit schon anwendete, wissen wir jedoch aus der Beschreibung einer der auf ihren Wunsch verhörten Gebärenden. Vgl. hierzu Pulz, Hebammenanleitungsbuch, S. 160ff. und Siegemund, Hof-Wehe-Mutter, S. 154.

30 Siegemund, Hof-Wehe-Mutter, S. 180; vgl. ebd., S. 169ff. sowie H(einrich) C. R. Preuss, Analecta ad historiam Facultatis Medicae Universitatis Francofurtensis, Vratislaviae 1847, Diss. Frankfurt a.d.O., S. 32f.

31 AP Wrocław, Odd. w Legnicy, Akta m. Legnicy II/473, S. 92. Auch in seinem iatrochemischen Werk über ‚Fermentation' arbeitet Kerger – in ganz anderem Zusammenhang – mit der Opposition *naturalis vs. violentus*, wobei Gewalt etwas von außen und „praeter cursum naturae universalem, & praeter legem naturae" Geschehendes ist: Martin Kerger, De fermentatione liber physico-medicus ..., Wittebergae 1663, S. 109.

32 Verwiesen sei hier auf den Bericht von Maria Thym, die vor der Geburtshilfe durch J. Siegemund aufgrund einer regelmäßig während der Wehen erfolgenden „Auswendung der Frucht" bereits acht Totgebur-

ten hatte. Kerger hatte von der durch J. Siegemund vorgeschlagenen Wendung des Kinds auf die Füße abgeraten und statt dessen so stark wehentreibende Mittel verordnet, daß die Gebärende fast erstickt wäre. Vgl. Siegemund, Hof-Wehe-Mutter, S. 132 ff.

33 AP Wrocław, Odd. w Legnicy, Akta m. Legnicy II/473, S. 11, 15 und 53; zur Unterschrift vgl. Pulz, Hebammenanleitungsbuch, Kap. 2, Anm. 106.

34 AP Wrocław, Odd. w Legnicy, Akta m. Legnicy II/473, S. 6.

35 Justina Siegemund, Wider Herrn D. Andreae Petermann ... Gründliche DEDUCTION vieler Hand-Griffe, Die Er aus dem Buche, Die Chur-Brandenb. Hof-Wehe-Mutter genannt, Als Speculationes und ungereimt, ja gefährlich zu seyn, vermeynet zu erweisen, Nöthiger Bericht..., in: Siegemund, Hof-Wehe-Mutter, S. 303. Wie man sieht, war Kerger nicht der einzige Arzt, mit dem J. Siegemund im Lauf ihrer jahrzehntelangen Praxis über die Frage ihres Hand-Werks in Konflikt geriet.

36 Vgl. Pulz, Hebammenanleitungsbuch, bes. Kap. 4.

37 AP Wrocław, Odd. w Legnicy, Akta m. Legnicy II/473, S. 47.

38 Ebd., S. 38; vgl. ferner S. 141 f. sowie 16 f.

39 Ebd., S. 32 f.

40 Vgl. ebd., S. 31.

41 Ebd., S. 39.

42 Ebd., II/202, S. 380.

43 Ebd., II/473, S. 14 ff.

44 Ebd., S. 135 und 136; vgl. ferner S. 127. Vgl. in diesem Zusammenhang auch zwei der summarischen Zeuginnenberichte, aus denen hervorgeht, daß J. Siegemund nur mit Zustimmung der Gebärenden handelte: Siegemund, Hof-Wehe-Mutter, S. 142, 143 und 156.

45 AP Wrocław, Odd. w Legnicy, Akta m. Legnicy II/473, S. 128.

46 Kerger benannte beispielsweise zwei Stadthebammen und, wie aus den Befragungen hervorgeht, Konkurrentinnen von J. Siegemund als Zeuginnen: ebd., S. 102, 112 und 162 f.

47 Bei der Verschriftung des Gesprochenen haben wir es nur selten mit dessen wörtlicher Wiedergabe, sondern fast ausnahmslos mit indirekter Rede zu tun. Die durch den Schreiber vorgenommenen Veränderungen werden überdies in Wendungen wie „affirmat" bzw. „negat" klar. Aussagen über das Ausmaß der zusammenfassenden und damit selektierenden und interpretierenden Eingriffe, zu denen auch die Übertragung des Gesprochenen in die Hochsprache gehört, lassen sich jedoch kaum treffen. Vorstellbar ist, daß der Schreiber angesichts der Fremdheit der Materie zum Übergehen bestimmter Aussagen neigte; plausibel erscheint aber auch, daß er aus eben diesem Grund um eine möglichst genaue Wiedergabe bemüht war.

48 Siegemund, Hof-Wehe-Mutter, S. 146 f.

49 Ebd., S. 135, 138, 142; vgl. ferner S. 141, 150, 155, 159, 160, 149 f., 152 und 157.

50 AP Wrocław, Odd. w Legnicy, Akta m. Legnicy II/473, S. 149; vgl. ferner S. 152.
51 Ebd., S. 151 f.
52 Ebd., S. 110.
53 Ebd., S. 113.
54 Ebd., S. 124 f.
55 Ebd., S. 126.
56 Ebd., S. 134.
57 Vgl. ebd., S. 147 f.
58 Ebd., S. 143.
59 Ebd., S. 133.
60 M. Thym fühlt beispielsweise die nach Einsetzen der Wehen erfolgende „Auswendung der Frucht". Vgl. Siegemund, Hof-Wehe-Mutter, S. 133.
61 AP Wrocław, Odd. w Legnicy, Akta m. Legnicy II/473, S. 156. Aus einer späteren Formulierung ergibt sich eindeutig, daß B. Vogt hier vom ‚Aufreißen‘ des Muttermunds durch die Hebamme spricht. Vgl. ebd., S. 160.
62 Ebd., S. 156, 159 und 160.
63 Ebd., S. 186; vgl. ferner S. 188.
64 Ebd., S. 171.
65 Vgl. Pulz, Hebammenanleitungsbuch, bes. S. 141 ff.

## *Christine Loytved/Bettina Wahrig-Schmidt*

## „Ampt und Ehrlicher Nahme"

1 Wir danken dem Archiv der Hansestadt Lübeck für die Unterstützung beim Zustandekommen dieser Arbeit. Zitierte Akten stammen alle aus diesem Archiv. Verwendete Kürzel: AHL: Archiv der Hansestadt Lübeck; ASA: Altes Senatsarchiv, I P: Interna Physikat, NSA: Neues Senatsarchiv, PA: Polizeiamt.

2 Vgl. Bettina Wahrig-Schmidt, Von den Beschwerlichkeiten der Accoucheure – Die Mediziner und die Geburtshilfe in Lübeck 1730–1850, in: Hans – Uwe Lammel (Hg.), Kranksein in der Zeit (Rostocker Medizinische Beiträge, 5), Rostock 1996, S. 93–109 sowie Christine Loytved, ‘Wird der Gebrauch der männlichen Geburtshelfer immer mehr zunehmen – was bleibt uns dann übrig?‘, in: Bettina Wahrig-Schmidt (Hg.), Die Professionalisierung der Frau. Bildung, Ausbildung und Beruf von Frauen in historischer Perspektive, Lübeck 1997, S. 31–40, hier 32.

3 Eine kleine Entbindungsanstalt ohne wesentliche Ausbildungsfunktion wurde erst nach der Jahrhundertwende eingerichtet. Vgl. Catrin Halves, Die Entbindungsanstalt. Der Ort für eine bange und ernste Stunde?, in: Catrin Halves/Christine Loytved/Bettina Wahrig-Schmidt,

Wehemutter und Physikus, Ausstellungsleitfaden, Lübeck, unveröffentlicht 1993, S. 27–44, hier 28 f.

4 Dieser Nachweis wurde amtlicherseits zuerst 1839 gefordert, als die Stadt das „Preußische Reglement" für Medizinalpersonen veröffentlichte. Vgl. Lübeckische Bekanntmachung über die Prüfung und Zulassung der zur ärztlichen oder wundärztlichen Praxis sich Anmeldenden, vom 28. July 1838. Königlich Preußisches Reglement … 1825, Lübeck 1839.

5 AHL ASA IP 23/7 Ordnung der Bademütter de An. 1646, Abschrift vom 20. 3. 1767. Eine weitere Hebamme hinzuzuziehen wird erst 1826 per Verordnung unzulässig (AHL ASA IP 23/3).

6 [Johann Julius Walbaum,] Kurzgefassete Gedanken von dem Verderbten Zustande der Hebammen an einigen Orten in Teutschland und von dessen Verbesserung, Lübeck 1752.

7 Die erste schriftliche Fixierung findet sich in [Adolf Friedrich Vogel], Kurzer und faßlicher Unterricht für Hebammen, Lübeck 1780.

8 Laut Einwohnerregister war sie seit 1760 mit einem Arbeitsmann verheiratet. Taufen sind für 1762, 1763 und 1764 registriert, demnach war sie eine Hebamme mit eigenen Geburtserfahrungen. Es fehlen genauere Lebensdaten. Ihr Alter kann für das Jahr 1770 auf etwa 30 Jahre oder älter geschätzt werden. Sie lebte im Domviertel, in der gleichen Gegend wie ihre Klientin.

9 Agneta Ottilia Kruhse erwartete mit 28 Jahren nach vier Jahren Ehe ihr drittes Kind. Von diesen überlebte keines das erste Lebensjahr. Nach 17 Ehejahren starb sie 1783 im Alter von 41 Jahren.

10 Wenn nicht anders bezeichnet, beziehen sich die folgenden Zitate auf die Akte AHL ASA IP 24/6.

11 Zur Heiltätigkeit von Scharfrichtern und ihren weiblichen Angehörigen in Lübeck vgl. Therese Frentz, Frühe Tierheilkundige in Lübeck. Ein Beitrag zur Sozialgeschichte des Tierärztestandes, in: Zeitschrift des Vereins für Lübeckische Geschichte und Altertumskunde 75. 1995, S. 291–316, hier 295; vgl. auch Jutta Nowosadtko, Wer Leben nimmt, kann auch Leben geben – Scharfrichter und Wasenmeister als Heilkundige in der Frühen Neuzeit, in: Medizin, Gesellschaft und Geschichte 12. 1993, S. 43–74.

12 Die Verbrennungen wurden wohl zunächst nicht als lebensbedrohlich angesehen, sonst wäre das Kind gleich nach der Geburt getauft worden. Da die Hebamme schon aus der Betreuung ausgeschlossen worden war, entging ihr das übliche Entgelt anläßlich der Taufe.

13 Zur Biographie vgl. Adolph Friedrich Vogel, Kurze Lebensgeschichte des wohlseligen Herrn Herrn Jacob Leonhard Vogel Herzogl. Mecklenburg-Strelitzschen Landphysikus und Raths und Garnisonschirurgus zu Lübeck, … Lübeck 1781.

14 ASA IP 24/6: „den Zwirnfaden zur Abbindung der Nabel Schnuhr nicht, wie gedachter Rats Chirurgus sie in dem Unterricht angewiesen, sie nicht fertig mitgebracht" und Vogel, Unterricht, S. 41 f.

15 Hervorhebung der Autorinnen.

16 Hervorhebung der Autorinnen.

17 Vgl. Walbaum, Kurzgefassete Gedanken.

18 Sich eindeutig gegen eine Hebamme zu stellen, konnten sich die noch im gebärfähigen Alter befindlichen Frauen wohl auch nicht leisten. Zum teilweise ambivalenten Verhältnis zwischen Gebärenden und Hebammen und zur Problematik der Rekonstruktion von Geburtshergängen aus Gerichtsakten vgl. den Beitrag von Waltraud Pulz in diesem Band.

19 D.h. sie hätte das Nabelbändchen fertig mitbringen müssen.

20 Johann Julius Walbaum, Die Beschwerlichkeiten der Geburtshülfe aus Beyspielen erwiesen, Bützow und Wismar 1769.

21 Hans Bernhard Ludewig Lembke, Beantwortung der Schrift welche unter dem Titel: Die Beschwerlichkeiten der Geburts-Hülfe aus Beyspielen erwiesen von dem Herrn D. Johann Julius Walbaum ohnlängst durch den Druck bekannt gemacht worden, Lübeck und Leipzig 1769.

22 Neben den im 17. und 18. Jahrhundert sehr beliebten wissenschaftlichen Polemiken und Streitschriften sind auch öffentliche Selbstverteidigungen von Ärzten häufig. Für Lübeck vgl. z.B. Johann Gerhard Wagner, Warhaffter Bericht von einem in diesen Tagen vorgefallenen Casu Medico ..., Lübeck 1743, in dem sich Wagner nach dem Tod eines seiner Patienten gegen kursierende Gerüchte verteidigt.

23 Vgl. Johann Kaspar Philipp Elwert (Hg.), Nachrichten von dem Leben und den Schriften jetztlebender Ärzte ..., Hildesheim 1799, zit. nach: Deutsches Biographisches Archiv, Fiche 1325, S. 201–212.

24 Vgl. Daniel Friedrich Behn, Leben und Verdienste des Wohlgebornen Hochgelahrten Herrn, Herrn D. Hans Bernhard Ludwig Lembke, Lübeck 1803.

25 Der Spünder verschloß die vollen Fässer mit einem Zapfen (Spund) und schaffte sie in den Keller.

26 Walbaum, Beschwerlichkeiten, S. 7.

27 André Levret, Wahrnehmungen von den Ursachen und Zufällen vieler Schweren Geburten. Aus dem Französischen übersetzt, und mit neuen Handgriffen und Werkzeugen vermehret von D. Johann Julius Walbaum, Lübeck und Altona 1758; Zweyter Band 1761; im Anhang stellt Walbaum seine geburtshilflichen Instrumente vor: einen „Aufsperrer der Gebärmutter" (aus einer Ochsenblase), eine Kopfschere, eine Bauchschere, einen Handschuh (er hat keine hygienische Funktion, sondern soll Adhäsionen zwischen mütterlichen und kindlichen Teilen lösen helfen) und eine Fußschlinge.

28 Vgl. Johann Nicolaus Heinrich Brehmer, Dem Andenken eines geschätzten Arztes, D. Johann Julius Walbaum, gewidmet, Lübeck 1799, zit. nach: Deutsches Biographisches Archiv, Fiche 1234, S. 244 f.

29 Walbaum, Kurzgefassete Gedanken, S. 12.

30 Walbaum, Beschwerlichkeiten, S. 5.

31 Ebd., S. 14.

32 Vgl. z.B. Lorenz Heister, Medicinische Chirurgische und Anatomische Wahrnehmungen, Rostock 1753. Heister war einer von Walbaums akademischen Lehrern.

33 Catharina Magdalena Ockens wurde im September 1766 mit dem Kutscher Hinrich Voß getraut; ihre Geburtsdaten sind nicht aufzufinden; sie stammte vermutlich nicht aus Lübeck. Hinrich Voß leistete 1767 den Eid als Bierspünder; sein erstes totgeborenes Kind ist unter dem 18. Nov. 1766 im Sterberegister des Doms verzeichnet. Voß starb am 21. Oktober 1771 (Sterberegister St. Aegidien); sein Geburtsdatum ist nicht sicher zu ermitteln.

34 Walbaum, Beschwerlichkeiten, S. 17.

35 Ebd., S. 18.

36 „Nachdem ich mit vieler Mühe meine Hand neben dem Kopf und Creutzknochen in die Gebährmutter gebracht hatte; ... so befand ich nach vielem Suchen ...", ebd. – „Weil ich nun meine Hand samt dem Arm wegen der ungleichen Richtung beyder Axen sehr stark krümmen muste; kostete es mir sehr viele Mühe, zu den Füssen zu gelangen", ebd., S. 19.

37 Walbaum, Beschwerlichkeiten, S. 20.

38 So die Formulierungen im Nekrolog auf den Lübecker Arzt und Schüler Roederers am Göttinger Entbindungshaus, Hermann Nicolaus Kienmann (1730–1770); in: Johann Nicolaus Sibeth, Leben und Verdienste des ... Herrn Hermann Nicolaus Kienmann, der Arzneigelahrtheit hochberühmten Doctors ..., Lübeck 25. 5. 1770. – Vgl. auch das Lob auf Walbaum selber, der drei Jahre zuvor ein Neugeborenes „rettete" bei Brehmer, Dem Andenken, S. 244 f.: „Seiner [Walbaums] geschickten Hand" habe er selbst sein Leben zu verdanken. Brehmer wurde 1765 geboren. Er stammte aus einer wohlhabenden Familie; Walbaum hatte also zu diesem Zeitpunkt durchaus auch „zahlende" Kundschaft.

39 Ein Gerät mit drei ineinander zu klappenden, gerundeten dünnen Metallschienen, die den Kopf des Kindes umfassen und eine Extraktion erleichtern sollten. Vgl. Levret, Wahrnehmungen, Bd.1.

40 Walbaum, Beschwerlichkeiten, S. 23.

41 Ebd., S. 24.

42 Carl Werner Curtius (1736–1795) studierte in Halle, Rostock, Leiden und Paris. Er wurde 1764 in Lübeck als Bürger angenommen.

43 Walbaum, Beschwerlichkeiten, S. 11.

44 Lembke, Beantwortung, S. 7 f; 44.

45 Walbaum, Beschwerlichkeiten, S. 41f.

46 Mit diesem Argument gab ihm auch eine Rezension seiner Schrift Recht: Göttingische Gelehrte Anzeigen 17. St., 8. Februar 1770, S. 144.

47 Walbaum, Beschwerlichkeiten, S. 8.

48 Ebd.

49 Lembke, Beantwortung, S. 5 f.

50 Ebd., S. 14 f.

51 Ebd., S. 17 f.
52 Walbaum, Beschwerlichkeiten, S. 5.
53 Lembke, Beantwortung., S. 10.
54 Ebd., S. 27.
55 Ebd., S. 34.
56 Theodor Eschenburg, Der ärztliche Verein zu Lübeck während der ersten 100 Jahre seines Bestehens, 1809–1909. Wiesbaden 1909, S. 2 f.; Wahrig-Schmidt, Von den Beschwerlichkeiten, S. 96 f.
57 Walbaum lehnte 1751 ein Angebot seines Göttinger Lehrers Haller auf eine Stelle als Prosektor ab; vgl. Elwert, Nachrichten, S. 201.
58 Lembke, Beantwortung, S. 53.
59 Er erhielt wenige Jahre später eine Erbschaft von der Familie seiner Frau; vgl. Schoß-Buch Johannis-Quartier anno 1774. AHL 21351.
60 Den frauenspezifischen gemeinschaftlichen Aspekt betont Adrian Wilson, The making of man-midwifery. Childbirth in England 1660–1770, London 1995, S. 26.

## Gunda Barth-Scalmani

## „Freundschaftlicher Zuruf eines Arztes ...“

1 Wörtliche Zitate daraus werden im folgenden im Text mit Angabe der Seitenzahl nachgewiesen.
2 Dazu jüngst Eva Labouvie, Frauenberuf ohne Vorbildung? Hebammen in den Städten und auf dem Land, in: Elke Kleinau/Claudia Opitz (Hg.), Geschichte der Mädchen- und Frauenbildung, Bd. 1, Frankfurt/M. usw. 1996, S. 218–236.
3 Gunda Barth-Scalmani, Die Reform des Hebammenwesens in Salzburg zwischen 1760 und 1815, in: Mitteilungen der Gesellschaft für Salzburger Landeskunde 134. 1994, S. 365–398, hier 366, und dies., Hebammen in der Stadt. Einige Aspekte zur Geschichte ihres Berufsstandes am Beispiel der Stadt Salzburg vom 17. bis zum Beginn des 20. Jahrhunderts, in: Pro Civitate Austriae. Informationen zur Stadtgeschichtsforschung in Österreich N. F., Heft 2, 1997, S. 7–22.
4 In den habsburgischen Territorien waren durch die Gesundheitsreformen Maria Theresias und Josefs II. die vergleichbaren Schulen älter: Wien 1752, Klagenfurt 1780, Olmütz 1786.
5 Cornelia D. Sonntag, Das Salzburger Collegium Medicum und seine Entwicklung bis zur Errichtung des Kurfürstlichen Medizinalrates (1680–1808), in: Mitteilungen der Gesellschaft für Salzburger Landeskunde 125. 1985, S. 469–488.
6 Salzburger Landesarchiv (= SLA), kurf. k. k. ö. Reg., XLVI, M 2, Nr. 27. Die erste Erhebung über Hebammen von 1760 hatte 123 traditionelle Hebammen „außer“ und 79 „inner“ Gebirg verzeichnet.

7 SLA, Landschaft III, Nr. 10, Coll. Med. an den Erzbischof am 4. April
   1780. Dieses Wunschprofil wurde in der Folge mehrfach variiert und
   um die Kriterien nüchterner Lebenswandel, Sauberkeit, schlanke
   Hände ergänzt.
8 SLA, kurf. k. k. ö. Reg., XLVI, M2, Nr. 35 und 36.
9 Archiv der Stadt Salzburg (= AStS), Pezolt Akten Nr. 46, Schidenhofen
   an den Stadtrat am 10. Juli 1780.
10 Konsistorialarchiv Salzburg (= KAS) 22/83, Empfangsquittung vom
   14. April 1793 über 100 fl. „... für Auslieferung der 2000 Exemplare
   meines *freundschaftl. Zurufs ...*" durch I. Niederhuber.
11 Heinz Schuler, Nachrichten über Salzburger Ärzte, Bader und Apothe-
   ker des 18. Jahrhunderts, in: Jahrbuch der Heraldisch-Genealogischen
   Gesellschaft Adler 1986/87, 3. Folge, Bd. 13, S. 161–173, hier 171. –
   1779–1791 kurbayerischer Arzt in Erding. Lt. Medizinisch-chirurgischen
   Zeitung 2. 1791, S. 224, Dienstantritt im Salzburgischen Frühsommer
   1791, Ende der ärztlichen Tätigkeit in Radstadt nicht bekannt, vermutlich um 1804, da ab diesem Zeitpunkt für Radstadt ein Dr. Brandstätter
   genannt wird. Seine weiteren Veröffentlichungen lassen ihn wieder im
   Bayerischen vermuten: Entwurf einer planmäßigen Verfassung des Sanitätswesens für die Provinzen, München 1801, Beitrag zur Kultur der
   medizinischen und bürgerlichen Bevölkerungs Polizei, München 1808.
12 Radstadt hatte damals rund 800, der gesamte Gerichts- und Verwal-
   tungssprengel rund 7600 Einwohner.
13 Benedikt Pillwein, Geschichte, Geographie und Statistik des Herzogthums Österreich ob der Enns und des Herzogthums Salzburg. Teil
   V: Der Salzburgerkreis, Linz 1839, S. 211–215. 1786 wurden die Physi-
   kate in Tamsweg (Lungau) und Zell/See (Pinzgau) eingerichtet.
14 SLA, Hofratsprotokolle 1793, Polizeisachen, Nr. 1121, Bericht des
   Pflegers vom 9. Juli.
15 Eva Labouvie, Selbstverwaltete Geburt. Landhebammen zwischen
   Macht und Reglementierung (17.–19. Jahrhundert), in: Geschichte und
   Gesellschaft 18. 1992, S. 477–506, hier bes. 490–495.
16 Holger Böning/Reinhart Siegert, Volksaufklärung. Biobibliographi-
   sches Handbuch zur Popularisierung aufklärerischen Denkens im deutschen Sprachraum von den Anfängen bis 1850, Bd 1, Stuttgart 1990,
   S. 223, und Holger Böning, Medizinische Volksaufklärung und Öffentlichkeit, in: Internationales Archiv für Sozialgeschichte der deutschen
   Literatur 15/1. 1990, S. 1–92, hier 23–39.
17 Ludwig Hammermayer, Die Aufklärung in Salzburg, in: Heinz
   Dopsch/Hans Spatzenegger (Hg.), Geschichte Salzburgs, Bd. 2,1, Salzburg 1988, S. 375–452, hier 442.
18 Ebd. S. 434.
19 Wie der „Zuruf" erschienen beim Verlag Franz X. Duyle, Salzburg.
   Kritisch besprochen von einem Jenenser Rezensenten in der Medicinisch-chirurgischen Zeitung 1792, S. 49–57.

20 Im Verlag der Mayrischen Buchhandlung Salzburg und in Kommission für Graz bei Kaspar Zaunrith. Kritische Besprechung in der Medicinisch-chirurgischen Zeitung, 1773, S. 306–309. Zwei Jahre später veröffentlichte er, diesmal wieder bei F. X. Duyle: Ein Büchlein für das Landvolk: eine Anweisung für Hausväter bei Krankheiten des Rindviehs, Salzburg 1795.

21 KAS, 22/83, Generale an die Sekular- und Regular-Geistlichen vom. 1. Dezember 1791.

22 SLA, kurf. k. k. ö. Reg., RXL VI, M2, Nr. 40 vom 7. Dez. 1791 und Salzburger Intelligenzblatt vom 28. Jänner 1792.

23 KAS, 22/83. Im Schreiben des Konsistoriums vom 17. Mai 1793 wird erwähnt, daß die Broschüre „mit höchstem Vorwissen" erscheine.

24 Barth-Scalmani, Hebammenwesen, S. 382.

25 Hammermayer, Aufklärung, S. 397.

26 KAS, Protocollum Consistoriale, Oeconomicum, 1793, Nr. 123.

27 KAS, 22/83: Generale an die Dechanten vom 17. Mai 1793 und Protocollum Consistoriale Oeconomicum Nr. 425 gleichen Datums.

28 KAS, 22/83, Verteilungs- und Abrechnungsschema v. 29. Mai 1793.

29 Darunter verstand man im geistlichen Kleinstaat jene zahlreichen Kapitalfonds, die aus frommen Stiftungen ursprünglich für das Armenfürsorgewesen entstanden waren und von der Kirche verwaltet wurden.

30 Holger Böning, Der „gemeine Mann" als Adressat aufklärerischen Gedankengutes. Ein Forschungsbericht zur Volksaufklärung, in: Das 18. Jahrhundert. Mitteilungen der Deutschen Gesellschaft für die Erforschung des 18. Jahrhunderts 12. 1988, Heft 1, S. 52–80, hier 63 f.

31 Vgl. etwa Böning, Der „gemeine Mann", S. 65, Hans Erich Bödeker (Hg.), Lesekulturen im 18. Jahrhundert (Aufklärung. Interdisziplinäre Halbjahresschrift zur Erforschung des 18. Jahrhunderts und seiner Wirkungsgeschichte, Jg. 6., Heft 1), Hamburg 1992; Roger Chartier, Lesewelten. Buch und Lektüre in der frühen Neuzeit, Frankfurt/M. usw. 1990.

32 Vgl. zur lokalen Rechtsnorm die Sittenordnung von 1736, erneuert 1756, bei Judas Th. Zauner, Sammlung der salzburgischen Landesgesetze, Bd. 3, Salzburg 1790, S. 131–139; vgl. allg. Richard van Dülmen, Kultur und Alltag in der Frühen Neuzeit, Bd. 1, München 1990, S. 41.

33 SLA, Hofratsprotokolle 1797, Polizeisachen, fol. 1069, Nr. 1636: Johann J. Hartenkeil, Schreiben an die Vieh Besitzer im Lungau in Betreffe der unter dem Rindvieh daselbst ausgebrochenen Seuche, die in einer Lungenentzündung besteht, Salzburg 1797.

34 Vgl. dazu den Kanon solcher Topoi bei Barth-Scalmani, Hebammenwesen, S. 370.

35 Heinr. J. N. Crantz, Einleitung in eine wahre und gegründete Hebammenkunst, 1. Aufl. Wien 1756, 2. Aufl. Wien 1768; Georg W. Stein, Praktische Anleitung zur Geburtshülfe. Zum Gebrauche der Vorlesungen, 1. Aufl. Kassel 1777, 5. Aufl. Marburg 1797; Raphael J. Steidele, Lehrbuch der Hebammenkunst, 1. Aufl. Wien 1779, 3. Aufl. Wien

1784. Vgl. dazu Verzeichnis und Bewertung der Hebammenlehrbücher seit Erfindung des Buchdrucks durch Friedrich Ben. Osiander in seinem Lehrbuch der Hebammenkunst. Sowohl zum Unterricht angehender Hebammen als zum Lesebuch für jede Mutter, Göttingen 1796, S. 747–768.

36 Etwa B. C. Faust, Gedanken über Hebammen und Hebammenanstalten auf dem Lande, Frankfurt/M. 1784, J.P. Brinkmann, Patriotische Vorschläge zur Verbesserung der Medicinal-Anstalten hauptsächlich der Wundarznei- und Hebammenkunst auf dem platten Lande, Düsseldorf 1778. (Für diese Hinweise bedanke ich mich bei Eva Labouvie). Im übrigen ist für die Frage des Vorbilds auf den für 1998 angekündigten 2. Band von Böning/Siegert, Volksaufklärung, zu verweisen, der das Schrifttum ab 1780 behandelt.

37 Wilhelm A. Ficker, Unterricht für die Hebammen des Hochstifts Paderborn, Paderborn 1796 erschien ein Jahr später mit Wissen des Verfassers in einer erweiterten Ausgabe als „Unterricht für die Hebammen des Erzstifts Salzburg".

38 Vgl. allg. Michael Mitterauer, Geschlechtsspezifische Arbeitsteilung und Geschlechterrollen in ländlichen Gesellschaften Mitteleuropas, in: Ders., Familie und Arbeitsteilung: historisch-vergleichende Studien (Kulturstudien, 26), Wien usw. 1992, S. 58–148 und regional: Gunda Barth-Scalmani/Ingrid Bauer/Sabine Fuchs, Frauen und Arbeit, in: Brigitte Mazohl-Wallnig, Die andere Geschichte, Salzburg 1995, S. 153–211, hier 157–163.

39 SLA, Hofratsprotokoll 1793, Polizeisachen, Nr. 2043 vom 9. Dez.

40 Barth-Scalmani, Hebammenwesen, S. 386. Eine Klistierspritze, eine Nabelschnur-Schere, ein Riechfläschchen und eine Fußschlinge mußten die Hebammen selbst anschaffen.

41 SLA, Hofratsprotokolle, Polizeisachen, Befehl vom 5. Dez. 1793, Nr. 1838, an die Pfleggerichte. – Zum Vergleich seien die Kosten für Pinzgauer Dienstboten im Jahre 1795 erwähnt: Je nach Alter und Rang erhielten Knechte zwischen 4 und 20 fl., Mägde zwischen 3 und 9 fl. als Jahreslohn, dazu noch Kost, Quartier und Sachdeputate: Lorenz Hübner, Beschreibung des Erzstiftes und Reichsfürstenthums Salzburg. Bd. 2, Salzburg 1796, S. 669–672.

42 SLA, Hofratsprotokolle, Polizeisachen, diverse Berichte der Jahre 1792 und 1793 (insb. Nr. 376, 432, 2023, 2024, 400).

43 Ernst Bruckmüller/Gerhard Ammerer, Die Land- und Forstwirtschaft in der frühen Neuzeit, in: Dopsch/Spatzenegger (Hg.), Geschichte Salzburgs, Bd. 2,4, Salzburg 1991, S. 2501–2562, hier 2554, 2558 f.

44 SLA, kurf k.k.ö.Reg, XII, Nr. 13: Fr.A. Berchtold zu Sonnenburg, Pfleger von Lofer, am 9. Sept. 1801.

45 SLA, ebda. Nr. 13, Pfleger von Saalfelden, April 1801.

46 SLA, ebda. Nr. 14. Tabelle über die … Hebammen in sämtl. Gerichten von 30. Okt. 1801.

47 SLA, kurf. k. k. ö. Reg, XII, Nr. 13, Erhebung vom 1. April und 19. Juni 1801.
48 Bruckmüller/Ammerer, Landwirtschaft, S. 2539–2546; Mitterauer, Arbeitsteilung, und Gunda Barth-Scalmani, Salzburger Handelsfrauen, Frätschlerinnen, Fragnerinnen: Frauen in der Welt des Handels am Ende des 18. Jahrhunderts, in: L'Homme. Zeitschrift für feministische Geschichtswissenschaft 6. 1995, Heft 1, S. 23–45, hier 29–33.
49 Hebamme Anna Kößler in Zederhaus, zitiert bei Peter Klammer, Auf fremden Höfen. Anstiftkinder, Dienstboten und Einleger im Gebirge (Damit es nicht verloren geht, 26), Wien usw. 1992, S. 105.
50 Franz Ortner, Die katholische Kirche bis zum Ende des geistlichen Fürstentums (1803), in: Dopsch/Spatzenegger (Hg.), Geschichte Salzburgs, Bd. 2,3, Salzburg 1991, S. 1371–1428, hier 1426 f.
51 Barth-Scalmani, Hebammenwesen, S. 390.
52 Für das Saarland untersucht Labouvie, Selbstverwaltete Geburt, ähnliche Strukturen.

## Nadia Maria Filippini

## Die Hand, das Eisen und das Weihwasser

1 Der Bericht des Provinzialarztes vom 24. August 1849, der ein Protokoll der Befragungen enthält, befindet sich im Staatsarchiv Venedig (= ASV), (Medico Provinciale, b.4). Zum Kaiserschnitt an der toten Frau vgl. Nadia Maria Filippini, La nascita straordinaria. Tra madre e figlio, la rivoluzione del taglio cesareo (Italia XVIII-XIXsec.), Mailand 1995.
2 Vgl. dazu Pietro Beroaldi, Codice Sanitario pei medici e chirurghi comunali del regno Lombardo-Veneto, Venedig 1858.
3 Zu diesen Gesetzen s. Nadia Maria Filippini, Levatrici e ostetricanti a Venezia tra Sette e Ottocento, in: Quaderni Storici 58. 1985, S. 149–180; dies., Il bambino prezioso. Maternità ed infanzia negli interventi istituzionali del primo Ottocento, in: Nascere a Venezia. Dalla Serenissima alla prima guerra mondiale, Venedig 1985, S. 28–40.
4 ASV, Commissione Provinciale di Sanità Continentale, b.27.
5 Über den Kampf zwischen Hebammen und Chirurgen, s. Nadia Maria Filippini, Con le mani disarmate: la vicenda di una levatrice-chirurgo veneziana (1800–1802), in: Sanità, Scienza e Storia 2. 1984, S. 156–172.
6 Sovrana Disposizione, 3. November 1808 (zitiert bei: Rodolfo Lambrecht, Manuale di ostetricia teorico e pratica per le alunne levatrici, Padua 1837, S. 9 f.).
7 Vgl. etwa das Handbuch von Teresa Ployant, einer französischen Hebamme, die an der Wende vom 18. zum 19. Jahrhundert in Neapel und

Venedig arbeitete: Teresa Ployant, Breve compendio dell'arte ostetricia, Bologna 1803.

8 ASV Medico Provinciale, b.6. Zu diesen Praktiken, s. G. Nardo, Riflessione sull'uso della segala cornuta, Venedig 1841.

9 Zu diesem Thema s. Jacques Gélis, L'arbre et le fruit. La naissance dans l'Occident moderne, XVIe–XIXe siècles, Paris 1984, und ders., La sage-femme et le médecin. Une nouvelle conception de la vie, Paris 1988; Claudia Pancino, Il bambino e l'acqua sporca. Storia dell'assistenza al parto dalle mammane alle ostetriche (secoli XVI–XIX), Mailand 1984.

10 Girolamo Baruffaldi, La mammana istruita per validamente amministrare il Santo Sacramento del Battesimo in caso di necessità alle creature nascenti, Venedig 1774.

11 Istruzioni per levatrici non stipendiate dal Governo, 22. Mai 1841; Notificazione governativa, 20. Oktober 1838: Meldung von Totgeburten. Offensichtlich richtete sich das Gesetz auch gegen Abtreibungen.

12 Die Akten befinden sich im Staatsarchiv von Verona (= ASVR): Congregazione Municipale, b.219.

13 Elenco del personale sanitario civile della Regia città di Venezia, 25. Januar 1842 (ASV, Medico Provinciale, b.1).

14 Zitiert bei Filippini, Levatrici e ostetricanti, S. 179 Anm. 70.

15 Girolamo Personé, Dissertazione sopra l'operazione cesarea, Venedig 1778; ders., Trattato della sinfisi del pube e del taglio cesareo, Venedig 1781. Zu diesem Thema s. Nadia Maria Filippini, The Church, the state and childbirth: the midwife in Italy during eighteenth century, in: Hilary Marland (Hg.), The art of midwifery. Early modern midwives in Europe and North America, London 1993, S. 152–175.

16 Regolamenti sui doveri nell'esercizio della professione dei medici (Circolare Governativa, 28. Februar 1829); Istruzioni per il Medico-chirurgo municipale di Venezia, approvate dal Governo con decreto, 3. September 1840 (ASV, Congregazione Municipale di Venezia, 1840–1844).

17 Zum Alltag der städtischen Amtsärzte im Italien des 19. Jahrhunderts s. Anna Forti Messina, I medici condotti all'indomani dell'Unita, in: Maria Luisa Betri/Ada Gigli Marchetti (Hg.), Salute e classi lavoratrici in Italia dall'Unità al Fascismo, Mailand 1982, S. 663–698; Pietro Frascani, Il medico dell'Ottocento, in: Studi Storici 2. 1982, S. 617–637.

18 Alfonso Corradi, Dell' ostetricia in Italia dalla metà del secolo scorso fino al presente, Bologna 1874–77. Die statistische Auswertung der Daten bei Filippini, nascita straordinaria, S. 309.

19 Liliana Lanzardo, Il mestiere prezioso. Le ostetriche raccontano, Turin 1985, S. 19. Zum Vergleich mit Frankreich vgl. Mireille Laget, Naissances. L'accouchement avant l'âge de la clinique, Paris 1982, S. 201–227, und Gélis, sage-femme et médecin, S. 289–327.

20 Zitiert bei Claudia Pancino, La nascita nelle tradizioni popolari veneziane dell'800, in: Nascere a Venezia, S. 114–128.

21 Die Untersuchung beruht auf der Auswertung der Taufregister der Pfarrei San Giacomo dell'Orio (Libro Battezzi, 1785–1792; Libro Battezzi, 1803–1812).

22 Vgl. Filippini, Church, S. 152–175.

23 Circolare Governativa, 27. August 1825; Circolare Governativa, 3. Juni 1832. Tatsächlich findet man in allen Taufakten der Pfarreien auch den Namen der Hebamme, welche dem Kind ins Leben half.

24 Über die Frage unehelicher Schwangerschaften und die italienischen Gebärspitäler vgl. Nadia Maria Filippini, Gli ospizi per partorienti e i reparti di maternità tra Settecento e Ottocento, in: Maria Luisa Betri/ Edoardo Bressan (Hg.), Gli ospedali in area padana fra Settecento e Novecento, Mailand 1992, S. 395–412.

25 Vgl. Filippini, Church.

26 Francesco Emanuele Cangiamila, Embriologia Sacra ovvero dell'uffizio de' sacerdoti, medici e superiorii circa l'eterna salute de' bambini racchiusi nell'utero, Palermo 1745. Das Buch wurde ins Deutsche übersetzt von L. Knapp, Theologie und Geburtshilfe. Nach F. E. Cangiamila's Sacra Embryologia editio latina 1764, mit aktuellen Bemerkungen, Prag 1908. Zu den Übersetzungen im 18. Jahrhundert, s. Filippini, nascita straordinaria, S. 62.


## Claudia Töngi

## Im Wissen fremd

1 Für Anregungen und Kritik früherer Versionen des Textes danke ich besonders Daniel Sollberger sowie Barbara Duden, Susanna Burghartz, Martin Schaffner, Albert Schnyder und den Studierenden des Kolloquiums ‚Symbol & Text', das im Wintersemester 1995/96 am Historischen Seminar in Basel stattfand.

2 Alle im folgenden verwendeten Namen sind abgeändert. Die Interviews wurden in Mundart geführt und für die Transkription in ein dialektnahes Hochdeutsch übertragen.

3 Die drei Hebammen waren seit den 40er Jahren in je einem der drei Dorfteile der Gemeinde Silenen im Urner Reußtal tätig. Silenen besteht aus drei räumlich klar getrennten Dorfteilen (‚Filialen'), die je eine eigene Kirchgemeinde bilden: Silenen und Amsteg liegen im Talboden der Reuß, Bristen im Maderanertal, einem Seitental der Reuß.

4 Für weitere Ergebnisse siehe: Claudia Töngi, Im Zeichen der Geburt. Eine kulturanalytische Untersuchung der Vorgänge um den weiblichen Körper, basierend auf den Erfahrungen und Erinnerungen dreier Urner Hebammen und einer Bäuerin um die Mitte des 20. Jahrhunderts. Eine Oral History Studie, Unveröffentlichte Lizentiatsarbeit, Basel 1992

sowie: Claudia Töngi, Im Zeichen der Geburt – Der Ort des weiblichen Körpers in Gefährdungsvorstellungen am Beispiel eines Urner Bergdorfes, in: Historische Anthropologie 1. 1993, S. 250—272.

5 Die Wahl des Ausbildungsortes war den Schülerinnen nicht freigestellt, sondern erfolgte aufgrund einer gesamtschweizerischen Koordination der Ausbildungsplätze.

6 Die Berufswahl von Frau Zbergs Kolleginnen gestaltete sich jeweils unterschiedlich: Clara Zeller scheint bewußt als junge Frau die Nachfolge ihrer Mutter angetreten zu haben. Schon als Jugendliche habe sie in den Büchern der Mutter geschmökert und sich „aufgeklärt". Barbara Zgraggen war schon Mutter von zwei Kindern, als sie von der Stellenausschreibung durch die Gemeinde erfuhr. Nach einer Rücksprache mit dem Gemeindepräsidenten habe sie sich um die Nachfolge der verstorbenen Hebamme beworben. Über ihre Motivation, diesen Schritt zu unternehmen, erzählt Frau Zgraggen nichts, aber sie legt die für sie wohl neue Erfahrung des Eingebundenseins in ein Vertragsverhältnis mit der Gemeinde dar: „Da mußte doch die Gemeinde dann noch Lehrgeld bezahlen, die mußten glaube ich 2000 Franken in Basel hinterlegen. Die Gemeinde. Aber eben, dadurch mußte man sich dann 5 Jahre verpflichten, wenn man ausgelernt war, in der Gemeinde zu bleiben. Das hatte irgendeinen Zusammenhang.– Und etwas bekamen sie ja dann von Subvention glaube ich zurückbezahlt."

7 Vgl. hierzu: Töngi, Gefährdungsvorstellungen, S. 262 f.

8 Schweizerisches Hebammenlehrbuch, hg. von Dr. G. Rossier unter Mitwirkung von Dr. A. Labhardt, Dr. H. Guggisberg, Dr. P. Jung, Lausanne 1920.

9 Hierzu z.B. Adeline Favre, Ich, Adeline, Hebamme aus dem Val d'Anniviers, hg. von Yvonne Preiswerk, Frankfurt/M. 1989 (1. Aufl. 1981); Marianne Grabrucker (Hg.), Vom Abenteuer der Geburt. Die letzten Landhebammen erzählen, Frankfurt/M. 1991; Maria Horner, Aus dem Leben einer Hebamme, hg., bearb. und mit einem Vorwort versehen von Christa Hämmerle, Wien usw. 1985; Catherine Balmer-Engel u.a. (Hg.), Hundert Jahre Schweizerischer Hebammen-Verband, 1894 – 1994. Festschrift zum 100-Jahr-Jubiläum, mit Beiträgen zum aktuellen Stand der Geburtshilfe, Bern 1994.

10 Bezugnehmend auf die Arbeiten des amerikanischen Soziolinguisten Basil Bernstein formuliert Gianna Pomata: „Ein Kode ist im allgemeinen eine symbolische Ordnung von Bedeutungen, die von einem System sozialer Beziehungen hervorgebracht worden sind", Gianna Pomata, La storia delle donne: una questione di confine, in: B. Bongiovanni u.a. (Hg.), Il mondo contemporaneo, Bd. 10,2: Gli strumenti della ricerca, Florenz 1983, S. 1434–1469, hier 1451 (in d. dt. Übersetzung v. B. Duden, unveröff. Manuskript 1983).

11 Zum Begriff der Repräsentation als ‚Darstellung' und ‚Vorstellung' vgl. Roger Chartier, Kulturgeschichte zwischen Repräsentationen und

Praktiken, in: ders., Die unvollendete Vergangenheit. Geschichte und die Macht der Weltauslegung, Berlin 1989, S. 7–20.

12 Ich beziehe mich hier auf eine Differenzierung des Philosophen Wolfram Hogrebe, Die epistemische Bedeutung des Fremden, in: Hermann Sturm u. a. (Hg.), Das Fremde – Erfahrungen beim Graben, Reisen, Messen, Sterben (Jahrbuch für Aesthetik, 1), Aachen 1985, S. 159–174.

13 Dies gilt weniger für Clara Zeller, die hervorhebt, daß sie – obwohl sie erst 21jährig war, als sie in den Beruf einstieg – schnell das Vertrauen der Frauen gewonnen habe: „Haben sie gesagt: ja, das ist ja ein Mädchen, he, aber als sie dann sahen, ja was, die kann doch, da war man dann sofort, he – Habe ich ja mit sehr guten Noten habe ich abgeschlossen." Aber selbst bei Barbara Zgraggen, die vergleichsweise viel medizinisches Vokabular verwendete und am ausführlichsten von schwierigen Fällen berichtete, entsteht der Eindruck einer gewissen Äußerlichkeit der schulmedizinischen Begriffswelt und damit verbundener Praktiken. Dies wird z. B. deutlich an ihrer für klinische Maßstäbe sehr unpräzisen Angabe der Dosis eines verabreichten Medikaments: „Ich der gespritzt, hab etwa ein Halbes … die Hälfte einer Spritze, von einer Ampulle, habe ihr sicher die Hälfte gespritzt".

14 Dammschnitt und Dammnähen sind in dieser Hinsicht besonders prominente Themen, zumal hier – im Gegensatz zu anderen Eingriffen wie beispielsweise der Anwendung einer Zange u. ä. – der Kompetenzvorsprung der Ärzte durch die Hebammen schon seit Generationen bestritten wurde. Barbara Zgraggen, die so manchem Aushilfsarzt, der jeweils zum Nähen geschickt worden sei, „am liebsten dieses Nähzeug aus den Händen genommen hätte", machte während ihrer Berufstätigkeit mehrere vergebliche Versuche, vom Amtsarzt die Erlaubnis zum Nähen zu erhalten. Für die Wöchnerinnen bedeutete diese Vorschrift nicht nur oft stundenlanges Warten auf medizinische Versorgung, sondern auch eine zusätzliche finanzielle Belastung.

15 Mary Douglas, Reinheit und Gefährdung. Eine Studie zu Vorstellungen von Verunreinigung und Tabu, Frankfurt/M. 1988 (London usw. 1966); Pomata, storia delle donne.

16 Bezeichnenderweise äußerte sich ein tiefgreifender Kompetenzkonflikt, den Anna Zberg während ihrer Berufstätigkeit mit einer Gemeindeschwester auszutragen hatte, in gegenseitigen Unsauberkeitsvorwürfen. Vgl. dazu ausführlich Töngi, Kulturanalytische Untersuchung.

17 Gottvertrauen sei „schon etwas Wichtiges" gewesen, „wenn man allein war und so", meint Barbara Zgraggen. Und: „Man hat da bestimmt ab und zu mal schnell ein Vaterunser [gebetet] – daß kein Mensch etwas merkt. Ich habe auch schon auf dem Weg etwas gebetet."

*Barbara Duden*

## Die Ungeborenen

1 Eine ‚pensionierte' Hebamme, die in den 1940/50er Jahren in Münster praktizierte, zit. nach Britta Schmitz, Hebammen in Münster. Historische Entwicklung – Lebens- und Arbeitsumfeld – Berufliches Selbstverständnis, Münster 1994, S. 101.

2 Siehe z. B. Rosalie Linner, Tagebuch einer Landhebamme 1943–1980, Rosenheim o. J.; Maria Horner, Aus dem Leben einer Hebamme, hg. von Christa Hämmerle, Wien 1985; Ottilia Grubenmann, 200 Praxisfälle, Bd.1–2, Weissbad 1979; eine ausgezeichnete ‚mündliche Geschichte' freipraktizierender Hebammen um die Mitte des 20. Jahrhunderts geben Nicky Leap/Billie Hunter, The midwife's tale. An oral history from handywoman to professional midwife, London 1993.

3 Den epochalen Bruch in der Geburtsgeschichte in der Nachkriegszeit untersucht Schmitz, Hebammen, S. 100 ff. Erinnerungen alter Hebammen spiegeln den abrupten, vollständigen Schwund der häuslichen Entbindung seit den 1950er Jahren.

4 A. Wilson hat als Historiker am ausdrücklichsten die kollektive Kultur der Frauen als Charakteristikum ‚traditionalen' Gebärens herausgearbeitet: Adrian Wilson, The making of man-midwifery: Childbirth in England, 1660–1770, London 1995, S. 25 ff. und 185 ff.; siehe auch ders., The ceremony of childbirth and its interpretation, in: Valerie Fildes (Hg.), Women as mothers in pre-industrial England: Essays in memory of Dorothy McLaren, London 1990, S. 68–107. Die Mentalitäten haben sich in der Periode zwischen dem 18. und 20. Jahrhundert in diesem ‚Frauenraum' tief verändert, aber viele Elemente der Tradition überlebten die Phasen der ersten ‚Medikalisierung' überraschend lange, siehe Schmitz, Hebammen, S. 138 ff. In Deutschland fanden nach dem Ersten Weltkrieg noch 97% aller Geburten außerhalb der Krankenhäuser statt.

5 Die Schritte der klinischen Technisierung der Geburt analysiert Ann Oakley, The captured womb. A history of medical care of pregnant women, Oxford 1984.

6 Der Umbruch von der nachsorgenden, pathologie-orientierten Geburtsmedizin zur präventiven, normalisierenden Geburtskontrolle ist früh und hervorragend untersucht von William Ray Arney, Power and the profession of obstetrics, Chicago 1982.

7 Giovanna Fiume, Introduzione, in: Dies. (Hg.)., Madri. Storia di un ruolo sociale, Venedig 1995, S. 9–28, sichtet diese sozialen Riten in Bezug auf den Vater.

8 Zu diesem einzigartig körperlichen Tun, das aktiv und passiv, tätig und leidend zugleich ist, siehe die Aussagen der Leiterin der Tübinger Heb-

ammenschule, Frau Helga Schweitzer, in: Christine Köber, Schwangerschaft und Geburt als Zeitdiagnostik. Eine kulturanalytische Untersuchung über veränderte Umgehensweisen und Einstellungen nach 1960, Magisterarbeit im Fach Empirische Kulturwissenschaft (Manuskript), Tübingen 1995, S. 80 ff.

9 Daß sich kein Artikel ‚Geburt' in Otto Brunner u. a. (Hg.), Geschichtliche Grundbegriffe, Bd. 2, Stuttgart 1975, findet oder in Philip P. Wiener (Hg.), Dictionary of the history of ideas, Bd. 1, New York 1973, ist weniger erstaunlich als sein Mangel in: Joachim Ritter (Hg.), Historisches Wörterbuch der Philosophie, Bd. 3, Basel usw. 1974.

10 Donna Haraway, Lieber Kyborg als Göttin, in: Dies., Monströse Versprechen. Coyote Geschichten zu Feminismus und Technowissenschaft, Hamburg 1995, S. 165–184.

11 Köber, Schwangerschaft und Geburt, S. 41 ff.

12 Emily Martin, Die Frau im Körper. Weibliches Bewußtsein, Gynäkologie und die Reproduktion des Lebens, Frankfurt/Main 1989 (Boston 1987), untersucht als Anthropologin u. a. die Einkörperung der Geburtstechnologie in das Selbstverständnis US-amerikanischer Frauen: Die Gebärenden erleben die eigene Gebärmutter als ein von ihnen unabhängiges Organ, dessen richtiges Funktionieren durch Technik überwacht, ja im strengen Sinn hervorgebracht werden muß.

13 Zit. nach Köber, Schwangerschaft und Geburt, S. 84.

14 Marjorie Tew, Safer childbirth? A critical history of maternity care, London 1990, S. VII.

15 Ebd., S. VIII.

16 Ebd., S. 113 ff.

17 Ebd., S. 289.

18 Ebd., S. 223.

19 Ebd., S. 266. Für Deutschland ist die Wirkung der Technisierung der ‚normalen Geburt' in Bezug auf medizinische Effizienz ebenso wenig erforscht wie in Bezug auf ihre symbolische Wirkmacht. Ansätze zur kritischen Überprüfung des behaupteten Kausalzusammenhangs zwischen Hospitalisierung und Technisierung der ‚normalen Geburt' und der Mütter- und Säuglingssterblichkeit, bzw. dem Wohlbefinden der Frauen liefert in Deutschland das Forschungsprojekt um Beate Schücking an der Universität Osnabrück.

20 Das Geschehen im Kreißsaal ist homogen mit der gesamten Gesellschaft: Die „Verwissenschaftlichung von Ungewißheit" im kalkulierbaren Risiko und das Handeln im Rahmen von Normen, die Wahrscheinlichkeiten beziffern, sind Charakteristika der Moderne, siehe Wolfgang Bonß, Vom Risiko. Unsicherheit und Ungewißheit in der Moderne, Hamburg 1995, besonders Kapitel 3; siehe auch Peter L. Bernstein, Wider die Götter. Die Geschichte von Risiko und Riskmanagement von der Antike bis heute, München 1997.

21 Tew, childbirth, S. 120.

22 Ebd., S. 289. Zum gleichen Ergebnis kommen Kritiker der Geburtstechnologie wie Michel Odent, Bien naître. Genèse de l'homme écologique, Paris 1976, oder holländische Hebammen in: Leonie van der Hulst (Hg.), Technology, a threat to the normal birthprocess, Amsterdam 1992.

23 Tew, childbirth, S. 10.

## Jürgen Schlumbohm

## Der Blick des Arztes

1 Für die großzügige Möglichkeit zur Benutzung der archivalischen Quellen sei den Direktoren der Frauenklinik und des Instituts für Geschichte der Medizin der Universität Göttingen herzlich gedankt. Besonderer Dank gilt Birgitt Sippel für ihre Mitarbeit bei der Erfassung und Verarbeitung der Daten.

2 Hans Wehl, Die Entwicklung der Geburtshilfe und Gynäkologie an Hand der Geschichte der Göttinger Universitäts-Frauenklinik in den Jahren 1751–1861, Diss. med. Göttingen 1931; Heinrich Martius (Hg.), Die Universitäts-Frauenklinik in Göttingen von ihrer Gründung im Jahre 1751 ... bis 1951, Stuttgart 1951; Jürgen Schlumbohm, „Verheiratete und Unverheiratete, Inländerin und Ausländerin, Christin und Jüdin, Weiße und Negerin": Die Patientinnen des Entbindungshospitals der Universität Göttingen um 1800, in: Hans-Jürgen Gerhard (Hg.), Struktur und Dimension. Festschrift für Karl Heinrich Kaufhold, Bd. 1 (Vierteljahrschrift für Sozial- und Wirtschaftsgeschichte, Beiheft 132), Stuttgart 1997, S. 324–343.

3 Wehl, Geburtshilfe, Anhang.

4 Friedrich Benjamin Osiander, Denkwürdigkeiten für die Heilkunde und Geburtshülfe aus den Tagebüchern der Königlichen praktischen Anstalten zu Erlernung dieser Wissenschaften in Göttingen ausgehoben, Bd. 1,1, Göttingen 1794, S. LIIff., zit. LIV. – Bei Quellenzitaten bleibt der Lautstand gewahrt, während Orthographie und Interpunktion dem modernen Gebrauch angeglichen werden.

5 Friedrich Benjamin Osiander, Annalen der Entbindungs-Lehranstalt auf der Universität zu Göttingen vom Jahr 1800 ..., Bd. 1,1, Göttingen 1800, S. IX.

6 Osiander, Denkwürdigkeiten, Bd. 1,1, S. XCV. Handschriftliche und gedruckte Fasssung im Bestand des Instituts für Geschichte der Medizin der Universität Göttingen.

7 Auswertungen für die ca. 3500 Fälle aus den Jahren 1791–1829; Näheres s. Schlumbohm, Verheiratete.

8 S. den Beitrag von S. Beauvalet in diesem Band.

9  Osiander, Denkwürdigkeiten, Bd. 1,1, 1794, S. LXXXVII f., XCIII f.

10 Tagebuch, Bd.13, Nr. 62. Bisher benutzt wurden die 998 Fallgeschichten der Bände 6 (1799–1800), 7 (1801–1802), 10 (1806–1808), 11 (1808–1809), 12 (1809–1811), 13 (1811–1812). Die Tagebücher befinden sich teils im Institut für Geschichte der Medizin, teils in der Frauenklinik der Universität Göttingen.

11 Vgl. Schlumbohm, Verheiratete.

12 Vgl. Ute Frevert, Frauen und Ärzte im späten 18. und frühen 19. Jahrhundert – zur Sozialgeschichte eines Gewaltverhältnisses, in: Annettte Kuhn/Jörn Rüsen (Hg.), Frauen in der Geschichte II (Geschichtsdidaktik. Studien, Materialien, 8), Düsseldorf 1982, S. 177–210, bes. 196 ff.; Claudia Huerkamp, Der Aufstieg der Ärzte im 19. Jahrhundert (Kritische Studien zur Geschichtswissenschaft, 68), Göttingen 1985, S. 155 ff.

13 Osiander, Denkwürdigkeiten, Bd.1,1, 1794, S. LXVIII, vgl. LXXXVII f., XCV.

14 Ein Beispiel wird unten mit Anm. 41 angeführt. – Wie im Krankenhaus gegenüber der Privatpraxis die Erzählung des Patienten zurückgedrängt wurde und die Untersuchung durch den Arzt in den Vordergrund trat, zeigt an einem britischen Beispiel des 18./frühen 19. Jahrhunderts Mary E. Fissel, The disappearance of the patient's narrative and the invention of hospital medicine, in: Roger French/ Andrew Wear (Hg.), British medicine in an age of reform, London usw. 1991, S. 92–109.

15 Tagebuch, Bd. 12, Nr. 45.

16 Osiander, Denkwürdigkeiten, Bd.1,1, 1794, S. XCII.

17 Ebd., S. CVI f., CXVI.

18 Ich übergehe die übrigen Eintragungen auf der jeweils rechten Seite im Tagebuch. Regelmäßig finden sich Angaben zu Größe und Gewicht des Kindes, zur Nachgeburt, zur Taufe sowie zum Kindsvater.

19 Im vorliegenden Beispiel scheint es, als habe der Schreiber vor „und der Kopf schien groß zu sein…" zumindest die Feder neu eingetaucht.

20 Osiander, Denkwürdigkeiten, Bd. 1,1, 1794, S. CXII f. Hervorhebung im Original.

21 Claudia Honegger, Die Ordnung der Geschlechter. Die Wissenschaften vom Menschen und das Weib 1750–1850, Frankfurt/M. 1991; Ludmilla Jordanova, Sexual visions. Images of gender in science and medicine between the 18th and 20th centuries, New York 1989, bes. S. 19 ff., 43 ff.; Barbara Duden, Geschichte unter der Haut. Ein Eisenacher Arzt und seine Patientinnen um 1730, Stuttgart 1987, S. 34 ff.

22 Friedrich Benjamin Osiander, Handbuch der Entbindungskunst, Bd. 1,1, Tübingen 1818, S. 7 f.

23 Ders., Denkwürdigkeiten, Bd. 1,1, 1794, S. CX f.

24 Errechnet aufgrund von Ed[uard] v. Siebold, Akademische Entbindungsanstalt, in: Nachrichten von der Georg-Augusts-Universität und der Königl. Gesellschaft der Wissenschaften zu Göttingen, 1. 7. 1856, Nr.9, S. 161–176, hier 168 f.

25 I[sidor] Fischer, Geschichte der Geburtshilfe in Wien, Leipzig usw. 1909, S. 198.

26 Tagebuch, Bd. 12, Nr. 53, 105, vgl. 55.

27 Ebd., Nr. 57.

28 Ebd., Bd. 7, Nr. 80.

29 Ebd., Bd. 7, Nr. 72; Bd. 12, Nr. 159.

30 Osiander, Annalen, Bd.1,1, 1800, S. XI f. Vgl. Henrike Hampe, Zwischen Tradition und Instruktion. Hebammen im 18. und 19. Jahrhundert in der Universitätsstadt Göttingen (Beiträge zur Volkskunde in Niedersachsen, 14), Göttingen 1998.

31 Tagebuch, Bd. 7, Nr. 125.

32 Ebd., Bd. 6, Nr. 615.

33 Ebd., Bd. 12, Nr. 170.

34 Osiander, Annalen, Bd.1,1, 1800, S. XIII, XV.

35 Ebd., S. XIII.

36 Tagebuch, Bd. 10, Nr. 145.

37 Ebd., Bd. 10, Nr. 66.

38 In den Entbindungsberichten aus der *Privatpraxis* eines Londoner Geburtshelfers der ersten Hälfte des 18. Jahrhunderts wird hingegen berichtet, daß er vor einem Eingriff die Zustimmung der Gebärerin und der anderen Anwesenden einholte: Adrian Wilson, The making of man-midwifery. Childbirth in England 1660–1770, London 1995, S. 91 f.

39 Tagebuch, Bd. 7, Nr. 125.

40 Vgl. Christine Loytved, Osiander und die ‚wilden Völker‘. Zur Diskussion Natur versus Kultur in der Geburtshilfe um 1800, in: Wulf Schiefenhövel u. a. (Hg.), Gebären. Ethnomedizinische Perspektiven und neue Wege (Curare, Sonderband 8), Berlin 1995, S. 7–17.

41 Tagebuch, Bd. 12, Nr. 163.

42 Osiander, Annalen, Bd.1,1, 1800, S. XIV.

43 Vgl. die Beiträge von S. Beauvalet und V. Pawlowsky in diesem Band.

44 Tagebuch, Bd. 6, Nr. 584: „Morg[ens] 5 Uhr erste Wehen. Der M[utter]m[u]nd *soll* da 3 Finger breit gewesen sein; bis eingeheizt wurde, um 6 Uhr *war* der M[utter]m[u]nd völlig offen…" (Hervorhebung von mir, J. S.). Das folgende Beispiel ebd., Nr. 610.

45 Tagebuch, Bd. 6, Nr. 659, auch zum Folgenden.

46 Osiander, Denkwürdigkeiten, Bd. 1,1, 1794, S. LXXXVII.

47 Tagebuch, Bd. 6, Nr. 612.

48 Osiander, Denkwürdigkeiten, Bd.1,1, 1794, S. CIX f.

## Marita Metz-Becker

## Die Sicht der Frauen

1 Vgl. Marita Metz-Becker, Der verwaltete Körper. Die Medikalisierung schwangerer Frauen in den Gebärhäusern des frühen 19. Jahrhunderts, Frankfurt/M. 1997; vgl. auch C. J. Gauß/B. Wilde, Die deutschen Geburtshelferschulen. Bausteine zur Geschichte der Geburtshilfe, München/Gräfeling 1956.

2 Friedrich Benjamin Osiander, Denkwürdigkeiten für die Heilkunde und Geburtshülfe, Göttingen 1794, S. XCI.

3 Metz-Becker, Körper, S. 205 f. Vgl. den Beitrag von J. Schlumbohm in diesem Band.

4 Vgl. Ludwig Büff, Kurhessisches Kirchenrecht, Kassel 1861, S. 159/160 u. S. 379. Vgl. Staatsarchiv Marburg (StAM), Bestand 305 a, A IV, III c, δ 1, Nr. 3, 25. 10. 1792; vgl. ferner Regierungsausschreiben v. 26.3.1795 (= Neue Sammlung der Landesordnungen, 4. Bd., S. 219); vgl. auch Johanna-Louise Brockmann, Das Ärgernis – Ein Lehrstück zur Sozialgeschichte der „armen Weibspersonen" in der zweiten Hälfte des 18. Jahrhunderts, in: Adrian Kniel (Hg.), Sozialpädagogik im Wandel, Kassel 1984, S. 13–37, hier 25.

5 Regina Schulte, Das Dorf im Verhör. Brandstifter, Kindsmörderinnen und Wilderer vor den Schranken des bürgerlichen Gerichts, Oberbayern 1848–1910, Reinbek 1989, S. 25.

6 Sammlung Fürstlich-Hessischer Landesordnungen, 3. 3. 1761, Teil VI, S. 20. Vgl. allgemein Otto Ulbricht, Kindsmord und Aufklärung in Deutschland, München 1990.

7 StAM, Bestand 261, Oberappellationsgericht, Kriminalakten, 1837–48, 1839, S. 360, S. 37, 36, 82 sowie S. 9 der Urteilsbegründung vom 18. 3. 1839.

8 StAM, Bestand 268 Kassel, Nr. 16, 1864, S. 160.

9 StAM, Bestand 265.3, Nr. 46, 1808, Verhörprotokoll v. 5. 9. 1808.

10 In: Dietrich Wilhelm Heinrich Busch u. a. (Hg.), Gemeinsame deutsche Zeitschrift für Geburtskunde 2. 1828, S. 639.

11 StAM, Bestand 305 a, A IV, III c, δ 2, Nr. 4, 27. 5. 1805.

12 Dietrich Wilhelm Heinrich Busch, Geburtshülfliche Abhandlungen nebst einer Nachricht über die academische Entbindungsanstalt zu Marburg, Marburg 1826, S. 277, 329.

13 Zweiter Bericht über die academische Entbindungsanstalt zu Marburg vom 24. October 1830 bis ebendahin 1831, in: Adam Elias von Siebold (Hg.), Journal für Geburtshülfe, Frauenzimmer- und Kinderkrankheiten, fortgesetzt v. Eduard Caspar Jacob von Siebold, 12. 1832, S. 195–220, hier 219.

14 Dietrich Wilhelm Heinrich Busch, Einrichtung der geburtshülflichen Klinik in der academischen Entbindungsanstalt zu Marburg, Marburg 1821, S. 12.

15 Rudolf Dohrn, Geschichte der Geburtshülfe der Neuzeit, 2 Bde., Tübingen 1903–1904, hier: 1. Bd., S. 84 u. 85.

16 Georg Simmel, Zur Psychologie der Scham (1901), in: ders., Schriften zur Soziologie, hrsg. v. Heinz-Jürgen Dahme u. Ottheim Rammstedt, 4. Aufl. Frankfurt/M. 1992, S. 140–150, hier 142 f.

17 Vgl. Peter Schröter, Frauenklinik und Hebammenlehranstalt der Philipps-Universität Marburg 1792–1967, Marburg 1969, S. 59.

18 StAM, Bestand 305 a, A IV, III c, δ 2, Nr. 19, 1850 (Schreibweise des Originals). Der Brief ist gerichtet: „An sehr Wohlgeboren und Hochgeertester Herr Professer Hütter in Marburch abzugeben". Es handelt sich um zwei doppelseitig beschriebene Briefbogen ohne Absenderangabe.

19 Vgl. Renate Blickle, Die Supplikantin und der Landesherr, in: Eva Labouvie (Hg.), Ungleiche Paare. Zur Kulturgeschichte menschlicher Beziehungen (Beck'sche Reihe, 1197), München 1997, S. 81–99, 212–215, hier 94 f. u. 98.

20 Ebd., S. 214.

21 StAM, Bestand 305 a, A IV, III c, δ 2, Nr. 19, Untersuchungsprotokoll vom 24. 5. 1851.

22 Ebd., Schreiben des Innenministeriums vom 24. 5. 1851.

23 Ebd. Hüter teilt der Universitäts Deputation mit, daß er die Hebammenschülerin Catharina Boettner, 33 Jahre alt, eingestellt habe. Sie habe ihre Prüfung „am 29./30. 4. d. J. mit sehr guten Kenntnißen" abgeschlossen.

24 Ebd., Hebamme Textor an die Universitäts Deputation am 19. 3. 1852.

25 Ebd., Hüter am 27. 3. 1851.

26 Vgl. Marita Metz-Becker, Accouchieranstalten als ‚Vorbeugungsmittel wider den Kindermord', in: Rheinisches Jahrbuch für Volkskunde 29. 1991/92, S. 135–147, und dies., Gebären im Dienst der Wissenschaft. Zeitschrift für Volkskunde 90. 1994, S. 210–229. In diesen Beiträgen ist der Fall C. Agel ausführlicher dargestellt.

27 Christof Dipper, Die Bauernbefreiung in Deutschland 1790–1850, Stuttgart usw. 1980, S. 79; vgl. auch Barbara Greve, „Den Nothstand im Kurstaate betreffend". Ein Beitrag zum Armutsproblem der unterbäuerlichen Schichten in der ersten Hälfte des 19. Jahrhunderts, in: Hessische Heimat 38. 1988, S. 99–105, hier 100; sowie Wilhelm Abel, Massenarmut und Hungerkrisen im vorindustriellen Europa, Hamburg usw. 1974, bes. S. 388 ff.

28 StAM, Bestand 305 a, A IV, 3 c, δ 1, Nr. 42, Hüter am 7. 2. 1847.

29 Ebd., Hüter an das Ministerium des Innern am 9. 1. 1847.

30 StAM, Bestand 16, Ministerium des Innern, Rep. VI, Kl. 17 Nr. 8, Hüter am 4. 3. 1852.

31 StAM, Bestand 305 a, A IV, III c, δ 1, Nr. 50, Petition v. 17. 1. 1853 (Schreibweise des Originals), unterschrieben v. Christiane Weiß, Eva Eliesabeth Braun, Justina Bott, Margretha Heitenreich, Elisabetha Weber, Juljane Sebon, Elisabethe Fach, Adelheid Scheibelhut, Katharina Schäfer, Maria Landgräben, Maria Schneider, Maria Bicking, Elisabetha Schlesinger, Karoliene Birkel, Anna Margaretha Hau.

32 Ebd.

33 Ebd., Ministerium des Innern am 22. 3. 1853.

## *Verena Pawlowsky*

## Trinkgelder, Privatarbeiten, Schleichhandel mit Ammen

1 Friedrich Schauta, Die österreichischen Gebäranstalten in den Jahren 1848–1898, in: Hans Heger (Hg.), Österreichs Wohlfahrts-Einrichtungen 1848–1898, Bd. 3, Wien 1900, S. 263–283, hier 263.

2 Findelanstalt (FA) vom 22. 6. 1891, Niederösterreichisches Landesarchiv (NÖLA), F. 48/5, FA Wien, Kt. 2, Nr. 23489 (26. 6. 1891).

3 Rudolf Chrobak/Friedrich Schauta, Geschichte und Beschreibung des Baues der neuen Frauenkliniken in Wien, Berlin usw. 1911, S. 31.

4 Bericht des Gebärhausdirektors (Prinz) über die Raumbedürfnisse vom 15. 2. 1852, NÖLA, F. 48/5, FA Wien, Kt. 1, Nr. 20585 (1879).

5 Rudolf Chrobak, Über den Unterricht in der Frauenheilkunde. Sonderabdruck aus: Bericht aus der Klinik, Wien 1896, S. 16.

6 Nachricht an das Publikum über die Einrichtung des Hauptspitals in Wien. Bei dessen Eröffnung von der Oberdirektion herausgegeben. Faksimile-Ausgabe mit einer Einführung von Erna Lesky, Wien 1960 (1784), S. 13.

7 Alle Zahlen stammen aus eigenen – im Rahmen eines Forschungsprojektes durchgeführten – Berechnungen: Verena Pawlowsky/Rosa Zechner unter Mitarbeit von Ingrid Matschinegg, Das Wiener Gebär- und Findelhaus (1784–1910), Forschungsbericht im Auftrag des Bundesministeriums für Wissenschaft und Forschung und des Jubiläumsfonds der Oesterreichischen Nationalbank unter der Projektleitung von Univ. Prof. Dr. Edith Saurer (Manuskript), Wien 1993.

8 Vgl. vor allem: Amts-Instruction für die Oberhebamme an der geburtshülflichen Klinik (1824), in: Medizinische Jahrbücher des k. k. österreichischen Staates, NF, Bd. 3. 1826, S. 15–19.

9 Ebd., S. 16. Vgl. zur ganz anderen Stellung der leitenden Hebamme in der Pariser Gebäranstalt den Beitrag von Scarlett Beauvalet in diesem Band.

10 Dienstesinstruktion für die Oberhebamme der geburtshilflichen Klinik für Hebammen an der Universität in Wien (1889), in: Berichte des niederösterreichischen Landesausschusses über seine Amtswirksamkeit 1862–1904, hier 1889/1890, S. 340–343.

11 Amts-Instruction, S. 16.

12 Vgl. die Beiträge von Jürgen Schlumbohm und Marita Metz-Becker in diesem Band. Zum Wiener Gebärhaus: Verena Pawlowsky, Ledige Mütter als ‚geburtshilfliches Material', in: Comparativ. Leipziger Beiträge zur Universalgeschichte und vergleichenden Gesellschaftsforschung, Jg. 3, H. 5, 1993, S. 33–52.

13 Amts-Instruction, S. 17. Vgl. auch: Modalitäten bei Aufnahme und Entlassung der schwangeren Weibspersonen und Wöchnerinnen (1836), in: Sammlung der Sanitätsverordnungen für das Erzherzogthum Österreich unter der Enns 1792–1845, hier Bd. 8, S. 289.

14 Das geht aus einer Anordnung hervor, die dieser Praxis ein Ende bereiten sollte, da sie höhere Kosten für den Landesfonds und eine „künstliche Ueberfüllung der Gebäranstalt geschaffen" habe. Bericht Landesausschuß 1878/79, S. 210.

15 Nachricht, S. 19. Vgl. auch: Statut für die niederösterreichische Landes-Gebär- und Findelanstalt, § 19 (= LGBl. Nr. 36/1870), in: Landesgesetz- und Verordnungsblätter für das Erzherzogthum Österreich unter der Enns, Wien 1863–1955.

16 NÖLA, F. 48/5, FA Wien, Kt. 1a, Enquête-Commission, 8. Sitzung vom 30. 4. 1869.

17 Bericht Landesausschuß 1900/01, S. 323.

18 Verhaltungs-Vorschriften für die Wärterinnen an der geburtshülflichen Klinik (1824), in: Medizinische Jahrbücher, NF, Bd. 3. 1826, S. 19–27, hier 21.

19 Andreas Haidinger, Das wohlthätige und gemeinnützige Wien oder ausführliche Beschreibung der in der k. k. Haupt- und Residenzstadt zum allgemeinen Besten bestehenden öffentlichen und Privat-Anstalten, Wien 1842, S. 337.

20 Nachricht, S. 40.

21 Leopold Wittelshöfer, Wien's Heil- und Humanitäts-Anstalten, ihre Geschichte, Organisation und Statistik. Nach amtlichen Quellen, Wien 1856, S. 139.

22 Hofdekret vom 14. 6. 1822, in: Sanitätsverordnungen, Bd. 5, S. 258.

23 Vgl. auch: Gianna Pomata, Unwed Mothers in the Late Nineteenth and Early Twentieth Centuries: Clinical Histories and Life Histories, in: Edward Muir/ Guido Ruggiero (Hg.), Microhistory and the Lost Peoples of Europe, Baltimore usw. 1991 (1980), S. 159–204.

24 Anselm Martin, Die Kranken- und Versorgungsanstalten zu Wien, Baden, Linz und Salzburg in medizinisch-administrativer Hinsicht, München 1832, S. 83.

25 Friedrich Hector Arneth, Die geburtshilfliche Praxis erläutert durch Ergebnisse der II. Gebärklinik zu Wien, Wien 1851, S. 27.

26 Johann Friedrich Osiander, Nachrichten von Wien, über Gegenstände der Medicin, Chirurgie und Geburtshilfe, Tübingen 1817, S. 194.

27 Seit 1839 war der praktische Unterricht im Wiener Gebärhaus getrennt. Hebammenschülerinnen wurden nicht mehr gemeinsam mit den ange-

henden Medizinern geschult. Dieser getrennte Unterricht machte an den beiden Kliniken hinsichtlich des Kindbettfiebers unterschiedliche Sterblichkeitsraten sichtbar und Semmelweis' Beobachtungen erst möglich.

28 Amts-Instruction, S. 17.
29 Vgl. dazu den Beitrag von Jürgen Schlumbohm in diesem Band über das in dieser Hinsicht ganz andere Gebärhaus von Göttingen.
30 Osiander, Nachrichten, S. 212.
31 Arneth, Praxis, S. 19.
32 Wittelshöfer, Humanitäts-Anstalten, S. 141.
33 Bericht Landesausschuß 1888/89, S. 361.
34 Wittelshöfer, Humanitäts-Anstalten, S. 141.
35 Vgl. z. B. Instruction für die Hebamme im Gebärhause der Zahlenden in Wien (1820), in: Sanitätsverordnungen, Bd. 5, S. 138–141, hier 138.
36 Verhaltungs-Vorschriften, S. 27. Vgl. auch Martin, Versorgungsanstalten, S. 84f; Haidinger, Wien, S. 332.
37 H. R., Heimliche Sachen im Findelhause und im Gebärhause von den groben Krankenwärterinnen dann die spitzbübischen Bedienten, Wien o.J. [1848], S. 1f.
38 Bericht Landesausschuß 1888/89, S. 355.
39 Stenographische Protokolle des niederösterreichischen Landtages 1861–1910, hier 1888, Sitzung vom 5. 10. 1888, S. 159f.
40 FA vom 11. 10. 1888, NÖLA, F. 48/5, FA Wien, Kt. 2, Nr. 31673 (1888).
41 Instruction für das Wartepersonale der n.ö. Landesgebär- und Findelanstalt (1890), in: Bericht Landesausschuß 1890/91, S. 425–427, hier 426.
42 Vgl. z.B. Instruction für den Hausarzt im Findelhause, in: Sanitätsverordnungen, Bd. 4, S. 213–220, hier 216f.
43 FA vom 6.4. 1889, NÖLA, F. 48/5, FA Wien, Kt. 2, Nr. 13.057/2541 (6. 4. 1889). Zur Situation des österreichischen Warte- und Pflegepersonals im 19. Jahrhundert vgl.: Birgit Bolognese-Leuchtenmüller, Imagination „Schwester". Zur Entwicklung des Berufsbildes der Krankenschwester in Österreich seit dem 19. Jahrhundert, in: L'Homme. Zeitschrift für Feministische Geschichtswissenschaft 8. 1997, S. 155–177.
44 Friedrich Schauta, Gebäranstalten, in: Soziale Verwaltung in Österreich am Ende des 19. Jahrhunderts, Bd. 2, Wien 1900, S. 28–32, hier 30.

## Scarlett Beauvalet-Boutouyrie

## Die Chef-Hebamme

1 ‚Hôtel-Dieu' (Haus Gottes) wurde im alten Frankreich das zentrale Krankenhaus einer Stadt genannt (Anm. d. Übers.).
2 Jacques Gélis, La sage-femme ou le médecin. Une nouvelle conception de la vie, Paris 1988.

3 Henriette Carrier, Les origines de la Maternité de Paris. Les maîtresses sages-femmes et l'Office des accouchées de l'ancien Hôtel-Dieu, Paris 1888.

4 Jacques Tenon, Mémoire sur les hôpitaux, Paris 1788.

5 Die Hauptschwierigkeit bestand darin, ausreichend große Räumlichkeiten zu finden: Zuerst dachte man an die Salpêtrière (das berühmte Hospital), dann an die Archévêché (die ehemalige Residenz des Erzbischofs), schließlich an die ehemalige Abtei von Val-de-Grâce. Letztendlich entschied man sich aber für das ehemalige Kloster von Port-Royal und die Gebäude der Oratorianer-Kongregation: Paul Delaunay, La Maternité de Paris, Paris 1909.

6 Die Hebammen-Schule der Pariser Entbindungsanstalt öffnete ihre Pforten am 30. Juni 1802. Jedes Jahr nahm sie mehr als hundert Schülerinnen auf, die aus allen Départements kamen.

7 G. J. Witkowski, Accoucheurs et sages-femmes célèbres. Esquisses biographiques, Paris 1880.

8 Marie-Louise Lachapelle, Pratique des accouchements, ou mémoires et observations choisies, sur les points les plus importants de l'art, 3 Bände, Paris 1821, zit. Bd. 1, S. 1.

9 Archives de l'Assistance Publique, Procès-verbaux de distribution des prix aux élèves sages-femmes de la Maternité, Fosseyeux, 678 (1822).

10 Ansprache von Marie-Louise Lachapelle bei der Preisverleihung im Jahre 1819, zitiert in: André Dupic, Antoine Dubois. Chirurgien et accoucheur, Thèse de médicine (Dissertation), Paris 1907, S. 154 f.

11 Bei der Reorganisation der Medizinischen Fakultät von Paris im Jahre 1823 wurde ein Lehrstuhl für klinische Geburtshilfe geschaffen. Doch zunächst existierte er nur dem Namen nach. Erst 1830 richtete die medizinische Fakultät am neuen Klinikum eine Entbindungsstation ein. Medizinstudenten und Hebammenschülerinnen erhielten dort theoretischen und praktischen Unterricht.

12 Paul Dubois (1795–1871), der 1824 sein Staatsexamen als Chirurg abgelegt hatte, wurde 1825 zum leitenden Geburtshelfer am Gebärspital ernannt – als Nachfolger seines Vaters Antoine Dubois.

13 André Chineau, Biographie de Madame Alliot, sage-femme en chef de la Maternité de Paris, in: La France Médicale, 1909, S. 414–416.

14 Zit. ebd.

15 Henri Legrand, L'enseignement à la Maternité de Paris au milieu du XIXe siècle à partir des notes manuscrites de Madame Alliot, in: La France Médicale, 1910, S. 168–170.

16 Antoine Constant Danyau (1803–1871), der das Staatsexamen in Chirurgie und Geburtshilfe abgelegt hatte, wurde 1840 stellvertretender Professor für Geburtshilfe an der Pariser Entbindungsanstalt. 1857 wurde er als Nachfolger von Paul Dubois zum leitenden Geburtshelfer ernannt.

17 Die praktische Ausbildung fand selbstverständlich zu jeder beliebigen Tages- oder Nachtzeit statt. Sie begann jeweils in dem Moment, wo bei einer Frau die Wehen einsetzten.

18 Legrand, L'enseignement, S. 168–170.

19 Bis zur Jahrhundertmitte nahm die Entbindungsanstalt im Jahresdurchschnitt 3000 bis 3500 Frauen auf. Nach diesem Zeitpunkt sank die Zahl der Aufnahmen auf 2000 pro Jahr und erreichte nach 1860, in der Zeit der großen Kindbettfieber-Epidemien, den Tiefstand von ungefähr tausend pro Jahr. Diese Angaben beruhen auf Auswertungen der Autorin; ein Buch über die Entbindungsanstalt von Port-Royal erscheint in Kürze.

20 Camus, Code spécial de la Maternité, Paris an X [d. i. 1801].

21 Ebd. Artikel 15 und 16.

22 François Chaussier war von 1804 bis 1828 leitender Arzt des Gebärspitals.

23 Ansprache von Dr. Porak, dem leitenden Geburtshelfer des Spitals, im Jahre 1904: Archives de l'Assistance publique, Fosseyeux 678 (1904).

24 M. Prevost u. a. (Hg.), Dictionnaire de Biographie Française, Artikel „Baudelocque", Bd. 5, Paris 1951, Sp. 839 und „Lachapelle", Bd. 18, Paris 1994, Sp. 1491 f.

25 Antoine Dubois, zitiert nach: André Dupic, Dubois, S. 151.

26 Nach den von der leitenden Hebamme angelegten Verzeichnissen. Jedes Jahr legte die Hebamme einen Tätigkeitsbericht des Spitals vor: Archives de l'Assistance publique, Fosseyeux 678. – Die Daten für 1810–29 fehlen.

27 Lachapelle, Pratique, Bd. 1, S. 11.

28 Marie-Anne Boivin, Mémorial de l'art des accouchements, 2. Aufl. Paris 1824, S. 5. – Marie-Anne Victoire Boivin (1773–1841) verbrachte die Revolutionsjahre in Etampes, wo ihre Schwester Superiorin beim Orden der Hospitaliterinnen war; dort lernte sie die Krankenpflege. 1797 heiratete sie Louis Boivin, wurde aber bald Witwe. Sie wurde Hebammenschülerin in Port-Royal und besuchte den Unterricht von Marie-Louise Lachapelle. Sie wurde als Hebammenlehrerin in das Département Indre entsandt, kehrte 1801 nach Paris zurück und wurde leitende Aufseherin in Port-Royal. 1812 veröffentlichte sie ihr „Mémorial de l'art des accouchements" und erhielt von der Universität Marburg den Doktortitel verliehen.

29 Bernard This, La requête des enfants à naître, Paris 1982, S. 202 ff.: „le procès Baudelocque-Sacombe".

30 ‚La Bourbe' (frz. Schlamm, Morast) wurde auch die Entbindungsanstalt genannt, deren Haupteingang an der Rue de la Bourbe lag.

31 Zitiert nach: This, requête, S. 205 f.

32 Gélis, sage-femme, S. 101 ff.

33 Frz. „Motifs et plan d'établissement dans l'hôpital de la Salpêtrière d'un séminaire de médecine pour l'enseignement des maladies des femmes,

des accouchements et de la conservation des enfants": Archives Nationales F 15/1861: Études sur des institutions de bienfaisance, des cours de sages-femmes, de médecins, d'art vétérinaire, 1790.

34 Zitiert nach: Francis de Ribier, Les sages-femmes en France, ce qu'elles sont, ce qu'elles pourraient être. Essai historique et critique, Thèse de médecine, Paris 1897, S. 10.

35 Diese Eingabe von 1825 ist vollständig abgedruckt bei Paul Bar, Pierre Budin. La chaire de clinique obstétricale à la Faculté de médecine de Paris. Leçon inaugurale faite le 7 janvier 1908, Paris 1908, S. 23–31.

36 Die klinischen Geburtsberichte sind von 1837 an erhalten; seit 1850 existieren zwei Arten von Registern, eines für die natürlichen, das andere für die nicht natürlichen Geburten.

37 Bar, Pierre Budin, S. 31.

38 Ebd.

39 Erlaß des Innenministeriums vom 11. Januar 1807 und 8. Oktober 1810; Erlaß des Conseil des hospices vom 26. Juni 1811 (alle abgedruckt in: Camus, Code).

40 Bar, Pierre Budin, S. 23 u. 26.

41 Ebd., S. 25.

42 Der Direktor der Öffentlichen Wohlfahrtseinrichtungen (Assistance publique) hatte Dr. Le Fort mit einer Untersuchung über die Entbindungsanstalten im Ausland beauftragt; vgl. Léon Le Fort, Discussion sur l'hygiène des Maternités, in: Bulletin de la Société Impériale de chirurgie de Paris, 2e série, 7. 1866, S. 194–209, zit. 207f.

43 Nicole Lefaucheur, Les accoucheurs des hôpitaux de l'Assistance publique de Paris. De l'art des accouchements à la protection maternelle et infantile, Paris 1989.

44 Ansprache von Dr. Porak im Jahre 1904: Archives de l'Assistance publique, Fosseyeux 678 (1904).

45 Gélis, sage-femme, S. 109.

46 Diese Maßnahme folgte auf die Veröffentlichung des Gesetzes vom 10. März 1803, welches die Ausübung der Heilberufe regelte. Ein Abschnitt dieses Gesetzes regelte auch Ausbildung und Beschäftigung der Hebammen.

47 Archives Nationales, F 17/2456–2473.

48 Man denke etwa an die Schule von Bordeaux, welche Marguerite Coutenceau, eine Nichte von Madame Du Coudray, ins Leben rief.

49 Siehe Gélis, sage-femme, insbes. den Schluß.

50 Port Royal bietet das seltene, wenn nicht einmalige Beispiel, wo Hebammen Instrumente gebrauchen konnten, und das bis zum Ende des 19. Jahrhunderts.

*Susi Ulrich-Bochsler/Daniel Gutscher*

# Wiedererweckung von Totgeborenen

1 Archäologischer Dienst des Kantons Bern (= ADB), Abt. Mittelalter: Dr. Daniel Gutscher. Grabungsleitung: Dr. Peter Eggenberger.

2 Dagegen könnte der nahe am Gelände vorbeiführende ‚Kirchweg' genau so gut auf den Fußweg von Büren zur ursprünglichen Pfarrkirche von Oberwil Bezug nehmen.

3 Zusammengestellt nach Andreas Hess, Die Wallfahrtskapelle zu Oberbüren. Schriftliches Propädeutikum im Fach Kirchengeschichte (Manuskript), Evang. theolog. Fakultät der Universität Bern, Bern 1985, S. 1–23, bes. 6ff.; Oskar Vasella, Über die Taufe totgeborener Kinder in der Schweiz, in: Zeitschrift für Schweizerische Kirchengeschichte 60. 1966, S. 1–70, bes. 11ff.; Susi Ulrich-Bochsler/Daniel Gutscher, Die Wallfahrt mit totgeborenen Kindern zur Marienkapelle in Oberbüren (Kanton Bern), in: Peter Jezler (Hg.), Himmel Hölle Fegefeuer: Das Jenseits im Mittelalter. Katalog zur Ausstellung des Schweizerischen Landesmuseums in Zusammenarbeit mit dem Schnütgen-Museum und der Mittelalterabteilung des Wallraf-Richartz-Museums der Stadt Köln, Zürich 1994, S. 192–194.

4 Heute ist Einsiedeln im Kanton Schwyz der größte Wallfahrtsort der Schweiz.

5 Das Kollaturrecht beinhaltet die Designationsrechte zur Besetzung von Pfründen und Kirchenämtern.

6 Ein Exemplar befindet sich im Ortsmuseum Zofingen, ein weiteres ist als Abdruck auf einer Glocke in Truns/Graubünden erhalten.

7 G. H. Buijssen, Durandus' Rationale in spätmittelhochdeutscher Übersetzung. Die Bücher I–III nach der HS. CVP 2765, Assen 1974, S. 75.

8 Nikolaus Kyll, Tod, Grab, Begräbnisplatz, Totenfeier, Bonn 1972, S. 120f.

9 Jacques Le Goff, Die Geburt des Fegefeuers. Vom Wandel des Weltbildes im Mittelalter, Stuttgart 1990, S. 256ff.; Herbert Vorgrimler, Geschichte der Hölle, Zürich 1993, S. 198ff.

10 Für Frankreich z.B. Françoise Loux, Das Kind und sein Körper: Volksmedizin-Hausmittel-Bräuche, Frankfurt/M. usw. 1983, S. 229ff. und für die Schweiz z.B. Albert Brüschweiler, Jeremias Gotthelfs Darstellung des Berner Taufwesens, volkskundlich und historisch untersucht und ergänzt, Bern 1926, S. 538ff.

11 Vgl. dazu die Beiträge von Eva Labouvie und Jacques Gélis in diesem Band.

12 Gegenwärtiger Auswertungsstand.

13 Susi Ulrich-Bochsler, Anthropologische Befunde zur Stellung von Frau und Kind in Mittelalter und Neuzeit. Soziobiologische und soziokulturelle Aspekte im Lichte von Archäologie, Geschichte, Volkskunde und Medizingeschichte. Bern 1997, S. 122.

14 Die Nachforschungen von Gélis für die ‚sanctuaires à répit' Frankreichs zeigen, daß man manchmal zwei oder drei Kinder zusammen vor dem wundertätigen Bild exponierte und daß diese auch öfters zusammen wiederbelebt wurden. Jacques Gélis, Les sanctuaires „à répit" des Alpes françaises et du Val d'Aoste: espace, chronologie, comportements pélerins, in: Archivio Storico Ticinese, 30. Jg., Nr. 114. 1993, S. 183–222, bes. 191.

15 Siehe etwa den Beitrag von J. Gélis in diesem Band.

16 Eine Differenzierung im Begräbnisplatz nach Pfarreiangehörigen und -fremden scheint in der zweiten Hälfte des 17. Jahrhunderts in Saint-Martin de Belleville/Frankreich praktiziert worden zu sein, siehe Gélis, Les sanctuaires, S. 217, Anm. 45.

17 Vasella, Taufe, S. 7.

18 Vgl. Gélis' Beitrag in diesem Band.

19 Hier zitiert aus: Blätter für bernische Geschichte, Kunst und Altertumskunde, 5. Jg., 1. Heft, Bern 1909, S. 91 f. (Bittschrift des Konstanzer Bischofs Otto (von Waldburg) an den Papst, um Abstellung eines von der weltlichen Gewalt unterstützten ungeheuerlichen Aberglaubens. Nach dem Original im Staatsarchiv Zürich durch K. Rieder in Bd. 9 N. F., S. 306 f., des „Freiburger Diözesanarchivs" publiziert. Aus dem Lateinischen übersetzt von H. Türler). Erhalten ist einzig der undatierte Entwurf dieses Briefes, der in den März oder April 1486 gehört (vgl. dazu auch Vasella, Taufe, S. 20 und Anm. 3).

20 Eine detaillierte Zusammenstellung der verwendeten Methode findet sich bei Ulrich-Bochsler, Anthropologische Befunde, S. 16 ff.

21 Allerdings muß man infolge fehlender Korrekturmöglichkeiten die Prämisse aufstellen, daß im untersuchten historischen Skelettmaterial ähnliche Wachstums- und Entwicklungsverhältnisse vorgelegen haben wie bei heutigen Populationen, an denen die in der Anthropologie verwendeten Daten erhoben wurden.

22 Zum Beispiel bei Andrea Kammeier-Nebel, ‚wenn eine Frau Kräutertränke zu sich genommen hat, um nicht zu empfangen...': Geburtenbeschränkung im frühen Mittelalter, in: Bernd Herrmann (Hg.), Mensch und Umwelt im Mittelalter, Stuttgart 1986, S. 65–73, bes. 67, oder bei Emiel Eyben, Sozialgeschichte des Kindes im römischen Altertum, in: Jochen Martin/August Nitschke (Hg.), Zur Sozialgeschichte der Kindheit (Veröffentlichungen des Instituts für Historische Anthropologie e.V., Bd. 4), Freiburg usw. 1986, S. 317–363, bes. 319.

23 Vgl. J. Gélis, in diesem Band.

24 Gélis fand nur einen Beleg für ein ‚repatriiertes' Kind und zwar für das 19. Jahrhundert in Frankreich (Gélis, Les sanctuaires, S. 215).

25 Zum Begriff vgl. Gélis, dieser Band, Anm. 1.

26 Susi Ulrich-Bochsler, Von Traufkindern, unschuldigen Kindern, Schwangeren und Wöchnerinnen. Anthropologische Befunde zu Ausgrabungen im Kanton Bern, in: Jörg Schibler/Jürg Sedlmeier/Hanspeter Spycher, Festschrift für Hans R. Stampfli. Beiträge zur Archäozoologie, Archäologie, Anthropologie, Geologie und Paläontologie, Basel 1990, S. 309–318; Susi Ulrich-Bochsler/Liselotte Meyer, Anthropologische Untersuchungen, in: René Bacher/Peter J. Suter/Peter Eggenberger/Susi Ulrich-Bochsler/Liselotte Meyer, Aegerten. Die spätrömischen Anlagen und der Friedhof der Kirche Bürglen, Bern 1990, S. 97–132.

27 Anhand von Schriftquellen wurden diese Ungetauften von Pfister definiert und als die Kinder in der Grauzone des Lebens beschrieben. Christian Pfister, Grauzonen des Lebens. Die aggregative Bevölkerungsgeschichte des Kantons Bern vor dem Problem der totgeborenen und ungetauft verstorbenen Kinder, in: Jahrbuch der Schweizerischen Gesellschaft für Familienforschung, 1986, S. 21–44.

28 Das Geschehnis fand offenbar vor der Gesetzesrevision statt. Ähnlich gelagerte Fälle führten dann zur Gesetzesrevision, um betroffenen Eltern solche Konfliktsituationen in Zukunft zu ersparen.

29 Zivilstandsverordnung Art. 67 Abs. 1 Ziff. 3 und Abs. 2 und neu Art. 147b Abs. 2 sowie Art. 147c Abs. 1bis.

30 Der Begriff Totgeburt wurde vorher wie folgt definiert: „Als totgeboren und meldepflichtig im Sinne des Zivilgesetzbuches (Art. 46) gilt ein Kind, das nach völligem Austritt aus dem Mutterleib (Kopf, Körper, Glieder) nicht atmet und auch keine Herzschläge aufweist sowie eine Körperlänge von mehr als 30 cm hat" (zitiert nach Ursula Ackermann-Liebrich/Andreas Bodenmann/Brigitte Martin-Béran/Fred Paccaud/Thomas Spuhler, Totgeburten und Säuglingssterblichkeit in der Schweiz 1982–1985. Statistische Berichte, Bern 1990, S. 10 f.).


# Jacques Gélis

## Lebenszeichen – Todeszeichen


1 Vgl. dazu Jacques Gélis, De la mort à la vie. Les „sanctuaires à répit", in: Ethnologie française 11. 1981, S. 211–224; ders., Les „sanctuaires à répit" dans les Ardennes belges et françaises, in: Trésors d'Ardenne. Art religieux et croyances populaires en Ardenne et Luxembourg, hg. vom Musée en Piconrue, Bastogne 1987; ders., Les „sanctuaires à répit" des Alpes françaises et du Val d'Aoste: espace, chronologie, comportements pélerins, in: Archivio Storico Ticinese, 30. Jg., Nr. 114. 1993, S. 183–222. Eine Monographie wird demnächst unter dem Titel „Le mi-

racle des petits enfants: les sanctuaires à répit en Europe occidentale"
im Verlag Fayard erscheinen.

2 Die Akten über die Wundertaufen in Ursberg und die Mission des Eu-
sebius Amort befinden sich in der Bayerischen Staatsbibliothek in
München: Codex lat.man. (im folgenden zit.: Clm) 1409 und 1410.
Mein herzlicher Dank gilt Herrn Dr. Georg R. Schroubek, der mir die
Benutzung dieser reichen Dokumentation ermöglicht hat. Über die
Mission von 1750: Georg Rückert, Zur Taufe toter Kinder: Commissio
Urspergensis de Baptismo infantium reviviscentium ad Imaginem
Crucifixi Urspergensem, in: Volk und Volkstum. Jahrbuch für Volks-
kunde 2. 1937, S. 343–346.

3 Alfred Lohmüller, Das Reichsstift Ursberg. Von den Anfängen 1125
bis zum Jahre 1802, Weißenhorn 1987, S. 88ff., 111ff.

4 Zu den Texten von Gabriel d'Emiliane und Holbach s. Pierre Saintyves,
Les résurrections d'enfants morts-nés et les sanctuaires à répit, in: Revue d'ethnographie et de sociologie, nouvelle série 2. 1911, S. 65–74,
hier 71f.

5 Über die intellektuelle Rolle der bayerischen und schwäbischen Abtei-
en, vgl. Glanz und Ende der alten Klöster: Säkularisation im bayerischen Oberland 1803, Katalogbuch zur Ausstellung im Kloster Bene-
diktbeuern, Mai–Oktober 1991, S. 252–279.

6 Über Eusebius Amort: Georg Rückert/Josef Schöttl, Eusebius Amort
und das bayerische Geistesleben im 18. Jahrhundert (Beiträge zur alt-
bayerischen Kirchengeschichte, 20,2), München 1956; Klaus Haus-
berger/Benno Hubensteiner, Bayerische Kirchengeschichte, München
1985, S. 250–253.

7 „Ichnographia Ecclesiae Urspergensis".

8 Relatio de Commissione Urspergensi circa Baptismum Infantium: Clm
1409, fol. 261–298.

9 Ein Register, das der Pater Bernard Gadinger von 1726 bis 1737 führte:
Relatio ..., Clm 1409, fol. 283 und 293, Addenda.

10 Ebd., fol. 270.

11 Clm 1410, fol. 20–21. Mein Dank geht an Christoph Duhamelle, dessen
Hilfe mir bei der Übersetzung dieses Dokumentes sehr wertvoll war.

12 Fall Nr. 3 (27. Januar 1726), Clm 1410, fol.288.

*Eva Lavouvie*

## Geburt und Tod in der Frühen Neuzeit

1 Vgl. Edward Shorter, Der weibliche Körper als Schicksal. Zur Sozialgeschichte der Frau, München 1984 (New York 1982), S. 9f., 17–32, 162f.,
202–205; ders.; Die Geburt der modernen Familie, Reinbek b. Hamburg

1977 (New York 1975), S. 47–50, 55–98, 203–220; Lloyd de Mause (Hg.), Hört ihr die Kinder weinen. Eine psychogenetische Geschichte der Kindheit, Frankfurt/M. 1980 (New York 1974); Maren Lorenz, „… als ob ihr ein Stein aus dem Leib kollerte…" Schwangerschaftswahrnehmungen und Geburtserfahrungen von Frauen im 18. Jahrhundert, in: Richard van Dülmen (Hg.), Körper-Geschichten (Studien zur historischen Kulturforschung, 5) Frankfurt/M. 1996, S. 99–121.

2 Vgl. zu unterschiedlichen Aspekten des Umgangs von Menschen miteinander: Eva Labouvie (Hg.), Ungleiche Paare. Zur Kulturgeschichte menschlicher Beziehungen, München 1997.

3 So etwa die Beurteilungen der Oberkonsistorien: Archiv der Herzog Wolfgang Stiftung, Zweibrücken (AHWS), Rep. VI, Nr. 118 und ebd., Rep. II, Nr. 133: Letztere Akte enthält über siebzig Stellungnahmen von Ortsgeistlichen zur Nottaufe.

4 Zur Annulierung von Nottaufen und den Konsequenzen: AHWS, Rep. II, Nr. 133, o. fol. (1668); vgl. Georg Biundo, Die Kirchenvisitationen im Oberamt Meisenheim im Jahre 1590, in: Blätter für pfälzische Kirchengeschichte und religiöse Volkskunde 25. 1958, Heft 3, S. 103–113, hier 107.

5 Stadtarchiv (STA) Saarbrücken (SB), Best. Kirchenbücher, Bd. 23, Nr. 23 (1759).

6 Zit. ebd., Bd. 24, Nr. 23, S. 95 (1666).

7 STA SB, Best. Kirchenbücher, Bd. 25, Nr. 335 (1692).

8 Ebd., Nr. 1758, S. 184 und Eintrag im Sterberegister dieses Bandes, S. 427.

9 Auf Einzelnachweise wird an dieser Stelle verzichtet, vgl. statt dessen den ersten Teil meiner im Herbst 1998 erscheinenden Habilitationsschrift: Andere Umstände. Eine Kulturgeschichte der Geburt, Köln usw. 1998.

10 Vgl. Heinrich Lerond, Lothringische Sammelmappe, V. Teil: Lothringische Grabsprüche, Metz 1894, S. 10–15; Albert Becker, Pfälzer Volkskunde, Bonn usw. 1925, S. 238.

11 Derartige Wallfahrtsorte existierten etwa in der Kirche Notre-Dame de Bonsecours-les-Nancy und in der Kirche des heiligen Georg in Notre-Dame de Bonne-Nouvelle, in der Kirche ‚Unserer lieben Frauwen zu Dreyen-Ahren' nahe Colmar, in der Wallfahrtskirche in Klausen (Eberhardsklausen), in Neunkirchen bei Daun und in Barweiler bei Hillesheim, in den lothringischen Kapellen Notre-Dame d'Arlange, Notre-Dame de la mer, Notre-Dame les Avioths und in Kapellen in Ligny, Benoit-Vaux oder Nantel, in der Kapelle der heiligen Ursula bei Puttigny und der heiligen Barbara nahe Metz.

12 Vgl. u. a.: Catherine Santschi, Les sanctuaires à répit dans les alpes occidentales, in: Zeitschrift für Schweizerische Kirchengeschichte, 79. 1985, S. 47–143; Pierette Praravy, Angoisse collective et miracles au seuil de la mort: Resurrections et baptêmes d'enfants mort-nés en Dauphiné au XVᵉ siècle, in: La mort au Moyen Age. Colloque de l'association des historiens médiévistes français à Strasbourg, Strasbourg 1977, S. 87–102, sowie die Aufsätze von Gélis und Ulrich-Bochsler/Gutscher in diesem Band.

13 Vgl. Hans Ammerich, Gräfinthal als Wallfahrtsort in der frühen Neuzeit, in: Saarpfalz. Blätter für Geschichte und Volkskunde, Sonderheft: Beiträge zur Geschichte Gräfinthals, 1994, S. 12–28; Nikolaus Lauer, Gräfinthal (Kleiner Kunstführer Nr. 984), 3. Aufl. München 1984; Hans Peter Barth, Die Wallfahrtskapelle in Gräfinthal, St. Ingbert 1954.

14 Gräfinthaler Mirakelbuch, verfaßt von Frater Friedericus Schaal, Ord. S.Wilh., 1671 (Kopie des Originals im Landesarchiv Saarbrücken [LASB]); 47 der insgesamt 85 Mirakel berichten von der Erweckung toter Neugeborener und Kinder; Mirakelbuch Beurig, 1622–1647 (Original im Stadtarchiv [STA] Saarburg, unter: Beuriger Wunderakten); hier handelt es sich bei 15 Prozent der dort verzeichneten 124 Mirakel um solche der Reanimation.

15 Gräfinthaler Mirakelbuch, Das 5. Exempel.

16 Ebd., Das 13. Exempel.

16 Beuriger Mirakelbuch, Eintrag vom 25. August 1642.

18 Speziell zu Schutzpraktiken bei der Geburt vgl. Arnold van Gennep, L'action des puissances impures de la vie de la femme-mère, in: Revue d'historique des réligions 42. 1900, S. 453–464.

19 Die Leichenschau wurde 1884 eingestellt, von da an genügten zwei Zeugen oder Zeuginnen der Geburt und des Todes; vgl. LASB, Best. Depositum Losheim, Nr. 89, Auszug aus den Standesamtsregistern, o. fol.; ebd., Geburtsanzeigen im Zivilstandsregister, 1823 und 1850; STA SB, Best. Kirchenbücher, Bd. 16, Zivilstandsregister Malstatt-Burbach, 1798/99, S. 1–10; ebd., Zivilstandsregister Brebach; ebd., Bd. 21, Zivilstandsregister St. Arnual, 1799, S. 1.

20 Vgl. u. a. I. Schwidetzky, Sonderbestattungen und ihre paläographische Bedeutung, in: Homo. Zeitschrift für die vergleichende Forschung am Menschen 16. 1965, S. 231–249, hier 234–238.

21 LASB, Best. 22, Nr. 2353, fol. 626, § 3 und 4, fol. 1098, fol. 1100; ebd., Nr. 3516, fol. 25, § 14 und 15; STA SB, Best. Gemeinsames Stadtgericht, Nr. 286, § 3 und 8; AHWS, Rep. II, Nr. 321 (1760) Hauptstaatsarchiv (HSTA) Wiesbaden, Abt. 150, Nr. XIVa, 4440, o. fol. (1770); STA Trier, Best. Ta 50, Bd. 6, fol. 6 (1752); ebd., Nr. 4, o. fol. (1737).

22 Vgl. Eva Labouvie, Zauberei und Hexenwerk. Ländlicher Hexenglaube in der frühen Neuzeit, 2. Aufl. Frankfurt/M. 1993, S. 111 f., 199.

23 Etwa: Landeshauptarchiv (LHA) Koblenz, Best. 1c, Nr. 11335, fol. 889f., Kirchenvisitation Archidiakonat Tholey, 1580: Totgeburt wird im Haus bestattet; Bistumsarchiv Trier (BAT), Abt. 40, Nr. 4i, Pfarrvisitation 1630, fol. 163: ebenso; ebd., fol. 3: unter der Kirchentreppe; ebd., Nr. 4 k, Pfarrvisitation 1631, fol. 146; LHA Koblenz; Best. 1c, Nr. 11335, fol. 1412. Zur Bestattung unter der Dachtraufe der Kirche s. den Beitrag von Ulrich-Bochsler/Gutscher in diesem Band.

24 So: STA SB, Best. Kirchenbücher, Bd. 23, Nr. 87 (1734); Bd. 24, Nr. 2, Nr. 7, 8, 9 (1680); Nr. 18 (1691).

25 STA SB, Best. Kirchenbücher, Bd. 19, S. 318, Eintrag vom 2. 1. 1765.

26 Archives départementales de la Moselle (ADM) Metz, Best. 29 J 109, Kirchenvisitationen 1735; ebd., Best. 1 F 172,3, Kirchenvisitationen 1756; ebd., Kirchenvisitationen 1770; ebd., Kirchenvisitationen 1772; ebd., Kirchenvisitationen 1775; ebd., Best. 29 J 78, Kirchenvisitationen 1756, 1764, 1768, 1769 und 1783.

27 STA Trier, Best. Ta 50, Bd. 8, S. 8, § 21, Verordnung vom 30. 3. 1778.

28 Vgl. Eva Labouvie, Verbotene Künste. Volksmagie und ländlicher Aberglaube in den Dorfgemeinden des Saarraumes (16.-19. Jahrhundert), St. Ingbert 1992, S. 139 f.; dies., Die Geburt einer Hexe. Aspekte von Ausgrenzung und Verfolgung nach einer dörflichen ‚sozialen Logik‘, in: Kriminologisches Journal, 5. Beiheft 1995, S. 192–207, hier 200 f.; dies., Männer im Hexenprozeß. Zur Sozialanthropologie eines ‚männlichen‘ Verständnisses von Magie und Hexerei, in: Geschichte und Gesellschaft 16. 1990, Heft 1, S. 56–78, hier 61. Vgl. auch den Beitrag von Loux in diesem Band.

29 STA SB, Best. Kirchenbücher, Bd. 24, Nr. 23 (1666); ebd., Nr. 182 (1673); ebd., Bd. 25, Nr. 1670 (1767); Landesarchiv (LA) Speyer, Best. F 6, Nr. 359, fol. 302 (1682); AHWS, Rep. V, Nr. 59, o. fol. (1759).

30 Brauchbuch des Johann Scherer aus Hellenhausen, begonnen 1771, Nr. 99, Privatbesitz; ähnliche Sprüche: im Merkbuch des Dietrich Bickelmann aus Berschweiler, 1852–1864 verfaßt, Privatbesitz, in einem Tagebuch desselben Verfassers um 1830, im Merkbüchlein des Jacob Bickelmann aus Berschweiler, 1843, Privatbesitz, im Wanderbuch des Schmiedegesellen Johann Friedrich Lemmes von 1834, Privatbesitz, und in einem Schreibbuch aus Rockershausen aus dem 19. Jahrhundert, Privatbesitz.

31 Notizbuch der Karoline Bickelmann aus Berschweiler, 1840, Privatbesitz.

32 Vgl. Eva Labouvie, Frauenberuf ohne Vorbildung? Hebammen in den Städten und auf dem Land, in: Elke Kleinau/Claudia Opitz (Hg.), Geschichte der Mädchen- und Frauenbildung in Deutschland, Bd. 1: Vom Mittelalter bis zur Aufklärung, Frankfurt/M. 1996, S. 218–236.

33 Gräfinthaler Mirakelbuch, Das 37. Exempel.

34 So die Worte einer Nachbarin gegenüber einer Kindbetterin aus Merzig, deren Kind soeben gestorben war, Archives départementeles de Meuthe et Moselle (ADMM) Nancy, Best. B 729, o. fol. (1597).

35 So etwa: STA SB, Best. Kirchenbücher, Bd. 19, S. 346 (1797); ebd., Bd. 23, S. 37 (1768), 49 (1778), 50 (1780), 56 (1783); ebd., Bd. 25, S. 175 (1767); ebd. Kirchenbuch Bischmisheim u. a. O., S. 192 f. (1767), 265 (1697, 1699), 270 (1710), 484 (1747), 503 (1755), 512 (1757), 514 (1758), 536 (1763), 537 (1764), 542 (1765), 548 (1767), 553 (1768), 566 (1770), LA Speyer, Best. F 6, Nr. 359, fol. 302 (1682).

36 AHWS, Rep. II, Nr. 230, fol. 16 (1671); ebd., Nr. 214, fol. 21 (1671); vgl. Max Hippe, Die Gräber der Wöchnerinnen, in: Mitteilungen der Schlesischen Gesellschaft für Volkskunde 7. 1905, Heft 13, S. 101–105, hier 101 ff.; Hugo Hebding, Das Begräbnis der Wöchnerin, in: Volkskundliche Beiträge. Festschrift für Richard Wossidlo, Neumünster 1939, S. 151–165, hier 159–161.

37 Dazu: Franz Neiske, Vision und Totengedenken, in: Frühmittelalterliche
   Studien 20. 1986, S. 137–185; Daniel Fabre, Le retour des morts, in: Etudes
   Rurales, 1987, S. 105f.; Jean-Claude Schmitt, Bilder als Erinnerung und
   Vorstellung. Die Erscheinung der Toten im Mittelalter, in: Historische
   Anthropologie. Kultur. Gesellschaft. Alltag 1. 1993, Heft 3, S. 347–358.
38 Beuriger Mirakelbuch, Eintrag vom 18. August 1636.
39 Zit. in: Nikolaus Kyll, Die „Christliche Zuchtschul" des Nikolaus Cusanus
   S.J. als volkskundliche Quelle des westtrierischen Raumes, in: Rheinische
   Vierteljahresblätter 29. 1964, S. 223–274, hier 232. Vgl. auch: Gerda Gro-
   ber-Glück, Volksvorstellungen über die Wöchnerin, in: Matthias Zender
   (Hg.), Atlas der deutschen Volkskunde NF, Bd. 2, Marburg 1982, S. 457–
   521.
40 Vgl. Eva Labouvie, Selbstverwaltete Geburt. Landhebammen zwischen
   Macht und Reglementierung (17.-19. Jahrhundert), in: Geschichte und Ge-
   sellschaft 18. 1992, Heft 4, S. 477–506, hier 493–495, 504–506.
41 Vgl. Ulinka Rublack,Pregnancy, Childbirth and the Female Body in Early
   Modern Germany, in: Past and Present 150. 1996, S. 84–110; Silke Göttsch,
   Weibliche Erfahrungen um Körperlichkeit und Sexualität nach archivalischen Quellen aus Schleswig-Holstein 1700–1850, in: Kieler Blätter zur
   Volkskunde 18. 1986, S. 29–59; Hugo Markgraf, Mutter und Kind in den
   Weistümern des Mosellandes, in: Zeitschrift des Vereins für rheinische und
   westfälische Volkskunde 2. 1905, Heft 3, S. 238–240; Hans Fehr, Die
   Rechtsstellung der Frau und der Kinder in den Weistümern, Jena 1912,
   S. 4–9.
42 LHA Koblenz, Best. 1c, Nr. 13564, o. fol. (1699).
43 Ebd., Nr. 11335, fol. 1232.
44 Zum Terminus und zur Analyse von Übergangsriten vgl. Arnold van
   Gennep, Übergangsriten, Frankfurt/M. 1986 (Paris 1909); Victor Tur-
   ner, Das Ritual. Struktur und Anti-Struktur, Frankfurt/M. usw. 1989
   (Chicago 1966).
45 STA Trier, Best. Ta 50, Bd. 60, o. fol. (1752); ebd., Nr. 4, o. fol. (1737).

# Weiterführende Literatur

Scarlett *Beauvalet-Boutouyrie*, Naître à l'hôpital au XIXe siècle: l'exemple de la Maternité de Port-Royal, Paris (in Vorbereitung).

Lutwin *Beck* (Hg.), Zur Geschichte der Gynäkologie und Geburtshilfe. Aus Anlaß des 100jährigen Bestehens der Deutschen Gesellschaft für Gynäkologie und Geburtshilfe, Berlin usw. 1986.

Maya *Borkowsky,* Krankheit Schwangerschaft? Schwangerschaft, Geburt und Wochenbett aus ärztlicher Sicht seit 1800, Zürich 1988.

Jean *Donnison*, Midwives and medical men: A history of inter-professional rivalries and women's rights, London 1977.

Barbara *Duden*, Geschichte unter der Haut. Ein Eisenacher Arzt und seine Patientinnen um 1730, Stuttgart 1987.

Barbara *Duden*, Anatomie der Guten Hoffnung. Studien zur graphischen Darstellung des Ungeborenen bis 1799, Stuttgart (in Vorbereitung).

Heinrich *Fasbender*, Geschichte der Geburtshilfe, Jena 1906, Nachdruck Hildesheim 1964.

Nadia Maria *Filippini*, La nascita straordinaria. Tra madre e figlio. La rivoluzione del taglio cesareo (sec. XVIII–XIX), Mailand 1995.

Esther *Fischer-Homberger*, Krankheit Frau, Bern usw. 1979.

Sibylla *Flügge*, Hebammen und heilkundige Frauen. Recht und Realität im 15. und 16. Jahrhundert, Frankfurt/Main (in Vorbereitung).

Michel *Foucault*, Die Geburt der Klinik. Eine Archäologie des ärztlichen Blicks, München 1973 (Paris 2. Aufl. 1972).

Jacques *Gélis*, Die Geburt. Volksglaube, Rituale und Praktiken von 1500–1900, München 1989 (Paris 1984).

Jacques *Gélis*, La sage-femme ou le médecin. Une nouvelle conception de la vie, Paris 1988.

Jacques *Gélis*, Le miracle des petits enfants: les sanctuaires à répit en Europe occidentale (XIVe-XIXe siècles), Paris (in Vorbereitung).

Jacques *Gélis* / Mireille *Laget* / Marie-France *Morel,* Der Weg ins Leben. Geburt und Kindheit in früherer Zeit, München 1980 (Paris 1978).

Henrike *Hampe*, Zwischen Tradition und Instruktion. Hebammen im 18. und 19. Jahrhundert in der Universitätsstadt Göttingen (Beiträge zur Volkskunde in Niedersachsen, 14), Göttingen 1998.

Ludmilla *Jordanova*, Sexual visions: Images of gender in science and medicine between the eighteenth and twentieth centuries, New York usw. 1989.

Robert *Jütte* (Hg.), Geschichte der Abtreibung. Von der Antike bis zur Gegenwart, München 1993.

Walter *Kuhn*/Ulrich *Tröhler* (Hg.), Armamentarium obstetricium Gottingense. Eine historische Sammlung zur Geburtsmedizin, Göttingen 1987.

Liselotte *Kuntner*, Die Gebärhaltung der Frau. Schwangerschaft und Geburt aus geschichtlicher, völkerkundlicher und medizinischer Sicht, 4. Aufl. München 1994.

Eva *Labouvie*, Andere Umstände. Eine Kulturgeschichte der Geburt, Köln usw. (in Vorbereitung).

Mireille *Laget*, Naissances. L'accouchement avant l'âge de la clinique, Paris 1982.

Nicky *Leap* / Billie *Hunter*, The midwife's tale. An oral history from handywoman to professional midwife, London 1993.

Larissa *Leibrock-Plehn*, Hexenkräuter oder Arznei. Die Abtreibungsmittel im 16. und 17. Jahrhundert, Stuttgart 1992.

Didier *Lett*, L'enfant des miracles: enfance et société au Moyen Age (XIIe-XIIIe siècles), Paris 1997.

Irvine *Loudon*, Death in childbirth: An international study of maternal care and maternal mortality 1800–1950, Oxford 1992.

Françoise *Loux*, Das Kind und sein Körper in der Volksmedizin. Eine historisch-ethnographische Studie, Stuttgart 1980 (Paris 1978).

Christine *Loytved*, Dem Hebammenwissen auf der Spur. Zur Geschichte der Geburtshilfe (Schriften der Universitätsbibliothek Osnabrück, 6), Osnabrück 1997.

Hilary *Marland* (Hg.), The art of midwifery: Early modern midwives in Europe, London usw. 1993.

Hilary *Marland*/Anne Marie *Rafferty* (Hg)., Midwives, society and childbirth: Debates and controversies in the modern period, London 1997.

Marita *Metz-Becker*, Der verwaltete Körper. Die Medikalisierung schwangerer Frauen in den Gebärhäusern des frühen 19. Jahrhunderts, Frankfurt/Main usw. 1997.

Claudia *Pancino*, Il bambino et l'acqua sporca. Storia dell' assistenza al parto dalle mammane alle ostetriche (secoli XVI-XIX), Mailand 1984.

Claudia *Pancino*, Voglie materne. Storia di una credenza, Bologna 1996.

Waltraud *Pulz*, „Nicht alles nach der Gelahrten Sinn geschrieben". Das Hebammenanleitungsbuch von Justina Siegemund, München 1994.

John M. *Riddle*, Eve's herbs. A history of contraception and abortion in the West, Cambridge, Mass./London 1997.

Wulf *Schievenhövel*/Dorothea *Sich*/Christine E. *Gottschalk-Batschkus* (Hg.), Gebären. Ethnomedizinische Perspektiven und neue Wege (Curare Sonderband, 8), Braunschweig 1995.

Britta *Schmitz*, Hebammen in Münster. Historische Entwicklung, Lebens- und Arbeitsumfeld, berufliches Selbstverständnis, Münster 1994.

Hans Christoph *Seidel*, Eine neue „Kultur des Gebärens". Die Medikalisierung von Geburt im 18. und 19. Jahrhundert in Deutschland, Stuttgart 1998.

Marjorie *Tew*, Safer childbirth? A critical history of maternity care, 2. Aufl. London usw. 1995.

Laurel Thatcher *Ulrich*, A midwife's tale: The life of Martha Ballard, based on her diary 1785-1812, New York 1990.

Yvonne *Verdier*, Drei Frauen. Das Leben auf dem Dorf, Stuttgart 1982 (Paris 1979).

Adrian *Wilson*, The making of man-midwifery: Childbirth in England 1660-1770, London 1995.

Friedrich von *Zglinicki*, Geburt. Eine Kulturgeschichte in Bildern, Braunschweig 1983.

# Die Autorinnen und Autoren

Gunda *Barth-Scalmani* arbeitet am Institut für Geschichte der Universität Innsbruck. Sie beschäftigt sich mit Fragen der österreichischen Geschichte vom 18. bis 20. Jahrhundert und hat in letzter Zeit u. a. Beiträge zur Entstehung des staatlich kontrollierten Geburtswesens, zur Rolle der Frau im Handel und zum frühneuzeitlichen Eherecht publiziert.

Scarlett *Beauvalet-Boutouyrie* lehrt an der Universität Paris-IV-Sorbonne. Ihre wichtigsten Arbeitsfelder sind historische Demographie und Geschichte der Frauen im Frankreich des 18. und 19. Jahrhunderts.

Barbara *Duden* lehrt am Institut für Soziologie der Universität Hannover. Als Historikerin des erlebten Frauenkörpers vor allem im 18. Jahrhundert hat sie zuletzt zur Geschichte und Gegenwart von Techniken der Visualisierung des Ungeborenen gearbeitet.

Nadia Maria *Filippini* ist Historikerin in Venedig. Sie beschäftigt sich hauptsächlich mit der Geschichte der Frauen, der Geburt und der Geburtshilfe in der Neuzeit; nicht zuletzt hat sie über die Geschichte des Kaiserschnitts gearbeitet.

Jacques *Gélis* lehrt an der Universität Paris-VIII-St. Denis. Er hat mehrere Bücher über die Geschichte der Geburt veröffentlicht und arbeitet derzeit vor allem über die Wundertaufen im Europa der frühen Neuzeit.

Daniel *Gutscher* ist Archäologe und Kunsthistoriker und leitet die Archäologie des Mittelalters und der Neuzeit im Gebiet des Kantons Bern (Schweiz). In den letzten Jahren hat er insbesondere im Bereich der Kirchen-, der Siedlungs- und der Stadtarchäologie gegraben und publiziert.

Eva *Labouvie* lehrt am Historischen Institut der Universität des Saarlandes und ist außerdem an der Arbeitsstelle für historische Kulturforschung und an der Forschungsstelle für Regionalgeschichte in Saarbrücken tätig. Sie beschäftigt sich mit Themen der Frauen- und Geschlechtergeschichte sowie der Kultur- und Wahrnehmungsgeschichte in der Neuzeit, zuletzt mit ländlicher Geburt und weiblicher Kultur.

Françoise *Loux* ist Kulturanthropologin am Centre d'Ethnologie Française und am Musée National des Arts et Traditions Populaires in Paris. Nicht zuletzt hat sie über Volksmedizin und volkstümliches Wissen vom Körper gearbeitet.

Christine *Loytved*, Hebamme und Ethnologin, ist bei der Arbeitsgruppe Gesundheitswissenschaften an der Universität Osnabrück beschäftigt. Nachdem sie mehrere Ausstellungen zur Geschichte der Geburtshilfe gestaltet hat, arbeitet sie derzeit über die Geschichte der Hebammenausbildung in Lübeck.

Marita *Metz-Becker* lehrt am Institut für Europäische Ethnologie und Kulturforschung der Philipps-Universität Marburg. Sie arbeitet zu kultur- und geschlechtergeschichtlichen Themen (Alltag, Frauen, Bürgertum, Medikalisierung) sowie zur Regional- und Biographieforschung.

Verena *Pawlowsky* ist Historikerin in Wien. Sie schrieb ihre Dissertation über das Wiener Gebär- und Findelhaus und beschäftigt sich mit der Geschichte von Kindern und Müttern sowie mit Fragen der Geburtshilfe im 18. und 19. Jahrhundert.

Waltraud *Pulz* ist Volkskundlerin in München; ihre Forschungsschwerpunkte sind Frauen- und Geschlechtergeschichte sowie die Geschichte des Körpers. In den letzten Jahren hat sie vorwiegend über Geburt und Geburtshilfe in der Frühen Neuzeit gearbeitet, zur Zeit befaßt sie sich mit der Geschichte körperlicher Zeichen von Heiligkeit.

Jürgen *Schlumbohm* arbeitet am Max-Planck-Institut für Geschichte in Göttingen und lehrt außerdem an der Universität Oldenburg. In den letzten Jahren hat er insbesondere über die Geschichte von Familie und Verwandtschaft gearbeitet. Zur Zeit beschäftigt er sich mit der Geschichte von Geburt und Geburtshilfe in der Neuzeit.

Claudia *Töngi* ist Historikerin an der Universität Basel und hat sich mit der Kulturgeschichte der Geburt und Geburtshilfe in der Innerschweiz des 20. Jahrhunderts beschäftigt. Zur Zeit arbeitet sie über physische Gewalt und ihre soziale Wahrnehmung im 19. Jahrhundert.

Laurel Thatcher *Ulrich* lehrt frühe amerikanische Geschichte an der Harvard University in Cambridge/Mass., USA. Sie arbeitet vor allem über die Sozial- und Kulturgeschichte Nordamerikas im 17. und 18. Jahrhundert, nicht zuletzt über die Rolle der Frauen.

Susi *Ulrich-Bochsler* leitet die Arbeitsgruppe Historische Anthropologie am Medizinhistorischen Institut der Universität Bern. Sie arbeitet insbesondere über die mittelalterlichen und neuzeitlichen Skelette aus Ausgrabungen im Kanton Bern (Schweiz), u.a. mit Blick auf die soziokulturelle Stellung von Frau und Kind.

Patrice *Veit* ist Historiker am Centre National de la Recherche Scientifique, Paris, und leitet seit 1992 die Mission Historique Française en Allemagne in Göttingen. Er arbeitet an kultur-, frömmigkeits- und mentalitätsgeschichtlichen Themen zum frühneuzeitlichen Deutschland.

Bettina *Wahrig-Schmidt* lehrt Geschichte der Naturwissenschaften und der Pharmazie an der Technischen Universität Braunschweig. Nach Arbeiten über Staats- und Körpermetaphorik beschäftigt sie sich jetzt mit der Konkurrenz ums Kurieren im 18. Jahrhundert.

# Geschichte und Anthropologie

*Karl Braun*
## Der Tod des Stiers
Fest und Ritual in Spanien
1997. 244 Seiten mit 42 Abbildungen. Leinen

*Michael Mitterauer*
## Ahnen und Heilige
Namengebung in der europäischen Geschichte
1993. 516 Seiten mit 15 Abbildungen und 19 Tafeln. Leinen

*Rainer Beck*
## Unterfinning
Ländliche Gesellschaft vor Anbruch der Moderne
1993. 667 Seiten mit 22 Abbildungen und 15 Graphiken. Leinen

*Egon Flaig*
## Ödipus
Tragischer Vatermord im klassischen Athen
1998. 151 Seiten. Broschiert

*Mark Zborowski/Elizabeth Herzog*
## Das Schtetl
Die untergegangene Welt der osteuropäischen Juden
Aus dem Amerikanischen von Hans Richard
3., durchgesehene Auflage. 1992. 363 Seiten mit 19 Abbildungen.
Gebunden

*Roberto Zapperi*
## Die vier Frauen des Papstes
Das Leben Pauls III. zwischen Legende und Zensur
Aus dem Italienischen von Ingeborg Walter
1997. 172 Seiten mit 12 Abbildungen. Gebunden

Verlag C. H. Beck München

# Frauen

*Dorit Zimmermann*
## Geburtshäuser
Ganzheitliche Geburt als Alternative
1998. 136 Seiten. Paperback
Beck'sche Reihe Band 1263

*Michel Odent*
## Geburt und Stillen
Über die Natur elementarer Erfahrungen
Aus dem Amerikanischen von Vivian Weigert
1993. 152 Seiten. Paperback
Beck'sche Reihe Band 1028

*Julia Onken*
## Vatermänner
Ein Bericht über die Vater-Tochter-Beziehung und ihren Einfluß
auf die Partnerschaft
115. Tausend. 1998. 205 Seiten. Paperback
Beck'sche Reihe Band 1037

*Rotraud A. Perner*
## Die Tao-Frau
Der weibliche Weg zur Karriere
2. Auflage. 1998. 240 Seiten. Paperback
Beck'sche Reihe Band 1221

*Ute Frevert*
## „Mann und Weib, und Weib und Mann"
Geschlechter-Differenzen in der Moderne
1995. 255 Seiten. Paperback. Beck'sche Reihe Band 1100

*Elisabeth Beck-Gernsheim*
## Was kommt nach der Familie?
Einblicke in neue Lebensformen
1998. 196 Seiten mit 2 Abbildungen, 2 Graphiken und 4 Tabellen.
Paperback. Beck'sche Reihe Band 1243

Verlag C.H.Beck München